Für Nima, meine Muse

EINLEITUNG

365 Glückstage (und -nächte) im Bett!

Willkommen im Reich der Höhepunkte!
Auf den folgenden Seiten finden Sie 365 Ideen zum Aufpeppen Ihres Liebeslebens – mit innovativen Sexspielen, aufreizenden Rezepten, kreativen Positionen aus erotischen Klassikern wie dem »Kamasutra« und viel, viel mehr. Sie lernen die neue Generation von Sexspielzeugen (für sie und ihn) kennen, bekommen einen kleinen Auffrischungskurs in Basistechniken und erfahren, wie Sie Ihrem Partner Ihre Wünsche so mitteilen können, dass es ihn garantiert an- und nicht abtörnt.
Ob fürs Solospiel, zur Belebung Ihrer ehelichen Routine oder in der Schmetterlingsphase einer neuen Beziehung – hier finden Sie alle Tipps und Techniken, wie Sie Ihr Liebesleben auf Trab halten können. In der Rubrik *Stellung der Woche* finden Sie erotische Positionen, die Sie fest in Ihr Repertoire aufnehmen sollten. Masturbation ist Ihnen peinlich? Das legt sich garantiert, sobald Sie unsere heißen Tipps gelesen haben! (Vergessen Sie nicht, dass Sie Ihre eigenen Reaktionen kennen müssen, um richtig gute Orgasmen zu kriegen). Mit den vorgestellten oralen und manuellen Techniken bringen Sie jeden Mann zum Schmelzen – und dazu, dass er bestimmt wiederkommt, um sich Nachschlag zu holen. Und natürlich gibt es auch jede Menge lustvolle Bonbons, mit denen er SIE in den Wahnsinn treiben kann!
Wie Sie Ihre liebsten Phantasien ausleben, ihn mit gezielter Verbalerotik sofort auf Touren bringen, mit der richtigen Kleidung den maximalen Effekt erreichen, einen verheirateten Mann gekonnt verführen, Sex aus dem Schlafzimmer an ungewöhnlichere Orte verlagern, ihn in Ihrem Lieblingsrestaurant vernaschen, sich eine erotische Massage gönnen oder mit Wasserspielereien verwöhnen – in diesem Buch erwartet Sie eine Fülle von sinnlichen Genüssen. Und welche Idee möchten Sie heute Nacht ausprobieren?

KAPITEL EINS

Januar

»In einem guten Wort ist für drei Winter Wärme.«

japanisches Sprichwort

Die alten Römer benannten den Monat Januar nach *Janus*, dem Gott der Türen und Tore – mit anderen Worten: dem Gott der (Er-)Öffnungen und Anfänge. Betrachten Sie diesen Monat also als eine Zeit des sexuellen Neubeginns – eine Phase, in der Sie das Vergangene hinter sich lassen, um sich dem Neuen zuzuwenden. Erforschen Sie nicht nur die Tore zu Ihrem Körper, sondern auch zu Herz und Geist. Würdigen Sie den Januar als einen Monat der Möglichkeiten, als eine Chance, auf einem (in erotischer Hinsicht) unbeschriebenen Blatt einen Neuanfang zu wagen.

Nelken und Schneeglöckchen sind die Blüten des Monats Januar. In der viktorianischen Zeit symbolisierte die Nelke Zuneigung und reine, tiefe Liebe. Warum stellen Sie sich nicht eine Vase mit frischen Nelken und Schneeglöckchen ins Schlafzimmer, um Ihrem Wunsch nach einem Jahr voller ekstatischer Glücksmomente Ausdruck zu verleihen?

Der Stein des Monats Januar ist der dunkelrote Granat. Er gilt als Ausdruck der Beständigkeit und Hingabe. Kaufen Sie sich eine granatfarbene Kerze oder irgendeinen anderen Symbolgegenstand, um sich daran zu erinnern, sich in diesem Monat ganz Ihrer Lust hinzugeben!

1 Januar

Zehn erotische Vorsätze

Fassen Sie in diesem Jahr zur Abwechslung einmal erotische Vorsätze. Sie einzuhalten verspricht echten Lustgewinn! Wie schamlos, brav oder ausgefallen Ihre Wünsche auch sein mögen – alles ist erlaubt. Wenn Ihnen keine zehn Dinge einfallen, ist das nicht weiter schlimm. Nehmen Sie sich nur Positives vor und beginnen Sie jeden Satz mit »Ich beschließe, …« – etwa:

- … mein sinnliches, erotisches Selbst als integralen, kostbaren Teil meines Wesens wertzuschätzen und zu lieben.
- … mich unabhängig von meinem Alter, meiner Größe oder meinem Gewicht sinnlich und sexy zu fühlen.
- … mir nicht so viele Gedanken darüber zu machen, ob ich einen Orgasmus kriege. Stattdessen genieße ich die Zärtlichkeit und Nähe zu mir selbst oder meinem Partner.
- … meinen Körper ohne Scham zu erforschen und zu genießen.
- … in diesem Jahr mindestens drei neue erotische Stellungen auszuprobieren!
- … mindestens eine meiner erotischen Phantasien auszuleben, sofern dies emotional und physisch unbedenklich ist. Eine meiner Phantasien lautet ____________ (beschreiben Sie sie hier).
- … meinem Partner zu sagen, was mir wirklich gefällt.
- … mir ein Set absolut scharfer erotischer Unterwäsche zu kaufen!
- … jeden Tag einen Orgasmus zu haben!

Vergessen Sie nicht, dass diese Sätze nur als Anregungen gedacht sind. Ihre persönlichen erotischen Vorsätze sind nur für Ihre Augen bestimmt – es sei denn, Sie möchten sie unbedingt mit Ihrem Partner teilen. Und nachdem Sie Ihre Vorsätze aufgeschrieben haben, setzen Sie mindestens einen davon in die Praxis um – und zwar noch heute!

2 Januar

Erforschen Sie Ihr Tor zur Lust

Sind Sie bereit, Ihr erotisches Jahr zu beginnen? Nehmen Sie sich zu Ehren von *Janus*, dem Gott der Öffnungen, ein wenig Zeit, um sich mit jenem Tor zu befassen, durch das alles Leben – und sehr viel Lust – fließt: Ihrer Vagina. Mädels, es ist Zeit, euer süßestes Versteck kennen- und lieben zu lernen.

Nehmen Sie einen Spiegel zur Hand, machen Sie es sich damit auf dem Bett oder Sofa bequem, positionieren sie das Teil so zwischen den Beinen, dass Sie Ihr Allerheiligstes gut sehen können, und dann gucken Sie hin. Genießen Sie den Anblick – Ihr Geliebter tut's auch! Sehen Sie sich Ihre prallen *Labia majora*, also die äußeren Schamlippen, und die zarten inneren Lippen, die *Labia minora,* an. Schamlippen fallen in puncto Größe, Form und Farbe sehr unterschiedlich aus, studieren Sie die Besonderheiten der Ihren darum ganz genau – in etwa so, als würden Sie sich eine exotische Blume ansehen. (Haben Sie je Georgia O'Keefes Gemälde »Rote Canna« gesehen?) Schenken Sie auch der Klitorishaube und der Vaginalöffnung einen Blick.

Streicheln Sie sich sanft über die feuchten Falten. Vielleicht haben Sie Lust, die Schamlippen auseinanderzuschieben, um auch Ihre Vaginalöffnung zu liebkosen. Wenn Sie mögen, führen Sie einen oder zwei Finger in die Vagina ein. Tasten Sie das empfindliche Gewebe ab, mit dem das äußere Drittel Ihrer Vagina ausgekleidet ist. Hier sitzen die meisten Nervenenden. Wagen Sie sich tiefer und tiefer in Ihr süßes Versteck hinein und stellen Sie sich vor, wie ein Liebhaber in Sie eindringt. Wenn Sie jetzt die Hände nicht von Ihrer Klitoris lassen können, nur zu! Lassen Sie dabei bloß die beiden Finger in der Vagina und genießen Sie die lustvollen Empfindungen, die Ihr Körper Ihnen auf dem Weg zum Höhepunkt beschert!

3 Januar

Die Schale

Der heilenden Kraft der Berührung wird im Westen manchmal zu wenig Bedeutung beigemessen, obwohl es vom Kleinkind bis zum Erwachsenen jedem guttut, gehalten und berührt zu werden. In der hier gewählten Stellung, die im »Kamasutra« als *Die Schale* beschrieben wird, geht es um die wunderbare Erfahrung des Ganzkörper-Hautkontakts. Sie können dabei nebeneinander- oder aufeinanderliegen, wobei gleichgültig ist, wer von Ihnen beiden oben oder unten ist.

Nachdem Ihr Partner in Sie eingedrungen ist, strecken Sie die Beine und umschlingen damit die seinen, so dass sich Ihre Füße berühren. Anschließend schiebt er die Hände unter Ihre Schultern und hält Sie. Und Sie machen das Gleiche. Eine wunderbare Gelegenheit, ihm zärtlich über Schultern, Rücken und Po zu streicheln. Mag sein, dass er Sie nicht sehr tief penetrieren kann und Ihre Bewegungsfreiheit etwas eingeschränkt ist, aber dafür hat diese Stellung etwas so Liebevolles und bringt so viel Nähe! Achten Sie nur darauf, Ihre Hüften dabei in Bewegung zu halten, sonst könne er denken, Sie hätten das Interesse verloren.

Wenn Sie mögen, können Sie die gestreckten Beine auch zwischen den seinen haben, um Ihre Vagina zu verengen und so die Reibung an seinem Penis und Ihren Schamlippen zu erhöhen. Er kann auch ein wenig hochrutschen, damit Sie sein Glied an der Klitoris spüren. Mhhh ... Gar nicht übel!

4 Januar

Ein erotischer Tanz

Ich rede hier nicht von einem Striptease, den heben wir uns für ein andermal auf. Worum es hier geht, ist der spontane, erotische Lust-Tanz während des Koitus, in dem Sie in Ihrem eigenen Rhythmus scheinbar mühelos von einer Position zur nächsten wechseln. Der Mensch drückt sich schließlich nicht nur durch Sprache, sondern auch durch Bewegung aus. Und Tanzen ist eine der angenehmsten Formen der Bewegung, denn wir können damit eine große Bandbreite von Gefühlen und Gedanken zum Ausdruck bringen. Wenn Tanzen sexy sein kann, warum sollte dann nicht auch Sex ein Tanz sein können? Früher galten manche Formen von Tanz schließlich als Aufforderung zum Liebesakt. Nun, heute wollen wir es genau andersherum halten: Diesmal ist der Liebesakt Ihre Aufforderung zum Tanz – um es genau zu sagen: zu einem Tanz in der Horizontalen.

Legen Sie zuerst irgendeine Musik auf, mit der Sie Ihn schon einmal beim Tanzen angetörnt haben. Spüren Sie, während Sie sich aneinanderschmiegen und sich küssen, wie Ihnen der Sound ins Blut geht und Ihre Lust wächst. Vielleicht steigen Sie mit der *Missionarsposition* in den Liebesakt ein – etwa mit der für den 3. Januar beschriebenen *Schale*. Von hier aus können Sie leicht in die *Umwindende Stellung* wechseln, indem Sie erst ein Knie anwinkeln, seinen Oberschenkel von hinten mit dem Ihren umschlingen und sich fest an ihn drücken. Und wenn Sie das zweite Bein dazunehmen, sind Sie schon in der *Pressenden Stellung*. Von hier aus können Sie die Beine nach oben, ganz nach oben und wieder nach unten führen, während Sie sich im pulsierenden Rhythmus der Musik an ihm reiben und stoßen.

5 Januar

Stellung der Woche: Der Missionar kehrt zurück!

Mag sein, dass sie als langweilig und phantasielos verschrien ist, aber es spricht doch einiges für die gute alte *Missionarsstellung*! Bei längerem Liebesspiel ist sie bequem. Wir können einander in die Augen schauen und während des gesamten Aktes sehen, wie sich die Erregung in der Mimik unseres Liebsten spiegelt. Sie bietet uns das herrliche Gefühl von viel Haut-an-Haut- und Herz-an-Herz-Kontakt, und sie macht es uns leicht, uns leidenschaftlich tief zu küssen, was für Oralfixierte ein großes Plus ist.

Wie die meisten Dinge im Leben, ist die Missionarsstellung exakt so langweilig wie die Einstellung, mit der wir sie praktizieren. Selbst die akrobatischsten erotischen Kunststücke können durch eine falsche Geisteshaltung zur nichtssagenden Verrenkung werden. Das Jahr hat gerade angefangen, und der Monat ist auch noch jung, begegnen wir der *Missionarsstellung* also mit neuem Enthusiasmus, und nutzen wir die kommenden Tage, um sie in verschiedenen Variationen auszuprobieren.

Heute können Sie ihm so zeigen, wie scharf Sie auf ihn sind: Führen Sie ihn mit den Händen in sich ein. Wenn er zu stoßen anfängt, folgen Sie jeder seiner Bewegungen mit den Hüften. Drücken Sie sich mit dem Becken fest an ihn. Reiben Sie sich die Klitoris an seinem Schambein. Schwingen Sie die Hüften wie beim Bauchtanz.

Und jetzt schauen Sie ihm tief in die Augen und ziehen Sie Ihren gut trainierten PC-Muskel ein paarmal kurz und schnell zusammen. Melken Sie ihm den Penis im Takt mit seinen Stößen. Spielen Sie mit der Länge und dem Rhythmus der Muskelkontraktionen, bis Sie sich beide im Lustrausch verlieren.

6 Januar

Sexkönig(in) für einen Tag!

In Frankreich heißt der 6. Januar *Jour des Rois* (»Tag der Könige«), und an diesem Tag kommt die traditionelle *Galette des rois* auf den Tisch – ein Kuchen, in dem ein kleines Geschenk eingebacken ist. Wer es in seinem Stück findet, wird zum König/zur Königin des Abends gekrönt.

Geben wir diesem gallischen Brauch eine erotische Note. Backen (oder, wenn die Zeit nicht reicht, kaufen) Sie einen Kuchen, den Sie besonders gern mögen. Je kleiner, desto besser. Warum, werden Sie gleich sehen! Bevor Sie Ihr Werk in den Ofen schieben, rühren Sie einen kleinen Glücksbringer unter den Teig. Alternativ können Sie diesen mit etwas Geschick auch nach dem Backen darin verstecken. In Frankreich verwendet man zu dem Zweck gern Mini-Hufeisen, aber Sie können sich ruhig etwas Aufreizenderes einfallen lassen. Warum nicht den Schlüssel zu einem Paar mit Fell überzogenen Handschellen oder einen Penisring! Vergessen Sie nur nicht, das gute Stück sorgfältig zu waschen, bevor Sie es unter den Teig heben.

Überreichen Sie Ihrem Liebsten den Kuchen zusammen mit einer guten Flasche Champagner und den Worten, dass der, der den Glücksbringer findet, Sexkönig(in) des Abends ist und sich alles wünschen darf, was er oder sie mag. Garantiert kehrt sein Appetit sofort zurück, und wenn Ihr Abendessen zuvor noch so üppig ausgefallen sein sollte. Und wenn keiner von beiden den Ring findet? Tja, morgen ist auch noch ein Tag …

7 Januar

Sexuelle Fitness 1A

Zu dieser Jahreszeit sind die Fitness-Center zum Bersten voll mit Leuten, die verzweifelt versuchen, sich den Festtagsspeck vom Leib zu trainieren. Für Sie steht heute zwar kein Training im Studio auf dem Programm, aber für Ihre Fitness werden Sie trotzdem was tun. Genauer gesagt, für Ihre sexuelle Fitness. Die gute Nachricht: Es gibt eine einzige Übung, die mehr für Ihr Sexleben bringt als ein halbes Jahr mit Boris, dem Personal Trainer. Sie kostet keinen Cent, und Sie können Sie überall und jederzeit praktizieren. (Der Haken an der Sache? Es gibt keinen Haken!) Und was ist das nun für eine Übung, die solche erotischen Wunder vollbringen kann? Das Training des PC-Muskels! Der PC-Muskel (oder *Musculus pubococcygeus*, für alle, die es genau wissen wollen) verläuft vom Scham- zum Steißbein und umschließt die Geschlechtsteile. Um ihn zu finden, brauchen Sie nur beim nächsten Mal auf der Toilette den Urinstrahl zu unterbrechen: Der Muskel, den Sie dazu brauchen, ist der, von dem hier die Rede ist. Wenn Sie sich nicht sicher sind, den richtigen gefunden zu haben, schieben Sie sich einen oder zwei Finger in die Vagina und drücken Sie sie zusammen. Stellen Sie sich vor, es wäre der Penis Ihres Liebsten. Spätestens dann verstehen Sie, warum man hier vom Lust- oder Liebesmuskel spricht.

Um den PC-Muskel zu trainieren, brauchen Sie Ihn einfach nur anzuspannen und die Spannung ein paar Sekunden lang zu halten. Wiederholen Sie dies mehrmals. Ja, genau so! Was Sie gerade gemacht haben, nennt sich *Kegel*-Übung, so benannt nach dem Gynäkologen, der sie entwickelt hat. *Kegeln* Sie mehrmals täglich. Mit der Zeit können Sie sowohl die Anzahl der Wiederholungen als auch die Länge der Kontraktionen steigern. Es dauert nicht lang, und Sie sind ein Ass im Bett!

8 Januar

Sexuelle Fitness 1B

Warum ich so auf *Kegeln* stehe? Da gibt es viele Gründe:
Da PC-Muskeltraining die Durchblutung im ganzen Genitalbereich anregt, kann es die Empfindlichkeit der Klitoris steigern, die Befeuchtung der Scheide verbessern und uns intensivere, stärkere Orgasmen bescheren. Manche behaupten sogar, dass sich damit *multiple Orgasmen* erreichen lassen. Männer – ja, auch sie können *kegeln*! – bekommen leichter eine Erektion, werden härter und lernen, sich besser zu kontrollieren. Das kann nie schaden!
Gestern haben Sie eine Grundtechnik zum Trainieren Ihres Liebesmuskels kennengelernt. Heute gehen wir einen Schritt weiter. Bringen Sie zunächst Ihre Atmung mit den Kontraktionen in Einklang und versuchen Sie, ganz gleichmäßig während der Übungen weiterzuatmen. Beim Ausatmen spannen Sie den PC-Muskel an und halten die Muskelspannung ein paar Sekunden lang, bevor Sie wieder einatmen und loslassen. Stellen Sie sich einfach vor, Sie wären in einer erotischen Yoga-Schule. In gewisser Weise sind Sie das ja auch: In alten tantrischen Schriften ist der Wert eines starken PC-Muskels ausführlich beschrieben.
Sie können auch den Rhythmus ändern. Ziehen Sie den Muskel abwechselnd drei- oder viermal kurz zusammen und lassen Sie dann eine lange Kontraktion folgen. Oder pressen Sie nach unten. Wenn Sie Ihrem Muskel irgendetwas zum Halten oder Herausdrücken geben, macht es vielleicht sogar noch mehr Spaß – aber das sparen wir uns noch auf.
Und warum nicht während des *Kegelns* erotischen Phantasien nachhängen? Ziehen Sie sich einen seidenen Kimono an, lehnen Sie sich genüsslich in die Kissen zurück und stellen Sie sich vor, Sie wären eine japanische Geisha, die sich auf die Ankunft ihres Geliebten vorbereitet. Da kann doch kein Stepptanz-Kurs mithalten, oder?

9 Januar

Die Indrani-Stellung

Im »Kamasutra« heißt unsere heutige Position *Indrani-Stellung*, so benannt nach der Gattin des Hindugottes *Indra*. Sie muss ein ziemlich scharfes Weib gewesen sein! Sie winkeln dazu die Knie möglichst dicht an den Körper an, so dass sie fast die Ohren berühren. So kann Ihr Partner ganz tief in Sie eindringen. Wenn es geht, drücken Sie mit den Unterschenkeln fest gegen die Rückseite Ihrer Oberschenkel. In dieser Stellung sollten Sie jeden Zentimeter seines Glieds in sich spüren – und festhalten.

Da die Penetration bei dieser Stellung ganz besonders tief ist, mögen Sie sie womöglich nicht sehr lange halten, aber wenn Sie schon einmal dabei sind, kosten Sie sie voll und ganz aus. Spannen Sie die Gesäßmuskeln an und schaukeln Sie mit dem Becken gegen ihn (so als würden Sie im Fitnesstraining Bauchpressen machen). Die Bewegung ist minimal, aber ach so süß und köstlich! Wie es von hier aus weitergeht, bleibt Ihnen überlassen. Sie können seine Hände entweder zu Ihren Brüsten und Brustwarzen führen oder ihn zuschauen lassen, wie Sie sich selbst daran zu schaffen machen. Umklammern Sie seinen Po mit den Füßen und ziehen Sie ihn tief in sich hinein, oder legen Sie ihm Ihre Beine um die Taille und halten Sie seine Wangen mit den Händen. Und dann schaukeln Sie sich ins Paradies!

Ein Blick in die Geschichte: Heute ist der Geburtstag der französischen Existentialistin, Schriftstellerin und Essayistin Simone de Beauvoir (1908–1986), deren bahnbrechendes Buch »Das andere Geschlecht« (1949) den modernen Feminismus begründete.

10 Januar

Sexuelle Fitness für Fortgeschrittene (Keine Angst, ist gar nicht kompliziert)

Sie wollen noch mehr Spaß? Dann trainieren Sie Ihren PC-Muskel mit einem zusätzlichen Widerstand – also geben Sie ihm irgendetwas, das er zusammendrücken kann. So bekommen Sie auch ein Gefühl dafür, wie stark Ihr Muskel ist.

Führen Sie einen sauberen Finger, Dildo oder Vibrator in Ihre Vagina ein. Natürlich können Sie auch eine Karotte oder Gurke verwenden, aber ziehen Sie dem Teil auf jeden Fall ein Kondom über! Sie wollen schließlich nicht, dass ein Stück abbricht und in Ihnen stecken bleibt. Ziehen Sie den Muskel zusammen und halten Sie die Spannung fünf bis zehn Sekunden lang, bevor Sie loslassen und danach erneut anspannen. Oder Sie machen dazwischen ein paar schnelle Kontraktionen und versuchen zur Abwechslung, den Finger bzw. Gegenstand aus sich herauszuschieben. Bewegen Sie das Teil in sich hin und her und genießen Sie das Gefühl, wie es gegen Ihre Vaginalschleimhaut reibt. Streicheln Sie Ihre Klitoris und spüren Sie, wie geil sich das anfühlt. Sie können natürlich Ihren Geliebten bitten, Ihnen bei diesem Teil Ihrer Fitnessübungen behilflich zu sein, aber möglicherweise könnte Ihre Konzentration darunter leiden.

Wenn Sie gern einkaufen gehen, können Sie gezielt nach Dingen Ausschau halten, mit denen Sie *kegeln* möchten. Gibt es in Ihrer Nähe einen frauenfreundlichen Sexshop? Nichts wie hin, das hilfsbereite Personal im Laden wird Sie gern beraten. Oder Sie schauen einfach ins Internet. Bei Anbietern wie *www.kleinefreiheit.com* oder *www.femmefatale.de* haben Sie sogar die Wahl: Beratung im Geschäft oder Stöbern im Onlineshop.

Spezielle Trainingsgeräte für die Beckenbodenmuskulatur werden selbst auf ganz neutralen Seiten wie *www.bebote.com* angeboten – lesen Sie hier auch am 10. November nach.

11 Januar

Ein Kuss ist mehr als nur ein Kuss

Ob vorher, mittendrin oder danach – Küssen kann eines der innigsten, erotischsten Elemente des Liebesspiels sein. Wie heißt es doch so schön? »Wie oben, so unten.« Allein die Art, wie jemand küsst, verrät ziemlich viel über seine Qualitäten als Liebhaber. Jane, 33, Finanzplanerin, sagt: »Küssen ist ein unverzichtbarer Teil des Vorspiels. Ich mag es, zu küssen und geküsst zu werden. Es muss nicht immer auf den Mund sein – egal, wo mich seine Lippen berühren, es erregt mich ungemein.«

Küssen ist eine sinnliche Kunst und hat es verdient, als solche betrachtet zu werden. Konzentrieren Sie sich schon bevor Sie anfangen auf die Lippen Ihres Liebsten und stellen Sie sich vor, wie sie sich auf Ihrer Haut anfühlen. Gehen Sie es langsam an. Streifen Sie seine Lippen wie beiläufig mit den Ihren. Spüren Sie, wie reif und sinnlich sie sind. Spielen Sie mit der Vorfreude. Belassen Sie es zunächst bei zärtlichen, oberflächlichen Küssen, so als würden Sie sich erst noch überlegen, ob Sie weitermachen möchten. Genießen Sie den Augenblick, in dem sich Ihre Zungen zum ersten Mal berühren und miteinander zu spielen beginnen. Seien Sie kreativ! Verändern Sie immer wieder Tempo, Druck und Dringlichkeit. Nehmen Sie seine Lippen sanft zwischen die Zähne. Saugen und knabbern Sie an seinem Mund, besonders an seiner Unterlippe. Halten Sie inne, um den Atem des anderen zu spüren, und fangen Sie mit neu erwachender Begierde wieder an. Schieben Sie Ihre Zunge in seinem Mund ein und aus, um ihm zu zeigen, was er später mit seinem Penis machen soll.

Und vergessen Sie nicht, wie schön es sein kann, das Gesicht des Geliebten einfach in den Händen zu halten und seinen Mund mit Küssen zu bedecken, um ihm zu zeigen, wie sehr Sie ihn lieben.

12 Januar

Gönnen Sie ihm eine Pause!

Die im Folgenden beschriebene Position heißt im »Kamasutra« die *Weite Öffnung* – vielleicht deshalb, weil Sie umso mehr Druck ausüben können, je weiter Sie Ihre Beine spreizen. Wenn er in der *Missionarsstellung* auf Ihnen ist, soll er zur Abwechslung einmal stillhalten, während Sie das Stoßen übernehmen. Beugen Sie die Knie, wölben Sie den Rücken und drücken Sie das Becken nach oben, so dass es sich von der Matratze abhebt. (Stellen Sie sich das Ganze wie eine hocherotische Version der Yoga-Brücke vor). Mag sein, dass er auch etwas auf die Knie kommen muss – wobei er sich mit den Armen abstützen sollte –, um Ihnen Bewegungsfreiheit zu geben. Lassen Sie den Kopf zurückfallen und genießen Sie die köstliche Reibung, die zwischen Ihrer Klitoris und seinem Schambein entsteht.

Das »Ananga Ranga« kennt eine ähnliche Position, die *Erhobene Stellung*, bei der der Mann zwischen den Schenkeln der Frau kniet und ihr Gesäß mit den Händen zu sich hinzieht. Wenn er Ihnen dabei gleichzeitig die Pobacken auseinanderzieht, bekommen Sie dadurch zusätzliche Stimulation. Ihre Hände sind bei dieser Stellung frei, so dass Sie ihm Gesicht, Brust und Schultern streicheln können.

Wenn Sie müde werden oder Lust auf einen Stellungswechsel haben, lassen Sie das Becken wieder auf die Matratze sinken und wippen Sie es in langsamen Wellenbewegungen, während Sie sich an ihn drücken. Wenn Sie ihm eine besonders süße Pein bereiten möchten, verbieten Sie ihm, sich dabei zu bewegen. Mal sehen, wie lange er das aushält …

13 Januar

Erkenne dich selbst (und deine erotischen Reaktionen)

Jeden Monat werden wir uns einen anderen Grund anschauen, warum Masturbation der Schlüssel zur sexuellen Ekstase ist. Der hier beschriebene ist der wichtigste von allen: Selbstliebe ist der allerbeste – vielleicht sogar einzige – Weg, um herauszufinden, was uns anmacht. Wenn wir selbst keine Ahnung haben, was uns ins Paradies bringt, wie könnten wir da erwarten, dass unser Schatz es weiß? Außersinnliche Wahrnehmung? Legen Sie also Hand sich an! Probieren Sie aus, welche Art von Berührung Ihre Welt ins Wanken bringt. Welchen Druck und welches Tempo brauchen Sie – schnell oder langsam? Hart oder sanft? Mögen Sie während des Orgasmus weiter stimuliert werden, oder wird Ihre Klitoris nach dem Höhepunkt zu empfindlich dafür? Wo ist Ihr G-Punkt, und wie hat er es gern? Können Sie multiple Orgasmen haben? Nur SIE können die Antwort auf diese Fragen herausfinden. Betrachten Sie Selbstliebe als eine Möglichkeit zur Bestandsaufnahme Ihrer sexuellen Vermögenswerte mit dem Ziel der Lustmaximierung.

Masturbation lehrt Sie, Ihr allerkostbarstes erotisches Instrument zu spielen – Ihren eigenen Körper. Und sind Sie erst einmal Expertin im Solospiel, können Sie jedes Duett sehr viel virtuoser meistern.

14 Januar

Stellung der Woche: Bambusspalten

Nachdem wir uns in der letzten Woche dem altbewährten Missionar gewidmet haben (obwohl niemand behaupten kann, dass wir keine interessanten Varianten gefunden hätten), steht diesmal als Wochenauftakt eine der akrobatischeren Techniken aus dem »Kamasutra« auf dem Programm. Sie heißt *Bambusspalten*. Während des Akts heben Sie Ihr linkes Bein auf seine rechte Schulter und lassen es dort ruhen, während er stößt. Ihr rechtes Bein bleibt ausgestreckt neben dem seinen liegen. Sobald Ihnen danach ist, nehmen Sie das linke Bein herunter und legen ihm das rechte Bein auf die linke Schulter. Wiederholen Sie dies, sooft Sie mögen. Durch die Bewegung Ihrer Beine beim Stellungswechsel – der die Technik ihren Namen verdankt – drückt Ihre Vagina seinen Penis zusammen, was sich für beide interessant anfühlt. Manche mögen die Stellung mit einem Bein über der Schulter allein deshalb, weil sie eine so gelungene Mischung zwischen brav und gewagt darstellt.

Noch etwas zum Thema Stellungen: Wie Sie inzwischen wahrscheinlich erraten haben, bieten das »Kamasutra« ebenso wie die anderen alten erotischen Schriften lediglich Variationen der Grundtechniken: *Missionar*, Frau oben, nebeneinander, von hinten, im Sitzen (oder Stehen, was Spaß macht, wenn das Größenverhältnis zwischen Ihnen und Ihrem Mann stimmt). Klar fühlen wir uns wie ein Superstar im Bett, wenn uns ein toller Name für irgendein ausgefallenes Arrangement unserer Gliedmaßen über die Lippen geht, aber betrachten Sie das Ganze mit Humor. Es geht eher darum, kreative Möglichkeiten zur gegenseitigen körperlichen Erforschung zu entdecken, als buchstabengetreu die Anleitungen eines Sexratgebers zu befolgen.

15 Januar

Mut zur Stimme!

In dieser Woche wollen wir uns auf eine Öffnung konzentrieren, deren Verwendung als Sexualorgan im Liebesspiel oft zu kurz kommt – den Mund. Und es geht hier nicht nur um Oralsex, auf den wir an anderer Stelle noch eingehen werden, sondern um *Auralsex* – also Sex für die Ohren. Gute Erotik spricht alle Sinne an, auch das Gehör. Die meisten Männer finden Laute der Leidenschaft unglaublich erregend, haben Sie also keine Scheu, während des Aktes die Stimme zu erheben. Seufzen Sie, stöhnen Sie, schreien Sie Ihre Ekstase heraus, um Ihrer beider Leidenschaft zusätzlich anzuheizen!

Es gibt Menschen, die aus Peinlichkeit während des Orgasmus keinen Laut von sich geben. Wenn wir unbedingt leise sein müssen – zum Beispiel, wenn die Schwiegereltern zu Besuch sind und sie nicht mitkriegen sollen, was für ein geiles Luder ihr Sohn zur Partnerin hat –, kann das die Spannung des Augenblicks und die Intensität der Erlösung durchaus steigern. Aber sich ständig mit der Stimme zurückzuhalten heißt, den Höhepunkt nur halb zu genießen. Durch die Unterdrückung der heftigen Atmung, mit der ein Orgasmus von Natur aus einhergeht, kann die Intensität des Höhepunkts gedrosselt werden. Tun Sie sich also keinen Zwang an. Nicht nur, dass Sie selbst mehr von Ihrem Orgasmus haben, Ihren Liebsten wird es auch freuen.

Ebenso wichtig ist, selbst hinzuhören: Wie hört sich Ihr Liebesspiel an? Und welche Laute gibt Ihr Schatz von sich? Sein Stöhnen gibt Ihnen Hinweise darauf, wie Sie auf seine Bewegungen und Wünsche eingehen können. Es ist so schwer, vor einem schweigenden Publikum tolle Musik zu spielen.

16 Januar

Überraschungs-Striptease zu Mitternacht

Wer wollte es Ihnen verübeln, wenn Sie es sich bei kühler Witterung in ihrem wärmsten Biberflausch-Pyjama gemütlich machen? Der Mann an Ihrer Seite bestimmt nicht. Heute Nacht aber wird er eine besondere Überraschung erleben. Warten Sie, bis er tief und fest eingeschlafen ist, und lassen Sie dann die kuscheligen Hüllen fallen. Legen Sie sich in Evas Kostüm zu ihm ins Bett! Stellen Sie sich vor, wie scharf es ihn machen wird, wenn er sich morgens – oder irgendwann mitten in der Nacht – herumdreht, sich an Sie kuschelt und nicht Stoff, sondern warme, weiche Haut zu fassen kriegt. Wenn Sie die Sache beschleunigen möchten, können Sie seine schlafenden Hände auch an Ihre Brüste, die Pobacken oder direkt ins warme, feuchte Nest zwischen Ihren Beinen führen. Die Krönung wäre natürlich, unter die Decke zu kriechen und ihn durch die Berührung Ihres warmen Mundes an seinem Glied aus dem Schlaf zu holen. Gut möglich, dass er sich dann im Reich der Träume wähnt!

17 Januar

Erzählen Sie ihm eine Ihrer Phantasien

Es gibt keinen Grund, sich für seine Phantasien zu schämen – ob beim Solo oder Sex zu zweit. Eine Kinsey-Studie fand sogar heraus, dass 70 Prozent aller Frauen und Männer schon einmal beim Sex Phantasien hatten. Sie kennen bestimmt den Spruch, dass »99 Prozent des Liebesakts zwischen den Ohren passieren«. Anders ausgedrückt: Der Kopf ist das wichtigste Sexualorgan.

Der Januar ist ein Monat der Öffnungen und Anfänge. Zeigen Sie darum Ihrem Partner gegenüber eine neue Form von Offenheit und erzählen Sie ihm eine Ihrer erotischen Phantasien. Wenn Sie einander noch nicht so gut kennen, fangen Sie mit einer der zahmeren an, um zu sehen, wie er reagiert. Für einen Mann kann es unglaublich erregend sein zu wissen, welche lustvollen Gedanken im Kopf seiner Geliebten herumgeistern.

Und da gleiches Recht für alle gilt, bitten Sie Ihren Schatz, Ihnen auch eine seiner Phantasien anzuvertrauen. (Egal, was kommt, seien Sie nicht schockiert. Das wäre unfair!) Allein das Reden über die geheimen erotischen Gedanken kann ein wirksames Aphrodisiakum sein. Und weil es so viel über den anderen verrät, schafft es gleichzeitig große Intimität und Nähe – was wiederum den Sex beflügelt.

Das heißt natürlich nicht, dass Sie Ihre Phantasien auch tatsächlich ausleben müssten – es sei denn, Sie wollten es unbedingt. Eine Möglichkeit, dies in einem sicheren Rahmen zu tun: Erzählen Sie sich Ihre Phantasien beim nächsten Date und masturbieren Sie füreinander. Das macht Sie beide garantiert sofort scharf.

Ein Blick in die Geschichte: Heute ist der Geburtstag der US-amerikanischen Schauspielerin und Sängerin Eartha Kitt (1927–2008), die als *Sex Kitten* (Sexkätzchen) am Broadway Berühmtheit erlangte.

18 Januar

0190-LUST

Wer Telefonsex als übles Laster ablehnt, verpasst etwas! Wenn Sie von Ihrem Schatz getrennt sind – und sei es nur für einen Tag –, bietet sich hier eine sichere, lustvolle Möglichkeit, Ihre erotische Maschine am Schnurren zu halten. Das Telefon ist ein Instrument der Verführung, das seinesgleichen sucht. Wenn Sie noch nicht miteinander geschlafen haben, können Sie ihm vorab schon einmal eine kleine Kostprobe davon geben, wie Sie sich anhören, wenn die Lust Sie übermannt. Seine erotischen Phantasien werden garantiert mit ihm durchgehen!

Nehmen wir an, Ihr Partner wäre auf einer Geschäftsreise. Verabreden Sie sich für spätabends zum Telefonieren, und bereiten Sie sich genau so vor, als hätten Sie vor, mit ihm ins Bett zu gehen. Nehmen Sie ein heißes Bad, massieren Sie Ihren Körper mit Öl, ziehen Sie ihre allersexyste Unterwäsche an und kuscheln Sie sich ins Bett. Vielleicht zünden sie sogar ein paar Kerzen an. Und jetzt kommt das Wichtigste: Wenn Sie zum Telefon greifen, deaktivieren Sie die Anklopffunktion! Nichts ist abtörnender, als wenn Mama zum Plaudern durchklingelt, kurz bevor Sie *Big O.* erreicht haben.

Das Geheimnis von gutem Telefonsex ist, alles zu beschreiben. Und das heißt: wirklich alles und jedes. Lassen Sie ihn hören, dass Sie ihre erigierten Nippel streicheln, Ihren weichen Bauch, die Rundung Ihres Pos, Ihre feuchte Spalte. Lassen Sie ihn Ihr lustvolles Seufzen hören, wenn Sie Ihren Liebesknopf reiben. Lassen Sie sich von ihm verraten, was er jetzt tun würde, wenn er da wäre. Wenn Sie kommen, halten Sie sich nicht zurück. Er wird die Minuten zählen, bis er wieder bei Ihnen ist.

19 Januar

(... nichts zum Einschlafen!)

Im »Kamasutra« heißt die folgende Position *Klaffende* oder *Gähnende Stellung*, aber einschlafen wird man dabei bestimmt nicht. Heben Sie in der *Missionarsstellung* die Beine an und spreizen Sie sie weit. Spielen Sie mit dem Öffnungswinkel zwischen den Schenkeln, um zu bestimmen, wie tief er in Sie eindringen soll. Oder probieren Sie aus, wie es ist, wenn Sie sich ein Kissen unter das Becken schieben. Ihr Geliebter kann auch in den Kniestand gehen, sich nach vorne neigen und gegen Ihre Schenkel drücken und sich an ihnen festhalten. Zwar wird die Klitoris in dieser Stellung kaum stimuliert – was einer von beiden mit kreativer Handarbeit ohne weiteres wiedergutmachen kann –, aber er kann dabei wunderbar zuschauen, wie sein feuchtes Glied zwischen den wunderschönen Blütenblättern Ihrer Vulva rein- und rausgleitet. Auch ist es ein herrliches Gefühl der Hingabe, sich so weit für ihn zu öffnen.

Wenn Sie sehr gelenkig sind, können Sie eine Variante der *Gähnenden Stellung* ausprobieren: Ziehen Sie die Beine noch höher, so dass Ihre Unterschenkel auf seinen Schultern ruhen. Ihre Füße sind dabei links und rechts von seinem Kopf. In dieser Position kann er Ihnen die Beine und Füße streicheln oder sich an ihnen festhalten. Wenn Sie sich ein kleines Extra-Bonbon gönnen möchten, umschließen Sie seinen Penis fest mit den Schenkeln.

Da diese Position eine außerordentlich tiefe Penetration ermöglicht, sollten Sie sehr erregt sein, bevor Sie sie wählen. Es kann sein, dass Sie seine Stöße sogar am Gebärmutterhals spüren. Manchen Frauen bereitet dies große Lust. Ist das bei Ihnen nicht der Fall, sollten Sie es ihm sagen, damit er sich vorsichtiger bewegt. Oder Sie wechseln einfach die Stellung.

20 Januar

Ganzkörperküssen

Hier ein Spiel, mit dem Sie sich in kalten Winternächten einheizen können. Sagen Sie Ihrem Schatz, dass Sie seinen nackten Körper mit Küssen übersäen möchten. Fangen Sie ganz oben an und arbeiten Sie sich langsam nach unten vor. Erforschen Sie seine Ohrmuscheln mit der Zunge, knutschen Sie seinen Nacken, knabbern Sie an seinen Brustwarzen, zeichnen Sie mit dem Mund seine Rippenbögen nach. Lassen Sie Ihre Zunge zart über seine Bauchmuskeln und Ihre Lippen über die Innenseiten seiner Schenkel gleiten. Lassen Sie keinen Zentimeter seiner Haut aus! Drehen Sie ihn auf den Bauch und setzen Sie Ihr Spiel mit seinen Schultern, seinem Rücken, seinem Po und der Rückseite seiner Beine fort. Erkunden Sie jeden Winkel seines Körpers – bloß seine Juwelen sind für den Augenblick tabu.

Und hier kommt das Wichtigste: Während Sie seinen Körper mit den Lippen erforschen, muss er an jeder Stelle auf einer Skala von eins bis zehn bewerten, wie es ihm gefällt. Dann tauschen Sie die Rollen, und er übernimmt den aktiven Part.

Und was bringt diese orale Neckerei, außer dass sie die Lust ein wenig aufschiebt? Zum einen schürt sie die erotische Spannung ungemein. Und zweitens erfährt man dabei sehr viel darüber, welche erogenen Zonen der Partner außer den Geschlechtsorganen hat. Dass der Kopf ein Sexualorgan ist, haben wir bereits angesprochen. Nun, die Haut ist ein weiteres. Vernachlässigen Sie sie nicht, besonders in den Jahreszeiten, in denen sie die meiste Zeit unter Bergen von Stoff verhüllt ist.

Ein Blick in die Geschichte: Heute ist der Geburtstag des italienischen Regisseurs Federico Fellini (1920–1993), dem wir Filme wie »Das süße Leben« (1960), »Fellinis Casanova« (1976) und »Fellinis Satyricon« (1969) verdanken, die sich mit den Ausschweifungen in Rom zu Zeiten Neros befassen.

21 Januar

Das Wassermannzeitalter

Wenn Sie oder Ihr Schatz zwischen dem heutigen Datum und dem 19. Februar Geburtstag haben, ist Ihr Tierkreiszeichen der Wassermann. Die unter diesem Zeichen Geborenen gelten als unabhängige Freigeister, deren individualistische Natur aus ihnen einen besonders faszinierenden Freund und Liebhaber macht. Wenn Sie einen Wassermann lieben, sollten Sie sich darauf einstellen, immer im Fluss zu bleiben. Um ihn zu verführen, sollten Sie seinen Hang zur Spontanität nutzen. Laden Sie ihn ad hoc zum Liebesspiel ein oder überraschen Sie ihn mit einer ungewöhnlichen Stellung aus dem »Kamasutra«. Je unkonventioneller, desto besser.

Wenn Sie selbst Wassermann sind – oder sich in die wassermännische Gefühlswelt hineinversetzen möchten –, ergreifen SIE die Initiative zu einem Quickie. Seien Sie ungestüm! Lassen Sie ihn wissen, dass Sie ihn JETZT haben müssen! Greifen Sie ihm in die Juwelen, beugen Sie sich über den Esstisch und präsentieren Sie ihm Ihr verführerisches Hinterteil. Machen Sie sich keine Schuldgefühle, wenn Sie zu spät zum Essen oder wohin auch immer kommen (aber dazu neigen Sie ja sowieso nicht). Ein Quickie ist eine wunderbare Möglichkeit, Spannung abzubauen, die Endorphinausschüttung anzukurbeln und die Stimmung zu heben. Und das Beste: Alle werden sich fragen, warum Sie beide den ganzen Abend so strahlen.

22 Januar

Stellung der Woche: Das Kreuz des Südens

Diese Stellung klingt kompliziert, ist sie in Wirklichkeit aber nicht. Sie liegen auf dem Rücken, das rechte Bein gestreckt, das linke mit gebeugtem Knie im Neunzig-Grad-Winkel hochgezogen. Er liegt im Neunzig-Grad-Winkel zu Ihnen versetzt mit dem Gesicht zu Ihnen auf seiner rechten Seite. Während er (im zentralen Kreuzungspunkt) in Sie eindringt, heben Sie Ihr linkes Bein und legen es ihm über die Hüfte. Ihr rechtes Bein schieben Sie ihm zwischen die Beine.
Das Angenehme an dieser Stellung ist, dass sie so bequem ist, besonders, wenn ihr Liebesspiel schon eine Weile gedauert hat. Außerdem bietet sie ungehinderten Zugang zu Ihrer Klitoris, so dass Sie (oder er) sie mit den Händen oder einem Vibrator stimulierten können, während er Sie stößt. Auch können Sie sich die ganze Zeit über in die Augen schauen.

Ein Blick in die Geschichte: Heute ist der Geburtstag von Lord Byron (1788–1824), dem führenden Dichter der Romantik. Nachdem er aus England geflohen war, um einer gescheiterten Ehe und Gerüchten bezüglich einer inzestuösen Beziehung zu seiner Halbschwester zu entkommen, lebte er, wie er es in seinen Epen nicht besser hätte beschreiben können: Er fand den Tod Seit' an Seit' mit den für ihre Unabhängigkeit kämpfenden Griechen.

23 Januar

Oralsex – Sie sind dran, langsam ...

Zwei, die sich kennenlernen sollten: sein Mund und Ihre Vagina – einschließlich der umliegenden Attraktionen. Manchen Frauen ist der Gedanke unangenehm, einen Mann so *da unten* ranzulassen. Verabschieden Sie sich von solchen Hemmungen. Wie eine Umfrage der »Cosmopolitan« ergeben hat, haben es 70 Prozent der Männer gern, ihre Geliebte mit Oralsex zu verwöhnen. Und solange wir uns waschen, mögen die meisten Jungs unseren natürlichen Geruch. Also Hände weg von Vaginalduschen und Chemie! Die Vagina ist ein selbstreinigendes Organ, und übertriebene Hygiene zerstört nur das natürliche pH-Gleichgewicht.

Wir werden uns das ganze Jahr über immer wieder mit Oralsex für Sie beide befassen. Heute fangen wir mit etwas ganz Einfachem an. Die Techniken mögen noch so ausgefeilt sein – guter Cunnilingus ist eine Frage der Kommunikation. SAGEN Sie ihm, was Sie mögen! Wenn Sie es nicht wissen, dann haben Sie jetzt Gelegenheit, es gemeinsam herauszufinden. Bitten Sie ihn also heute – und nur heute –, es langsam angehen zu lassen, anstatt sich auf direktem Weg Ihrer Klitoris zuzuwenden. Dabei soll er sich von außen nach innen vorarbeiten, also von den Innenschenkeln ins Innere der äußeren Schamlippen und von dort aus über die *Blütenblätter* der inneren Schamlippen hin zu Ihrem Kitzler. Erzählen Sie ihm, welche Empfindungen seine forschende Zunge Ihnen bereitet, während Ihre Finger durch sein Haar gleiten, und lassen Sie ihn Ihre Lustschreie hören.

Ein Blick in die Geschichte: John Cleland, der Autor von »Fanny Hill«, wurde zum heutigen Datum im Jahr 1709 in London geboren. Das Buch, das als erster erotischer Roman gilt, wurde in England und den USA verboten, bis das oberste US-Gericht 1966 schließlich entschied, dass das Buch nicht als *obszöne Schrift* einzustufen sei.

24 Januar

Oralsex – Er ist dran, langsam ...

Wenn Sie Expertin darin werden wollen, Ihren Schatz oral zu verwöhnen, lassen Sie sich von der gestrigen Anleitung inspirieren und gehen Sie es LANGSAM an. Nehmen Sie sich Zeit! So wie Sie nicht wollen, dass er unter Ignorierung sämtlicher umliegender Kostbarkeiten schnurstracks Ihre Klitoris ansteuert, sollten Sie sich auch nicht sofort auf seine Penisspitze stürzen. Hier sitzen die meisten Nervenden, und darum ist sie viel zu empfindlich für eine Frontalattacke von Anfang an. (Denken Sie an Eis am Stiel statt an Lutscher, bis er richtig auf Touren ist.) Sorgen Sie dafür, dass sich seine Spannung langsam aufbaut. Begnügen Sie sich am Anfang damit, seine beinharte Erektion zu bestaunen und zu streicheln, sie mit Küssen zu bedecken. Wenn er noch nicht hart ist, nehmen Sie einfach seinen ganzen Penis in den Mund und saugen und lecken Sie. Warten Sie, bis er halb erigiert ist, bevor Sie mit der Auf-und-ab-Bewegung beginnen. Legen Sie Daumen und Zeigefinger als Ring um die Wurzel seines Glieds. Das macht ihn schneller hart.

Sobald er bereit ist, küssen Sie ihm die Eichel und lecken Sie sie mit der Zunge nass. Zeichnen Sie die superempfindliche Linie zwischen Kopf und Schaft mit der Zungenspitze nach. Achten Sie darauf, dass Ihre Zähne mit den Lippen bedeckt sind, wenn Sie jetzt seinen erwartungsvollen Penis langsam in den Mund nehmen. Führen Sie ihn so weit ein, wie es geht. Bewegen Sie den Kopf in einer fließenden, kontinuierlichen Bewegung auf und ab und wenden Sie dabei den größten Druck unten an seinem Schaft an. In dieser Phase ist Rhythmus der Schlüssel zur Befriedigung des Mannes. Versuchen Sie, einen gleichmäßigen Takt zu finden, und steigern Sie langsam das Tempo, während er sich vor Lust windet. Genießen Sie die ekstatischen Gefühle, die Sie ihm bereiten – er tut's bestimmt!

25 Januar

Kleine Briefchen, große Wirkung!

Nutzen Sie die Macht des geschriebenen Wortes, um die erotische Vorfreude Ihres Liebsten so richtig anzuheizen. Deponieren Sie kleine Briefchen mit scharfem Inhalt dort, wo er sie garantiert findet: in seiner Hosen- oder Manteltasche, am Badezimmerspiegel, auf seiner PC-Tastatur. Bringen Sie mit anzüglichen SMS-Botschaften Leben in seine langweiligen Mitarbeiterbesprechungen. Wenn er auf Reisen geht, schmuggeln Sie einen Zettel mit gewagten Worten in seinen Koffer. Im Idealfall findet er solchen Gefallen an Ihren Briefchen, dass ein reger wechselseitiger Verkehr (im wahrsten Sinne des Wortes) entsteht.

Karen, 30+, ist Rechtsanwältin und häufig geschäftlich unterwegs. Sie findet in ihrem Koffer Briefe von ihrem Freund, in denen Sachen stehen wie: »Du bist wunderschön, und ich kann es kaum abwarten, bis du wieder zu Hause bist.« Oder: »Ruf mich an, damit ich dir sagen kann, was ich mit deinem Körper machen möchte.« Oder einfach: »Ich vermisse dich.« Am besten gefallen hat ihr aber eine Nachricht mit eher praktischem Inhalt: »Ich wasche Wäsche und sauge Staub, bevor du heimkommst.«

Gelegentlich, so erzählt sie weiter, schmuggelt ihr geiler Freund ihr auch ein Nacktfoto von sich ins Gepäck. Vorausgesetzt natürlich, dass Sie Ihrem Partner vertrauen, empfiehlt sich das durchaus zur Nachahmung. Lernen Sie, wie der Selbstauslöser Ihrer Kamera funktioniert, oder bitten Sie eine gute Freundin, Sie in anzüglicher Pose zu fotografieren. Oder drücken Sie ihm Ihre Kamera in die Hand und bitten Sie ihn, ein paar Aufnahmen von Ihnen zu machen, mit denen Sie ihn später überraschen. Männer – Gott segne sie – sind visuell orientierte Wesen. Das können Sie nutzen! Und denken Sie daran: Ein Bild sagt mehr als tausend Worte.

26 Januar

Oralsex und der Liebesknopf

Der heutige Tipp richtet sich nicht nur an Sie, sondern auch an Ihren Partner. Sie können die Tipps entweder mündlich an ihn weitergeben (verzeihen Sie die Zweideutigkeit) oder ihm diese Seite zum Lesen in die Hand drücken. Nachdem er Ihre Vulva richtig schön angewärmt hat, bitten Sie ihn, sich auf Ihre Klitoris zu konzentrieren. Setzen Sie sich nicht unter Druck, einen Orgasmus zu kriegen. Wenn Sie kommen, umso besser. Aber hier geht es eher um eine *topographische Erkundungstour* mit dem Ziel, noch genauer herauszufinden, was Sie antörnt. Er soll beide Seiten Ihrer Klitoris streicheln und mit der Zunge umkreisen. Er kann auch die ganze Klitoris mit dem Mund umschließen und intensiv küssen. Experimentieren Sie! Was ist Ihnen lieber, wenn er an Ihrem Kitzler saugt oder zärtlich an ihm knabbert? Manchen Frauen ist diese Art der Stimulation zu viel, andere gehen dabei auf Höhenflug.

Wie fühlt es sich an, wenn Ihre Klitoris härter wird und Ihre Erregung wächst? Soll er schneller machen? Oder langsamer? Fester? Sanfter? Oder soll er einen konstanten, gleichbleibenden Druck aufrechterhalten (was den meisten Frauen am liebsten ist)? Fühlt sich eine Seite besser als die andere an? Sagen Sie es ihm. Hoffentlich achtet er auf Ihr Stöhnen, Ihr immer heftigeres Atmen, die Bewegung Ihrer Hüften. Aber es kann nie schaden, es trotzdem noch einmal zu erwähnen. Bringen Sie es auf den Punkt oder wählen Sie eine Formulierung nach dem Motto: »O Gott, ja! Genau da! Genau so!« Wenn es um Ihre Klitoris geht, ist Klarheit gefragt!

27 Januar

Zunge und Finger

Hier eine weitere nette Technik, mit der Ihr Partner Sie beim Oralsex verwöhnen kann: Bitten Sie ihn, Ihnen während des Cunnilingus einen Finger in die feuchte Vagina zu schieben. Das Gefühl, während des Oralspiels penetriert zu werden, treibt manche Frauen in den Wahnsinn. Zur Abwechslung kann er auch statt seines Fingers einen surrenden Vibrator oder Ihren Lieblingsdildo in Sie einführen.

Probieren Sie herum, um herauszufinden, was Sie am meisten anmacht: Soll er mit dem Finger gerade eben Ihre feuchten Pforte berühren? Oder ihn bloß bis zum ersten Knöchel einführen? Soll er einen zweiten Finger hinzunehmen? Wenn es Sie nicht ablenkt, kann er seine(n) Finger langsam hin- und herbewegen und das Stoßen seines erigierten Penis andeuten. Vielleicht soll er aber auch nur stillhalten, damit Sie das Gefühl der Penetration genießen können, während er Ihre Klitoris zur Ekstase bringt. Eine weitere Möglichkeit ist, dass er den Finger krumm macht, als wollte er Sie bitten, näher zu kommen, und dabei Ihren G-Punkt drückt. Entspannen Sie sich und geben Sie sich der unglaublichen Gefühlswelle hin, die durch Ihren Körper schwappt.

28 Januar

Stellung der Woche: 69

Wenn beide gleichzeitig auf Tauchstation gehen – also Kopf und Beine von Mann und Frau jeweils in die entgegengesetzte Richtung weisen –, können Sie gegenseitig mit Mund und Fingern Ihre unteren Körperöffnungen erforschen. Nicht jedem fällt es leicht, sich in dieser Position auf seine eigene Lust zu konzentrieren. Sollte dies bei Ihnen der Fall sein, setzen Sie sich nicht unter Druck, unbedingt zum Orgasmus kommen zu müssen – genießen Sie es einfach, wie Ihr Schatz sich an Ihnen mit dem Mund betätigt, während Sie ihm fröhlich das beste Stück lutschen.

Ein paar Tipps, wie Sie am meisten von dieser Position haben: Wenn Ihr Liebster oben ist, probieren Sie aus, in welcher Höhe sein Becken über Ihrem Kopf sein muss. Wenn er flach auf Ihnen liegt, dringt er möglicherweise zu tief in Ihren Mund ein; ist er zu weit oben auf den Knien, kommen Sie vielleicht gar nicht an seinen Penis heran. Sie wollen schließlich nicht krampfhaft den Kopf ausstrecken, um sein bestes Stück zu fassen zu kriegen. Dirigieren Sie ruhig seine Hüften mit den Händen nach oben oder unten, bis es für Sie beide bequem ist. Wenn Sie oben sind, können Sie natürlich den Druck zwischen Ihrer Klitoris und seiner Zunge bestimmen, während Sie sein dankbares Glied mit Ihren oralen Verwöhnungskünsten beglücken.

Sollte einer von Ihnen in dieser Stellung kommen – perfekt! Vielleicht nutzen Sie das Ganze aber auch nur zum Appetitanregen, bevor der Hauptgang serviert wird.

Ein Blick in die Geschichte: Heute wurde in Saint-Saveur-en-Puisaye im französischen Burgund die französische Schriftstellerin Colette (Sidonie Gabrielle Claudine Colette, 1873–1954) geboren, die sich in ihrem Werk der Erkundung zwischenmenschlicher Beziehungen widmete, wobei ihr Hauptaugenmerk auf der körperlichen Ebene lag.

29 Januar

Entdecken Sie Ihren Hintereingang

Da dies der Monat der Öffnungen ist, sollten wir nicht vergessen, uns einem oft vernachlässigten Körpereingang zu widmen: dem Anus. Sie sollten ihn unbedingt in Ihr erotisches Repertoire einbeziehen, sonst würden Sie etwas verpassen. Das von vielen Nerven durchzogene Analgewebe reagiert auf Erregung wie Ihre anderen Sexualorgane, indem es anschwillt und sich zusammenzieht. Manchen beschert allein das weitverbreitete Anal-Tabu einen zusätzlichen Kick.

Fangen Sie zunächst mit der Eigenerforschung an. Um auf der sicheren Seite zu sein, sollten Sie sich auf jeden Fall Zeit nehmen, den Bereich sorgfältig mit einem feuchten Waschlappen, Baby-Reinigungstuch oder eingeseiften Finger zu reinigen. Stuhl ist im Rektum zwar nur unmittelbar vor dem Toilettengang vorhanden, ein frisch gewaschener Po trägt aber auf jeden Fall deutlich zur Reduzierung hygienischer Bedenken bei.

Machen Sie es sich bequem und feuchten Sie Ihren Zeigefinger mit einem guten Gleitmittel auf Wasserbasis an. Da der Anus kein eigenes Gleitmittel produziert, sollten Sie IMMER ein entsprechendes Produkt verwenden – Spucke und Scheidenflüssigkeit reichen nicht aus. Fangen Sie an, indem Sie den Bereich rings um die Öffnung liebevoll massieren. Sparen Sie dabei das *Perineum*, die empfindliche Partie zwischen Vulva und Anus, nicht aus. Entspannen Sie sich und atmen Sie tief ein und aus. Schieben Sie die Fingerspitze langsam und vorsichtig ein. Wagen Sie sich so weit vor, wie es Ihnen angenehm ist. Versuchen Sie, Ihren Schließmuskel um den Finger herum anzuspannen. Experimentieren Sie mit kreisenden Bewegungen und variierendem Druck. Krümmen Sie Ihren Finger nach vorn, um zu spüren, wie sich das an Ihrem G-Punkt anfühlt. (Nur eins ist wichtig: NIE etwas in die Vagina einführen, das vorher im Anus war.) In diesem Sinne: Genießen Sie ein wunderbares neues Lusterlebnis!

30 Januar

Entdecken Sie seinen Hintereingang

Viele heterosexuelle Männer lassen sich eine unglaublich erotische Erfahrung entgehen, bloß weil sie meinen, Analerotik sei nur etwas für Schwule. Die Ahnungslosen! Nicht die Art, wie Sie lieben, sondern mit wem Sie den Akt vollziehen, ist der ausschlaggebende Faktor für Ihre sexuelle Orientierung. Sollten Sie einen weltoffenen, experimentierfreudigen Mann an Ihrer Seite haben, sollten Sie diese herrlich empfindliche Körperregion keinesfalls vernachlässigen. Wenn Sie nur die geringsten hygienischen Bedenken haben, nehmen Sie vorher gemeinsam ein Bad oder eine Dusche und reinigen Sie jeden Zentimeter Ihres Körpers.

Die Schlüssel für ein lustvolles Analspiel sind Kommunikation, Entspannung und sehr, sehr viel Gleitgel. Stellen Sie sicher, dass er weiß, was Sie vorhaben. Vielleicht genügt es ihm schon, wenn Sie ihm mit einem gut gegelten Finger um die Analöffnung streichen. Wenn das so sein sollte, ist das völlig in Ordnung. Nehmen Sie sich Zeit. Reden Sie ihm gut zu, zu atmen und sich zu entspannen. Nach einer kleinen Weile ist er vielleicht bereit, sich gegen Ihren Finger zu lehnen oder zuzulassen, dass Sie ihm Ihre Fingerspitze langsam einführen. Achten Sie darauf, dass der Finger in Richtung auf seinen Bauchnabel und nicht seinen Rücken weist, wenn Sie ihn nun bis zum Gelenk einschieben, und warten Sie, bis sich sein Anus und Schließmuskel an das Gefühl gewöhnt haben. Lassen Sie den Finger dann langsam im Rektum kreisen oder streicheln Sie die Innenwand einfach nur. In der Kombination mit Oralsex und manueller Stimulation können Sie ihn in den Wahnsinn treiben.

Damit der Sex auch safe ist: Frönen Sie nur dann dem Analspiel, wenn Sie sicher sind, dass Ihr Partner frei von Sexualkrankheiten ist. Um wirklich sicher zu sein, können Sie auch einen mit Gleitgel befeuchteten Latexhandschuh oder Fingerling verwenden.

31 Januar

*»Wenn ich mein Leben noch einmal leben müsste,
würde ich die gleichen Fehler wieder machen, nur früher.«*

Tallulah Bankhead

Ihre Öffnungen, zwei auf einen Schlag

Nehmen wir uns etwas Zeit, um kreativ zu sein. Es ist ein überraschend sinnliches Erlebnis, einen Finger in die Scheide und einen weiteren (gut mit Gel befeuchteten) in den Anus einzuführen und die empfindliche innere Wand zwischen Vaginal- und Analkanal zu reiben. Wenn Sie es ausprobieren möchten, spreizen Sie die Beine und schieben Sie eine Hand unter Ihren wunderbaren Po. Schieben Sie einen Finger so in den Anus ein, dass Sie den Daumen frei haben. Dann können Sie sich damit und mit der anderen Hand die Klitoris oder die erigierten Nippel streicheln. Oder schieben Sie den Daumen in die Vagina und den Mittelfinger in den Anus und drücken Sie die beiden sanft zusammen, während Sie Ihre Klitoris nach Lust und Laune verwöhnen. Wenn Ihnen das Ganze nicht wirklich bequem ist, egal, ob Sie es sich mit einer oder beiden Händen machen, führen Sie einfach in eine der beiden Öffnungen Ihren Lieblingsvibrator oder -dildo ein. (Sie haben keinen Vibrator? Davon wird an anderer Stelle noch die Rede sein.) Geben Sie sich Ihren erotischen Phantasien hin und stellen Sie sich auf dem Weg zum Höhepunkt vor, wie Sie es mit zwei geilen Liebhabern gleichzeitig treiben. Und malen Sie sich aus, wie heiß Ihr Schatz sein wird, wenn Sie Ihm erzählen, wie Sie Ihr neues Jahr begonnen haben!

Ein Blick in die Geschichte: Am heutigen Tag ist im Jahr 1902 in Huntsville, Alabama, die Schauspielerin Tallulah Bankhead geboren. Es gab kaum ein Medium, in dem Bankhead nicht aufgetreten wäre. Ihre Berühmtheit verdankte die damals gefeierte Bisexuellen-Ikone aber auch zahlreichen ausschweifenden Affären und Skandalen.

KAPITEL ZWEI

Februar

*»Letzte Tage im Februar; und jetzt, endlich,
erschien denkbar, dass das Leid des Winters vorüber sei,
so klar war der Himmel, so lind die Luft.«*

William Morris, The Earthly Paradise

Der Februar verdankt seinem Namen den sogenannten *Februationen* – Reinigungsritualen, die im alten Rom in dieser Zeit des Jahres zelebriert wurden. Uns geht es in diesem Monat darum zu schauen, welche sinnlichen Reinigungsrituale Sie in Ihr Leben integrieren können – von genussvollen erotischen Badezeremonien bis hin zum Liebesspiel bei Kerzenlicht, das durch tantrische Atemübungen einen ganz besonderen Reiz gewinnt.

In der viktorianischen Zeit schrieb man der Blume des Monats – der wunderhübschen *Primel* – die verschiedensten Bedeutungen zu, von *Ich kann nicht ohne dich leben* bis hin zu *frühe Jugend* oder *junge Liebe*. Füllen Sie eine Vase mit Primeln, um Ihrem Entschluss Ausdruck zu verleihen, Ihre Sexualität in diesem Monat mit der Begeisterungsfähigkeit, Leidenschaft und Kreativität einer jugendlichen Geliebten zu genießen, die den Körper Ihres Liebsten als Spielwiese neuer sinnlicher Genüsse erlebt.

Umgeben Sie sich zudem mit der intensiven violetten Farbe des Steins des Monats Februar, des Amethysts. Er symbolisiert Aufrichtigkeit, und in diesem Februar werden Sie sich aufrichtig um Ihre Lüste bemühen!

1 Februar

Genießen Sie ein Bad zu zweit

Bäder dienten von alters her nicht nur der körperlichen Hygiene und Entspannung, sondern waren Teil religiöser Reinigungsrituale und Möglichkeit zum geselligen Beisammensein. Zelebrieren Sie am heutigen Abend Ihr ganz persönliches sinnliches Reinigungsritual, und baden Sie mit Ihrem Liebsten. Für das richtige Ambiente sorgen Kerzenlicht und sanfte Musik. Wählen Sie die Temperatur nach Bedarf (ein heißes Bad regt an, ein körperwarmes Bad entspannt). Vergessen Sie nicht den schäumenden Badezusatz und zwei aufblasbare Nackenkissen.

Und dann ab in die Wanne. Genießen Sie es, sich gegenseitig blitzblank zu waschen. Setzen Sie sich zwischen seine Beine und bitten Sie ihn, Ihnen den Rücken mit einem Luffa-Schwamm zu schrubben. Dann lehnen Sie sich gegen seine Brust zurück und lassen ihn mit ihren schaumigen Nippeln spielen, ganz zart Ihre Schamlippen reinigen und mit einem warmen Waschlappen zwischen Ihren Pobacken hindurchfahren. Genießen Sie es, so verwöhnt und umsorgt zu werden. Wenn er an der Reihe ist, soll er sich zunächst umdrehen, damit Sie ihm den Rücken waschen können, bevor er Ihnen seine Vorderseite zuwendet und Sie sich diese vornehmen. Die Regel lautet, dass er ganz stillhalten muss, während Sie sich liebevoll an seinem Penis, seinen Hoden und noch viel tiefer zu schaffen machen. Wenn die Lust Ihren Puls nicht genug in die Höhe treibt und Ihren Atem beschleunigt, übernimmt den Rest das heiße Bad. Es wird nicht lange dauern, bis Sie beschließen, sich ins Schlafzimmer zu verziehen!

Sie haben leider keine Wanne? Dann erkundigen Sie sich nach einer passenden Wellness-Anlage in Ihrer Nähe – etwa nach einem Spa im Stile des wirklich empfehlenswerten *Watercourse Way* (www.watercourseway.com). Wenn das nicht inspiriert …

2 Februar

Nass und heiß!

Sie möchten heute Abend allein auf Höhenflug gehen? In der Badewanne können Sie auch solo Spaß haben – SEHR viel Spaß! Drehen Sie das Wasser auf und legen Sie sich in die Wanne, wobei es sich empfiehlt, Nacken, Schultern und Kopf mit einem Badekissen zu polstern. Nun schieben Sie Ihren Po so dicht es geht an die Wand unterhalb des Wasserhahns heran. Spreizen Sie die Schenkel. Ihre Beine ragen über den Wannenrand nach oben. Richten Sie es sich so ein, dass Ihnen der Rücken nicht weh tut, und kippen Sie Ihre Klitoris nach oben in den Wasserstrahl hinein. Wenn Sie sehr geschickt sind, können Sie die Temperatur und den Druck des Wasserstrahls mit den Zehen regulieren. Andernfalls müssen Sie sich womöglich ein paarmal aufrichten, bis Sie alles richtig eingestellt haben. Und dann genießen Sie einfach das Gefühl, wie das Wasser auf Ihr Allerheiligstes prasselt. Sie haben keine Badewanne? Dann tut's der Brausekopf in der Dusche auch!

Ein Blick in die Geschichte: Heute ist der Geburtstag des bahnbrechenden britischen Psychologen Havelock Ellis (1859–1939), aus dessen Feder die revolutionären »Sexualpsychologischen Studien« stammen. Das siebenbändige Werk stand jahrelang auf dem Index der verbotenen Literatur und war bis 1935 nur der Ärzteschaft zugänglich. Als Befürworter von Frauenrechten, sexueller Befreiung und Geburtenkontrolle beeinflusste Ellis mit seiner Arbeit maßgeblich das wissenschaftliche Herangehen an das Thema Sexualität.

3 Februar

Rendezvous mit dem G-Punkt

Der G-Punkt … um diesen angeblich heißesten Lustknopf ranken sich mehr Gerüchte als um die Sichtungen des Yetis. Gibt es ihn wirklich? Wo ist er? Wie kann ich ihn finden? Immer mit der Ruhe! Jede Frau hat einen G-Punkt: Es ist ein Schwellkörper, der die Harnröhre umgibt und über eine Länge von etwa zwei bis fünf Zentimetern an der vorderen Scheidenwand entlang verläuft. Die Bezeichnung G-Punkt – obwohl es sich weniger um einen Punkt als eine Zone handelt – geht auf den Gynäkologen Ernst Gräfenberg zurück, der ihn bereits 1950 beschrieb.

Und so können Sie herausfinden, welcher Lustgewinn für Sie in Ihrem G-Punkt steckt. Jede Frau reagiert nämlich anders auf die Stimulation des G-Punkts. Manche beschreiben, wie sie sich damit phantastische Orgasmen holen können, andere lässt das Ganze eher kalt. Wie dem auch sei – am besten, Sie bringen sich schon einmal etwas in Stimmung, bevor Sie sich auf die Suche machen: Der G-Punkt lässt sich leichter orten, wenn Sie erregt sind. Sobald Sie bereit sind, geben Sie etwas Gleitmittel auf einen Finger und schieben Sie ihn sich in die Vagina. Krümmen Sie ihn, so dass die Fingerkuppe an der vorderen Scheidenwand entlanggleitet. Auf diese Weise sollte es möglich sein, das gerippte, schwammartige Gewebe zu ertasten (unmittelbar hinter dem Schambein). Es fühlt sich ganz anders an als die glatten Scheidenwände. Üben Sie kräftigen Druck auf die Stelle aus, denn der G-Punkt kann nur DURCH die Scheidenwand hindurch gefühlt werden.

Und nun probieren Sie aus: Massieren Sie Ihren Traumpunkt, indem Sie den Finger hin und her oder kreisend bewegen. Versuchen Sie es in jeder Position: im Liegen auf dem Rücken, auf dem Bauch, im Sitzen oder in der Hocke. Oder schauen Sie, was passiert, wenn Sie gleichzeitig gegen Ihren Bauch drücken. Und sollte bei alldem nichts passieren – auch nicht schlimm! Es gibt so viele andere lustige Dinge …

4 Februar

Stellung der Woche: Eindringen von hinten

Es spricht vieles für die *Doggie*-Nummer: Er kann dabei tief in Sie eindringen, und die Wahrscheinlichkeit, dass er Ihren G-Punkt trifft, ist relativ hoch. Er kann mit Ihren Brüsten und Ihrer Klitoris spielen. Und die Stellung bietet ihm einen grandiosen Ausblick auf Ihren knackigen Po. Finden Sie nicht auch, dass es beinahe etwas Archaisches hat, seine Schenkel gegen Ihre Haut klatschen zu hören? Wenn Ihnen der Akt von hinten ein wenig zu primitiv erscheint, können Sie sich mit dem Gedanken beruhigen, dass er bereits im 16. Jahrhundert in der von Scheik Nefzaui verfassten arabischen Liebesschule »Der duftende Garten« als *Sechste Stellung* erwähnt wird. Auch im taoistischen Erotikhandbuch »T'ung Hsüan Tzu« wird er beschrieben. Hier heißt er *Stellung des weißen Tigers*.
Und das Beste von allem: Die Stellung ist völlig unkompliziert. Begeben Sie sich einfach auf alle viere. Wenn nötig, stützen Sie sich auf den Ellbogen ab. Spreizen Sie leicht die Schenkel und bringen Sie Ihren Po so in Position, dass Sie Ihrem Partner Ihre kostbare, feuchte Vagina präsentieren, während er Sie von hinten penetriert. Halten Sie dagegen, wenn er Sie stößt, und kippen Sie das Becken so, dass beim Zusammenprall jeder Zentimeter Ihrer Vulva die Berührung spürt.

Ein Blick in die Geschichte: Heute ist der Geburtstag der Feministin Betty Friedan (1921–2006), Begründerin der US-amerikanischen Frauenrechtsbewegung NOW und Autorin des Buchs »Der Weiblichkeitswahn oder die Selbstbefreiung der Frau«, in dem sie das tradierte Rollenverständnis der Frauen angreift.

5 Februar

Das Gefühl für den Körper (wieder)finden

Das Solospiel bietet nicht nur die Möglichkeit, die eigenen sexuellen Reaktionen besser kennenzulernen – wir kommen dabei auch wieder wunderbar in Kontakt mit dem eigenen Körper. In unserer schnelllebigen Zeit verbringen wir so oft den ganzen Tag vor dem Computer und den Abend vor dem Fernseher. Wir betäuben unsere Sinne mit Essen, Drogen, Alkohol und sogar Sex. Wir bleiben auf, auch wenn wir müde sind. Selbst wenn wir Sport betreiben, lassen wir uns dabei von TV, Radio und Musik berieseln – alles, damit wir nur ja nicht mit unseren Gedanken und unserem Körper allein sein müssen. Und wie reagiert er darauf? Er zeigt uns deutlich, dass wir ihn vernachlässigen. Wir bekommen Spannungskopfschmerzen oder Magenprobleme. Ziehen uns Verletzungen zu. Spüren, wie die Libido schwindet.

Masturbation kann uns wieder in Kontakt mit unseren Empfindungen und Bedürfnissen bringen. Wenn Sie das nächste Mal an sich herumspielen, dann achten Sie darauf, welche Reaktionen in jedem einzelnen Teil Ihres Körpers zu spüren sind: Wird Ihr Gesicht warm? Wie fühlt sich die Haut an? Was passiert mit Brüsten und Nippeln? Spannt sich die Bauchmuskulatur an? Wie ist Ihre Atmung? Was genau passiert in dem Moment, in dem Sie zum Orgasmus kommen? Wenn Sie sich so auf sich selbst konzentrieren können, wird Ihnen das auch beim Sex mit Ihrem Lover gelingen – und davon haben Sie beide etwas!

Ein Blick in die Geschichte: Heute hat Charlotte Rampling (*1946) Geburtstag, die britische Schauspielerin, die mit ihren sinnlichen, mutigen Auftritten in Filmen wie »Der Nachtportier« (1974) und »Swimming Pool« (2003) bekannt wurde.

6 Februar

Schaffen Sie das richtige Ambiente!

In den kommenden Tagen steht die Gestaltung des persönlichen Lebensumfelds auf dem Programm. Ein Raum mit angenehmem Ambiente kann sich positiv auf unsere Stimmung und sogar unsere Gesundheit auswirken. Wer wollte schon ein Gourmet-Dinner in einer schummrigen, chaotischen Abstellkammer genießen? Geschweige denn, an einem solchen Un-Ort den Freuden der Liebe frönen? Nehmen Sie sich die Zeit, sich als Bühne für großartigen Sex einen heiligen Ort zu schaffen.

Sie müssen nicht viel Geld ausgeben, um Ihr Schlafzimmer in ein erotisches Boudoir zu verwandeln. Wenn Sie keinen großen Aufwand treiben möchten, sorgen Sie wenigstens für Ordnung und Übersichtlichkeit im Raum. Unordnung lenkt ab und schafft Unruhe – und das sind zwei Emotionen, die mit sinnlicher Erregung auf Kriegsfuß stehen. Es kommt nicht gut, auf dem Weg zum Bett über die schmutzige Wäsche der Vorwoche zu stolpern. Das Einzige, was auf dem Boden liegen sollte, ist Ihre Unterwäsche – nachdem er sie Ihnen vom Leib gerissen hat. Auch auf den Ablageflächen der Möbel sollten Sie klar Schiff machen. Wie soll Ihr Liebster Ihren süßen Allerwertesten auf die Kommode setzen, um mit Ihnen eine schnelle heiße Nummer im Stehen zu schieben, wenn die mit Schmuck, Make-up-Utensilien und Krimskrams übersät ist?

Überflüssiges auszusortieren kann ein Akt der Befreiung sein. Trennen Sie sich von all dem Plunder, den Sie nicht mehr brauchen. Sie werden sich leichter und entspannter fühlen! Und sexier! Und danach zünden Sie eine Kerze oder ein Räucherstäbchen an. Denken Sie sich ein kleines Ritual aus, um die Tatsache zu feiern, dass Sie gerade eben neuen Platz für Lust und Liebe geschaffen haben.

7 Februar

Ein richtig großes Bett

Das zentrale Stück in Ihrem Schlafzimmer ist – wie könnte es anders sein – Ihr Bett. Sie sollten sich eines von mindestens 160 Zentimeter Breite leisten. Eine 90er-Matratze oder ein Doppelbett mit Ritze sind nur aufregend, wenn Sie am Wochenende im Gästezimmer Ihrer Eltern ein heimliches Nümmerchen schieben wollen. Ansonsten bietet eine schmale Pritsche wenig Möglichkeit zur erotischen Betätigung. Wo wir schon beim Thema Matratze sind: Welche Art Sie wählen, bleibt ganz Ihnen überlassen, nur fest und bequem sollte sie sein. Und achten Sie auf die robuste Bauweise von Lattenrost und Bettgestell. Sie wollen schließlich nicht, dass Ihr Liebeslager mitten im Akt unter Ihnen zusammenbricht. Das perfekte Bett erkennen Sie daran, dass Sie bei seinem Anblick nur eines wollen: hineinhüpfen und sich darin herumwälzen. Denken Sie erotisch. Saubere Laken, vorzugsweise aus Baumwolle, sind ein Muss. Nehmen Sie sich die beste Stoffqualität, die Sie sich leisten können. Ihr Aufwand wird Nacht für Nacht mit dem Gefühl luxuriöser Zartheit auf Ihrer nackten Haut belohnt. Kissen sind immer nützlich, und so empfiehlt es sich, mehr als eins zu haben. Sie können sich darin zurücklehnen, wie eine lüsterne Haremsdame oder sich eins unter die Hüften schieben, um ihm besseren Zugang zu Ihrem heiligen Ort zu bieten. Aber: Weg mit kratzigen oder rüschigen Tagesdecken! Und egal, was kommt: Bloß keine Kuscheltiere, es sei denn, die machen Sie (oder ihn) wirklich total an.

Kopfteil – ja oder nein? Die Entscheidung liegt ganz bei Ihnen. Bloß auf ein solides Brett am Fußende des Bettes sollten Sie verzichten. Schließlich soll Ihr Bett von allen Seiten her leicht zugänglich sein und genug Raum geben, um Füße und Arme heraushängen zu lassen. Lassen Sie es also lieber weg. Es sei denn, Sie hätten da gerne irgendetwas, an dem Sie einen Seidenschal oder samtbezogene Handschellen festmachen können, Sie listiges Luder …

8 Februar

Wie sieht es auf Ihrem Nachttisch aus?

In Modezeitschriften werden Promis zwar gerne gefragt, welches Buch gerade auf ihrem Nachttisch liegt, aber wenn Sie sich das geeignete Ambiente für verführerische Momente schaffen wollen, verstauen Sie Ihren Lesestoff lieber woanders – es sei denn, es wäre ein Band mit erotischer Literatur, aus dem Sie ihm *Gutenachtgeschichten* vorlesen möchten. Ansonsten vermitteln Bücherstapel eher das Gefühl, in einer Bibliothek zu sein. Und ein schlechtes Gewissen macht der Anblick all der ungelesenen Werke auch noch!

Was Sie stattdessen am Bett bereithalten sollten, sind all die Dinge, die dem erotischen Vergnügen dienen. Optimal ist ein Nachttisch mit einer kleinen Schublade, in der Sie Kondome, Sexspielzeug, Massageöle und Gleitmittel aufbewahren können. Achten Sie aber darauf, dass die Kondome stets griffbereit zur Hand sind. Es wäre ärgerlich, wenn Sie im Falle eines Falles statt in seiner Wäsche erst in der Schublade herumwühlen müssten.

Manchmal liest man auch die Empfehlung, eine Box mit Kosmetiktüchern bereitzustellen, doch was Dan Anderson und Maggie Berman in ihrem Buch »Ein Schwuler verrät seiner besten Freundin, was Männer wirklich antörnt« dazu zu sagen haben, bringt es auf den Punkt: Sperma ist klebrig, und ein Mann kommt sich total bescheuert vor, wenn nach dem Sex lauter Papierfussel an seinem Schwanz hängen. Legen Sie lieber ein sauberes Handtuch bereit. Und, wie Anderson und Berman raten, stellen Sie einen Spender mit unparfümierter Körperlotion neben das Bett. Die ist super für Massagen und manuelles Spiel – und sorgt nebenbei natürlich auch noch für babyzarte Haut.

9 Februar

Ein Fest für die Augen

Ein gutes Bett, kein Krimskrams, ein gut bestückter Nachttisch … Was können Sie noch tun, um Ihr Schlafzimmer in einen Hafen der Sinnlichkeit zu verwandeln? Es geht darum, alle fünf Sinne anzusprechen. Da die meisten Männer visuell orientiert sind, wollen wir damit anfangen.

Die Beleuchtung sollte ausreichen, damit er Sie sehen und bei Ihren gemeinsamen erotischen Spielereien zuschauen kann. Andererseits sollte das Licht, einschließlich der Nachttischlampe, nicht zu grell sein: Schließlich wollen Sie nicht das Gefühl haben, verhört zu werden (es sei denn, dies wäre eine Ihrer Phantasien). Eine Lampe mit Dimmer ist perfekt. Kerzen sind zwar romantisch, aber wenn Sie welche aufstellen, dann bitte so, dass Sie sich im Eifer des Gefechts keine Sorgen machen müssen, das Bettzeug in Flammen zu setzen. Ein schönes Extra wäre ein Spiegel: Ob Sie ein großes, antikes Stück aufstellen oder Ihr Kleiderschrank verspiegelte Türen hat – Sie werden beide Spaß daran haben, sich beobachten zu können.

Es muss nicht eigens erwähnt werden, dass Sie etwaige Fotos im Raum sorgfältig auswählen sollten. Nichts törnt schneller ab, als im Bann der Leidenschaft plötzlich auf ein Foto des Ex zu starren. Oder zum Beispiel auch der Oma. Verheiratete oder fest liierte Paare können nach dem Feng-Shui in ihrer Beziehungsecke (normalerweise im Südwesten) ein Bild von sich aufstellen. Das hat nichts mit Narzissmus zu tun. Um gut in der Liebe zu sein, braucht man Selbstvertrauen. Und das erwirbt man, indem man die wichtigste Beziehung von allen hegt und pflegt: die Beziehung zu sich selbst.

10 Februar

Viktorianische Erotika

Sie sind auf der Suche nach Inspiration, um das Feuer der Lust zu schüren? Erotische Literatur finden Sie heutzutage in beinahe jeder Buchhandlung. Zur viktorianischen Zeit jedoch machten Klassiker wie »The Pearl« und »My Secret Life« nur unter der Hand die Runde, aber das mit großem Erfolg. »The Pearl«, eine in London herausgegebene Sammlung von erotischen Kurzgeschichten, Reimen und Serien-Romanen, startete im Juli 1887 mit seinem ersten Heft und hielt sich eineinhalb Jahre lang, bis der Verleger die Produktion aus Geldmangel einstellen musste. Mag sein, dass die Texte keine literarischen Auszeichnungen verdienen und alles andere als politisch korrekt sind, aber was in »The Pearl« zu lesen steht, ist direkt, frivol und zweifellos scharf. Dies sollte Anreiz genug sein, auch mal einen Blick in den Klassiker »Viktorianische Ausschweifungen« zu werfen, oder?

Das Schöne an erotischer Literatur, und ganz besonders an den klassischen Erotika: Sie erlauben uns, uns gefahrlos mit Situationen und Praktiken auseinanderzusetzen, mit denen wir im realen Leben womöglich niemals etwas zu tun haben wollten. Meine Freundin Alex, Mitte 20, Akademikerin, glücklich verheiratet, hat einen geheimen Stapel mit viktorianischen Werken, in denen sie liest, während sie sich selbst befriedigt. »Ich mag besonders Geschichten von Orgien, obwohl ich zugeben muss, dass mich die *Vorstellung*, bei so etwas mitzumachen, mehr anmacht als die Idee, *tatsächlich* dabei zu sein«, sagt sie. Wie alle lesenswerten Bücher können uns auch gute Erotika in den Genuss der wildesten Erfahrungen bringen, ohne dass wir das chaotische Treiben, die unangenehmen Gerüche und das emotionale Minenfeld des realen Lebens in Kauf nehmen müssten. Machen Sie es sich an diesem kalten Februarabend mit einem wunderbar schmutzigen Buch aus der guten alten Zeit gemütlich und schauen Sie, wohin es Sie entführt.

11 Februar

Stellung der Woche: Eindringen von hinten, liegend

Eine ausgesprochen süße *Doggie*-Variante ist die im Liegen. Sie liegen flach auf dem Bauch, und er ist auf Ihnen und schiebt seinen Penis zwischen die Pobacken und leicht gespreizten Beine in Sie ein. Wenn er den Rücken durchdrückt und sich mit Händen und Ellbogen abstützt, kann er Sie tiefer penetrieren. Wenn Sie sich ein Kissen unter die Hüften schieben, erleichtern Sie Ihm den Zugang zu Ihrer einladenden Vulva und verhindern, dass sein bestes Stück wieder herausrutscht. Ermuntern Sie ihn, Ihnen Schultern und Nacken zu küssen. Vielleicht haben Sie auch Lust, an einem seiner Finger zu saugen, um die erotische Spannung zu erhöhen.

Zwar wird in dieser Stellung Ihr G-Punkt intensiv stimuliert, doch ihr Nachteil ist, dass keiner von Ihnen an Ihre Klitoris herankommt. Dem können Sie aber leicht abhelfen, indem Sie einen Vibrator unterlegen. Wie fühlt sich das wohl an, wenn er Sie gleichzeitig von hinten nagelt?!

In alten heiligen erotischen Schriften findet diese Stellung unter den unterschiedlichsten Namen Erwähnung – von der *Elefantenstellung* im »Kamasutra« zur bildhaften *Zikade auf dem Bogen* im »T'ung Hsüan Tzu«. »Der duftende Garten« dagegen spricht schlicht von *Koitus von hinten,* der *einfachsten aller Methoden*.

Ein Blick in die Geschichte: Geburtstagskind des Tages ist Virginia Eshelman Johnson (*1925), die US-amerikanische Wissenschaftlerin, die gemeinsam mit William Masters das Sexualverhalten des Menschen erforscht und dazu 1966 das bahnbrechende Werk »Die sexuelle Reaktion« veröffentlicht hat.

12 Februar

Verführen Sie sich selbst

An einem kalten Winterabend kann Ihnen ein wenig Selbstverführung ordentlich einheizen. Sie sollten es aber nicht dabei belassen, sich einfach mit einer Hand zwischen den Beinen aufs Bett zu fläzen. Becircen Sie sich nach allen Regeln der Kunst! Wenn Sie einen Kamin haben, machen Sie ein Feuer und bereiten Sie davor ein Lager aus weichen Decken und Kissen. Oder beziehen Sie das Bett mit der besten Wäsche, die Sie haben, und zünden Sie Kerzen an. Legen Sie das Telefon still und Ihre Lieblingsmusik für romantische Momente auf. Lassen Sie sich ein schönes, heißes Bad ein, und trinken Sie ein Glas Wein oder eine Tasse dampfenden Tee. Schmökern Sie in Ihrer Sammlung erotischer Bücher. Machen Sie, was immer Sie brauchen, um sich in Stimmung zu bringen.

Wenn Sie zur Sache kommen, vergessen Sie das Vorspiel nicht. Massieren Sie sich die Brüste. Spielen Sie mit Ihren Nippeln. Streichen Sie sich mit den Händen über Bauch und Innenschenkel. Massieren Sie Ihren Venushügel und den äußeren Schambereich. Benetzen Sie einen Finger mit Ihrem eigenen köstlichen Saft und arbeiten Sie sich langsam zu Ihrer empfindlichen Rosenknospe vor. Sobald Sie bei dem inzwischen erigierten Kitzler angekommen sind, bringen Sie sich mit Ihrer bevorzugten Methode zum Höhepunkt. Welche das ist? Nun, Sie haben ein ganzes Jahr Zeit, die verschiedensten Techniken auszuprobieren.

Wenn Sie noch keinen Orgasmus bekommen haben, rennen Sie ihm nicht hinterher. Er soll den Weg zu Ihnen finden. Lassen Sie sich Zeit, Ihren Körper kennenzulernen. Vergessen Sie nicht: Ihre heutige Aufgabe lautet, sich selbst zu verführen. Heute dreht sich alles um Sie, in Ihrem ganz persönlichen Tempo.

13 Februar

Gekonnt mit Düften spielen

Lassen Sie bei der Gestaltung Ihres Liebesnests nicht den Geruchssinn außer Acht! Düfte üben in vielerlei Hinsicht eine intensive Wirkung auf uns aus – auch in erotischer. In einer 1998 veröffentlichten US-Studie zur Erforschung des Geruchs- und Geschmackssinns wurde herausgefunden, dass die Duftkombination von Lavendel und Kürbispastete den Blutandrang im Penis um vierzig Prozent erhöht!

Ob im Haus oder auf der Haut – gehen Sie mit Düften stets sparsam um! Tupfen Sie Ihr Lieblingsparfum ans Handgelenk, auf den Nacken und in die Kniebeugen. Ihr Körper interagiert mit den Aromastoffen, so dass daraus ein ganz eigener Duftcocktail entsteht, der Ihren Liebsten an Sie erinnert, selbst wenn Sie gar nicht da sind. (Ich kann nicht am Schrank meines Mannes vorbeikommen, ohne an ihn zu denken, weil seiner Kleidung dieser herrlich männliche Duft seines Aftershaves entströmt.) Ihr Liebster soll Ihren Duft mit Sinnlichkeit, nicht mit Niesattacken assoziieren. Das Gleiche gilt für Kerzen, Räucherstäbchen und Ähnliches. Ein Hauch ist völlig genug.

Was das Tragen von Parfum anbelangt: Es könnte sein, dass Ihr Lover den Duft Ihres frisch gewaschenen Körpers pur am erregendsten findet. Unterschätzen Sie nicht die Wirkung der Pheromone. Die Forschung hat gezeigt, dass diese durch die Luft schwirrenden chemischen Signalstoffe auch auf Menschen ihre Wirkung nicht verfehlen. Warum sollten Sie das Instrumentarium verstecken, das die Natur Ihnen geschenkt hat, um einen Partner anzuziehen? Mag sein, dass Sie ihn nicht unbedingt nach einem zweistündigen Kickbox-Training an sich schnuppern lassen möchten. Aber wer weiß? Manchmal ist nichts so gut wie heißer, schweißtriefender, ungeschminkter Sex. Wenn Sie das nächste Mal dabei sind, schließen Sie die Augen und konzentrieren Sie sich auf das erotische Duftbouquet.

14 Februar

Erotischer Valentinsgruß

Der Valentinstag ist das Fest der Liebe. Hier eine Idee für ein ausgefallenes Fest unter Ausschluss der Öffentlichkeit.

Verwandeln Sie Ihr Wohnzimmer zunächst in eine erotische Spielwiese – mit Kaminfeuer oder Kerzen und einem weichen Lager aus Decken und Kissen. Stellen Sie all Ihre Lieblingsgetränke bereit und zaubern Sie ein romantisches Essen. Richten Sie die Speisen auf einem Tischtuch an und füttern Sie sich gegenseitig mit Häppchen. Sie können sich entscheiden, was Sie tragen möchten: Ihr schärfstes Outfit oder gar nichts …

Nun kommen wir zur Hauptattraktion des Abends. Nehmen Sie sich eine Viertelstunde Zeit, um so viele *sexuelle Gunstbeweise* auf kleine Zettel zu schreiben, wie Ihnen beiden einfallen. Es kann sich dabei um Wünsche an Ihren Partner ebenso wie um Dinge handeln, die Sie selbst für den anderen tun könnten. (Bleiben Sie fair. Schreiben Sie nichts auf, von dem Sie wissen, dass der andere es nicht mag.) Falten Sie die Zettel und legen Sie sie in ein Gefäß (nicht mischen, jeder hat ein eigenes Gefäß!). Und nun darf jeder abwechselnd beim anderen einen Zettel ziehen. Allein die Vorfreude wird Sie beide ganz verrückt machen!

Sollten Sie den Abend allein verbringen, gibt es keinen Grund, warum Sie ihn nicht trotzdem in romantischer Atmosphäre genießen sollten. Nutzen Sie den Anlass einfach, um Dinge zu tun, an denen Ihr HERZ hängt – egal, ob Sie sich nun Ihren Lieblingsfilm anschauen, sich Ihr Lieblingsessen gönnen, sich in einen Roman vertiefen oder sich beim Solospiel vergnügen!

15 Februar

Lupercalia

Im alten Rom wurde an diesem Tag das eindeutig nicht jugendfreie Reinigungs- und Fruchtbarkeitsfest *Lupercalia* gefeiert, was bedeutete: ausschweifende Festgelage, Tieropfer und schließlich Schläge für die jungen Frauen – die sich diese aber gern gefallen ließen, denn sie erhofften sich so mehr Fruchtbarkeit und eine leichtere Geburt.
Unser heutiger Valentinstag wirkt im Vergleich dazu doch ziemlich blass, finden Sie nicht?
Feiern wir eine moderne Version dieses alten Rituals. Diese kleine Geschichtslektion war lediglich ein Vorwand, um den Gedanken von *Liebesklapsen* an Sie heranzutragen. Wir reden hier nicht etwa von handfestem SM. Was wir meinen, ist ein leichter, schneller Klaps auf die fleischigste Stelle am Po Ihres Lovers. Verabreichen Sie ihn während des Aktes, wenn er in *Missionarstellung* auf Ihnen liegt, und ziehen Sie ihn dabei fest an sich. Oder bitten Sie Ihn, das Gleiche bei Ihnen zu tun, während Sie es im *Doggie*-Stil treiben. Und zum Teufel mit den Hemmungen: Sie können ihm sogar sagen, er soll Ihren Arsch mit seinem erigierten Schwanz peitschen. Wie finden Sie das? Wild, sexy und herrlich ordinär?
Wenn Sie nichts damit anfangen können, überspringen Sie diesen Teil einfach, aber vielen Leuten bringen solche *Liebesklapse* eine enorme erotische Spannung. Ob es daran liegt, dass diese Körperzone während des Sex sensibilisiert ist oder die Geste an alte, vergrabene Gefühle von Macht und Bestrafung, Erlaubnis und Tabu stößt, kann jeder nur für sich selbst beantworten. Versuchen Sie nicht, zu viel darüber nachzugrübeln. Stellen Sie sich lieber vor, wie ein halbnackter Adonis Sie leicht mit einem weichen Lederband peitscht – und genießen Sie es!

16

Februar

Hören Sie hin!

Um Ihr erotisches Potenzial zu steigern, sollten Sie sich auch mit Ihrem Gehörsinn befassen. Wie mein Kollege David Ramsdale in unserem gemeinsamen Buch »Red Hot Tantra« schreibt: »In unserer Kultur neigen wir dazu, Klänge und Musik in den Hintergrund zu verbannen – im Aufzug, im Auto, in Kino- und Fernsehfilmen. In der Liebe aber spielen akustische Reize direkt hinter den optischen die zweitwichtigste Rolle. Oft liegen hier die Auslöser, die unser Gehirn zur Schärfung der erotischen Reaktion braucht.« Wenn Sie das nächste Mal mit Ihrem Liebsten im Bett sind, hören Sie einmal genau hin. Eines ist gewiss: Sie werden den Sex kaum als grandioses sinnliches Highlight erleben, wenn der im Hintergrund laufende Fernseher die Geräuschkulisse dazu liefert.

Finden Sie heraus, welche Art von Musik Sie in Stimmung bringt. Rock'n'Roll? Meditationsmusik? Klassik? Wie wäre es mit den exotischen, mystischen Klängen eines indisch inspirierten Stücks? Stellen Sie sich eine Auswahl mit Ihren Lieblingsstücken für romantische Anlässe zusammen und achten Sie dabei unbedingt auf eine ausreichend lange Spieldauer. Sie haben doch bestimmt keine Lust, sich um neue Musik zu kümmern, wenn Sie kurz vor dem Höhepunkt Ihrer eigenen privaten Symphonie angelangt sind?

Und wo wir schon dabei sind: Wenn Sie für romantische Stimmung sorgen wollen, dann schalten Sie um Himmels willen den Lautsprecher Ihres Anrufbeantworters aus und deaktivieren Sie die Telefonklingel.

17 Februar

Ein paar Häppchen für zwischendurch

Vergessen Sie im Schlafzimmer nicht die Gaumenfreuden! Stellen Sie ruhig ein Glas Ihres Lieblingsweins oder -sekts bereit, um Ihren Durst zu stillen. Denken Sie aber daran, dass Alkohol dämpfend auf die Libido wirkt und zu viel davon bei Mann und Frau die sexuelle Reaktionsfähigkeit beeinträchtigt. Heben Sie sich die flüssigen Genüsse also für nachher auf. Empfehlenswert ist, eine Karaffe oder ein Glas mit Eiswasser griffbereit zu haben. Zum einen ist das natürlich ein guter Durstlöscher. Und zum anderen eignen sich die Eiswürfel für allerhand aufregende Spiele.

Auch ein paar Häppchen sind gut, damit Sie sich während längerer Sex-Sessions zwischendrin stärken können. Füttern Sie sich gegenseitig mit in Schokolade getauchten Erdbeeren oder frisch aufgeschnittenen Kiwischeiben. Träufeln Sie klebrige Schokoladensauce auf Ihre Brüste und zeichnen Sie damit eine Linie über Ihren Bauch hinunter bis zum Schamhaar. Die soll er dann ablecken. Vergessen Sie nicht, Servietten oder Handtücher bereitzulegen. Zwar kann Essen erotisch sein, Krümel im Bett sind es aber sicher nicht. Richten Sie die kulinarischen Köstlichkeiten auf einem schlichten Tablett an, das Sie zur Seite stellen können, wenn Sie es nicht mehr brauchen und Sie wieder zur schönsten Sache der Welt kommen wollen.

Wenn Sie essen, dann schlingen Sie es nicht einfach hinunter. Konzentrieren Sie sich ganz auf den Geschmack. Ihr Lover soll sehen, wie Sie jeden einzelnen Bissen genießen – genau so nämlich genießen Sie alles an ihm.

18

Februar

Stellung der Woche: Eindringen von hinten, sitzend

Dies ist eine wunderbare Position, um Ihrem Lieblingsstuhl die Feuertaufe zu geben. Achten Sie nur darauf, dass er auch solide genug gebaut ist! Ihr Lover soll darauf Platz nehmen, Sie sitzen auf seinem Schoß. Das Besondere daran ist natürlich, dass Sie beide splitterfasernackt sind. Lassen Sie sich vorsichtig auf seiner Erektion nieder und umklammern Sie seine Oberschenkel mit den Beinen. (Sie können die Beine auch zwischen seinen haben, aber damit reduzieren Sie Ihre Bewegungsfreiheit.) Er kann sich in dieser Stellung kaum rühren, also liegt die Initiative bei Ihnen. Verändern Sie das Tempo, während Sie auf und ab gehen, vor und zurück schaukeln oder die Hüften schwingen. Wenn er nicht von allein auf die Idee kommt, führen Sie seine Hände an Ihre Nippel und Klitoris. Sie können auch mit seinem Hodensack spielen und das laszive Gefühl genießen, seine steinharte Erektion in sich zu spüren.
Das »T'ung Hsüan Tzu« nennt diese Stellung *Die Geiß und der Baum*, aber *Die Königin und ihr Thron* klingt noch viel lustiger!

Ein Blick in die Geschichte: Heute hat Helen Gurley Brown (*1922) Geburtstag. Sie ist Herausgeberin des revolutionären Frauenmagazins »Cosmopolitan« und Autorin von »Sex und ledige Mädchen« (1962).

19 Februar

Eindringen von hinten, solo

Es gibt keinen Grund, warum Sie die Vorzüge des Eindringens von hinten nicht auch ohne Partner genießen sollten. Begeben Sie sich auf alle viere und führen Sie sich zur Simulation eines eindringenden Penis von hinten die Finger, einen Dildo oder Vibrator ein. Als Variante können Sie auch ausprobieren, sich flach auf den Bauch zu legen und einen eingeschalteten Vibrator an Ihren Liebesknopf zu halten, während Sie sich selbst *nehmen*. Um nach hinten zu greifen, wählen Sie besser den Weg zwischen den Beinen hindurch. Auf diese Weise können Sie Ihre Finger nach unten krümmen und kommen besser an Ihren G-Punkt heran. Verändern Sie Tempo und Druck, um herauszufinden, was Sie am heißesten macht.

Wenn Sie einen Dildo mit Saugvorrichtung haben (mehr zu Dildos am 13. und 14. November), ergeben sich noch weitere Spielvarianten. Befestigen Sie das Teil an einer senkrechten Fläche, schmieren Sie es gut mit Gleitgel ein, legen Sie sich Kissen unter die Knie und schieben Sie ihn sich von hinten ein. Halten Sie einen Augenblick still, um das Gefühl des Ausgefülltseins zu genießen. Wenn Sie anfangen, sich zu bewegen, freuen Sie sich darüber, dass allein Sie es in der Hand haben, wie schnell und tief die Stöße sein sollen. Manche lebensechten Dildos haben sogar Hoden – weiche Kissen, die Ihre Stöße abfedern. Egal, ob Sie es sich gleichzeitig von vorne mit einem Vibrator oder den Fingern machen – Hauptsache, Sie kommen auf Ihre Kosten!

20 Februar

Das Sternzeichen Fische

Menschen, die zwischen dem heutigen Datum und dem 20. März Geburtstag haben, gehören zu den Fische-Geborenen, deren Charakter als fürsorglich und sensibel, mitfühlend und künstlerisch beschrieben wird. Wenn Sie mit einem Fisch liiert sind, können Sie sich glücklich schätzen: Diese sanften, verträumten Versorgertypen sind großartige Liebhaber. Um ihn zu verführen, sollten Sie an sein Faible für Phantasiewelten und Romantik appellieren. Servieren Sie ihm ein dekadentes Mahl, lassen Sie ein heißes Bad ein und beziehen Sie das Bett mit den weichsten Laken, die Sie haben. Wenn Sie selbst Fisch sind, bitten Sie ihn, das Gleiche für Sie zu tun (und Ihnen als kleines Extra noch eine nette Massage zu geben).

Selbst wenn Sie keine Bindungen zu einer dieser charmanten empfindsamen Seelen haben, können Sie sich heute von der phantasievollen Ader des Fischs inspirieren lassen. Versuchen Sie, eine Ihrer Lieblingsphantasien zu Papier zu bringen, und gucken Sie, was passiert. Der Akt des Schreibens hat eine unglaubliche kinästhetische Wirkung. Wenn Sie dies mit der Macht Ihrer verborgenen Phantasiewelt paaren, ist der Boden für höchst erotische Erfahrungen bereitet. Machen Sie sich keine Gedanken über die literarische Qualität. Beurteilen Sie nichts. Schmücken Sie Ihre Phantasie so detailliert aus, wie Sie mögen: Das Großartige an diesem Spiel ist, dass Sie komplette künstlerische Freiheit haben. Wenn Sie fertig sind (und nur für den Fall, dass Sie nicht schon selbst auf die Idee gekommen sind), lesen Sie sie, während Sie es sich selbst besorgen, und bringen Sie sich so in den Himmel der Ekstase. Tauchen Sie in Ihre erotische Traumwelt ein. Dann bewahren Sie den Text an einem sicheren Ort auf oder, wenn Ihnen das lieber ist, vernichten Sie ihn. Keine Angst: Wo das herkommt, wartet noch mehr! Unsere Phantasien sind ein unerschöpflicher Quell an erotischem Material.

21 Februar

Legen Sie ein erotisches Tagebuch an

Heute ist der Geburtstag von Anaïs Nin (1903–1977), der französischen Schriftstellerin, die vor allem durch ihre Tagebücher »Trunken vor Liebe« und »Nächte unterm Venusmond« berühmt geworden ist. Ihre Werke »Das Delta der Venus« und »Die verborgenen Früchte« enthalten mit die besten – und heißesten – erotischen Erzählungen, die je geschrieben wurden.

Legen Sie heute zu Ehren von Nin ein eigenes Tagebuch an. Es wird Ihnen helfen, Ihre eigenen sexuellen Vorlieben und Abneigungen besser kennenzulernen. Mein Kollege David Ramsdale beschreibt dies in unserem gemeinsamen Buch »Red Hot Tantra« sehr anschaulich, und wie sagt er so schön: »Wie können Sie sagen, was Sie gern hätten, wenn Sie selbst nicht wissen, was das ist?« Notieren Sie in Ihrem Tagebuch, in welchem Ambiente Sie sich geliebt haben, in welcher Stimmung Sie dabei waren, welche Erwartungen Sie hatten, welche Techniken Sie angewandt haben oder ob Sie einen befriedigenden Orgasmus hatten. Nehmen Sie das Ganze mit Humor. Und wer weiß? Wenn Sie Ihre Erlebnisse ein Jahr später noch einmal lesen, törnt Sie das vielleicht gleich wieder an.

Ihr erotisches Tagebuch ist ein guter Platz, um festzuhalten, was aus Ihren erotischen Vorsätzen geworden ist. Haben Sie in letzter Zeit irgendetwas Neues ausprobiert, was Ihnen besonders gefallen oder missfallen hat? Nutzen Sie Ihr Tagebuch als Möglichkeit, um Ihr sexuelles Engagement zu vertiefen.

Ein Blick in die Geschichte: Nins Affäre mit dem Schriftsteller Henry Miller und ihre Hingezogenheit zu dessen Frau June wurde 1990 in dem Kinofilm »Henry & June« thematisiert – einer der ersten Filme, die von der Selbstkontrolle der US-amerikanischen Filmwirtschaft als nicht jugendfrei eingestuft wurden.

22 Februar

Tantra für Anfänger

Wenn man im Westen das Wort *Tantra* hört, denken viele an esoterische Sexualpraktiken, mit deren Hilfe man es stundenlang treiben kann. In Wirklichkeit verbirgt sich hinter dem Begriff ein Regelwerk von 1000 Jahre alten hinduistischen und buddhistischen Religionspraktiken und -ritualen. Und ja, manche dieser Rituale sind sexueller Natur. Aber selbst die zielen weniger darauf ab, seine Praktiker (die sogenannten *Tantriker*) zu erotischen Höchstleistungen zu befähigen, als die in jedem Menschen ruhenden sexuellen Energien auf sichere Weise zu erwecken. Der Grundgedanke dabei ist, dass wir im Augenblick des Orgasmus für kurze Zeit mit dem Göttlichen in Verbindung treten. Einfach ausgedrückt: Wir erfahren Erleuchtung. Wenn Sie je einen Orgasmus als überirdisch beschrieben haben, liegen Sie gar nicht so falsch.

Diese kleine Einleitung kann natürlich dem Tantra nicht gerecht werden. Wenn Sie Interesse haben, gibt es zahlreiche Bücher auf dem Markt. Heute aber wollen wir ein ganz einfaches *tantrisches Ritual* ausprobieren. Legen Sie sich in bequemer Haltung auf Ihr Bett, das Sofa oder auch auf den Boden. Schließen Sie die Augen, lassen Sie Ihre Gedanken los und achten Sie auf Ihren Atem. Zählen Sie beim Einatmen bis sechs und beim Ausatmen bis drei. Während Sie so atmen, fangen Sie an, sich selbst zu befriedigen. Forcieren Sie weder Ihren Atem noch Ihre Lust. Achten Sie einfach auf die Empfindungen in Ihrem Körper. Spüren Sie ein Kribbeln? Wärme? (Hinweis: Falls Ihnen schwindelig wird, HÖREN SIE AUF!) Nach sieben bis zehn Minuten kehren Sie zur normalen Atmung zurück. Und wenn Sie möchten, können Sie sich jetzt zum Orgasmus bringen …

Dies ist eine ganz einfache *Pranayama*- oder Atemübung, die Ihr Energieniveau heben und Ihre Konzentration verbessern kann. Versuchen Sie sie auch gemeinsam mit Ihrem Partner!

23 Februar

Reizentzug

Hier eine erotische Übung, die Ihnen hilft, sich ganz auf den Tastsinn zu konzentrieren: Verbinden Sie sich abwechselnd die Augen, während Sie sich lieben. Das Fehlen jeglicher visuellen Stimulation zwingt Sie dazu, sich auf Ihre anderen Sinne zu verlassen. Machen Sie es ein wenig wie beim *Zen*. Wenn Ihre Gedanken wandern, holen Sie sie zu dem zurück, was Sie im Hier und Jetzt spüren.

Achten Sie auf die Empfindungen Ihres Körpers. Wie fühlt sich der Mund Ihres Liebsten auf dem Ihren an? Wie fühlen sich seine Lippen an, wenn sie über Ihre Brüste, Ihren Bauch, Ihren Schambereich streichen? Wie fühlt sich seine Haut auf der Ihren an? Wo ist er behaart? Wo ist die Haut glatt? Was riechen Sie? Zeichnen Sie die Konturen seines Körpers mit Ihren Fingerspitzen nach, und wenn er an der Reihe ist, soll er das Gleiche bei Ihnen machen. Wie fühlt sich Ihre Haut an, wenn er Sie stößt? Was empfinden Sie im Augenblick des Orgasmus? Wenn Sie noch mutiger sind, verwenden Sie zusätzlich Ohrstöpsel. Noch nie haben Sie sich beim Sex so auf Ihre körperlichen Empfindungen konzentriert!

Diese Übung wird Ihnen ein besonderes Gefühl für Oberflächenstrukturen geben. Wenn Sie sich verführerisch kleiden, gilt vor allem ein Kriterium: Alles muss weich sein. Kaschmir, Seide, Nappa- und Wildleder, Samt … Alles, was Ihr Schatz gern anfasst, steht oben auf der Skala. Vermeiden Sie Kleidungsstücke, die Sie in Ihrer Bewegungsfreiheit einschränken oder kratzig sind. Und auch alles, in dem Sie schwitzen – es sei denn, Sie planen ohnehin nicht, das Teil lang anzuhaben.

24 Februar

Karnevalistische Umtriebe

All die Feste und Umzüge zur Karnevalszeit sind sowieso nur eine einzige große Ausrede, um es vor den Entbehrungen der Fastenzeit noch einmal so richtig krachen zu lassen. Die exakten Daten variieren von Jahr zu Jahr und Ort zu Ort, aber für uns ist heute Karneval. Was wäre die Narrenzeit ohne all die vielen leuchtend bunten, phantasievollen Kostüme? Und so steht natürlich auch für Sie heute eine erotische Maskerade auf dem Programm.

Eine Maske zu tragen erlaubt es uns, in eine andere Identität zu schlüpfen, mit neuen Rollen und Charakteren zu experimentieren und unsere Phantasien in einem geschützten Rahmen auszuleben. Wenn Sie sich im Hinblick auf erotische Verkleidungen inspirieren lassen wollen, schauen Sie sich Filme wie »Henry & June« oder »Eyes Wide Shut« an. Experimentieren Sie zunächst im stillen Kämmerlein mit Masken und Rollenspielen. Setzen Sie eine Maske auf und spüren Sie, was passiert. Fühlen Sie sich ungehemmter, freier, wilder? Schauen Sie sich im Internet auf Seiten wie *www.lalalingerie.com* oder *www.maskworld.com* die Auswahl an wunderschönen, erotischen Masken an. Oder schauen Sie sich in einem Kostümladen um.

Aber begnügen Sie sich nicht mit einer Maske! Ziehen Sie auch ein erotisches Outfit an, und überraschen Sie so Ihren Schatz. Schmücken Sie sich mit Federn und Perlen. Oder besser noch: Kaufen Sie sich Körperfarben und malen Sie sich gegenseitig an. Verwandeln Sie einander in einen gefleckten Leoparden oder eine Waldnymphe und schauen Sie, ob dabei das Raubtier in Ihnen erwacht. Und stellen Sie sich vor, wie viel Spaß es machen wird, sich die Kriegsbemalung gegenseitig zu verschmieren.

25 Februar

Stellung der Woche: Ein lustvoller Gebetsteppich

Heute ist eine amüsante Variante des Eindringens von hinten an der Reihe. Ihr Partner kniet hinter Ihnen, mit dem Po auf den Fersen. Sie sitzen so vor ihm auf den Fersen, dass Ihre Fußsohlen seine Knie berühren. Lehnen Sie sich vor und stützen Sie sich auf die Unterarme. Der Anblick, den Sie ihm präsentieren – Ihr köstliches Hinterteil und die *Blütenblätter Ihrer Labia*, die zwischen den Pobacken herausblitzen –, ist einfach unwiderstehlich. Wenn er in den Kniestand hochkommt, um in Sie einzudringen, stützen Sie sich auf den Händen auf. Wenn Sie sich ein oder zwei Kissen unter die Wange schieben, haben Sie eine Hand frei, um Ihre Klitoris zu streicheln. Oder auch, um seine Hand zu Ihrem süßen Knopf zu führen. Wenn Sie das Ganze vor dem Spiegel machen, birgt das einen zusätzlichen erotischen Reiz.
Um die Reibung an seinem Glied zu erhöhen, halten Sie Knie und Oberschenkeln zusammen – und beten Sie, dass er lange genug durchhält!

26 Februar

Die Macht der Berührung

Es geht nichts über das Ritual einer liebevollen Massage! Durch den schlichten Akt der Berührung, durch das Gefühl von Haut an Haut, kann die Spannung und Erregung gesteigert werden. Wie meine Freundin Jane sagt: »Für mich ist eine Massage immer ein Schlüssel für guten Sex. Ein zarter und doch harter Griff und das Aroma des Massageöls machen mir Lust und geben mir ein Gefühl von Wärme, Geborgenheit und tiefer Zufriedenheit.«

Sie brauchen keine Kurse zu besuchen, um gut massieren zu können. Sorgen Sie mit Kerzenlicht, Entspannungsmusik und vielen Kissen für ein angenehmes Ambiente. Legen Sie genügend Handtücher bereit – nicht nur, um überschüssiges Öl wegzuwischen, sondern auch, um Ihren Partner zuzudecken, wenn ihm kalt wird. Wärmen Sie zunächst Ihre Hände. Legen Sie diese dann zunächst sanft auf seinem Körper auf, um sich zu zentrieren und mit ihm Verbindung aufzunehmen. Bitten Sie ihn, dabei gleichmäßig und ruhig zu atmen.

Am besten, Sie führen die Massage im Liegen durch. Streichen Sie ihm zunächst mit der flachen Hand in langen, gleitenden Bewegungen vom Po an beiden Seiten der Wirbelsäule entlang nach oben und dann wieder nach unten. Wiederholen Sie diese kreisende Bewegung mehrmals. Beginnen Sie mit leichten Berührungen und steigern Sie nach und nach den Druck. Sobald er entspannt ist, können Sie anfangen, sich eine Körperzone nach der anderen vorzunehmen. Viele Menschen sind vor allem im Bereich von Nacken und Schultern verspannt, widmen Sie dieser Region also besondere Aufmerksamkeit. Setzen Sie Ihr Körpergewicht ein, wenn Sie seine Muskeln durchkneten, um etwaige Knoten zu lösen, besonders unter den Schulterblättern. Nehmen Sie sich Zeit und reden Sie möglichst nur, um zu fragen, ob es ihm so oder so angenehm ist. Streichen Sie zum Abschluss der Massage seinen ganzen Körper mit leichten Bewegungen der flachen Hände aus.

27 Februar

Sinnliche Massage

Wenn Ihr Massageritual nicht rein der Entspannung dient, sondern Sie erotisch in Fahrt bringen soll, können Sie die Sinne Ihres Liebsten mit den im Folgenden beschriebenen Energetisierungstechniken wecken: Arbeiten Sie beim Durchkneten seiner Muskeln mit schnellen statt langsamen, tiefen Griffen. Schnelle Handkantenschläge den Rücken entlang nach unten lösen feste Knoten und tonisieren gleichzeitig die Muskulatur. Wenden Sie diese trommelnden Bewegungen an den muskulösen, griffigen Körperstellen an; knochigere Bereiche behandeln Sie stattdessen mit den Fingerspitzen. Bearbeiten Sie seine Kopfhaut mit kreisenden Bewegungen der Fingernägel. Das fühlt sich wirklich toll an!

Dann gehen Sie von festen zu fedrigen Streichbewegungen über. Beginnend mit der Kopfhaut, lassen Sie die Finger an seinem Körper entlang nach unten gleiten: um die Ohrläppchen herum, den Nacken entlang, über die Innenseiten der Arme, über die Brust, den Bauchnabel, die Innenseiten der Ober- und Unterschenkel bis hin zu den Zehen. Necken Sie seinen Penis, indem Sie kaum spürbar darüberstreichen. Lassen Sie die Berührungen immer leichter werden, bis Sie kaum noch in Kontakt mit seiner Haut kommen. Dann spüren Sie, wie die Energie zwischen Ihnen pulsiert! Wenn Sie echte Straußen- oder Pfauenfedern haben, können Sie sie jetzt gut gebrauchen! Streichen Sie ihm damit ganz, ganz leicht über die Haut. Er wird vor Erwartung beben!

Auch Genitalien brauchen Entspannung

Ist Genitalmassage nicht bloß ein anderes Wort für Masturbation? Nein! Genitalmassage hat einen therapeutischen Hintergrund. Sie soll Verspannungen in diesem Bereich auflösen, damit Sie den Sex noch mehr genießen können. Haben Sie je vom Muskelgedächtnis gehört? Dies meint, dass unser Körper in der Lage ist, Erlebtes abzuspeichern – erlernte Bewegungsabläufe oder auch Belastungsmomente. Gleiches gilt für unsere Genitalien: Sie merken sich nicht nur angenehme Momente von Anziehung und Ekstase, sondern auch negative Erlebnisse wie Ablehnung und Zurückweisung.

Sie können sich selbst die Genitalien massieren. Wärmen Sie die Hände an, und bevor Sie anfangen, legen Sie sich eine Hand aufs Herz und die andere auf die Vulva. Arbeiten Sie sich dann ausgehend vom Nabel sanft in kreisförmigen Bewegungen zum Schambereich und den Oberschenkeln vor. Kneten Sie auf beiden Seiten gleichzeitig mit zarten Kneifgriffen erst die äußeren, dann die inneren Schamlippen durch. Legen Sie die Daumen beiderseits der Klitoris auf und arbeiten Sie sich in kleinen Kreisen die gesamte Vulva entlang. Seien Sie vorsichtig im Bereich der Harnröhrenöffnung, besonders wenn Sie Massageöl an den Händen haben. Schieben Sie einen Finger in die Vagina und arbeiten Sie erst den Bereich rings um die Öffnung mit sanftem Druck durch und setzen Sie dies nach innen hin fort. Lassen Sie sich Zeit und bleiben einen Moment liegen, um danach noch auf Ihre Emotionen reagieren zu können. Und sollten Sie erregt sein, tun Sie sich keinen Zwang an!

Schaltjahrbonus: Wenn dies ein Schaltjahr ist, gehen Sie nach der Genitalmassage einen Schritt weiter, indem Sie sich selbst befriedigen oder Sex mit Ihrem Partner haben. Achten Sie darauf, wie sich die Massage auf Ihre sexuellen Reaktionen auswirkt. Sind Sie entspannter? Kommen Sie leichter zum Orgasmus?

KAPITEL DREI

März

»Der März kommt wie ein Löwe und geht wie ein Lamm.«

Volksmund

Jeder von uns hat dieses alte Sprichwort wohl schon einmal gehört. In diesem Monat wollen wir sehen, wie viel Erotik sich dahinter verbirgt. In dieser Zeit können Sie lernen, Ihre innere Löwin zum Leben zu erwecken – jenes aufreizende Raubtier in Ihnen, das nur darauf wartet, losgelassen zu werden. Daneben werden wir uns zu Ehren des beginnenden Frühlings mit den Freuden eines sanften, unbeschwerten Liebesspiels befassen.

Wer Narzissen – die Blüten des Monats – verschenkt, bittet damit in der viktorianischen Sprache: »Erwidere meine Zuneigung.« Stellen Sie in Ihrer Wohnung Sträuße dieser Frühlingsboten auf, um sich daran zu erinnern, in dieser Zeit nicht nur Ihren Partner, sondern auch sich selbst zu lieben. Und das heißt, sich die Zuneigung zu sich selbst durch Selbstbefriedigung zu zeigen.

Wenn Sie sich noch mehr Gutes tun wollen, tragen Sie den Stein des Monats, den Aquamarin. Er soll Liebe und Ergebenheit bringen. Der Legende nach kann er sogar in einer langjährigen Ehe die Leidenschaft neu erwecken!

1 März

Lernen Sie Ihre innere Kali kennen

Die Hindu-Göttin Kali, Gefährtin von Gott Shiva, wird in der hinduistischen Mythologie als Königin der Nacht verehrt. Sie repräsentiert die dunkle Seite in uns, unsere geheimen Phantasien, unsere zwiespältige Faszination für alles Erotische und Verbotene. Kali ist die Personifizierung der rohen, ungezügelten, aggressiven sexuellen Leidenschaft. Sie ist ein königliches Luder – und sie lebt in jeder von uns und schreit danach, herausgelassen zu werden. Sie WILL, dass wir die Macht der sexuellen Ekstase in ALL ihren Formen ausleben.

Nehmen Sie sich heute Abend Zeit, um mit Ihrer inneren Kali Kontakt aufzunehmen. Während Sie sich selbst befriedigen, stellen Sie sich vor, sexuell allmächtig zu sein. Was würden Sie tun? Welche Art von erotischen Erfahrungen würden Sie haben, wenn es keinerlei Schamgefühle gäbe und Sie alle Fäden komplett in der Hand hätten? Wären Sie eine Herrscherin über Legionen von willigen Sklaven, die nach Ihrer Pfeife tanzen? Oder eine Domina, der die Männer zitternd zu Füßen liegen? Sollen Männer um Sie kämpfen und der Sieger Sie als Trophäe mit ins Bett nehmen? Während Sie sich dem Orgasmus nähern, malen Sie sich Ihre Wünsche im Detail aus. Nennen Sie die Dinge beim Namen! Ihr Kopf ist der ideale Ort, um erotische Machtphantasien auszuleben. Sie müssen es ja nicht im realen Leben tun. Und außerdem stehen die Chancen gut, dass Tausende anderer Mädels da draußen sehr viel extremere Phantasien haben als Sie. Kali sagt uns, dass selbst unsere allerfinstersten Phantasien ein Teil von uns sind. Lernen Sie sie kennen! Nutzen Sie die darin liegende Macht – für sich selbst!

2

März

Ein Ausflug auf die dunkle Seite

Nehmen Sie sich noch einen zweiten Tag, um Kalis Botschaft zu hören, und wagen Sie sich heute ohne Scham an Ihre verbotenen Phantasien heran!

Gestern haben wir mit dem Gedanken an die eigene Allmacht gespielt. Vielleicht gehen Ihre Phantasien aber in eine ganz andere Richtung: vielleicht sind Sie in Ihren Gedankenspielen devot und zurückhaltend; Vielleicht werden Sie sogar vergewaltigt. Es gibt so viele Frauen, die solche Phantasien haben, dass es keinen Grund gibt, sich dafür zu schämen. Wenn dies die Bilder sind, die in Ihnen aufsteigen, dann lassen Sie es zu – ganz besonders heute. Während Sie masturbieren – oder auch Sex haben – lassen Sie Ihren Geist zu Ihren wildesten, abgedrehtesten, abwegigsten Phantasien wandern. Sie treiben es mit einer kompletten Garnison berittener kanadischer Mounties? Oder Ihr Lover besorgt es Ihnen im Kino oral, während Sie von Fremden festgehalten werden? Ihr Kopf ist der sicherste Ort, um solchen Gedanken nachzuhängen, wie unerhört sie auch immer sein mögen.

Eine bunte erotische Vorstellungswelt ist gut fürs Wohlbefinden und birgt einen großen Spaßfaktor. Frauen aus Fleisch und Blut gehen darin ein und aus. Wie meine liebe Freundin Connie sagt: »Während ich masturbiere oder Sex habe, ist mir keine Phantasie zu abwegig, illegal oder unverantwortlich.« Ob der Anblick eines Trapezes, der Motorradfahrer, der Sie auf dem Parkplatz angelächelt hat oder das Bild einer Ketchup-Flasche – was immer Sie ins Nirwana befördert analysieren Sie es nicht, zerpflücken Sie es nicht, lassen Sie es einfach zu. Der menschliche Geist ist ein wunderbarer Filmprojektor, der uns alles zeigt, was uns wirklich auf Touren bringt.

Legen Sie heute Ihren erotischen Phantasien keinerlei Ketten an. Beurteilen Sei sich nicht! Wie Kali uns lehrt, ist sexuelle Lust etwas völlig Natürliches. Und Scham ist dabei völlig fehl am Platz.

3 März

Stellung der Woche: Frau oben

Diese Stellung wird nicht umsonst *Cowgirl* genannt. Männer gucken liebend gern zu, wie eine Frau sie reitet. Und Sie haben den Vorteil, das Tempo, den Rhythmus und den Stoßwinkel bestimmen zu können. Wenn Sie es gern haben, dass er ganz tief in Sie eindringt, können Sie sich auch das geben. Er liegt auf dem Rücken und kann den Anblick genießen: Ihre schönen Brüste, den Ausdruck ungezügelter Leidenschaft in Ihrem Gesicht und wie seine Erektion in Ihrer warmen, feuchten Schatzkammer verschwindet.

Springen Sie aber nicht einfach auf ihn drauf. Ergreifen Sie die Initiative, und bringen Sie ihn erst mit einem kleinen Frau-oben-Vorspiel in Fahrt. Besteigen Sie ihn mit Eleganz und bleiben Sie auf allen vieren, während Sie ihm mit den Haaren oder der Spitze Ihrer erigierten Nippel über den Körper streichen. Küssen Sie leidenschaftlich jeden Quadratzentimeter Haut, umfassen Sie dann seinen erigierten Penis mit einer Hand und streicheln Sie sich damit den Bauch- und Genitalbereich. Reiben Sie ihn gegen Ihre Klitoris. Benetzen Sie ihn mit dem Saft Ihrer feuchten inneren Schamlippen und Ihres Scheideneingangs. Necken Sie ihn, indem Sie sein Glied ein kleines bisschen in sich hineinschieben und dann wieder herausziehen. Wenn Sie es beide nicht mehr aushalten können, lassen Sie sich langsam, gaaaanz langsam auf seinem erwartungsvollen Schwanz nieder. Während Sie sich schnell und immer schneller auf ihm bewegen, lassen Sie ihn Ihren gut trainierten PC-Muskel spüren. Gib ihm die Sporen, Cowgirl!

Ein Blick in die Geschichte: Heute ist der Geburtstag der US-amerikanischen Schauspielerin Jean Harlow (1911–1937), die als *blonde Sexbombe* in die Filmgeschichte eingegangen ist.

4 März

Lauter, Mädel, ich kann dich nicht hören!

Ihre Stimme ist Ihr zuverlässigstes Instrument, um Ihnen sexuelle Befriedigung zu verschaffen. Wenn Ihnen gefällt, was gerade abgeht, lassen Sie sie hören! Und wenn Sie es nicht mögen, ist es umso wichtiger, dies zum Ausdruck zu bringen. Ob Sie es glauben, oder nicht: Die meisten Menschen können keine Gedanken lesen. Und es mag zwar eine ganz nette Form der Instruktion sein, seine Hand (oder ein anderes Körperteil) liebevoll an die richtige Stelle zu dirigieren. Aber es spricht auch nichts dagegen, ihm einfach zu SAGEN, dass Sie es gern ein bisschen weiter links hätten, wenn er etwa Ihre Klitoris reibt. Wahrscheinlich ist er froh, ein bisschen Anleitung zu bekommen.

»Reden, reden«, ist der Rat eines meiner männlichen Freunde. »Meine Freundin hat Schwierigkeiten, beim Geschlechtsverkehr zum Orgasmus zu kommen. Was sie braucht, ist direkte, massive Klitorisstimulation. Sie steht auch auf anale Stimulation und Penetration. Wenn ich nicht gefragt hätte, hätte ich keine Ahnung davon. Wir fragen uns dauernd gegenseitig, ob sie etwas gut findet oder was sie braucht.«

Werden Sie aber nicht gleich zum Feldwebel und üben Sie auch keine Kritik. Ein kleiner verbaler Hinweis, hervorgebracht in Ihrem sanftesten Schnurren, gefolgt von einem Seufzer des Entzückens – solche Instruktionen sind genau das Richtige für Ihren willigen Schüler.

Üben Sie also! Wenn Sie das nächste Mal mit Ihrem Schatz im Bett sind, sagen Sie ihm mindestens eine Sache, die er tun soll, um das Boot zum Schaukeln zu bringen. Wenn es etwas ist, das Sie sich schon immer gewünscht haben, aber nie auszusprechen wagten, verdienen Sie einen goldenen Stern! Und wenn er ins Schwarze trifft, teilen Sie es ihm mit. Ein atemloses »Ja! Genau da!« oder »Gut so!« – das sind die Worte, nach denen sich jeder Lover verzehrt.

5 März

Aussicht von oben

Da wir uns in diesem Monat mit den Frau-oben-Stellungen beschäftigen, wollen wir heute schauen, was Sie da oben alles tun können. Die gute Nachricht ist, dass Sie bestimmen, was abgeht. Sie können ihm die Hände links und rechts auf die Schultern legen oder das Kopfteil des Bettes umklammern, um einen besseren Halt zu haben. Sie können sogar seine Hände aufs Bett drücken, um ihm das Gefühl lustvoller Ohnmacht zu geben. Oder Sie können ganz einfach aufrecht sitzen. (Wenn Sie einmal Reitunterricht gehabt haben, denken Sie einfach ans *Leichttraben*.) Umschließen Sie seine Hüften fest mit den Schenkeln, während Sie sich auf und ab bewegen. Lassen Sie ihn zuschauen, wie Sie mit Ihren Nippeln spielen – oder führen Sie seine Hände an Ihre Brüste oder seinen Daumen zu Ihrer Klitoris. Greifen Sie nach hinten und kraulen Sie ihm die Hoden, oder streicheln Sie ihm die Innenseiten der Schenkel. Das wird ihm eine Gänsehaut über den Rücken jagen.

Genießen Sie derweilen den herrlichen Ausblick von da oben. Schauen Sie zu, wie sein Liebeszepter in Sie ein und aus gleitet – ein Bild, das sich Ihnen in der *Missionarsstellung* nicht bietet! Genießen Sie es, die Erregung in seinem Gesicht zu sehen. Achten Sie darauf, wie seine Brust sich rötet, wenn er sich dem Orgasmus nähert – wenn Sie die Dinge in die Länge ziehen wollen, ist dies Ihr Zeichen, es langsamer angehen zu lassen. Sie geben das Tempo vor. Sie können ihn bitten, Sie von unten zu stoßen, oder fordern, dass er ganz still liegt, während Sie auf ihm in den Himmel reiten.

6 März

Ein täglicher Moment der Ekstase

Die Göttin Kali steht nicht nur für die weibliche Sexualität in ihrer wildesten, zügellosesten Form, sondern auch für die Fähigkeit der Frau zu grenzenloser Lust. Sie müssen nur danach greifen! Sie müssen nicht auf den *richtigen* Moment warten: Diese Lust ist Ihnen überall und jederzeit, ob solo oder zu zweit, zugänglich. Hören Sie auf Connie, eine 35-jährige – wie sie selbst sagt – *Liebhaberin des Lebens*, für die der Griff nach Ekstase zur Alltäglichkeit geworden ist.

»Ich erlebe jeden Tag mindestens einen Moment der Ekstase, selbst wenn es nicht immer ein Orgasmus ist«, sagt sie. »Wenn gerade kein Lover da ist, spiele ich eben mit mir selbst. Diese Augenblicke kann ich zu jeder Tageszeit haben. Wie viele Höhepunkte und ekstatische Momente habe ich in öffentlichen Toiletten, in Abstellkammern und an entlegenen Lesetischen in Bibliotheken erlebt! Ich mache es, wo immer es mir in den Sinn und in die Finger kommt. Natürlich törnt mich die Möglichkeit, erwischt zu werden, an. Genauso wie die Chance, eben nicht erwischt zu werden. Ich habe eine sehr lebhafte Phantasie, und so kann ich von jetzt auf gleich alle möglichen Filme vor meinem geistigen Auge ablaufen lassen. Darum komme ich immer sehr schnell und sehr intensiv.«

In diesem Sinne: Machen Sie es wie Kali und Connie – ergreifen Sie die Gelegenheit beim Schopf, wann immer Sie Lust verspüren!

Ein Blick in die Geschichte: Heute ist der Geburtstag der englischen Dichterin und Feministin Elizabeth Barett Browning (1806–1861), deren vor ihrer Heirat heimlich für den Verlobten verfassten »Sonette aus dem Portugiesischen« zu den schönsten Sammlungen von Liebesgedichten gehören, die je geschrieben wurden.

7 März

Sorgen Sie für Ihre Lust!

Haben Sie keine Scheu, sich anzufassen, während Sie oben sind. Zu sehen, wie Sie in Ihrer Leidenschaft die Hände nicht von Ihrem Kitzler lassen können, wird ihn begeistern. Außer vielleicht, er wäre irgend so ein merkwürdiger Kontroll-Freak. Männer lieben es, Frauen dabei zuzuschauen, wie sie es sich selbst besorgen. Probieren Sie verschiedene Stellungen aus, um herauszufinden, wie Sie am besten an Ihr Freudenzentrum herankommen. Aufrecht sitzend, mit den Händen in die Hüften gestützt? Vorwärtsgebeugt und mit einer Hand am Bett abgestützt, so dass Sie die Finger zwischen Ihre beiden Körper hindurchschieben können? Wenn Sie es gewohnt sind, sich mit einem Vibrator zum Höhepunkt zu bringen, nutzen Sie ihn jetzt. Kann gut sein, dass er auch etwas von den Vibrationen hat.

In dieser Stellung kann er Sie auch mit dem Daumen reiben. Fassen Sie seine Hand und führen Sie sie dorthin, wo Sie sie gern hätten. Sie können auch Ihre Hand auf der seinen lassen, um ihm zu zeigen, welches Tempo und welcher Druck Ihnen am liebsten ist. Wenn Sie kurz vor dem Kommen sind, bewegen Sie sich immer schneller auf ihm. Vergessen Sie nicht: Wenn Sie oben sind, können Sie das Tempo bestimmen!

8 März

Sie sind dran

Ob Sie es glauben oder nicht, Männer wollen NICHT immer diejenigen sein, von denen die Initiative zum Sex ausgeht. Mag sein, dass sie am Anfang einer Beziehung gern ihrem Jagdtrieb frönen und manche Frauen es gern haben, wenn ihnen ein Kerl nachstellt. Die köstliche Ungewissheit lässt bei beiden während der Werbungsphase das Herz höher schlagen. Aber nach einer gewissen Zeit kann sich der Kick, IMMER die treibende Kraft sein zu müssen, ziemlich verflachen. Für manche Frauen mag dies schockierend klingen, aber *auch Männer sind Menschen*. Können Sie sich vorstellen, wie anstrengend es wäre, Abend für Abend mit dem Vorschlag daherkommen zu müssen, miteinander zu schlafen? Wie wäre es, wenn SIE immer das Risiko der Zurückweisung eingehen müssten? Jeder will sich von Zeit zu Zeit begehrt fühlen.

Ich will nicht sagen, dass Sie im Wohnzimmer über Ihren Schatz herfallen sollten, auch wenn das durchaus Spaß machen könnte. Seien Sie ganz Sie selbst, aber halten Sie mit Ihren Wünschen nicht hinter dem Berg. Wenn Sie auf einer Party sind, flüstern Sie ihm ins Ohr, dass Sie es jetzt gern mit ihm treiben würden. Wecken Sie ihn auf, indem Sie seine Intimzone mit dem Mund erforschen. Setzen Sie sich auf seinen Schoß – nackt (tun Sie es nicht während der letzten zwei Minuten des Meisterschaftsspiels, es sei denn, Sie wollten herausfinden, wie sich sexuelle Zurückweisung anfühlt). Und wenn alles nichts hilft, versuchen Sie es auf direktem Weg und greifen Sie ihm in die Juwelen. Den Wink versteht er bestimmt.

9 März

Fesseln Sie ihn ans Bett

Am 5. März haben wir uns mit der Möglichkeit befasst, seine Hände aufs Bett zu drücken, wenn Sie auf ihm sind. Wenn Sie und Ihr Partner absolutes Vertrauen zueinander haben, können Sie dieses Spiel noch ein wenig weiter treiben. Binden Sie ihm die Hände mit Seidentüchern, einer Krawatte oder Nylonstrümpfen LOCKER über dem Kopf zusammen oder am Bettpfosten fest. Es geht nicht darum, ihn wie einen Truthahn zu verschnüren – die *Fesseln* sollten so lose gebunden sein, dass sie ihm nicht das Blut abschnüren und er sie leicht abstreifen kann. Der Kick ist überwiegend psychologischer Natur: Sie bringen ihn vorübergehend in die Rolle des hilflosen Gefangenen Ihrer Lust, der *gezwungen* ist, Ihre Begierde zu spüren, ohne (wörtlich) einen Finger zu rühren. Nutzen Sie das schamlos aus! Reiben Sie Ihren Körper an dem seinen. Streicheln und saugen Sie ihn, bis er bettelt, dass Sie ihn nehmen. Wenn Sie beide ihr Vergnügen hatten, binden Sie ihn sofort los, damit seine Muskeln nicht steif werden und zu schmerzen anfangen.

Leichte Fesselspiele sind absolut nichts Abwegiges oder Perverses. Am 26. Oktober werden wir noch näher darauf zu sprechen kommen. (Im Übrigen spricht auch nichts gegen die massiveren Varianten, wenn Sie darauf abfahren UND Sie wissen, was Sie tun.) Es geht hier nur darum, die vielen verschiedenen Spielarten sexueller Macht auf sichere, lustvolle Weise zu erkunden.

10 März

Stellung der Woche: Penisrennen

Wahrscheinlich spricht das »Kamasutra« deshalb vom *Penisrennen*, weil Sie versuchen, ihn beim Erreichen des Orgasmus zu übertrumpfen. In dieser Stellung zieht er seine Knie zur Brust hoch, während Sie sich auf seinen Oberschenkeln niederlassen und auf seinem Penis reiten. Auch hier haben Sie das Geschehen unter Kontrolle, weil sein Bewegungsspielraum begrenzt ist, obwohl er Ihnen helfen kann, indem er Ihre Taille umfasst oder Ihnen die Hände unter den Po schiebt, um Ihre Auf-und-abwärts-Bewegung auf seinem Glied zu unterstützen. Er kann Ihnen auch die Beine um die Taille legen.

Sie werden diese Stellung nicht sehr lange halten können, es sei denn, Sie wären gut durchtrainiert und außergewöhnlich beweglich. Und er wird womöglich das Gefühl haben, wie ein Versuchskaninchen ans Bett gefesselt zu sein – worum es im Prinzip ja auch geht. Während er hilflos auf dem Rücken liegt, können Sie ihn ein Weilchen dominieren. Lassen Sie Ihren sexuellen Machttrieb heraus! Die Chancen stehen gut, dass Ihr Orgasmus intensiver ausfällt als gewöhnlich.

Ein Blick in die Geschichte: Heute ist der Geburtstag von Sharon Stone, einer vielseitigen Schauspielerin, deren Rollen die ganze Bandbreite von der Sexbombe über die Wildwest-Heldin bis hin zur hingebungsvollen Mutter eines behinderten Kindes bedient haben. Ihre Darstellung der gefährlichen, sexuell enthemmten Catherine Tramell in dem 1992 erschienenen Film »Basic Instinct« verkörpert in vielfacher Hinsicht den Geist der Göttin Kali.

11 März

Sie kommt und kommt und kommt ...

Sprechen wir vom Offensichtlichen: Wenn Sie wissen, wie Sie sich selbst zum Orgasmus bringen können, erhöhen Sie damit die Chance, schneller und öfter zu kommen – egal, ob mit oder ohne Partner. Es ist eine Rechenaufgabe. Die Mehrzahl der Frauen – etwa zwischen 50 und 75 Prozent – kommt durch Geschlechtsverkehr allein NICHT zum Höhepunkt, weil durch Penetration allein ihre Klitoris nicht ausreichend stimuliert wird. Der *freihändige* Orgasmus ist zu weiten Teilen ein Mythos, der von faulen Männern erfunden wurde. Es sieht eher so aus, als müssten beide aktiv werden. Regelmäßige Selbstbefriedigung versetzt Sie in die Lage, Ihrem Liebsten genauer zu sagen oder zu zeigen, was er tun soll – oder auch, um die Sache gewissermaßen selbst in die Hand zu nehmen. (Die meisten Kerle schauen sehr gern zu, wenn eine Frau sich anfasst. Glauben Sie mir!)

Wenn Sie in Ihrem eigenen Garten spielen, können Sie außerdem nach Herzenslust herumexperimentieren und Ihr orgastisches Repertoire erweitern. Auf diese Weise wird Ihnen häufiger der Sprung über die Schwelle des großen O. gelingen. Zwar kennen viele von uns einen erprobten, sicheren Weg ans Ziel, aber durch Abwechslung stellen Sie sicher, dass Sie nicht von einer Technik abhängig sind, wenn sich Ihr Körper und Ihre Befindlichkeiten im Laufe der Jahre verändern. Sie können die Bandbreite Ihrer Lusterfahrungen deutlich vergrößern. Und das ist keine Kleinigkeit!

12 März

Das Lustprinzip

Warum empfinden wir überhaupt sexuelle Lust? Gehirn und Körper arbeiten während des Vorspiels wie ein gut eingespieltes Orchester zusammen, das sich auf den großen Auftritt vorbereitet. Unsere gegenseitigen Berührungen heizen die Rezeptoren in unserer Haut an und bringen sie in einen Zustand der Erregung. Diese Rezeptoren senden Signale an das Reflexzentrum im unteren Teil des Rückenmarks, das wiederum die Muskeln im Schambereich entspannt und aktionsbereit macht. Und diese lassen sich nicht lange bitten: Blut fließt in die Genitalien und den Beckenbereich. Die Schamlippen schwellen an und röten sich; die Vagina wird feucht und elastischer und dehnt sich in die Länge; Klitoris und Brustwarzen werden hart. Möglicherweise röten sich auch Brust- und Nackenbereich. Mit zunehmender Erregung zieht sich die Klitoris unter die Klitorishaube zurück. Sie ist nicht verschwunden! Bleiben Sie dran, egal, was Sie gerade tun!

Während sich unser Verstand fragt: »Wo habe ich bloß die Kondome?«, legt das vegetative Nervensystem den Schnellgang ein. Unsere Haut wird noch rosaroter und empfindlicher; Puls und Atmung beschleunigen sich. Aus dem Hypothalamus ergießt sich ein Quartett von Hormonen und anderen chemischen Botenstoffen in den Blutkreislauf: Adrenalin weckt unsere Lebensgeister und steigert unsere Empfindlichkeit, Oxytocin löst Empfindungen der emotionalen Verbundenheit zu unserem Partner aus, Endorphine sorgen dafür, dass Wohlgefühle in uns aufsteigen, und Dopamine lassen uns in einem Zustand der Verliebtheit und Hingezogenheit taumeln. Wen wundert es, wenn Liebe mit einer Droge verglichen wird? Dies ist ein echter, natürlicher Rausch!

13 März

Anatomie eines Orgasmus

Was genau passiert eigentlich im Augenblick des großen O.? Eines vorweg: Die Mechanismen, die den Orgasmus auslösen, sind bei Mann und Frau relativ ähnlich, sieht man einmal von der Tatsache ab, dass sein Höhepunkt in der Regel mit einer Ejakulation einhergeht (die Frauen übrigens auch haben können. Näheres hierzu siehe 15. März).
Hier die Details für den Fall, dass Ihnen auf der nächsten Cocktailparty der Gesprächsstoff ausgehen sollte: Während der Erregungsphase kommt es in der Weiterleitung der Nervensignale im Körper zu einer Eskalation, und die dabei aufgestaute Spannung muss sich irgendwann wieder lösen. Die Atmung wird zunehmend flacher und schneller, und der Körper spannt sich an. Dann ist es Zeit fürs Feuerwerk: Mit einem Schlag entlädt sich die aufgestaute sexuelle Spannung im Orgasmus. Bei Männern werden durch die Nervenimpulse Kontraktionen der Genitalgänge sowie der zugehörigen Organe wie Samenleiter, Samenblase und Prostata ausgelöst (ab hier gibt es kein Zurück mehr), die das Ejakulat nach außen befördern. Bei Frauen kommt es zu einem schlagartigen Anstieg des Oxytocinspiegels, der eine rhythmische Kontraktion der Vagina auslöst. Auch die Gebärmutter zieht sich von oben ausgehend Richtung Gebärmutterhals wellenförmig zusammen.
Sowohl beim Mann als auch bei der Frau erfolgen die Muskelkontraktionen beim Orgasmus in Intervallen von 0,8 Sekunden und dauern in der Regel mehrere Sekunden lang an. Mit dem Ende der Kontraktionen ist zwar der Orgasmus vorbei, aber die angenehmen Gefühle bleiben. Genießen Sie das Nachglühen – jenes wunderbar tief entspannte Gefühl, das den Körper nach dem Orgasmus durchströmt. Einfach genial!

14 März

Machen Sie Druck!

Nehmen wir uns in der Monatsmitte eine kleine Pause von den Frau-oben-Positionen und schieben wir die *Drückende Stellung* aus dem »Kamasutra« ein. Ziehen Sie Ihre Knie zur Brust hoch, aber statt wie ein Bündel verschnürt dazuliegen oder die Beine über die Schultern zu führen, stemmen Sie sich mit den Fußsohlen gegen seine Brust – eine Geste, die ebenso intim sein kann, als würden Sie ihm die Hand aufs Herz legen. Bitten Sie ihn, Ihnen die Füße zu massieren und Ihnen so eine kleine erotische Reflexzonenstimulation zugutekommen zu lassen. Gleichzeitig können Sie ihm die Oberschenkel streicheln. Wenn Ihr Schatz sich auf die Knie begibt, während er in Ihnen ist, kann er Sie besser stoßen.

Da sich die Klitoris in dieser Position zwischen Ihren Schenkeln versteckt, wird sie womöglich nicht genug stimuliert. Es wäre also nicht verkehrt, ein wenig nachzuhelfen. Vielleicht geht Ihnen auch Ihr Liebster (wie man so schön sagt) zur Hand. Wichtig ist auch, dass er mit der Tiefe und der Kraft seiner Stöße vorsichtig ist, weil Ihre Vagina in diesem Winkel kürzer ist. Womöglich fühlen Sie sich in dieser Stellung sehr verletzlich, was erotisch anregend sein kann. Keine Angst: Sie werden noch ausreichend Gelegenheit haben, den Spieß umzudrehen.

15 März

Nektar der Göttin

Es gibt eine ganze Menge Frauen, die vor oder während des Orgasmus – besonders bei Stimulierung des G-Punkts – ein geruchloses Sekret absondern. Wenn Sie zu diesem Kreis gehören, entspannen Sie sich! Es gibt keinen Grund zur Sorge. Die Wissenschaft hat erwiesen, dass es sich nicht um Urin handelt, sondern um das, was gemeinhin als weibliches Ejakulat bezeichnet wird. Es ist immer noch nicht genau geklärt, was genau im Körper abläuft, weil die Reaktionen von Frau zu Frau so unterschiedlich und deshalb schwer zu untersuchen sind. Aber im Prinzip funktioniert es so: Das Schwellkörpergewebe, das die Harnröhre umhüllt, birgt Drüsen, die denen der männlichen Prostata ähnlich sind (darum wird das Ejakulat manchmal auch weibliches Prostata-Sekret genannt). Wie die Prostata produzieren diese Drüsen eine geruchlose Flüssigkeit, die während der Kontraktionen eines Orgasmus durch die Harnröhre ausgestoßen wird. Die Menge ist unterschiedlich. Manche Frauen spritzen richtig ab, andere hinterlassen einen nassen Fleck auf dem Laken, und wieder andere merken womöglich gar nichts.

Im Altertum wurde weibliches Ejakulat als etwas Heiliges verehrt. Aristoteles schrieb ebenso darüber wie der griechische Arzt Galenos, der im 2. Jahrhundert in Pergamon lebte. Auch in der erotischen Kunst Japans und Chinas und im »Kamasutra« wird es erwähnt. Betrachten Sie es also als Ihren ganz persönlichen, heißen Liebesnektar, legen Sie ein paar Handtücher parat und genießen Sie's einfach!

16 März

Lassen Sie's fließen

Wenn der gestrige Text über die weibliche Ejakulation Ihr Interesse geweckt hat, hier ein paar Möglichkeiten, was Sie tun können, um sich mit Ihrem Lustsaft näher anzufreunden und ihn vielleicht sogar zu mehren. (Lesen Sie weiter! Aber bitte nur, wenn Sie versprechen, sich nicht mit einer weiteren erotischen Erwartung unter Druck zu setzen. Manche Frauen ejakulieren, andere nicht. Sollten Sie zu Letzteren gehören, machen Sie sich nichts draus!) Um nicht in Stress zu geraten, empfiehlt es sich, das Ganze erst allein im stillen Kämmerlein zu üben, bevor Sie es mit einem Partner ausprobieren. Und nehmen Sie sich Zeit!

Erstens: Kegeln Sie regelmäßig! Ein starker PC-Muskel fördert die Ejakulation. Zweitens: Tun Sie, was immer zu tun ist, um sich sexuell zu erregen. Vielleicht ist es sogar sinnvoll, erst ein paarmal zu kommen, um die Beckenmuskulatur komplett zu entspannen. Fangen Sie dann an, Ihren G-Punkt zu stimulieren, bis er richtig heiß und erregt ist. Wenn Sie spüren, dass Sie gleich am Ziel sind, pressen Sie, d. h., spannen Sie die Scheidenmuskulatur so an, dass sich der Druck nach unten außen richtet, so als würden Sie ein Kind gebären. Und dann LASSEN SIE LOS! Wenn Sie vorher auf der Toilette waren, kommt kein Urin. (Und selbst wenn ein paar Tröpfchen kämen, was soll's?) Vielleicht üben Sie sogar, Ihren G-Punkt zu stimulieren, wenn Sie Harndrang haben, um es dann fließen zu lassen, damit Sie sich an das Gefühl gewöhnen. Wenn Sie dann bereit für den eigentlichen Akt sind, leeren Sie Ihre Blase, legen Sie ein paar Handtücher bereit und sorgen Sie dafür, dass Ihr Liebesgeysir viel Platz zur Entfaltung hat.

17 März

Stellung der Woche: Umkehrpositionen

Im »Ananga Ranga« werden Frauen-oben-Positionen als *Purushayitabandha* bezeichnet, was so viel heißt wie umgekehrte Stellungen. Sie werden für den Fall empfohlen, dass der Mann ganz erschöpft ist oder seine Partnerin noch nicht befriedigt hat. Der Autor räumt den sexuellen Bedürfnissen der Frau hier ganz eindeutig den gleichen Stellenwert ein wie denen des Mannes! In der *Orgastischen Gegenstellung – Purushayita-bhramara-bandha* genannt – sind eindeutig Sie in der aktiven Rolle. Stellen Sie die Füße zu beiden Seiten seiner Hüften auf, setzen Sie sich auf seine Schenkel und führen Sie seinen Penis in sich ein. Drücken Sie die Schenkel fest zusammen und bewegen Sie sich kreisend auf ihm. Das erklärte Ziel dieser Stellung ist, dass sich die Frau sich selbst *zu voller Befriedigung* bringt. Tun Sie sich also keinen Zwang an!

Für diese Technik bedarf es zwar einer guten Balance – ganz zu schweigen von starken Oberschenkeln – aber sie erlaubt es Ihnen, während des Kreisens den Winkel, das Tempo und die Tiefe der Penetration selbst zu bestimmen. Das Ganze ist zwar super als Training für die Oberschenkelmuskulatur, aber wenn Sie müde werden, kann er Ihnen helfen, indem er Sie von unten mit den Händen stützt. Das hilft auch, das Gleichgewicht zu halten. (Was für katastrophale Folgen es haben kann, wenn Sie die Balance verlieren, siehe 18. März.) Pressen Sie einfach die Schenkel fest zusammen, dann dürfte nichts passieren.

Kalyana Malla, der Autor des »Ananga Ranga«, vergleicht die Frau in dieser Stellung mit einer *großen Biene*. Nicht schlecht! Stellen Sie sich einfach vor, wie Sie auf seinem schwankenden Stengel hocken und eifrig Pollen sammeln.

Penisbruch vermeiden

Ja, bei den Frau-oben-Stellungen können Sie ihn wie ein wild gewordenes Cowgirl reiten! Aber das heißt nicht, dass Sie sämtliche Vorsicht in den Wind schießen sollten. Es ist zwar sehr unwahrscheinlich, dass ein Mann beim Sex durch eine Frau zu Schaden kommt, aber wenn Sie sich zu schnell auf ihm bewegen, könnten die zwei Kammern in seinem Penis zu stark gebogen werden, so dass das Gewebe reißt. Um diesen seltenen, aber schmerzhaften *Penisbruch* zu vermeiden, sollten Sie darauf achten, richtig feucht zu sein, wenn Sie aufsteigen (alles andere ist doch auch für Sie nicht angenehm ...). Und wenn sein Glied herausrutscht, machen Sie nicht einfach weiter in der Hoffnung, dass er schon wieder hineinrutschen wird. Autsch! Legen Sie eine Pause ein und schieben Sie ihn mit der Hand zurück ins warme Nest.

Wenn sein bester Freund tatsächlich durch irgendeinen merkwürdigen Zwischenfall zu Schaden kommen sollte, merken Sie das sofort. Nicht nur, dass *Herr Steif* sofort zum Schlaffi wird, er verfärbt sich auch schwarzblau und schwillt an. Bringen Sie ihn in diesem Fall SOFORT in die Notaufnahme des nächsten Krankenhauses. Tun Sie es nicht, kann dies auf lange Sicht problematische Folgen haben, was Ihrem Liebesleben einen starken Dämpfer geben würde.

19

März

Noch mehr Spiele mit dem G-Punkt

Im letzten Monat haben wir uns bereits mit dem G-Punkt beschäftigt. In diesem Monat wollen wir weitere Möglichkeiten erkunden, wie er uns maximalen Lustgewinn schenken kann. Es gibt eine ganze Reihe von Vibratoren und Dildos, die speziell zur Erforschung und Stimulierung des G-Punkts konzipiert wurden (mehr über solches Liebesspielzeug siehe 13. Dezember). Sie sind vorne gebogen, so dass sich damit Stellen erreichen lassen, an die man mit dem Finger meist nicht herankommt. Bei vielen Online-Anbietern gibt es eine eigene Kategorie für G-Punkt-Vibratoren.

Setzen Sie auch Ihren Partner auf Ihren G-Punkt an. Die meisten Männer haben zwar gehört, dass es so was geben soll, die allgemeine Verwirrung ist aber unter Ihnen meist nicht geringer als unter Frauen. Es lohnt sich also, den eigenen *süßen Punkt* zu kennen, um Ihrem Schatz auf seine Spur führen zu können. (Auch bei Männern ist die Harnröhre von Schwellkörpern eingehüllt. Er verdankt ihnen seine Erektionen!) Viele Frauen berichten, dass ihr G-Punkt beim Eindringen von hinten optimal stimuliert wird. Wenn Sie oben sind, können Sie den Winkel besser kontrollieren, in dem sein *Liebesstab* Ihre Scheidenwände stimulieren soll. Bitten Sie ihn, eines Ihrer neuen G-Punkt-Spielzeuge an Ihnen auszuprobieren – oder seinen Finger und seine begierige Zunge.

20 März

Frühlingsanfang

Endlich ist der Winter vorbei! Heute ist der erste Frühlingstag! In Teilen des Mittleren Ostens gilt der 20. März als Neujahrstag. Im Iran zum Beispiel wird an diesem Tag *Norus – der neue Tag* – gefeiert. Begehen Sie zu diesem Anlass Ihr ganz spezielles Ritual, um die neue Jahreszeit zu begrüßen. Gönnen Sie sich eine kleine Auszeit, kehren Sie der Stadt den Rücken und buchen Sie sich für eine Nacht in einer romantischen kleinen Pension oder in Ihrem Lieblingshotel ein.

Wenn Sie nicht für eine ganze Nacht wegbleiben können, stellen Sie überall in Ihrer Wohnung Frühlingsblumen auf und verwöhnen Sie sich mit einem Wohnzimmer-Picknick. Dann nehmen Sie gemeinsam ein luxuriöses Bad, legen Sie sich aufs Bett und tauschen Sie kleine, erotische Gunstbeweise aus. Denken Sie sich freche Tändeleien oder Geschenke aus, die sie gegenseitig in Fahrt bringen – ein erotisches Spiel oder einen Vergnügungskorb mit Massageöl, Körperpuder oder allen möglichen anderen Gaben, die neu und aufregend für Sie sind. Läuten Sie die neue Jahreszeit ein, indem Sie den ganzen Abend im Bett bleiben und reden, kuscheln, sich lieben …

21 März

Bock in Aktion: Der Widder

Wer zwischen dem 21. März und dem 19. April geboren ist, fällt unter das Sternzeichen Widder. Ihr Herrscherplanet ist der Mars (so benannt nach dem römischen Kriegsgott), und Astrologen beschreiben sie als kämpferisch, mutig und oft stur. Widder können sehr impulsiv sein und haben einen Hang zu Abenteuer und Risiko. Haben Sie einen Widder als Liebhaber, können Sie ihn mit einem spannenden Tennismatch oder sogar einer hitzigen Diskussion aus der Reserve locken. Für einen Widder ist das ein Vorspiel! Haben Sie keine Angst, neue Stellungen oder Techniken vorzuschlagen: Der Widder ist experimentierfreudig. Wenn Sie selbst Widder sind, dürfte Ihnen athletischer Sex mit vollem Körpereinsatz Spaß machen – speziell die in diesem Monat beschriebenen Frau-oben-Stellungen.

Wie wär's mit dieser aus dem »Duftenden Garten«? Er liegt auf dem Rücken, und Sie bitten ihn, die Beine zu spreizen. Dann schieben Sie ihm ein Kissen unter die Hüften. Legen Sie sich mit gestreckten Beinen auf ihn und schließen Sie fest die Schenkel. Stützen Sie sich auf die Arme und bewegen Sie sich auf und ab – man könnte das Ganze als nicht jugendfreie Variante des Liegestützes bezeichnen. Umschließen Sie seinen Penis fest mit Ihrer Vagina und Ihren Schenkeln, um die Stimulation zu steigern. Sie können die Stellung genau so wählen, dass Ihre Klitoris auch was davon hat. Seien Sie ganz Widder! Verfolgen Sie beharrlich Ihr Ziel.

22 März

Die halbdrückende Stellung

Diese Variante der *Drückenden Stellung*, die wir am 14. März vorgestellt haben, verspricht einige sehr interessante Empfindungen für Sie beide. Strecken Sie ein Bein seitlich neben seinem aus und stemmen Sie die Fußsohle des anderen gegen seine Brust. In dieser *Halbdrückenden Stellung* kommt Ihre Klitoris besser in Kontakt mit seinem Körper – falls nicht, können Sie beide Ihren Liebesknopf nach Herzenslust befingern. Er hat auch Manövrierraum genug, um mit dem Finger leicht über Ihre Innenschenkel und Vulva zu streichen.

Wenn Ihr Bein müde wird, können Sie es um ihn schlingen und Ihren Unterschenkel und Fuß auf seinen Rücken und Po legen. Auf diese Weise können Sie auch mehr Druck ausüben. Variieren Sie die Tiefe Ihrer Stöße und kippen Sie das Becken zu ihm hin. Da in dieser Position die Vagina verengt ist, sollte er mit seinen Bewegungen vorsichtig sein. Denken Sie einfach daran, dass wir in der *Geht-wie-ein-Lamm-Phase* des Monats sind. Zärtlichkeit ist also das Gebot der Stunde.

23 März

Badespielzeug

Am 2. Februar haben wir darüber gesprochen, welch ein Vergnügen uns im Badezimmer ein zielgerichteter Wasserstrahl bereiten kann. Wenn der Wasserdruck nicht ausreichen sollte, um Sie über die Schwelle zum Orgasmus zu spülen, lohnt es sich zu schauen, welche wasserbeständigen Vibratoren es auf dem Markt gibt. Die beeindruckende Auswahl reicht von glatten, runden Standardmodellen bis hin zu G-Punkt-Stäben aus Vinylgel. Sehen Sie sich auf Webseiten wie *www.ladiesfirst.de, www.goodvibrations.com* oder *www.funfactory.de* um. Der *Aqua Touch Vibe* zum Beispiel passt auf Ihren Finger und wird mit drei verschiedenen Hüllen geliefert, damit Ihnen nicht langweilig wird. Stellen Sie sich vor, was für ein Spaß es ist, nach einem anstrengenden Tag ein entspannendes Schaumbad zu nehmen und sich die erogenen Zonen zu massieren. Vergessen Sie nicht das Gleitmittel. Produkte auf Silikonbasis verlieren selbst unter Wasser nicht ihre Gleitfähigkeit.

Sie können sich auch zusammen mit Ihrem Partner in der Wanne mit Toys vergnügen. Wie wär's mit einem zierlichen, wasserbeständigen Exemplar oder einem glatten, eisblauen G-Punkt Vibrator mit Silberglitzer-Effekt? Streichen Sie ihm mit dem Teil über die Innenseiten der Schenkel und den Penis. Wenn Ihre Wanne zu klein ist, kann er auch draußen bleiben und Sie von dort aus verwöhnen. Nachdem Sie Ihre persönliche Sturmflut erlebt haben, werden Sie bestimmt eine Möglichkeit finden, sein Boot flottzukriegen.

24
März

Stellung der Woche: Cowgirl, rückwärts

Wenn Sie das nächste Mal oben sind, versuchen Sie zur Abwechslung mal etwas anderes. Statt ihm beim Aufsitzen in die Augen zu schauen, reiten Sie ihn in der anderen Richtung – also mit Blick auf seine Füße. Nicht nur, dass sich das für Sie beide ungewohnt anfühlen dürfte, er hat auch einen wunderbaren Ausblick auf Ihren herrlichen Arsch. »Der duftende Garten« schlägt sogar vor, dass Sie sich nach vorne lehnen und Ihre Hände auf seine Oberschenkel oder das Bett legen: *Umgekehrte Ansicht der Hinterteile* heißt die Position. (Lehnen Sie sich nur nicht zu weit vor, sonst könnte das Ganze für ihn schmerzhaft werden.) Dabei kann er nicht nur Ihren Po schön sehen, sondern vielleicht auch, wie sein Glied in Sie ein und aus gleitet – ein Anblick, der jeden Mann garantiert in Stimmung bringt.

Wenn Sie schon einmal dabei sind, nutzen Sie auch, was die Position zu bieten hat: Streicheln Sie ihm die Innenseiten der Schenkel und Hoden und vielleicht sogar sich selbst! Sie können ihn auch mit Ihrem PC-Muskel *melken*. Das »Kamasutra« nennt das *Die Stute*. Wie auch immer man es bezeichnen mag – sind Sie als Cowgirl rückwärts unterwegs, kriegen Sie garantiert jede Menge Lust vors Lasso.

25 März

Ganzkörperküssen extra scharf

Hier eine Variation des Ganzkörperküssens, das Sie am 20. Januar kennengelernt haben. Auch diesmal erkunden Sie gegenseitig Ihre Körper mit Lippen und Zunge, lassen aber den Teil mit den Bewertungen weg. Stattdessen küssen Sie sich überall AUSSER im Schambereich. Wenn Sie dran sind, dürfen Sie sein Glied anschauen, anhauchen, ringsherum lecken – alles. Bloß berühren dürfen Sie es nicht. Bis Sie zu seinen Fußsohlen kommen, steht sein Stab garantiert senkrecht, und er fleht Sie an, ihn aus dieser köstlichen Qual zu erlösen. Wenn er dran ist, macht er das Gleiche mit Ihnen. Wiederholen Sie das Spiel, sooft Sie mögen!

Wie Sie den *Sieger* ermitteln wollen, bleibt Ihnen überlassen. Der *Verlierer* könnte zum Beispiel der sein, der als Erster schwach wird und den anderen eben doch in der *Tabuzone* küsst. Natürlich ist in erotischen Spielen das *Verlieren* immer relativ. Aber es kann Spaß machen, vor dem Spiel auszuhandeln, um welchen *Preis* es geht.

26 März

Lust fängt zu Hause an

Wir haben bereits verschiedentlich über die Freuden der Selbstbefriedigung gesprochen, und Sie haben hoffentlich inzwischen erkannt, dass die Eigenliebe einer der Schlüssel zur ganzjährigen Ekstase ist (und wenn nicht, werden wir Ihnen jeden Monat einen neuen Grund dazu liefern). Gehören Sie zu denen, die keinerlei Probleme haben, sich selbst anzufassen? Oder trauen Sie sich nicht recht, weil Sie nicht so genau wissen, wie Sie es machen sollen? Wie dem auch sei: Eine kleine Auffrischung kann nie schaden. Und außerdem: Je mehr Techniken Sie kennen, desto mehr Abwechslung können Sie in Ihr Solo-Liebesleben bringen.

Die *richtige* Art zu masturbieren gibt es natürlich nicht: Gut ist, was bei Ihnen funktioniert. Manche Frauen brauchen tiefen, festen Druck; andere wollen überhaupt nicht direkt berührt werden. Die folgende Vorgehensweise eignet sich für den Anfang (oder als *Vorspiel* für ihre erprobte Lieblingsmethode). Wölben Sie die Hand wie Queen Elizabeth, wenn Sie aus dem vorbeifahrenden Auto ihr Volk grüßt. Aber statt den jubelnden Massen wenden Sie sich Ihrem Venushügel zu. Legen Sie die Hand ganz leicht auf Ihren Schambereich und bewegen Sie sie (die ganze Hand!) im Kreis. Berühren Sie erst mit dem Ballen, dann mit der Handkante und schließlich mit den Fingern die Klitoris. Probieren Sie, wie es sich anfühlt, wenn Sie den Druck und die Geschwindigkeit der Handbewegungen variieren. Vielleicht versuchen Sie das Ganze auch noch einmal durch den Slip hindurch. Stellen Sie sich vor, dass Ihre Hand einem heißen Verehrer gehört, der atemlos dem Ziel entgegenhechelt. Natürlich bleibt es Ihnen überlassen, ob Sie den ganzen Weg gehen wollen. Aber ich würde sagen: Na klar!

27 März

Gut gegelt ist halb gewonnen

Eines der wichtigsten Dinge beim Solospiel ist die Schmierung. Ein wenig von dem glibberigen Zeug genügt, um das empfindliche Gewebe zu schonen und sich, wenn's sein soll, schneller von null auf hundert zu bringen: Sie spielen dem Körper seinen natürlichen Erregungszustand vor. Und das macht es ihm leichter, diesen tatsächlich aufzubauen.

Das Tolle am Thema Schmierung: Es gibt so viele verschiedene Möglichkeiten, von den eigenen Säften angefangen über Spucke bis hin zu Gleitmittel auf Wasser- oder Silikonbasis. Auch wenn in manchen Sexbüchern etwas anderes steht: Nehmen Sie kein Öl, egal, ob pflanzlich oder mineralisch. Wenn es in die Vagina gelangt, dauert es eine Weile, bis es sich abbaut, und Sie könnten Bakterien einschleppen. Parfümierte Öle enthalten außerdem Alkohol, der das Gewebe reizen könnte. Und Vaseline sollten Sie generell vermeiden, da sie sich nicht durch Waschen aus der Scheide entfernen lässt. Wenn es Ihnen peinlich ist, im Laden Gleitmittel zu kaufen, gehen Sie ins Internet. Die am 23. März genannten Webseiten bieten eine große Auswahl an.

Um möglichst viel von dem Produkt zu haben, fangen Sie mit ganz wenig an. Sie können später immer noch mehr nehmen. Geben Sie einen kleinen Klecks auf die Fingerspitzen, und wenn Sie dann anfangen, an sich herumzuspielen, genießen Sie das glitschige, sinnliche Gefühl, Ihr feuchtes, empfindsames Gewebe zu berühren. Eine schöne Technik ist, erst die Klitoris eine Weile zu reiben und dann einen Finger in die Scheide zu schieben, um die Feuchtigkeit, die sich dort sammelt, aufzunehmen und den erregten Kitzler mit Ihrem natürlichen Saft zu befeuchten.

28 März

JuchheiBa!

Sorgen Sie mit wechselnden Techniken, variierendem Druck und unterschiedlichen Geschwindigkeiten dafür, dass auch im Solospiel keine Langeweile aufkommt. Massieren Sie Ihren Kitzler mal in dieser, mal in jener Richtung: quer, längs und im Kreis. Stimulieren Sie ihn schneller, dann wieder langsamer. Oder bauen Sie einen gleichmäßigen Druck auf. Versuchen Sie, sich leicht zu beklopfen oder Ihre Klitoris zart zu tätscheln. Lassen Sie die Finger so schnell pulsieren, wie Sie können, und stellen Sie sich vor, Ihre Hand wäre ein exotischer Vibrator. Versuchen Sie, von oben am Schambein hin zu den äußeren Schamlippen zu streichen und dabei die Klitoris kaum zu berühren. Machen Sie sich an! Haben Sie Spaß!

Womit wir beim nächsten Punkt wären: Entspannen Sie sich! Ja, ein Orgasmus baut Spannung ab, und manche Menschen masturbieren allein aus diesem Grund. Aber wenn Sie Anfängerin im Solospiel sind oder Schwierigkeiten haben, zum Orgasmus zu kommen, ist es hilfreich, möglichst entspannt an die Sache heranzugehen. Stellen Sie das Telefon ab und machen Sie den Fernseher aus. Sperren Sie Ablenkungen – Gedanken an die Arbeit, Geldsorgen, Beziehungsprobleme – aus dem Schlafzimmer aus. Atmen Sie ruhig und langsam – wenn die Erregung steigt, beschleunigt sich der Atem sowieso – und stellen Sie sich vor, wie der Atem nach unten bis in die Zehen hinunterströmt und dann durch den Körper zurück nach oben. Auch ein warmes Bad ist gut, um verspannte Muskeln zu lockern. Und Ihre Hand kann sich dabei schon mal zwischen Ihre Beine vortasten …

29 März

Fesselnd!

Zu Beginn des Monats ging es schon einmal um die Erweckung der inneren Kali. Es gibt noch andere Möglichkeiten, Ihre dunklere Seite zu erforschen: Probieren Sie aus, wie es ist, die Kehrseite der Machtposition zu erfahren. Am 9. März ging es darum, ihn mit leichten Fesseln zu binden, um für Sie beide einen Extra-Kick herauszuholen. Diesmal – und wieder unter der Voraussetzung, dass Sie absolutes Vertrauen zueinander haben (mit anderen Worten: was jetzt kommt, ist für One-Night-Stands tabu), darf er Sie in leichte Fesseln legen. Sich in der devoten Rolle zu befinden heißt übrigens NICHT, zur Passivität verdammt zu sein: Sie können ihn trotzdem durch Ihr Stöhnen, Ihre Lustschreie und die Bewegungen Ihres Beckens wissen lassen, dass Ihnen gefällt, was er mit Ihnen macht. Flehen Sie ihn an, Sie aus Ihrer süßen Qual zu erlösen und seinen Stab in Sie zu tauchen!

Wann immer Sie sich auf das Terrain von *Bondage* gleich welcher Art begeben, sollten Sie – egal, wie sehr Sie Ihrem Partner vertrauen – einen *Sicherheitscode* vereinbaren. Wird dieses Wort oder dieser Satz ausgesprochen, heißt das ohne Wenn und Aber: STOPP, JETZT SOFORT! Wählen Sie möglichst keine Formulierungen wie *Aufhören* oder *Binde mich los*, denn in manchen Sexspielen können solche Aussagen mit zum Spaß gehören. Nehmen Sie lieber etwas wie *rot*. Wenn das vereinbarte Wort gesagt wird, MUSS Ihr Partner sofort mit dem aufhören, was er tut und/oder Sie losbinden. Andernfalls haben Sie das Recht, ihn nie wieder vor Ihre Augen treten zu lassen.

30 März

»Wenn absolute Macht absolut korrumpiert,
macht absolute Ohnmacht den Menschen dann absolut rein?«

Harry Shearer (*1943),
US-amerikanischer Schauspieler und Schriftsteller

Ausgeliefert sein

Nur weil Sie ab und zu die Kontrolle abgeben und sich gelegentlich fesseln lassen, heißt das nicht, dass Sie schrecklich pervers oder – Gott bewahre – in erotischer Hinsicht politisch unkorrekt wären. Sie erforschen lediglich eine andere Spielart der Sexualität. Durch das Überstreifen der devoten Rolle liefern Sie sich vorübergehend einem anderen Menschen komplett aus. Irgendwie romantisch, wenn man darüber nachdenkt. Und auch befreiend, denn schließlich enthebt man sich damit jeder Verantwortung oder Schuld für alles, wozu man *gezwungen* wird. Vielleicht bekommt man auf diese Weise sogar die *Erlaubnis*, einen intensiveren Orgasmus zu erleben, weil man ja schließlich nichts dafür kann. Und außerdem: Obwohl man Sklavin seiner Wünsche ist, steht man gleichzeitig im absoluten Mittelpunkt seines Interesses, was auch ziemlich spannend sein kann.

Hier eine interessante Variante zum gestrigen Spiel: Lassen Sie sich von ihm die Hände und Füße binden, während Sie auf allen vieren sind. Dann soll er Sie von hinten nehmen, während Sie sich mit aller Kraft gegen Ihre Fesseln wehren – und sich dabei wie wild an ihn drücken, was Sie natürlich von A bis Z genießen. Nachdem er Sie losgebunden hat, kann er Ihnen die Handgelenke und Füße massieren und Sie überhaupt total verwöhnen, wie Sie es ja (natürlich) auch gemacht haben, nachdem er die Fesseln der Liebe zu spüren bekam.

31 März

Stellung der Woche: Die Gegenstellung

Da der März geht wie ein Lamm, wollen wir uns mit einer sanften Variante der Frau-oben-Position befassen. In der im »Ananga Ranga« beschriebenen *Gegenstellung* liegen Sie lang ausgestreckt auf dem Körper Ihres Lovers mit den Brüsten auf seiner Brust. Sie umfassen seine Taille mit den Händen und bewegen die Hüften lebhaft in alle Richtungen: auf und ab, hin und her und im Kreis herum. Weil Sie in dieser Stellung Haut an Haut und Herz an Herz liegen, hat sie etwas sehr Inniges, auch wenn Sie in der aktiven Rolle sind und die Kontrolle über die Bewegungen haben. Vielleicht können Sie dem damit verbundenen Gefühl von Macht sogar einiges abgewinnen. Laut »Ananga Ranga« sind Frau-oben-Positionen »besonders vorteilhaft, wenn der Mann ganz erschöpft und zu keiner Muskelanstrengung mehr imstande ist«. Klar, Ihr Schatz kann ganz still daliegen und sich ausruhen. Aber die Chancen stehen gut, dass seine Energie noch ausreicht, um auf Ihre Bewegungen zu reagieren.
Konzentrieren Sie sich auf Ihre Atmung und probieren Sie aus, ob Sie sie mit der seinen synchronisieren können. Spüren Sie, wie sein Herz gegen das Ihre schlägt. Anders als bei anderen Frau-oben-Positionen, können Sie bei dieser sein Gesicht mit zarten kleinen Schmetterlingsküssen bedecken und seine Lippen ausgiebig knutschen. Was für eine schöne Art, den Monat zu beschließen!

KAPITEL VIER

April

»Im April die süßen Schauer bringen im Mai den Blütenzauber.«

Thomas Tusser (1524–1580), englischer Farmer und Schriftsteller, in »A Hundreth Good Points of Husbandrie«

Die Römer nannten diesen Monat zweifellos deshalb *aprilis* (nach *aperire* – öffnen), weil dies die Zeit ist, in der sich so viele Blütenknospen öffnen. Mit den Anleitungen dieses Monats werden auch Sie sexuell erblühen und nach der kalten Jahreszeit Ihre Sinne wieder zum Leben erwecken. Oder lassen Sie sich von den alten Angelsachsen inspirieren, die den April nach der germanischen Göttin des Frühlings und der Fruchtbarkeit *ostara* benannt haben sollen, deren Fest auf die Frühlings-Tagundnachtgleiche fällt. Der Osterhase ist uns als Symbol der Fruchtbarkeit aus dieser Zeit überliefert. Auch wenn Sie nicht direkt eine Schwangerschaft anstreben – möge Ihre Vorstellungskraft Ihre sexuelle Kreativität befruchten!

Stellen Sie Vasen mit Aprilblumen auf – Gänseblümchen stehen für Schönheit und Unschuld, und Wicken symbolisieren zarte Freuden. Die Blüten sollen Sie daran erinnern, welch herrliche Freuden der Monat für Sie bereithält, und Sie inspirieren, Ihre Sexualität mit neuen Augen zu betrachten.

Der Stein des Monats April ist der Diamant, der traditionell als Symbol der Liebe gilt und Schutz, Mut und Kraft bringen soll. Wenn Sie sich keinen echten Stein leisten können, hängen Sie sich einen Kristall vors Fenster, in dem sich das klare Licht des Frühlings brechen kann.

1 April

April, April, der tut, was er will!

Mark Twain hat einmal gesagt: »Der 1. April ist der Tag, an dem wir uns erinnern sollen, was wir 364 Tage im Jahr sind: nämlich Narren.« Humor haben ist einer der Schlüssel zu erfolgreichen Beziehungen, ob zu einem Partner oder zu sich selbst. Suchen Sie heute nach Möglichkeiten, einander zum Lachen zu bringen, ob Sie Ihren Schatz auf liebevolle Weise in den April schicken oder sich gegenseitig das Witzigste erzählen, das Ihnen je im Bett passiert ist. »Sich lächerlich zu machen ist Balsam für die Seele«, meinte dazu einmal der US-amerikanische Autor John Updike.

Übrigens scheint an dem alten Spruch »Lachen ist die beste Medizin« wirklich etwas dran zu sein. Eine Studie der Universität Maryland ist zu dem Ergebnis gekommen, dass Lachen und ein ausgeprägter Sinn für Humor Herzkrankheiten vorbeugen können. Neuere Forschungen haben ergeben, dass der Körper beim Lachen (anders als beim Orgasmus) keinen Unterschied zwischen vorgetäuscht und echt erkennen kann. Er schüttet in beiden Fällen Endorphine aus – eben jene Hormone, die auch beim Sex freigesetzt werden. Lachen Sie beim Sex, dann kriegen Sie die doppelte Dosis!

Viele Wissenschaftler glauben, dass Lachen zwischenmenschliche Bindungen fördert. Schauen Sie sich also gemeinsam eine Komödie an. Filme wie »Tom Jones – Zwischen Bett und Galgen« sind sexy und lustig zugleich. Oder schmökern Sie in Büchern wie »Schlechter Sex« von Mia Ming. Spielen Sie ein Spiel. Seien Sie albern. Lachen ist sexy – das meine ich ganz im Ernst.

2 April

Raus aus der Flautezone!

Wie kann man jetzt, auf dem Höhepunkt des Frühlings, in einem erotischen Tief sein? Ganz einfach: Selbst bei Paaren, die verrückt aufeinander sind, schleicht sich nur allzu leicht die ewig gleiche, alte Schlafzimmerroutine ein. Erst küssen sie sich, dann wandern seine Hände hierhin und ihre Hände dorthin, dann bespielen sie sich je drei Minuten lang mit den Lippen, und darauf folgt der bewährte *Missionar* – gegen den ich überhaupt nichts habe. Es spricht auch absolut nichts dagegen, die Dinge zu tun, von denen man weiß, dass sie einen anmachen. Aber ein wenig Abwechslung ist das Salz in der Suppe des Lebens!
Überraschen Sie ihn heute also. Ändern Sie den Ablauf. Wenn Ihr Schatz nicht weiß, was als Nächstes kommt, bleibt er interessiert und konzentriert. Statt wie immer um elf Uhr abends ins Bett zu gehen und Sex zu haben (also genau dann, wenn Sie beide wahrscheinlich am allermüdesten sind), greifen Sie ihn sich, wenn Sie von der Arbeit nach Hause kommen. Wecken Sie ihn morgens mit einem Quickie auf. Haben Sie Sex vor dem Ausgehen statt Sex nach dem Ausgehen. Unterbrechen Sie den Koitus, um sich oral zu lieben. Statt ihn wie üblich aufsteigen zu lassen, rollen Sie sich auf den Bauch und lassen sich von hinten nehmen. Seien Sie kreativ. Alles ist gut, was Sie aus Ihrem Liebe-nach-Zahlen-Muster herausholt.

Ein Blick in die Geschichte: Wo wir gerade dabei sind, alte Gewohnheiten abzuschütteln – heute ist der Geburtstag der Autorin Camille Paglia, die mit ihren Ausführungen über Kultur und Sexualität immer wieder provozierte und 1991 ihr Buch »Die Masken der Sexualität« herausbrachte. Der italienische Schriftsteller und Abenteurer Giovanni Giacomo Casanova (1725–1798), dessen Name zum Synonym für den legendären Don Juan geworden ist, wurde ebenfalls am heutigen Tag geboren.

3 April

Üppige Brüste

Zu allen Zeiten der Geschichte hat die weibliche Brust als Symbol der Fruchtbarkeit und Sexualität mehr als die ihr zustehende Aufmerksamkeit bekommen. Aber haben auch SIE Ihren beiden Mädels die Wertschätzung geschenkt, die sie verdienen? Stellen Sie sich heute von den Spiegel und lernen Sie Ihre Titten kennen. Ihre Brüste haben bestimmt nicht beide die gleiche Größe oder Form, vielleicht schauen sie nicht einmal in die gleiche Richtung, und an Ihren Brustwarzen wachsen womöglich ein paar Haare (dies ist bei den meisten Frauen der Fall). Wie Sie selbst haben auch Ihre Brüste einen Monatszyklus: Unmittelbar nach der Periode fühlen sie sich vielleicht ganz glatt an; in der Mitte des Zyklus sind sie durch den hohen Östrogenspiegel besonders leicht erregbar; und kurz bevor die Regel einsetzt, schwellen sie an und werden empfindlich. Verwöhnen Sie sie den ganzen Monat hindurch mit Sonnenschutzlotion und Körpermilch. Und erforschen Sie ihr sinnliches Potenzial bis ins letzte Detail.

Bei den meisten Frauen sind die Brüste und Brustwarzen extrem berührungsempfindlich: Manche glückliche Frauen können sogar ausschließlich durch Stimulation der Nippel zum Höhepunkt kommen. Fangen Sie heute mit einer Massage an: Streichen Sie mit der flachen Hand sanft kreisend über Ihre Brüste und Brustwarzen. Fangen Sie ganz leicht an, so dass Sie zunächst kaum die Haut berühren. Wenn Ihre Brustwarzen hart werden, erhöhen Sie den Druck. Versuchen Sie es mit verschiedenen Geschwindigkeiten und Richtungen. Fassen Sie sie etwas rauher an und drücken oder kneten Sie sie. Genießen Sie das wunderbare elektrisierende Gefühl, das durch Ihren Körper schießt. Und führen Sie sich immer vor Augen, dass die Größe Ihrer Brust nicht den geringsten Einfluss darauf hat, welch unglaubliche Lusterlebnisse sie Ihnen bescheren kann.

April

Seien Sie nett zu Ihren Nippeln

Ihre Brustwarzen erheben sich aus einer kreisförmigen, dunkler pigmentierten Zone, dem sogenannten Warzenhof oder lateinisch *areola*. Sowohl der Hof als auch die Nippel sind in Bezug auf Form, Größe und Farbe von Frau zu Frau sehr unterschiedlich. Heute geht es darum herauszufinden, auf welchen Druck und welche Art von Berührungen Sie stehen. Massieren Sie sie. Zwicken Sie sie. Rollen Sie sie zwischen Daumen und Zeigefinger. Ziehen Sie daran. Rütteln Sie sie. Feuchten Sie die Finger an und streichen Sie damit über Ihre rosigen Knospen. Gehen Sie leicht mit den Fingernägeln darüber. Beugen Sie sich vornüber, um mehr Blut in den Bereich fließen zu lassen und so die Empfindlichkeit von Brust und Brustwarzen zu erhöhten, und dann spielen Sie mit ihnen.

Während Sie sich mit Ihren Brustwarzen befassen, lassen Sie die Finger, solange es geht. von Ihrem Schambereich. Dann gucken Sie, was passiert, wenn Sie mit Ihren Nippeln spielen, während Sie sich selbst befriedigen: Wahrscheinlich wird das die Lust verdoppeln.

Lassen Sie Ihren Partner zuschauen, wie Sie sich an Ihren Brustwarzen zu schaffen machen. Die Chancen stehen gut, dass er von allein darauf kommt, Ihnen zu helfen. Wenn nicht, genügt ein kleiner Hinweis. Erhöhen Sie die Spannung, indem Sie sich wie bei Teenager-Spielchen nur durchs T-Shirt anfassen lassen. Sind die Hüllen gefallen, soll er Ihnen Brüste und Brustwarzen lecken, saugen und küssen. Bleiben Sie dran, bis Sie es beide nicht länger aushalten können.

5 April

Nippel: Er ist dran

Höchste Zeit, sich um die Brustwarzen Ihres Partners zu kümmern. Manche Männer fahren voll darauf ab, wenn man ihre Nippel stimuliert, andere hassen es. Zu welcher Sorte Ihr Schatz gehört, können Sie nur herausfinden, indem Sie es probieren. Zum Anwärmen massieren Sie ihm zunächst die Brustmuskeln von außen nach innen Richtung Brustwarzen. Dabei rühren sich in seinen Knöspchen Empfindungen, die sie zum Stehen bringen. Jetzt lecken Sie zart darüber und lassen Ihre Zunge dagegenschnalzen, um sie noch weiter zu stimulieren. Blasen Sie sanft darüber. Das Gefühl der kühlen Luft auf der feuchten Haut wird ihm eine wohlige Gänsehaut bereiten. Ziehen Sie das Ganze nur nicht zu sehr in die Länge, sonst verwandelt sich die Lust in Schmerz.

Wenn er es mag, können Sie nach der Zunge auch Ihre Schneidezähne ins Spiel bringen. Aber bitte vorsichtig, gaaanz, gaaanz vorsichtig! Knabbern Sie, kauen Sie nicht. Vielleicht bedecken Sie die Zähne sogar mit den Lippen. Auch hier gilt: Nicht zu lange machen! Dann sind die Hände dran. Ziehen Sie leicht mit Daumen und Zeigefinger erst an der einen, dann an der anderen Brustwarze, dann an beiden zusammen. Wenn ihm das gefällt, können Sie sie ein bisschen zwirbeln. Achten Sie darauf, dass der Druck für ihn zwar spürbar ist, Sie ihm aber nicht weh tun. Wie reagiert er, wenn Ihre Berührungen fester werden?

April

Gluteus maximus, der Glorreiche

Der *Gluteus maximus* – der große Gesäßmuskel – ist mit zahlreichen Nervenenden durchzogen und eine erogene Zone, die oft vernachlässigt wird. Schenken Sie ihm die Aufmerksamkeit, die er verdient, Sie werden es nicht bereuen. Streichen Sie sich selbst mit den Händen über den Po, massieren und bearbeiten Sie ihn nach Lust und Laune, besonders während Sie sich selbst befriedigen. Streichen Sie abwechselnd mal ganz leicht über die Haut und kneten Sie dann wieder zärtlich die Muskelstränge durch. Streicheln Sie Ihren Po mit Spitzenstoffen oder Seidentüchern. Und wenn Sie das nächste Mal mit Ihrem Schatz zusammen sind, zeigen Sie ihm, was Sie gern haben: Führen Sie seine Hände zu Ihrem geilen Hinterteil, damit er es massiert. Männer gucken einer Frau nicht nur mit Begeisterung auf den Po, sie fassen ihn auch gerne an.

Viele Männer mögen es auch sehr, wenn ihr eigenes Hinterteil mit einer guten Massage verwöhnt wird. Legen Sie Ihre Daumen in der Mitte seiner Pobacken auf. Die übrigen Finger liegen flach auf und zeigen zu seinen Hüften hin. Und nun streichen Sie mit festem Druck über seinen Gluteus. Kneten Sie ihn richtig durch. Bewegen Sie die Daumen dann in immer leichteren Kreisen, bis Sie seine Haut kaum noch berühren. Dann kneifen Sie ihm noch einmal sanft erst in die eine, dann die andere Pobacke. Nach dieser Massage ist er nicht nur entspannt. Sie hat auch seinen Appetit geweckt.

Vergessen Sie auch während des Akts niemals seinen Po. Männer finden es extrem stimulierend, wenn eine Frau sie am Arsch packt und zu sich hinzieht. Weil die Pobacken so empfindlich sind, könnte ihm auch ab und zu ein kleiner Liebesklaps guttun. Wenn er es mag, nur zu! Mit etwas Glück zahlt er es Ihnen mit gleicher Münze zurück!

7 April

Stellung der Woche: Schmetterlinge im Flug

Der Taoismus ist eine religiöse und philosophische Tradition, die im 4. Jahrhundert v. Chr. in China entstanden ist. Taoisten betrachten die sexuelle Vereinigung als natürliche, gesunde Ausdrucksform des Lebens, bei der die gegensätzlichen und einander ergänzenden Kräfte von Yin (weiblich) und Yang (männlich) in Ausgleich gebracht werden. Ihre erotischen Weisheiten sammelten sie in eigenen Handbüchern, den sogenannten Kopfkissenbüchern, von denen das von Li T'ung Hsüan verfasste »T'ung Hsüan Tzu« das wohl bekannteste ist. Hier werden in einer zugleich offenen und sinnlich-poetischen Sprache 26 Positionen der Liebe beschrieben.

Die Stellung mit dem wunderschönen Namen *Schmetterlinge im Flug* ist eine einfach Variante der Frau-oben-Position (die hier auch das *Horn des Einhorns* genannt wird). Führen Sie den *Jadestab* Ihres Liebsten in Ihr *Korallentor* ein, während Sie Brust an Brust auf ihm liegen. Ihre Schenkel und Füße ruhen auf seinen Beinen. Umfassen Sie seine Hände und strecken Sie die Arme wie Schmetterlingsflügel seitlich aus. Stemmen Sie sich mit den Zehen gegen die Füße Ihres Partners, während Sie sich auf und ab bewegen. Der Aktionsradius ist bei beiden in dieser Stellung nicht sonderlich groß, aber Sie werden den Hautkontakt genießen – und auch die Reibung an Ihrer *Juwelenterrasse* (dem Namen der Taoisten für die Klitoriszone), die sich durch das Auf und Ab ergibt.

8 April

Hautspiele

Die Haut ist unser größtes Organ. Dank Tausender von Tastrezeptoren pro Quadratzentimeter – und noch mehr in Fingerspitzen und Lippen – ist sie in der Lage, selbst auf leichteste Berührungen zu reagieren. Jetzt, wo der Frühling da ist, ist es Zeit, endlich wieder die empfindlichen Nervenenden zu erwecken, die so lange unter vielen wärmenden Schichten Winterkleidung verborgen waren.
Stellen Sie eine Sammlung mit den verschiedensten Stoffen zusammen – von weichen Materialien wie Seide, Fell und Samt bis hin zu Rauherem wie Wolle oder Frottee. Verbinden Sie Ihrem Partner die Augen, ziehen Sie ihn aus und bitten Sie ihn, sich aufs Bett zu legen. Spreizen Sie ihm leicht die Beine und sagen Sie ihm, dass er alles erdulden muss, was Sie mit ihm vorhaben. Achten Sie darauf, dass das Schlafzimmer warm genug ist: Wenn Sie ihm eine Gänsehaut verursachen, dann ausschließlich durch Ihre Berührungen.
Nun streifen Sie ihm mit jedem der Stoffe über die Haut. Berühren Sie ihn nur ganz leicht – im Gesicht, an der Brust, am Bauch, an den Innenseiten der Oberschenkel, die Beine entlang nach unten bis zu den Zehen. Überall, nur NICHT an den Genitalien. Er soll einfach still daliegen und spüren. (Drohen Sie ihm aufzuhören, wenn er sich rührt! Die Spannung wird ihn in den Wahnsinn treiben.) Schließlich streicheln Sie seine erogenen Zonen mit den Stoffen. Sie entscheiden, wann Sie ihn aus seiner sinnlichen Qual befreien. Und dann sind Sie dran (siehe 15. April).

9

April

Ihr Liebesknopf

An Ihrer Klitoris ist wesentlich mehr dran als der kleine Liebesknopf an der Stelle, wo Ihre Schamlippen aufeinanderstoßen. Schauen Sie sich das Ganze zuerst einmal gut an. Die Klitoris ist von Frau zu Frau und von Tag zu Tag bezüglich Größe, Farbe, Form verschieden. Auch wie weit sie vorsteht, ist nicht immer gleich. Und nein: Sie verschwindet nicht, wenn Sie erregt sind. Es kann nur so aussehen, wenn die Schamlippen ringsum anschwellen oder sie sich während des Orgasmus leicht zurückzieht (mit anderen Worten: wenn irgendjemand irgendetwas richtig macht). Wenn Sie die Vorhaut beiseiteschieben, die sie bedeckt, sehen Sie die Klitorisdrüse – das Sexualorgan, das dem Peniskopf entspricht. Etwa 6000 bis 8000 Nervenenden sind hier konzentriert, mehr als an jeder anderen Stelle des menschlichen Körpers.
Wenn Sie von oben auf die Klitorisdrüse drücken, spüren Sie den Klitorisschaft, eine elastische Röhre, die zum Schambein hinaufführt. Dieser teilt sich und verläuft auf einer Länge von etwa sieben Zentimetern in zwei Strängen links und rechts der Vagina. Dies sind die sogenannten Kitzlerschenkel. Außerdem zweigt vom Schaft aus unterhalb der beiden inneren Schamlippen jeweils ein Schwellkörper ab, der sich im Zustand der Erregung mit Blut füllt – so wie die Schwellkörper im Penis, obwohl die Klitoris mehr davon hat.
Wozu dieser Exkurs in die Anatomie gut ist? Nun, je mehr Sie wissen, desto mehr Spaß werden Sie haben. Weil sich die Klitoris wie ein Netzwerk über den gesamten Genitalbereich ausdehnt, wird sie bei Berührungen von Harnröhre, Vagina oder Anus indirekt mit stimuliert. Freunden Sie sich also mit Ihrer Klitoris an. Es ist das einzige Organ im menschlichen Körper, das einzig und allein dem Zweck der Übertragung sexueller Lust dient. Was könnte man daran nicht lieben?

10 April

Bloß keine Schubladen!

Hollywood, die Pornoindustrie und billige Romanschnulzen haben in vielen Männern und Frauen die Vorstellung geweckt, dass eine Frau allein durch Vaginalverkehr zum Höhepunkt kommen MÜSSTE. Was für ein Quatsch! Die allermeisten Frauen kommen nicht ohne unmittelbare Stimulation der Klitoris. Wenn Sie herausfinden, wie sich Ihre Klitoris am besten stimulieren lässt, können Sie Ihre Orgasmus-Chancen exponentiell verbessern.

Das soll nicht heißen, dass es bei Frauen nicht unterschiedliche Arten von Orgasmen geben würde: Gut möglich, dass sich bei Ihnen der Höhepunkt durch G-Punkt-Stimulation ganz anders anfühlt, als wenn Sie beim Masturbieren nur die Klitoris bearbeiten – ein Phänomen, das manche Wissenschaftler mit den unterschiedlichen Nerven erklären, über die die Genitalien mit dem Gehirn verbunden sind. Und natürlich kommen manche Frauen auch während des Spiels mit den Brüsten, bei den *Kegel-Übungen* oder auch einfach nur durch geile Phantasien. Ja, es ist sogar möglich, im Schlaf einen Orgasmus zu kriegen. Worauf ich hinauswill: Es gibt keine richtige Art, zu kommen.

Gehen Sie einen Moment in sich und fragen Sie sich, ob Sie selbst im Hinblick auf den Orgasmus womöglich auch in Schubladen denken. Glauben Sie, dass eine bestimmte Art von Höhepunkt besser ist als eine andere? Sind Sie frustriert, wenn nicht jeder Ihrer Orgasmen weltbewegend ist? Versuchen Sie, nur für diesen einen Tag auf solche Bewertungen zu verzichten. Sagen wir's in Anlehnung an Gertrude Steins berühmten Satz »Eine Rose ist eine Rose ist eine Rose«: Ein Orgasmus ist ein Orgasmus ist ein Orgasmus. Er ist ein subjektives Erleben. Finden Sie heraus, was Ihnen Lust bereitet, und holen Sie es sich!

11 April

Schuldgefühle adé!

Viele von uns wurden so erzogen, dass das Masturbieren Schuldgefühle auslöst, obwohl es heute fast jede(r) macht. Wenn Sie mir nicht glauben, können Sie beim *Kinsey-Institut* nachfragen. Dort hat man herausgefunden, dass 94 Prozent der Männer und mindestens 70 Prozent der Frauen masturbieren! In der Tat müssen wir dem Sexualforscher Alfred Kinsey dankbar sein, dass er das Tabu der Selbstbefriedigung aufgehoben hat. Er stellte fest, dass für Frauen die Wahrscheinlichkeit, zum Orgasmus zu kommen, bei der Masturbation am höchsten sei. Damit entzog er der Freudschen Theorie, dass es sich dabei um eine *unreife* Aktivität handele, den Boden. Seither haben Sexologinnen wie Betty Dodson, Lonnie Barbar und Shere Hite die Botschaft von den Freuden der Selbstliebe unters Volk getragen. Die *American Medical Association* hat die Selbstbefriedigung inzwischen sogar in den Rang einer *normalen* Sexualpraktik erhoben.

Und doch lassen sich derart fest verankerte Tabus oft nur schwer auflösen. Schlimmer noch, für viele unter uns ist es generell schwer, frei von Schuldgefühlen Genuss zu erleben – insbesondere in erotischer Hinsicht. (Wann haben Sie das letzte Mal ein Stück dicke, fette, göttliche Schokotorte gegessen und es richtig genossen?) Also warten Sie nicht länger! Denn je mehr Zeit Sie Ihrem Körper widmen, desto eher begreifen Sie, wie recht die Experten haben: Selbstliebe ist natürlich und gesund. Geben Sie sich nur für heute die Erlaubnis, auf Ihre liebste Weise zu onanieren und sich zum Orgasmus zu bringen. Sie werden sich gut fühlen und entspannter sein und wahrscheinlich netter zu Ihren Mitmenschen. Warum sollten Sie sich deshalb schuldig fühlen?

12 April

Zerwühlter Schopf

In diesem Monat steht die Erweckung der Sinne auf dem Programm, und so wollen wir ganz oben anfangen. Wie Vatsyanyana im »Kamasutra« beschrieben hat, geht vom Haar eine starke erotische Wirkung aus. Nichts kommt an das Gefühl heran, wenn Ihr Schatz Ihnen mit den Fingern durchs Haar fährt, es streichelt, damit spielt, Ihnen zärtlich eine Strähne aus den Augen streicht. Zahlen Sie ihm seine Geste zurück – mit doppelter Münze! Verwöhnen Sie ihn mit einer erotischen Kopfhautmassage oder waschen Sie ihm das Haar und massieren Sie ihm beim Schamponieren den Kopf. Arbeiten Sie sich mit kreisenden Bewegungen der Fingerspitzen – und Fingernägel, wenn er das mag, was sehr wahrscheinlich ist – vom Scheitel zu den Schläfen vor. Auch wenn Sie ihn sanft an den Haaren ziehen, kann ihm das sehr guttun. Sie werden sehen: Nach einer guten, kräftigen Kopfhautmassage frisst er Ihnen aus der Hand! Warum glauben Sie, lassen sich viele Leute beim Friseur so gern die Haare waschen?

Nutzen Sie auch Ihre sauberen, wunderschönen Locken als Mittel zur Verführung. Wenn Ihr Haar lang genug ist, kann Ihr Schatz einfach nur still daliegen und genießen, wie Sie ihm damit über die nackte Haut streichen. Bewegen Sie den Kopf so über seinen Körper, dass nur die Haarspitzen die Haut berühren und ihn überall kitzeln. Winden Sie Ihr Haar zärtlich um seinen Penis, lösen Sie es mit sanftem Zug und streichen Sie ihm damit über Glied und Hoden.

Und noch etwas: Wenn Sie sich geliebt haben, springen Sie nicht gleich auf, um sich die Haare zu bürsten. Nichts ist sexier als Frauenhaar, wenn es durch leidenschaftliches Herumrollen im Heu so richtig zerwühlt aussieht.

13 April

So oder so sexy!

Ob Sie sich die Bikinizone rasieren oder mit Wachs enthaaren oder ob Sie ganz ohne gehen – auch Ihr Schamhaar (oder dessen Nichtvorhandensein) lässt sich als Mittel zur Verführung nutzen. Bitten Sie ihn, sich auf den Rücken oder Bauch zu legen, und fahren Sie ihm mit dem Schamhaar über den Körper, so dass es seine Haut streift. Lassen Sie die Hüften kreisen oder bewegen Sie sie auf und ab. Das Gefühl der weichen Bürste und der zunehmenden Feuchtigkeit, die sich in Ihrem Inneren bildet, wird ihn um den Verstand bringen. Es kann auch nett sein, vor, während oder nach der Liebe gegenseitig am Schamhaar herumzuspielen. Streicheln Sie es liebevoll. Sie können auch daran ziehen, aber bitte ganz zart!

Lassen Sie mich ein paar Worte zum Thema Schamhaarentfernung sagen: Die Zeitschrift »Glamour« hat in einer Umfrage fast 3000 Männer befragt, und es zeigte sich, dass die Vorlieben in Bezug auf den weiblichen Busch ziemlich gleichmäßig verteilt waren: 38 Prozent mochten eine ordentlich zurechtgestutzte, aber zugleich natürlich aussehende Bikinilinie, 32 Prozent bevorzugten Frauen, die bis auf einen *Landungsstreifen* komplett rasiert sind, 25 Prozent mochten es total nackt, und 5 Prozent standen auf den ungezähmten Naturlook. Und was ist die Konsequenz daraus? Machen Sie, was IHNEN gefällt, aber wenn sich zeigt, dass er eine bestimmte Vorliebe hat, probieren Sie es aus.

Wachs oder Rasur? Wird das Haar mit Wachs entfernt, wächst es weicher und zarter nach, aber die Prozedur geht auf Dauer ins Geld. Wenn Sie sich rasieren, achten Sie darauf, es auf jeden Fall zu tun, bevor Sie intim werden. Sie wollen seinen Penis – oder sein Gesicht – schließlich nicht mit kratzigen Stoppeln traktieren.

14 April

Stellung der Woche: Die seitliche Stellung

Seitliche Stellungen sind ideal, wenn Sie es entspannt und langsam angehen wollen: Sie können Ihren Schatz in aller Ruhe berühren und streicheln, statt direkt zur Ziellinie zu spurten. Und auch wenn Sie sich in räumlich beengten Verhältnissen lieben, also zum Beispiel im Einzelbett oder im Einpersonenzelt, erweisen sie sich als vorteilhaft.
Dem »Kamasutra« zufolge sollte der Mann auf der linken und die Frau auf der rechten Seite liegen, während sie die gestreckten Beine ineinander verschlingen. Sie können aber natürlich die Seiten so wählen, wie es Ihnen am bequemsten ist. Nehmen Sie sich Zeit, sich gegenseitig das Gesicht und den Körper zu streicheln. Diese Position ist sehr schön, wenn die Partner noch neu füreinander sind: Sich an den anderen anzuschmiegen gibt ein Gefühl der Sicherheit, das die mit einer neuen Intimbeziehung verbundenen Ängste und Unsicherheiten in den Hintergrund treten lässt. Aber auch für langfristige Partner ist es ein Genuss, sich ihre Zärtlichkeit auf so sanfte, gelassene Weise zu zeigen.
Die *Seitliche Stellung* bietet mehrere Vorteile: Sie ermöglicht nur eine flache Penetration, so dass er zwar nicht tief stoßen kann, aber dafür länger durchhält. Außerdem wird Ihr Gebärmutterhals geschont. Auch die Reibung ist ein wichtiger Faktor: Wenn er im Bett nach oben rutscht, kann er womöglich sogar mit dem Penis Ihre Klitoris stimulieren. Sie können die Position variieren, indem Sie ihm Ihr oberes Bein um die Hüfte oder die Taille legen. Im »Ananga Ranga« heißt diese Stellung *Die Krabbe*.

15 April

Noch mehr Brust-Lust

Da es in diesem Monat um das Erwecken der Sinne geht, wollen wir uns noch einen Tag lang den Brüsten widmen und schauen, wie sensibel sie für sinnliche Reize sind. Bitten Sie Ihren Schatz, Ihnen die Augen zu verbinden und Ihnen mit verschiedenen Stoffen – Satin, Seide, Samt und Fell – über Brüste und Brustwarzen zu streichen. Ihre Aufgabe ist, jeweils zu erraten, was es ist. Natürlich bekommen Sie für jede richtige Antwort einen *Preis*. In dem Maße, wie Sie besser werden, kann er auch schwerer einzuordnende Materialien wie Spitze, Wolle oder auch ein weiches Frotteehandtuch nehmen. Und er kann sich Lederhandschuhe anziehen und Sie damit streicheln und Ihnen die Nippel zwirbeln, oder Ihnen auch mit einer weichen Bürste mit Naturborsten über die Haut fahren.

Bereit für die zweite Runde? Zeit für organische Substanzen: Schauen Sie, wie es sich anfühlt, wenn er Ihre Brustwarzen mit Schlagsahne, Honig oder geschmolzener Schokolade bestreicht. Dass Sie die Augen verbunden haben, schärft Ihre Sinne, so dass Sie (natürlich!) beide etwas davon haben, wenn er das Zeug wieder ableckt. Spielen Sie mit dem Gefühl von Kälte an Ihrer warmen Haut. Er soll mit einem Eiswürfel Kreise um Ihre Brustwarzen ziehen, bis sie sich stellen. Bestreichen Sie sie die Haut mal mit einem wärmenden und mal mit einem kühlenden Massageöl wie Pfefferminze. Es versteht sich von selbst, dass Sie alles, was er mit Ihnen anstellt, auch bei ihm machen werden. Und noch ein Hinweis: Sie können – und sollten – die Übung des heutigen Tages auch im Alleingang an sich ausprobieren, um Ihre erotische Sensibilität zu steigern.

16 April

Hof halten!

Ganz gleich, ob Sie selbst mit Ihren Brüsten spielen oder Ihr Schatz es tut – vernachlässigen Sie nicht die Warzenhöfe, also das empfindliche, pigmentiere Gewebe rings um Ihre Brustwarzen. Ob sie klein oder groß sind, kaffeebraun oder rosarot, die *Aureolen* sind von vielen Nervenenden durchzogen – vielleicht mehr noch als die Brustwarzen. Das sollten Sie nutzen! Schenken Sie ihnen die gleiche Aufmerksamkeit wie den Nippeln. Lassen Sie einen angefeuchteten Finger darauf kreisen. Ermutigen Sie Ihren Schatz, mit der Zunge zarte Spiralen darauf zu zeichnen. Schauen Sie, ob allein die Stimulation der rosigen Höfe genügt, damit sich Ihre Brustwarzen stellen und Wellen der Lust nach unten zu Ihrer Klitoris schicken.

Bei den kleinen Erhebungen rings um die Warzenhöfe handelt es sich um Haarfolikel. Auch sie können sehr empfindlich sein. Streichen Sie mit dem Finger darüber und genießen Sie das Gefühl. Übrigens ist es völlig normal, wenn hier kleine Härchen sprießen. Machen Sie sich keine Gedanken darüber, entfernen Sie sie einfach.

Wenn Sie mutig sind, tupfen Sie sich etwas Rouge auf die *Aureolen* und Nippel und gucken Sie sich an, wie neckisch sie durch zarte Spitze hindurchschimmern oder aus einem BH mit ausgeschnittenen Brustwarzen herauslugen – oder lassen Sie sie in Erwartung der Berührungen Ihres Liebsten einfach nackt.

17 April

Die Wurzel des Problems

Nach dem Tantra und ähnlichen überlieferten Lehren gibt es sieben Hauptenergiezentren oder *Chakren*, die entlang einer vom unteren Ende der Wirbelsäule bis hinauf zum Scheitel reichenden Säule angeordnet sind. Wenn Sie korrekt ausgerichtet sind, kann die Lebenskraft (auch *Chi* oder *Prana* genannt) frei darin fließen. Das erste *Chakra* heißt *Wurzelchakra* und befindet sich am Damm zwischen Anus und Vagina. Es ist tatsächlich die Wurzel des physischen Energiesystems und hat mit Überlebenstrieb und Vitalität zu tun. Ist das *Wurzelchakra* blockiert, drückt sich dies durch Angst, Unsicherheit und Freudlosigkeit beim Sex aus. (Solche Menschen nennt man nicht umsonst *verklemmt*: bei ihnen ist das *Wurzelchakra* geschlossen.) Das unterste Energiezentrum zu öffnen heißt, wieder auf den Boden zu kommen, die innere Balance herzustellen, sich zu erden und Unsicherheiten und Ängste abzubauen, so dass Sie mehr Spaß am Sex haben.
Von den vielen Möglichkeiten, das *Wurzelchakra* zu öffnen, greifen wir eine heraus, die speziell zur Erhöhung der sexuellen Lust geeignet ist. Stellen Sie sich aufrecht und entspannt hin, die Füße hüftbreit auseinander, die Knie leicht gebeugt. Konzentrieren Sie sich in der Meditation auf Ihr *Wurzelchakra* und stellen Sie sich vor, wie dort eine kleine rote Energieflamme brennt, die Ihre Ängste verzehrt und Sie mit Kraft erfüllt. Um das *Chakra* zu stimulieren, spannen Sie den PC-Muskel an und stellen Sie sich vor, wie Sie damit Energie in Ihren Körper hineinziehen und dort *einschließen*. Schaukeln Sie die Hüften vor und zurück und lassen Sie die Hitze durch den Körper nach oben steigen. Zum Abschluss der kleinen Meditation stellen Sie sich vor, wie sich die Flamme in Ihrem *Wurzelchakra* in ein warmes Glühen verwandelt. Und genau dieses Glühen halten Sie vor Ihrem geistigen Auge präsent, wenn Sie sich das nächste Mal mit Ihrem Schatz lieben.

18 April

Ein Lob auf die Prostata

Vorausgesetzt Ihrem Schatz hat das am 30. Januar vorgeschlagene Spiel an seiner Hintertür gefallen, können Sie noch einen Schritt weitergehen. Er wird dabei die Engel singen hören: Es geht um Prostatamassage für den Mann! Lassen sie mich zuerst ein paar Worte über die Prostata verlieren, jenes kleine Organ, in dem das Ejakulat produziert wird. Sie befindet sich an der Peniswurzel und ist mit dem weiblichen G-Punkt verwandt. Ihre Stimulation kann ebenso lustvoll sein. Manche Männer kommen allein durch die Massage der Prostata.

Wie schon für 30. Januar beschrieben, sollten Sie darauf achten, ausreichend Gleitmittel zur Hand zu haben, und etwas Zeit darauf verwenden, sein Glied entweder mit dem Mund oder der Hand anzuwärmen. (Wenn er geil ist, wächst die Wahrscheinlichkeit, dass er das Ganze als lustvoll erleben wird.) Sobald er bereit und willig ist, schieben Sie ihm einen Finger etwa fünf bis sechs Zentimeter weit in den Anus und krümmen ihn nach vorne zu seinem Schambein hin. Sie werden eine kleine Verdickung spüren, etwa in der Größe einer Nuss. Mit einer Komm-her-zu-mir-Bewegung stimulieren Sie sowohl seine Penisknolle (eine kleine, zwiebelartige Verdickung am Harnröhrenschwellkörper) als auch seine Prostata. Wenn Sie ihm dabei gleichzeitig das Glied streicheln oder lecken, kriegt er einen Orgasmus, bei dem er durch die Decke geht!

Ein Blick in die Geschichte: Geburtstagskind des heutigen Tages ist Humphrey Verdon Roe (1878–1949), der englische Fliegerpionier, der gemeinsam mit seiner Frau Dr. Marie Stopes die erste Klinik für Geburtenkontrolle in Großbritannien gründete.

19 April

Früh mit dem Vorspiel beginnen

Eine Möglichkeit, die Sinne für leidenschaftlichen Sex zu öffnen, ist früh – wirklich früh – mit dem Vorspiel zu beginnen, sprich: noch bevor sie im selben Raum zusammen sind. Wir sollten nicht vergessen, dass kaum etwas die Lust so sehr schüren kann wie die Vorfreude! Denken Sie daran, wie Sie es am Anfang Ihrer Beziehung kaum abwarten konnten, einander zu sehen; wie Ihre Phantasie mit Ihnen durchging und Sie tausend Ideen hatten, was Sie bei der nächsten Begegnung miteinander anstellen würden. Nichts spricht dagegen, diesen Funken durch ein wenig mentales Vorspiel neu zu schüren.

Rufen Sie ihn im Tagesverlauf einfach spontan an und sagen Sie ihm ganz genau, was Sie später mit ihm vorhaben. Beschreiben Sie in allen Einzelheiten, wie Sie mit der Zunge jeden Quadratzentimeter seines Körpers verwöhnen werden – einschließlich seines erigierten Gliedes. Oder wie Sie es sich selbst machen und dabei an ihn denken; oder dass Sie gerade eben diese unglaublichen erotischen Tagtraum hatten, den Sie ihm unbedingt erzählen müssen. Bringen Sie seine Drähte zum Glühen! Wenn Sie auflegen, wird er es kaum abwarten können, den Worten Taten folgen zu lassen.

Auch perfekt geeignet: Simsen! Denn weil eine SMS kurz sein muss, ist sie wunderbar zweckmäßig, die Botschaften auf den nicht jugendfreien Punkt zu bringen.

20 April

Stellung der Woche: Die Löffelchenstellung

Geben Sie dem morgendlichen Kuschelstündchen etwas mehr erotische Würze. In der *Löffelchenstellung* liegen Sie beide auf der Seite, er hinter Ihnen, und während er von hinten in Sie eindringt, schmiegen Sie sich wie zwei Löffel in einem altmodischen Besteckkasten aneinander. Die Stellung erlaubt keine sonderlich tiefe Penetration, aber dafür hält er umso länger durch. Sie können den Winkel variieren, indem Sie Ihr oberes Bein nach hinten über seines legen oder nach vorne bis zur Taille hochziehen. Führen Sie seine Hände zu Ihren Brüsten, Ihrem Bauch und Ihrer Klitoris, während Sie sich mit dem Becken an ihn drücken. Der Druck Ihrer Schenkel um seinen Schwanz ist auch für ihn lustvoll.

Um die Eindringtiefe zu vergrößern, können Sie beide die Knie hochziehen, während er Ihre Hüften umfasst, um besser stoßen zu können. Sie können sich auch von einer tantrischen Technik inspirieren lassen und versuchen, Ihre Atmung zu synchronisieren. Stellen Sie sich vor, wie die Energie in einem Kreislauf aus seinem Herzen von hinten in Sie einströmt, sich den Weg zu Ihrem Herzen bahnt und dann wieder zu ihm zurückfließt.

Mit dem Liebsten in der *Löffelstellung* zu liegen spendet sehr viel Nähe und Wärme. Wie herrlich, so wieder aufzuwachen!

21 April

Feuriger Stier

Wenn Sie oder Ihr Schatz zwischen heute und dem 20. Mai Geburtstag haben, fallen Sie unter das dem Erdelement zugeordnete Sternzeichen Stier. Dem Einfluss des Herrscherplaneten Venus entsprechend gelten Stiere als zuverlässige, geduldige und liebevolle Menschen, die enge häusliche, freundschaftliche und familiäre Bindungen pflegen. Auch wird ihnen ein hohes Maß an Sinnlichkeit nachgesagt.

Da der Stier ein Erdzeichen ist, ist er am ehesten mit irdischen Spielen zu gewinnen. Ganz gleich, ob Sie selbst oder Ihr Partner unter dieses Zeichen fallen: Empfehlenswert ist alles, was das Liebesspiel in die Länge zieht. Die in diesem Monat beschriebenen seitlichen Stellungen bieten viel Raum fürs Küssen und Streicheln. Um sich in den Stier hineinzuversetzen, setzen Sie auf Natürlichkeit, auf Nacktheit und Sinnlichkeit.

Oder servieren Sie ihm ein sinnliches (aber nicht allzu schweres) Mahl. Es heißt, dass der Weg zu den Sexualorganen des Stiers über seinen Magen führt. Leihen Sie sich eine DVD mit dem Film »Tom Jones – Zwischen Bett und Galgen« aus und schauen Sie sich die *Hähnchenszene* an. Und dann bereiten Sie ein Essen zu, bei dem Sie oral zeigen können, was Sie mit Ihrem Schatz anstellen möchten. Kann gut sein, dass er Sie auf dem Tisch als Dessert vernascht.

Wenn keiner von Ihnen beiden Stier ist, nutzen Sie den Tag, um Ihre oralen Fähigkeiten zu verfeinern. In diesem Buch finden Sie jede Menge Anregungen, die Ihnen da weiterhelfen können. Toro, olé!

22 April

Mentales Vorspiel, die zweite!

Sparen Sie sich Ihre Verbalerotik nicht fürs Telefon auf. Flüstern Sie ihm das nächste Mal, wenn Sie gemeinsam unter Leuten sind – auf einer Party, beim Schlangestehen vor der Kinokasse, im Café –, unanständige Nichtigkeiten ins Ohr. Sagen Sie ihm genau, was Sie später am Abend mit ihm vorhaben. Dies ist umso aufregender, wenn Sie dabei keine Miene verziehen, so dass keiner mitbekommt, wovon Sie reden. So wie es aussieht, könnten Sie genauso gut übers Wetter reden. In Wirklichkeit aber machen Sie ihn mit Ihren Anzüglichkeiten verrückt. Und was ihm am meisten zusetzt: Er kann nichts tun.

Ihnen fällt nichts ein, was Sie ihm sagen könnten? In dem Fall können Sie immer auf die altbewährte Technik zurückgreifen, dass Sie *vergessen* haben, sich was drunter anzuziehen. Aber natürlich nur, wenn es auch stimmt. Führen Sie seine Hand an Ihren Po, damit er sich selbst überzeugen kann. Er wird den ganzen Abend daran denken, was sich unter Ihrem Rock verbirgt. Es versteht sich von selbst, dass der nicht so kurz ist, dass jeder Ihr Geheimnis sehen kann. Sharon Stone mag in »Basic Instinct« damit durchgekommen sein, aber in der realen Welt wäre es doch ein wenig zu ordinär. Nutzen Sie Ihre Phantasie – und schüren Sie die seine.

Sie sollten nie übersehen, was für ein wirksames Aphrodisiakum die Vorfreude ist. Sie lässt die Funken zwischen Ihnen sprühen, bis Sie kaum noch abwarten können, sich gegenseitig die Kleidung vom Leib zu reißen. Nutzen Sie den Intellekt, um Spannung aufzubauen! Das ruft ganz automatisch alle fünf Sinne auf den Plan.

23 April

Die Sinne schulen: Sehen

Gelingt es Ihnen, bei Ihrem Liebsten und sich selbst alle fünf Sinne – Sehen, Riechen, Schmecken, Hören, Fühlen – anzusprechen, schürt das Ihrer beider körperliche Bereitschaft für ein ganz besonderes sexuelles Erleben. Wenn Sie kreative Möglichkeiten zur Erweckung Ihrer Sinne finden, fällt es Ihnen leichter, im Hier und Jetzt zu sein. Und Sie werden wesentlich sinnlicher.

Als Erstes wollen wir uns mit dem Sehen befassen. Der Mensch – und insbesondere der Mann – ist ein optisch orientiertes Wesen. Im Tantra ist das Sehen mit dem *Nabelchakra* (dem *Solarplexus*) und dem Feuerelement verbunden, darum sollten Sie sich und Ihrem Liebsten Anblicke gönnen, die die Leidenschaft schüren. Eine der sichersten Möglichkeiten, dies zu bewirken, ist das gemeinsame Betrachten von erotischen Bildern. Besonders geeignet sind Nacktaufnahmen oder Darstellungen von Paaren beim Sex, wie Sie sie in jedem Männermagazin finden. Anspruchsvollere werden in Fotobänden fündig. Empfehlenswert sind zum Beispiel »Erotique: Masterpieces of Erotic Photography« von Rod Ashford, »Eros« von Linda Ferrer und Jane Lahr (ein Buch, in dem wunderschöne Abbildungen mit klassischen erotischen Gedichten kombiniert sind), »PASSION du voyeur: Aktfotografie« von Jörg Riethausen oder »Touch Me!« von Richard Murrian. Wenn Sie ein paar dieser Bücher gemeinsam durchgeblättert haben, sollten Sie mehr als reif sein, das Gesehene in der Praxis auszuprobieren. Oder Sie nutzen die Fotos und Zeichnungen als Inspiration für Ihre Phantasien beim Solospiel.

Ein Blick in die Geschichte: Heute ist der Geburtstag von Vladimir Nabokov (1899–1977), dem Autor von »Lolita«, in dem die Affäre eines Mannes mittleren Alters mit einer frühreifen Zwölfjährigen geschildert wird, die er »Nymphchen« nennt.

24 April

Die Sinne schulen: Riechen

Im Tantra ist das Riechen mit dem *Wurzelchakra* assoziiert, das den Überlebenstrieb und die Instinkte steuert. Gleichzeitig ist er einer unserer ursprünglichsten Sinne. Dies erklärt, warum die Stimulation der *olfaktorischen Sensoren* mit Hilfe der alten Kunst der Aromatherapie eine so hochwirksame Methode zur Erweckung der erotischen Energien ist. Verwenden Sie ätherische Öle wir Rose, Jasmin oder Lavendel zur Körperpflege, als Badezusatz oder als Raumduft fürs Schlafzimmer. Von Aromatherapeuten werden vor allem Ylang-Ylang und Sandelholz als aphrodisierende Essenzen empfohlen. Aber Vorsicht: Ätherische Öle dürfen nie unverdünnt auf die Haut gelangen, da sie sonst Reizungen verursachen können. Verdünnen Sie sie mit einem sogenannten Trägeröl wie Mandel, Olive oder Sonnenblume.

Hier zwei Spiele, die den Geruchssinn schärfen. Ziehen Sie sich in einen gemütlichen Raum zurück und zünden dort lediglich eine oder zwei Kerzen an. Das Licht soll schummrig sein, damit Sie sich ganz auf die Gerüche konzentrieren können und optische Eindrücke in den Hintergrund treten. Verbinden Sie Ihrem Partner die Augen und lassen Sie ihn an verschiedenen ätherischen Ölen riechen, indem Sie die Fläschchen eins nach dem anderen unter seiner Nase vorbeiführen (Halten Sie ihm das Öl nicht direkt unter die Nase. Ein Hauch genügt.) Geben Sie ihm Zeit, jeden einzelnen Duft einzuatmen und zu genießen. Er wird jedes Mal schon sehr gespannt sein, was Sie ihm als Nächstes reichen …

Anschließend soll er, immer noch mit verbundenen Augen, Ihren Duft erforschen. Legen Sie sich hin, während er den Geruch Ihres (natürlich frisch gewaschenen) Körpers aufsaugt – am Hals, an den Brüsten und Oberschenkeln. Beinahe so, als wäre er ein Tier auf freier Wildbahn, das sein Weibchen beschnuppert. Dann tauschen Sie die Rollen.

Weitere Ideen: Schauen Sie nochmals zum 13. Februar oder ins Internet auf Seiten wie *www.aetherische-oele.net*.

25 April

Die Sinne schulen: Schmecken

Tantriker assoziieren den Geschmackssinn mit dem zweiten *Chakra*, das auch als *Sexualchakra* bezeichnet wird. Achten Sie bewusst darauf, welche Speisen Sie zu sich nehmen, bevor Sie intim werden. Leichtes Essen ist optimal, wenn Sie eine leidenschaftliche Nacht planen (oder auf eine solche hoffen). Neben dem Bereitstellen von kleinen kulinarischen Naschereien zur Stärkung bei längeren Liebesspielen können Sie mit dem folgenden Spiel Ihren Geschmackssinn schärfen: Entweder Sie verbinden Ihrem Schatz die Augen wieder, oder Sie bitten ihn, sie einfach zu schließen. Und dann füttern Sie ihn mit kleinen Stückchen von süßem Obst wie Mango oder Kiwi oder anderen süßen Leckereien wie Schokoladentrüffel. Stillen Sie seinen Durst mit kleinen Schlucken Weißwein oder Champagner. Lassen Sie ihm Zeit, jeden einzelnen Geschmack auszukosten, bevor Sie zum nächsten weitergehen. Dann tauschen Sie die Rollen.

Es gibt verschiedene Nahrungsmittel, denen eine aphrodisierende Wirkung zugeschrieben wird (zumindest macht es Spaß, mit ihnen zu spielen). Füttern Sie sich gegenseitig mit kernlosen Trauben, Pflaumen oder Feigen (eine geöffnete Feige gilt als Symbol für die weibli chen Geschlechtsorgane.) Lassen Sie ihn beim Essen zuschauen, wie Sie an einer Spargelstange lutschen, oder nehmen Sie eine Banane in den Mund. (Und sagen Sie ihm, dass in Bananen jede Menge Kalium und B-Vitamine stecken, die der Körper für die Produktion von Sexualhormonen braucht.) Schokolade enthält nicht nur Antioxidantien, sondern auch *Phenylethylamine* – das sind die gleichen Botenstoffe, die durch den Körper schwirren, wenn wir verliebt sind. Doppelten Genuss verspricht die Kombination von Schokoladentrüffel mit einem Glas Merlot. Austern sind seit dem 2. Jahrhundert n. Chr. als Aphrodisiakum bekannt. Sie sind eiweißreich und enthalten viel potenzsteigerndes Zink. Viel Spaß bei der Menüplanung!

26 April

Die Sinne schulen: Hören

Im Tantra ist das Hören mit dem *Halschakra* assoziiert. Es steht in Beziehung zur heiligen inneren Achtsamkeit, die durch den Klang erweckt wird. Wie das Sehen regt auch das Hören Gefühle und Phantasien an, insbesondere solche erotischer Natur. Denken Sie nur, welche Wirkung die Stimme Ihres Liebsten hat, wenn Sie mit ihm telefonieren. Nehmen Sie sich Zeit, auf seinen Atem zu lauschen, auf seinen Herzschlag oder das Prasseln des Regens auf dem Dach.

Nutzen Sie Ihre Ohren! Lesen Sie einander erotische Geschichten vor. Bücher wie »Die (neue) klassischen Sau«, »Quiver« oder «Die Geschichte der O.« eignen sich hervorragend dafür. Je schärfer, desto besser!

Wer lieber lauscht als liest, wird sicher auf *www.flexible-literature.de* fündig – die Editionen *audioerotica* und *audioamore* bieten alles, was Ihre Ohren begehren.

Auch heiß: Sie schneiden IHREN nächsten Liveact mit – natürlich nur mit seiner Genehmigung. Wenn Sie sich das später wieder anhören, bringt Sie das garantiert gleich wieder in Fahrt.

Am 16. Februar haben wir bereits über die Wahl der Musik für die richtige Stimmung gesprochen.

Daneben ist auch ein Soundgenerator einen Versuch wert. Auf denen sind digitale Aufzeichnungen von Naturgeräuschen gespeichert, vom plätschernden Bach bis zum Meeresrauschen – die ideale heiter-gelassene Klangkulisse für Ausflüge in Ihr ganz persönliches exotisches Paradies. Wie wär's mit Sex an einem einsamen weißen Strand, an dem sich sanft die Wellen brechen?

27 April

Die Sinne schulen: Fühlen

Tantriker ordnen den Tastsinn dem *Herzchakra* zu, in dem die Liebe und das Mitgefühl ihren Sitz haben. Darum laufen Ihnen bei der zartesten Berührung Ihres Liebsten wohlige Schauer über den Rücken. Massagen sind natürlich immer gut, aber es gibt noch andere Formen der Berührung, um die Sinne zu erwecken. Verwandeln Sie den ganzen Körper in eine einzige, große erogene Zone:

- Ohren: Knabbern Sie an seinen Ohrläppchen, lecken Sie zart an der Ohrmuschel, und blasen Sie sanft, ganz sanft.
- Augenbrauen: Bedecken Sie seine Lider mit Schmetterlingsküssen. Klimpern Sie mit Ihren Wimpern auf seiner Haut.
- Hals: Küssen, saugen und lecken Sie den Bereich unterhalb der Ohren und des Kiefers. Lassen Sie Ihre Zunge sanft über seinen Adamsapfel gleiten.
- Nabel: Bedecken Sie seinen Bauch mit Küssen und arbeiten Sie sich dabei in einer Spirale zu seinem Nabel vor. Und wenn Sie dort angekommen sind, fahren Sie mit der spitzen Zunge ein und aus.
- Rücken: Bedecken Sie seine Wirbelsäule bis hinunter zum Steißbein, wo besonders viele empfindliche Nervenendigungen zusammenlaufen, mit insistierenden Küssen. Fahren Sie ihm mit der Zunge durch die Pofalte.
- Oberschenkelinnenseiten: Küssen Sie sich vom Knie anfangend nach oben bis zu den Leisten vor. Machen Sie einen Bogen um seinen Penis, bis er bettelnd zusammenbricht. Bei manchen Menschen sind auch die Kniebeugen erogene Zonen.
- Füße: Saugen Sie an seinen Zehen, lecken Sie ihm sanft über die Fußsohlen. Vergessen Sie nicht die Fersen, auch die sind bei manchen Menschen empfänglich für erotische Stimulation.

28 April

Stellung der Woche: Die Scherenposition

Diese Stellung bedarf einer gewissen Geschicklichkeit, macht aber sehr viel Spaß!
Ihr Schatz liegt hinter Ihnen auf der Seite und penetriert Sie. Rutschen Sie jetzt so herum, dass sich Ihre Körper etwa im 90-Grad-Winkel zueinander befinden. Nun können Sie ihm ein Bein über die Hüfte legen, das andere schieben Sie zwischen seine Schenkel.
In dieser Stellung kann er tiefer in Sie eindringen und gleichzeitig Ihre Klitoris verwöhnen. (Wenn er's nicht tut, können Sie's ihm abnehmen.) Und während seine Genitalien auf diese ungewohnte Weise stimuliert werden, haben Sie die Hände frei, sich gegenseitig zu streicheln. Dies ist eine interessante und bequeme Möglichkeit, es von hinten zu treiben und sich trotzdem dabei anschauen zu können.
Um die Stellung zu variieren, heben Sie beide Beine im rechten Winkel an, während er von hinten in Sie eindringt. Möglicherweise müssen Sie dabei die Knie beugen, aber auch diese Position bietet gute Möglichkeiten zum Austausch von Streicheleinheiten.

29 April

Über den Regenbogen

Die *Scherenposition* war Ihnen nicht akrobatisch genug? Dann sollten Sie das ausprobieren, was im »Duftenden Garten« als *Regenbogen* – oder auch *Den Bogen spannen* – bezeichnet wird. Warum, werden Sie gleich sehen. Sie liegen beide auf der Seite, er hinter Ihnen. Nun rutschen Sie so weit herum, dass Ihr oberes Bein auf seiner Hüfte und Ihr unteres unter ihm liegt. Er hat die Beine geschlossen, während er in Sie eindringt. Wenn Sie alles richtig gemacht haben, müssten Sie jetzt seine Füße anschauen. Und an denen halten Sie sich fest, während er Sie stößt (oder es zumindest versucht). Er kann sich dabei an Ihren Schultern oder Ihrer Taille abstützen.

Klar, lange werden Sie diese Stellung nicht halten können, aber es macht doch immer wieder Spaß, von Zeit zu Zeit etwas Kreatives auszuprobieren. Und ein paar interessante Gefühle sind vielleicht auch noch drin: Während er seinen Pfeil in Ihr Allerheiligstes versenkt, haben Sie womöglich das Gefühl abzuheben!

30 April

Zum Thema Vibratoren

Ich hoffe, dass Sie am Ende dieses äußerst sinnlichen Monats mit einer fruchtbaren Phantasie, geschärften Sinnen und vielen neuen Ideen ausgestattet sind, wie Sie Ihre Libido zum Erblühen bringen können. Lassen Sie uns als Vorbereitung für den Mai mit ein paar absolut nicht jugendfreien Spielzeugen spielen.

Von handlichen Massageapparaten bis zu vibrierenden Jelly-Dildos – der Markt für Vibratoren bietet heutzutage eine Vielzahl von Möglichkeiten zur Stillung sexueller Begierden. Viele Frauen sind mit solchen Toys zum ersten Mal in Ihrem Leben zum Orgasmus gekommen, da sie die gleichbleibende Stimulation liefern, die sie brauchen, um zu kommen. Leider sind die vielen Gründe, die für die Verwendung von Vibratoren sprechen, von einer Wolke aus Desinformation, falschen Vorstellungen und Negativität verschleiert. Ich will versuchen, ein wenig Licht ins Dunkel zu bringen. Eines vorweg: Es gibt keinen Anlass zu der Befürchtung, dass Ihr Vibrator Ihnen den Mann *ersetzen* wird oder Sie eine Sucht nach Sexspielzeugen entwickeln könnten. Im Gegenteil! Sie helfen Ihnen herauszufinden, was Ihnen Lust bereitet – mit oder ohne Partner – und die ganze Bandbreite Ihrer Sexualität zu erkunden. Und auf diese Weise sind sie Wegbereiter dafür, dass Sie auch andere Arten von erotischen Aktivitäten voll auskosten können.

Außerdem: Je mehr Orgasmen Sie haben, desto leichter fällt es Ihnen, zum Höhepunkt zu kommen. Wen kümmert es schon, wie diese Orgasmen zustande kommen? Und mal ganz ehrlich – Vibratoren fühlen sich toll an, und dank Internet ist es heute wesentlich leichter, an sie heranzukommen, als je zuvor.

Es gibt eine Million verschiedener Möglichkeiten, sich mit Vibratoren Lust zu verschaffen, und in den kommenden Wochen und Monaten werden wir manche davon vorstellen. Erweisen Sie dem Monat April die Ehre: Streben Sie nach geistiger Offenheit!

KAPITEL FÜNF

Mai

»Der Monat Mai war gekommen, in dem jedes lüsterne Herz zu blühen und Früchte zu treiben beginnt; denn wie die Pflanzen und Bäume im Mai Blüten und Früchte hervorbringen, so drängt aus jedem lüsternen Herz, das irgendwie liebt, lustvoll blühendes Treiben hervor.«

Thomas Malory, englischer Schriftsteller, Le Morte d'Arthur

Der Mai, benannt nach Maia, der römischen Göttin des Frühlings, bringt die Natur wieder voll zum Erblühen – und er lädt Liebende zu allerhand übermütigen Experimenten ein. Darum unser Vorschlag, am Ersten Mai einen Ausflug ins Freie zu unternehmen, um ein wenig der *Liebe al fresco* zu frönen oder Ihrem Schatz mit etwas kreativer Handarbeit den Verstand zu rauben.

Damit hat der Spaß aber noch lange kein Ende! *Good Vibrations*, der berühmte San Franciscoer Sexshop, hat den Mai zum *Nationalen Masturbationsmonat* erklärt. Der Selbstliebe gilt jetzt darum unsere ganz besondere Aufmerksamkeit.

Umgeben Sie sich in diesem Monat mit Blüten wie Weißdorn als Symbol für die Hoffnung und Maiglöckchen, die in der viktorianischen Zeit die Rückkehr des Glücks symbolisierten, was angesichts des mit Macht auf den Plan tretenden Frühlings durchaus passend erscheint. Auch der Smaragd sollte als der diesem Monat zugeordnete Stein ein Plätzchen in Ihrer Nähe finden. Er gilt als Sinnbild der Liebe und des Erfolgs und soll lindernde und heilende Wirkungen haben.

1 Mai

Maifeiertag!

Feiern Sie den Ersten Mai auf Ihre ganz persönliche Weise mit einem Tanz um seinen Maibaum – draußen im Freien. Liebe unter freiem Himmel hat immer etwas Zauberhaftes. Mag sein, dass es am Gefühl der frischen Luft auf unserer nackten Haut liegt oder am gleichzeitigen Erleben der unmittelbaren Präsenz der Elemente und des Objekts unserer Begierde. Vielleicht ist es aber auch einfach nur der Kick, entdeckt werden zu können.

Packen Sie einen Picknickkorb und Ihren Liebsten ins Auto, und verraten Sie ihm nicht, was Sie vorhaben. Tragen Sie einen fließenden Rock und nichts darunter. Wenn Sie etwas Kleidung anlassen, ist die Art Ihres Treibens weniger offensichtlich, für den Fall, dass Sie tatsächlich irgendjemand in flagranti erwischt. Suchen Sie sich einen abgelegenen (aber sicheren) Ort, etwa eine wenig frequentierte Stelle draußen in der Natur oder einen einsamen Strand. Wählen Sie den Platz zum Ausbreiten Ihrer *Picknickdecke* so, dass Sie sehen oder hören können, wenn jemand kommt. (Vergessen Sie nicht, eine zweite Decke einzupacken, mit der Sie sich gegebenenfalls schnell zudecken können.)

Füttern Sie Ihren Schatz aufs Liebevollste mit lukullischen Köstlichkeiten aus Ihrem Picknickkorb, um ihn in Stimmung zu bringen. Wenn Sie merken, dass Sie in Fahrt kommen, ziehen Sie ein Kleidungsstück aus und fordern Sie ihn heraus: Ob er sich traut, es Ihnen gleichzutun? Tun Sie, was zu tun ist, um ihn zu verführen …

Hinweis: Wählen Sie den Schauplatz für Ihr Stelldichein unter freiem Himmel mit Bedacht, denn eine Anzeige wegen Erregung öffentlichen Ärgernisses ist mehr als *ärgerlich*!

2

Mai

Selbstliebe ist gesund!

Aus Anlass des von *Good Vibrations* ausgerufenen *Nationalen Masturbationsmonats* wollen wir heute von einem weiteren Grund sprechen, der fürs Solospiel spricht: Es ist gut für die Gesundheit. Sie glauben mir nicht? Dann hören Sie sich die Meinung der Experten an. 1972 rang sich die *American Medical Association* endlich dazu durch, Masturbation zur *normalen sexuellen Praktik* zu erklären. Sicher hatte man dabei die zahlreichen positiven Effekte der Selbstliebe auf die Gesundheit im Hinterkopf:

- Sie tonisiert und kräftigt die Scheiden- und Beckenmuskulatur.
- Sie verbessert die Blutversorgung des Beckens und wirkt damit etwa Pilzinfektionen entgegen.
- Bei Männern sorgt sie für eine Durchspülung der Prostata und verringert so das Risiko von Infektionen in diesem Bereich.
- Sie setzt Endorphine und andere Botenstoffe wie Oxytocin frei, verbreitet ein Gefühl des Wohlbefindens im Körper und baut Stress ab.
- Sie wirkt Menstruationskrämpfen und auch dem Prämenstruellen Syndrom entgegen.
- Sie ist ein hervorragendes Herz-Kreislauf-Training.
- Sie ist der ultimative Safer Sex!

Und dies sind nur die körperlichen Vorzüge. Die mentalen und emotionalen Vorzüge sind dabei noch gar nicht berücksichtigt. So hat kürzlich eine Studie ergeben, dass ältere Männer, die masturbieren, seltener an Depressionen leiden als solche, die es nicht tun. Eins ist also klar: All diese Märchen, dass Masturbation schlecht für die Gesundheit sei, sind eben nichts weiter als das: Märchen.

3 Mai

Orgasmus, ich komme!

Sie wissen gar nicht, wie sich ein Höhepunkt anfühlt? Machen Sie sich nichts daraus. Sie stehen beileibe nicht als Einzige da. Fachleute würden Sie in die Kategorie *präorgastisch* einstufen: Es ist nicht etwa so, dass Sie keinen Orgasmus haben können, es hat sich nur bisher noch keiner eingestellt. Hier ein paar Tipps, wie Sie leichter zum Ziel kommen können – auch für geübte *Selbstverwöhnerinnen*!

- Machen Sie Ihre Hausaufgaben. Holen Sie sich Anregung aus Do-it-yourself-Büchern wie Lonnie Barbachs »For Yourself: die Erfüllung weiblicher Sexualität« oder Betty Dodsons »Sex for One: die Lust am eigenen Körper«. Vielleicht mögen Sie auch eine DVD wie »Klitoris – die schöne Unbekannte« anschauen und sich mit einer CD wie »Touch yourself – Sex-Stories über Masturbation, Onanie und Selbstbefriedigung« in Stimmung bringen? Oder machen Sie sich im Internet schlau und klicken zum Beispiel die Seite *www.schoener-onanieren.de* an.
- Nehmen Sie sich Zeit. Manche Anleitungen empfehlen, sich täglich eine Stunde der Selbstliebe zu widmen. Wenn Ihnen das zu viel erscheint, nehmen Sie sich wenigstens alle paar Tage etwas Zeit dafür. Es macht doch schon Spaß, *solche* Termine zu planen …
- Bringen Sie sich in Stimmung. Sorgen Sie dafür, dass Sie wirklich ungestört sind. Schalten Sie das Handy aus und das Telefon auf stumm. Verweisen Sie etwaige »Gefühle« von Restschuld des Hauses. Und lassen Sie Ihrer Phantasie freien Lauf.
- Vorspiel: Nicht nur für die Liebe zu zweit. Streicheln Sie sich Brüste und Schenkel. Spielen Sie mit Ihren Nippeln. Massieren Sie sich die Vulva. Erwarten Sie nicht, in fünf Sekunden von null auf hundert zu kommen.

Und nun belassen Sie es für heute dabei. Ja, was sich liebt, das neckt sich! Morgen verrate ich Ihnen mehr!

Orgasmus, ich komme! Teil II

Vorspiel war gestern – heute ist es Zeit, sich auf die Zielgerade zu begeben!

- Streicheln Sie Ihre Genitalien und experimentieren Sie dabei: ein Finger oder zwei; die Handfläche, die Fingerknöchel. Bleiben Sie bei dem, was Ihnen besonders guttut. Bewegen Sie das Becken.
- Atmen Sie. Tiefes Atmen kann den Orgasmus intensivieren. Aber wenn es Ihnen beim Luftanhalten besser kommt, ist das natürlich etwas anderes. In jedem Fall gilt: Experimentieren lohnt sich!
- Machen Sie Pause. Besonders, wenn es Ihnen schwerfällt loszulassen, ist es völlig in Ordnung, wenn Sie anfangen und dann wieder kurz aufhören. Gleichmäßige Stimulation kann manchmal sogar zu einer gewissen Abstumpfung führen. Das Einlegen kleiner Pausen könnte Sie da dem Orgasmus durchaus näher bringen.
- Erzwingen Sie nichts. Sie spüren, dass Sie gleich kommen, aber dann zieht die Welle sich doch wieder zurück? Seien Sie nicht frustriert. Lassen Sie es wieder langsam angehen. Vergessen Sie, dass der Orgasmus das Ziel Ihrer Reise ist. Genießen Sie es einfach, unterwegs zu sein.
- Hören Sie nicht auf! Wenn Sie auf den Orgasmus zusteuern, verhärtet sich Ihre Klitoris. Drücken Sie beim Kneten oder Massieren ruhig mal fester zu und versuchen, sich weiter zu stimulieren, wenn es Ihnen kommt. Könnte gut sein, dass der Orgasmus dadurch intensiver wird oder Sie vielleicht sogar noch mal kommen.

Woran Sie erkennen können, dass Sie einen Orgasmus haben? Na, wenn's so weit ist, merken Sie es schon! Ihre Genitalien schwellen an und werden nass, Ihre Scheide zieht sich mehrfach krampfartig zusammen, und vielleicht fängt Ihr ganzer Körper zu pulsieren an. Und auch wenn Sie beim ersten Mal kein Feuerwerk erleben – Sie werden nicht enttäuscht sein!

5 Mai

Stellung der Woche: Die Yab-Yum-Position

Yab Yum, was so viel heißt wie *die Vereinigung von Mutter und Vater*, ist die klassische Position des Tantra. Sie bietet sich für spirituelle Erfahrungen an und ist ausgesprochen einfach. Ihr Partner sitzt auf dem Bett oder dem Boden – oder im grünen Gras, wenn Sie ein erotisches Picknick unter freiem Himmel genießen – und Sie setzen sich ihm auf den Schoß und legen ihm die Beine um die Taille. Er kann seine Beine entweder in der *Lotusposition* gekreuzt oder ausgestreckt haben. Nun legen Sie sich gegenseitig die rechte Hand auf das untere Ende der Wirbelsäule. Schauen Sie einander tief in die Augen. Küssen Sie sich, aber halten Sie Mund und Zunge einen Moment lang still, um ganz bewusst den Atem zwischen sich hin- und herfließen zu lassen. Mag sein, dass Sie in dieser Position keinen großen Bewegungsspielraum haben. Konzentrieren Sie sich darum auf das Schaukeln des Beckens und das feste Anspannen Ihres Liebesmuskels.

Tantriker glauben, dass bei aufrechten Positionen wie dieser die Energie durch die *Chakren* oder Energiezentren nach oben aufsteigt, was zu einer Erweiterung des Bewusstseins und intensiveren, lustvolleren Orgasmen führen kann. Natürlich ist die zu erreichende Gefühlstiefe von Mensch zu Mensch verschieden. Aber ob Sie Tantra praktizieren oder nicht, die *Yab-Yum-Stellung* birgt auf jeden Fall sehr viel Intimität und Nähe. Zudem haben Sitzpositionen generell den Vorteil, dass Sie sich in die Augen schauen können, während Sie sich küssen und streicheln. Und in beengten Verhältnissen wie zum Beispiel in der Badewanne, in WC-Kabinen oder im Auto sind sie ausgesprochen praktisch.

Mai

Fingerfertigkeiten

Wenn Sie lernen, wie Sie sich selbst streicheln, reiben oder massieren können, haben nicht nur Sie Spaß, sondern können auch Ihrem Schatz zu erklären, wie Sie es am liebsten hätten. Hier ein paar Einhandtechniken, die Sie unbedingt ausprobieren sollten:

- Ein-Finger-Gruß: Reiben Sie Ihre *Rosenknospe* mit dem Mittelfinger, entweder von Seite zu Seite oder im Kreis.
- Zwei-Finger-Kreisel: Massieren Sie Ihre Klitoris mit kreisenden Bewegungen von Zeige- und Mittelfinger. Oder lassen Sie zwei Finger links und rechts der Klitoris auf und ab gleiten, um die gesamte Zone zu stimulieren.
- Zwei-Finger-Zwirbler: Halten Sie den Klitorisschaft zwischen Daumen und Zeige- oder Mittelfinger und rollen Sie ihn hin und her. Ziehen Sie an ihm, kneifen Sie hinein, drücken Sie ihn zusammen und lassen Sie ihn wieder los – ganz nach Herzenslust!
- Drei-Finger-Spreizer: Spreizen Sie die Schamlippen mit Zeige- und Ringfinger, während Sie mit dem Mittelfinger Ihre Klitoris reiben.
- Von eins bis zehn: Malen Sie mit einem oder zwei Fingern die Zahlen von eins bis zehn auf Ihre Vulva. Die Acht hat's besonders in sich: Lassen Sie die Finger vom oberen Ende der Vulva nach unten erst um die Klitoris und dann um die Vaginalöffnung gleiten; und wenn Sie unten angelangt sind, folgen Sie der Spur nach oben zurück.
- Drei sind keiner zu viel: Legen Sie drei oder mehr Finger nebeneinander flach auf den Klitoralbereich auf und schieben Sie sie auf und ab oder auch in einer rüttelnden Bewegung in alle Richtungen.

Wenn die direkte Stimulation zu intensiv ist: Versuchen Sie es mit Berührung der umliegenden Bereiche, oder verwöhnen Sie sich durch die Unterwäsche.

7 Mai

Haben Sie eine Hand frei?

Das Wunderbare an den einhändigen Techniken ist, dass man dabei die andere Hand frei hat, um sich am übrigen Körper zu betätigen. Während Sie an Ihrem Liebesknopf herumspielen, können Sie Ihre Nippel in Habachtstellung bringen, indem Sie sie zwischen den Fingern rollen oder sie mit kreisenden Bewegungen der Handfläche massieren. Streicheln Sie sich den Po. Schieben Sie sich einen Finger in die Vagina und stellen Sie sich vor, es sei der Penis Ihres Liebsten, der es kaum abwarten kann hineinzustoßen.

Die andere Hand ist derweilen an Ihrem *Jadetor* im Einsatz: Spreizen Sie damit sanft die äußeren Schamlippen, so dass die Haut rings um die Klitoris gestrafft wird. Dann können Sie sich in jeder beliebigen Weise stimulieren. Stupsen Sie mit dem Mittelfinger gegen Ihre Klitoris und denken Sie sich, es sei das Glied Ihres Partners, oder trommeln Sie mit Zeige- und Mittelfinger in schnellem Rhythmus dagegen. Streichen Sie über die ungeschützte Klitoris auf und ab.

Natürlich ist die freie Hand nicht zur Untätigkeit verdammt! Während die eine Hand damit beschäftigt ist, die *Rosenknospe* zu bearbeiten, können Sie sich mit der anderen die Schamlippen massieren. Ziehen Sie zart an Ihrem Schamhaar. Stimulieren Sie die Klitoris mit einer Hand von unten und mit der anderen von oben. Oder halten Sie sie zwischen den Fingern der einen Hand, während Sie mit der Handfläche oder den Fingern der anderen in kreisenden Bewegungen darüberreiben. Massieren Sie sich den Damm (den Bereich zwischen Anus und Vagina) mit den Fingerspitzen und lassen Sie dann beide Hände quer über die immer feuchter werdende Scheidenöffnung zur Klitoris gleiten. Seien Sie verschwenderisch in Ihrer Zuwendung! Seien Sie erfinderisch!

8 Mai

Nehmen Sie Platz!

Peppen Sie Ihr Liebesleben dadurch auf, dass Sie Ihre Stelldicheins aus dem Schlafzimmer herausholen. Verlegen Sie das hier beschriebene Lust-Spiel (eine erweiterte Form des Tipps für den 18. Februar) ins Wohnzimmer: Er sitzt auf dem Sofa oder einem bequemen (aber stabilen) Sessel, und Sie lassen sich mit dem Rücken zu ihm rittlings auf seiner erwartungsvollen Erektion nieder. Ihre Füße stehen fest auf dem Boden. Wenn Sie sich mit Ihrem ganzen Gewicht auf Ihn niedersinken lassen, ist sein Bewegungsspielraum begrenzt, aber dafür kann er sich umso intensiver Ihren Brüsten und Ihrer Klitoris widmen. Legen Sie Ihre Hand auf die seine und zeigen Sie ihm genau, was Sie gern hätten. Vielleicht weiß er es auch schon, weil er Ihnen beim Masturbieren zugeschaut hat (Sie lassen ihn doch hoffentlich zuschauen?). In dieser Stellung kann er exakt den gleichen Winkel finden wie Sie, wenn Sie es sich selbst machen. Wenn Ihre Oberschenkelmuskulatur gut trainiert ist, können Sie auch etwas über ihm schweben und so lange seine Penisspitze necken, bis er es nicht mehr aushält und Sie auf seinen Schoß herunterzieht.

In der taoistischen Kopfkissenlektüre »T'sung Hsüan Tzu« trägt diese Position den herrlichen Namen *Die Ziege und der Baum*. Man sieht förmlich, wie ein heißes Tier sich an dem phallischen Stamm befriedigt. Die Stellung eignet sich auch sehr schön für Spielereien. Setzen Sie sich ihm auf den Schoß, wenn er angezogen ist, und fangen Sie an, vor und zurück zu schaukeln. Schlagen Sie vor, sich so zusammen ein Pornovideo anzuschauen. Bieten Sie ihm einen privaten Schoß-Tanz. Gucken Sie, wie lange es dauert, bis aus dem harmlosen Spiel handfestere Aktivitäten entstehen.

9
Mai

Juckel-Tag

Ihre Hände sind schon ganz lahm? Warum nicht ein Kissen, einen Deckenstapel oder auch ein zusammengeknautschtes Federbett reiten? Drehen Sie doch einmal eine Runde durchs Haus und reiben Sie sich an jeder Oberfläche, die Sie anmacht: das Waschbecken im Bad, eine Stuhllehne, die Kante Ihres Schreibtischs. Werfen Sie ein Handtuch über die Polsterlehne Ihres Sofas oder eines Sessels und setzen Sie sich rittlings drauf. Schaukeln Sie so lange gegen die Lehne, bis Sie den Verstand verlieren.

Machen Sie aus dem Waschtag statt einer ungeliebten Pflicht ein reines Vergnügen: Sie brauchen sich nur während des Schleudergangs auf eine Ecke der Waschmaschine zu setzen. Wo wir gerade von Wäsche reden – auch die kann zum Lustbringer werden. Ziehen Sie den String Ihres Tangas fest nach oben und scheuern Sie sich damit die Klitoris oder polieren Sie sich am Schritt Ihrer Jeans.

Schauen Sie sich zu Hause um. Sie werden eine schier endlose Fülle von Gegenständen finden, die sich als Utensilien fürs Solospiel eignen, von Kerzen bis hin zu den Kunststoffgriffen von Küchengeräten. Waschen Sie eine Salatgurke, Karotte oder Zucchini und streifen Sie dem Gemüse ein Kondom über. Nehmen Sie nichts, was brechen könnte, achten Sie darauf, dass es sauber und glatt ist, und waschen Sie es nachher gut. Natürlich nachdem Sie Ihren Appetit gestillt haben.

10 Mai

Einmal das komplette Menü, bitte!

Tun Sie sich keinen Zwang an und beziehen Sie den ganzen Körper in Ihre Selbstbefriedigungs-Sessions ein. Kontrahieren und entspannen Sie beim Masturbieren in rhythmischem Wechsel Ihren PC Muskel (siehe 7. und 8. Januar). Spannen Sie den Anus an. Pressen Sie die Schenkel zusammen oder schlagen Sie die Beine übereinander. All dies strafft den Bereich rings um Ihre Klitoris und macht sie sensibler. Manchen Frauen reichen diese Bewegungen allein aus, um zum Höhepunkt zu kommen, wodurch sich im Hinblick auf die langweilige U-Bahn-Fahrt zur Arbeit oder die dröge Mitarbeiterbesprechung ungeahnte Möglichkeiten auftun.

Klar, es ist wichtig, sich der Klitoris zu widmen, aber das ist noch lange kein Grund, den Rest der Genitalien zu vernachlässigen. Sorgen Sie für Abwechslung: Einmal reiben Sie sich den Kitzler, dann streicheln Sie sich die Vagina, dann stimulieren Sie Ihre Analöffnung, die mit zunehmender Erregung immer empfindsamer wird. Warum probieren Sie nicht aus, wie es sich anfühlt, wenn Sie in Ihre Vagina – oder sogar den Anus – eindringen, während Sie Ihren Kitzler streicheln? Sie können den Finger einfach nur hineinstecken oder damit kräftig ein und aus fahren, als wäre es der Penis Ihres Liebsten. Versuchen Sie das Ganze auch einhändig: Biegen Sie die Hand so, dass Sie sich mit dem Daumen die Klitoris reiben und gleichzeitig mit den Fingern in die Vagina eindringen können.

Sie können auch mit den verschiedensten Stellungen experimentieren. Machen Sie es sich im Sitzen, im Stehen, in der Hocke oder im Knien. Legen Sie sich auf den Bauch oder auf die Seite. Spreizen Sie die Beine oder pressen Sie die Schenkel zusammen. Ziehen Sie die Knie hoch oder strecken Sie sie aus. Genießen Sie die Vielfalt!

11 Mai

Tipps zum Muttertag

Elternschaft und ein erfülltes Sexleben müssen sich nicht gegenseitig ausschließen, aber gestehen Sie sich ruhig zu, es langsam anzugehen: Es ist völlig in Ordnung, wenn Sie nicht wie paarungsbereite Affen übereinander herfallen. Meine Freundin Anne, Anfang vierzig und im Beratungsgewerbe tätig, hat zwei süße kleine Fratzen. Sie tröstet Mütter kleiner Kinder: »Machen Sie sich nichts draus, wenn Sie nicht mehr so viel Sex haben wie früher. Eine Zeitlang ist das einfach so. Und irgendwann werden Sie wieder tollen Sex haben!«

Die größte Herausforderung, der sich die Eltern von kleinen Kindern gegenübersehen, ist schlicht und ergreifend die Erschöpfung: Wenn die Kinder abends im Bett sind und Sie todmüde aufs Sofa sinken, erscheint oft allein der Gedanke an Sex abwegig. Anne empfiehlt eine kreative Lösung für dieses Problem: »Bestellen Sie den Babysitter Ihres Vertrauens oder jemanden aus der Familie, der auf die Kinder aufpassen kann. Aber statt mit Ihrem Partner auszugehen, bleiben Sie zwei daheim und schicken die Kinder außer Haus! Buchen Sie den Babysitter lange genug, so dass Sie Zeit haben, gemeinsam in die Wanne zu steigen (oder Mama allein, wenn sie das jetzt dringend braucht), sich gegenseitig zu massieren und sich aneinander zu vergreifen. Weil der Kinderausflug aller Wahrscheinlichkeit nach tagsüber oder am frühen Abend stattfinden dürfte, sind Sie auch noch munterer. Endlich mal wieder allein zu sein – das allein fühlt sich schon fast wie Urlaub an, und zum ersten Mal seit ewigen Zeiten können Sie den Sex so richtig genießen. Diese Lösung ist billiger und sehr viel leichter zu organisieren als ein Wellness-Wochenende zu zweit. Und Sie werden garantiert auch Ihren Spaß haben!«

Alles Gute zum Muttertag!

12 Mai

Stellung der Woche: Sitzende Positionen aus dem »Ananga Ranga«

Das »Ananga Ranga«, das im spätmittelalterlichen Indien entstanden ist, beschreibt eine Reihe von sitzenden Positionen, von denen viele eher nach Meditation als nach Sex klingen. So streckt der Mann zum Beispiel beim *Rad des Kama* seine Beine links und rechts neben ihr aus und legt die Hände an die Schulterblätter der Frau, so dass die Gliedmaßen der Liebenden die Speichen eines Rades bilden. In der *Lotusposition* sitzt er mit gekreuzten Beinen auf dem Boden, während Sie sich auf seinem Schoß niederlassen und die Beine hinter ihm ausstrecken. Bei einer Variante, der sogenannten vollendeten Position, heben Sie ein Bein leicht an und verändern auf diese Weise die Empfindungen in Ihrer Vagina und an seinem Penis.

Bei der Position mit dem vielsagenden Namen *Stellung der Gleichen* sitzen Sie und Ihr Liebster einander zugewandt, Sie dabei rittlings auf ihm. Legen Sie Ihre Beine um seine Hüften und kreuzen sie hinter seinem Rücken. Nun lehnen Sie sich nach Belieben leicht nach hinten und stützen sich mit den Händen ab, während Ihr Partner seine Hände ungehindert einsetzen kann, um Sie weiter zu verwöhnen. Blicken Sie sich dabei tief in die Augen oder nutzen Sie die Gelegenheit zuzuschauen, was unten passiert.

13 Mai

Handarbeit für ihn

In diesem Monat haben Sie so viel darüber gelernt, wie Sie sich an sich selbst vergreifen können, dass wir heute zur Abwechslung einmal der Frage nachgehen wollen, wie Sie sich auf lustvolle Weise an Ihm vergreifen können. Wenn Sie die Kunst der Handarbeit perfekt beherrschen, schmilzt er wie Wachs in Ihren Händen.

Wie fangen Sie die Sache an, besonders wenn er noch komplett angezogen ist? Zunächst bringen Sie ihn mit Küssen und Streicheln in Stimmung. Dann lassen Sie Ihre Hand über seine Brust und seinen Bauch zu der schnell wachsenden Beule in seiner Hose gleiten. Wo wir gerade beim Thema sind: Vergessen Sie nicht zu berücksichtigen, was für eine Art von Hose er trägt. Lässige, locker sitzende Modelle bieten Spielraum, aber wenn er enge Jeans anhat, sollten Sie etwas mehr Vorsicht walten lassen. Packen Sie nicht einfach kräftig zu, sonst könnten Ihre Bemühungen mit einem Schmerzensschrei belohnt werden. Massieren Sie seine Erektion stattdessen durch den Stoff hindurch mit der flachen Hand.

Inzwischen drängt sein bester Freund sicher schon darauf, herausgelassen zu werden. Es ist Ihre Pflicht und Schuldigkeit, ihn zu befreien, aber seien Sie vorsichtig. Öffnen Sie die Gürtelschnalle, knöpfen Sie alle Knöpfe auf oder ziehen Sie den Reißverschluss bis ganz nach unten. Langsam. Es sollen schließlich alle Hindernisse aus dem Weg geräumt sein, bevor Sie sich Zutritt verschaffen. Versuchen Sie nicht, sein Glied einfach aus dem Slip herauszuziehen. Ziehen Sie lieber den Bund nach unten, so dass sein Penis oben über den Rand lugt. Dies ist der optimale Moment, um ihm die Hose über die Hüften nach unten zu streifen. Klarerweise darf sie ihm auf die Knöchel rutschen und dort bleiben, denn das begrenzt seinen Bewegungsradius, so dass er zu Ihrem erotischen Gefangenen wird. Und jetzt ist es Zeit, sich an die Arbeit zu machen.

14 Mai

So flutscht es richtig

Falls Sie es noch nicht gemerkt haben sollten: Die Ausrüstung Ihres Schatzes verfügt über kein eigenes Schmiermittel. Die paar Lusttröpfchen, die sich an seiner Schwanzspitze bilden, sind einfach zu wenig. Manche Männer haben es gern, wenn Sie Ihnen über den trockenen Penis streichen, besonders wenn sie nicht beschnitten sind (die Vorhaut fungiert wie eine natürliche Gleithilfe). Wenn dies der Fall ist, gehen Sie auf jeden Fall sanft mit ihm um, denn ein wundgescheuertes Glied ist alles andere als lustig.

Das Gleitmittel, das Sie wählen, hängt davon ab, was Sie noch alles vorhaben. Verwenden Sie auf gar keinen Fall – auf gar keinen Fall – ein Produkt auf Ölbasis, wenn Sie sich anschließend mit Kondom lieben wollen. Öl greift das Latex an. Und Öl heißt: Massageöl, Handlotion oder Produkte auf Petroleumbasis wie Vaseline. Nehmen Sie stattdessen Gleitmittel auf Wasser- oder Silikonbasis, und wenn Sie sich nicht sicher sind, lesen Sie das Etikett.

Wenn Sie es aber mit der Handarbeit bewenden lassen wollen, haben Sie mehr Möglichkeiten. Fragen Sie ihn, was er gern hätte. Lotionen werden zwar häufig verwendet, aber sie ziehen in die Haut ein, so dass Sie einen hübschen Spender auf dem Nachtkästchen stehen haben sollten, damit Sie den Nachschub griffbereit haben. Öl – und das gilt auch für Massageöl – bleibt länger glitischig. Sie können sich sogar im Küchenvorratsschrank bedienen: Pflanzen-, Färberdistel-, Traubenkern-, Sonnenblumen- und Kokosöl sind alle geeignet. Aber passen Sie auf, dass nichts davon in Ihre Scheide gerät, wenn Sie danach doch Sex haben.

Wenn nichts anderes da ist, bleibt immer Ihre eigene Spucke, die sowieso optimal ist, wenn Sie auf die Handarbeit orale Liebesdienste folgen lassen.

15 Mai

Handarbeit: Grundtechniken

Sie haben ihm den *Kollegen* aus der Hose geholt, Ihre Hand (die natürlich sauber und ordentlich manikürt ist, aber das brauche ich ja nicht eigens zu erwähnen) mit reichlich Gleitmittel geschmiert und sind zum nächsten Schritt bereit. Also, was nun? Achten Sie zunächst auf das richtige Arrangement und positionieren Sie sich so zu ihm, dass Sie sein bestes Stück gut zu packen kriegen. Sie können sich auch auf den Rücken legen, und er sitzt mit angewinkelten Knien rittlings auf Ihrem Bauch, so dass Sie ungehinderten Zugang haben. Oder Sie knien zwischen seinen Beinen, und er liegt auf dem Rücken. Lassen Sie Ihre Phantasie spielen: Knien Sie sich vor ihn auf den Boden, während er auf einem Stuhl sitzt. Setzen Sie sich hin, wenn er vor Ihnen steht. Oder umfassen Sie ihn von hinten.

Und jetzt ist es Zeit zuzugreifen – je fester, desto besser. Wie mein lieber Freund Kyle so schön sagt: Denken Sie an einen Baseballschläger und nicht an Porzellan. Am empfindlichsten sind die Eichel (also der Peniskopf), ihr unterer Rand, die Rille entlang ihrer Unterseite und die supersensible Haut zwischen ihr und dem Schaft. Zum Auftakt können Sie sein Glied mit den Fingern umfassen, so dass entweder Ihr Daumen oder Ihr kleiner Finger am Rand der Eichel liegt. Oder Sie formen Daumen und Zeigefinger zu einem Ring.

Ganz gleich, wie Sie Ihre Hand halten: Achten Sie darauf, dass Sie immer mit seinem Glied in Berührung bleibt, und bearbeiten Sie es in einer fließenden, kontinuierlichen Bewegung. Bitten Sie ihn, Sie zuschauen zu lassen, wenn er es sich selbst macht. Ihr faszinierter Blick wird ihn unglaublich antörnen. Legen Sie Ihre Hand auf die seine, während er masturbiert. Schauen Sie ihm auf die Finger, während Sie es sich beide selbst besorgen. Wenn Ihnen irgendetwas unklar ist, fragen Sie!

16 Mai

Das zweite Chakra erwecken

Im Tantra gilt der Genitalbereich als Sitz des zweiten *Chakras*, des Energiezentrums, das mit unseren sexuellen Trieben und Phantasien, unserer Kreativität und Fortpflanzungsfähigkeit sowie mit unseren Emotionen assoziiert ist. Wenn dieses *Chakra offen* und gesund ist, äußert sich dies in einer ausgeglichenen, positiven Grundstimmung und einem Gefühl der Selbstakzeptanz, besonders im Hinblick auf unsere Sexualität. Holen wir die tiefen Gefühle ans Licht, die in unserem zweiten *Chakra* gespeichert sind, erwecken wir damit gleichzeitig die in unserem Inneren schlummernde Fähigkeit, intensive Lust zu empfinden.

Hier eine Übung zur Aktivierung Ihres zweiten *Chakras*: Halten Sie Ihre Hände so vor sich, dass die Handflächen zueinander weisen. Atmen Sie tief und stellen Sie sich vor, dass Sie einen leuchtenden Energieball darin halten. Bewegen Sie diesen nach unten zu Ihrem Unterbauch und stellen Sie sich vor, wie die Energie daraus in Ihr *Wurzelchakra* (siehe 17. April) einströmt. Nun führen Sie den Ball auf die Höhe Ihrer Gebärmutter und geben ihm die Farbe Orange. Stellen Sie sich vor, wie Energieströme – zähflüssig wie Honig – aus ihm herausströmen und Ihre Genitalien und Ihre Gebärmutter in heilendes orangefarbenes Licht einhüllen, bevor Sie sich auf gleicher Höhe in Ihrem Körper zu den Seiten hin ausbreiten. Halten Sie dieses Bild etwa fünf Minuten lang. Nun können Sie sich noch weiteren *Chakren* widmen und die Energie strömen lassen. Wenn Sie genug haben, bringen Sie die Energie wieder nach unten und erden sie, indem Sie die Handflächen gegeneinanderlegen oder sie flach gegen eine Wand pressen.

Versuchen Sie, diese Übung drei Monate lang regelmäßig durchzuführen, auch wenn sich die Erfolge – einschließlich intensiverer Orgasmen – sehr viel schneller einstellen sollten.

17 Mai

Vibratoren sind für alle da!

Einer der großen Vorzüge von Vibratoren: Sie verwirklichen das Prinzip der Chancengleichheit. Sie diskriminieren niemanden aufgrund seines Geschlechts, seiner sexuellen Orientierung, seines Gewichts oder seiner Rasse. Es ist ihnen egal, ob Sie ein paar Kilos zu viel auf den Hüften haben oder sich an dem Tag nicht zum Schminken aufraffen konnten. Sie verlangen keine ungeteilte Aufmerksamkeit: Sie haben nichts dagegen, wenn Sie noch jemanden mit im Bett haben. Sie sind ganz einfach nur da, um ihren Teil dazu beizutragen, dass sich alle gut fühlen.

Auch Männer können mit Vibratoren Spaß haben – ob allein oder mit ihren Partnern. Sie stehen schließlich genau wie Frauen auf Abwechslung bei der Stimulation, und da kommt ihnen ein Vibrator als weitere potenzielle Lustquelle gerade recht. Kerle, denen es nicht liegt, mit etwas herumzuspielen, das wie ein Penis aussieht, können immer noch auf die traditionellen Massageeapparate zurückgreifen, wie sie im Drogeriehandel angeboten werden. Oder sie nehmen vibrierende Penismanschetten, Penisringe oder Anal-Toys.

Menschen mit Behinderungen kann die intensive Stimulation durch einen Vibrator helfen, eine womöglich verringerte Empfindsamkeit zu überwinden. Schwangere berichten, dass Vibratoren Schleimhautreizungen im Scheidenbereich lindern und es ihnen ermöglichen, sich selbst noch dann einen Orgasmus zu verschaffen, wenn Sie sonst womöglich gar nicht mehr an ihre Genitalien herankommen könnten. Und erinnern Sie sich noch an die Szene in »Sex and the City«, als Samantha einen Vibrator in die Krippe von Mirandas Sohn legt, damit er zu weinen aufhört?

Selbst wenn Ihr Liebesleben »perfekt« ist, können Sie mit Vibratoren Abwechslung in die Routine bringen. Wenn Sie so ein Spielzeug haben, nutzen Sie es auch! Seien Sie kreativ! Und wenn Sie keines haben? Dann seien Sie offen für Neues!

18 Mai

Erst shoppen, dann poppen

Sie wollen also einen Ausflug in die wunderbare Welt der Erwachsenenspielzeuge unternehmen, aber Sie wissen nicht, wo Sie anfangen sollen? Lassen Sie sich nicht abschrecken, wenn Sie schon schlechte Erfahrungen mit nutzlosen *Neuerfindungen* aus dem Sexshop gemacht haben. Und machen Sie sich nichts draus, wenn Sie völliger Laie auf diesem Gebiet sein sollten. Es ist heutzutage leichter denn je, sich einen guten Vibrator zu beschaffen. Erstens: Machen Sie sich schlau. Ein guter Einstieg ist zum Beispiel die Internetseite *www.sexshop-fuer-frauen.de* – oder Sie schauen sich Bücher wie »Lauras Spielzeugschatulle« an. Wenn Sie erst einmal eine grobe Vorstellung davon haben, was Ihnen gefallen könnte, gehen Sie in einen nicht sexistischen Sexshop (Sie haben am 10. Januar schon welche kennengelernt) und lassen sich dort beraten. Scheuen Sie sich nicht, bei einem solchen Fachgeschäft anzurufen oder es per E-Mail zu kontaktieren. Es gibt nichts, was die Leute dort noch nicht gehört hätten, und sie sind gern zu Diensten. Und wenn nicht, probieren Sie es einfach woanders!

Sie können Vibratoren heutzutage auch in so gut wie jeder Drogerie, jedem Warenhaus und jedem Elektronikladen kaufen – sie werden dort als *Massageapparate* geführt. (Die lustvolleren Einsatzmöglichkeiten werden von den Herstellern meist verschwiegen.)

Wie bei Schuhen gibt es auch bei Vibratoren Modelle für jede Stimmungslage. Kann sein, dass Sie mit einen einzigen vollends zufrieden sind. Vielleicht legen Sie sich aber auch eine ganze *Spielkiste* zu. Es kommt einzig und allein darauf an, dass Sie Ihren Spaß haben … sehr viel Spaß!

19 Mai

Stellung der Woche: Zum Stöhnen schön ...

Die sogenannte *Stürmische Position* aus dem »Ananga Ranga« wird Ihnen sicher das eine oder andere lustvolle Stöhnen entlocken. Auch dies ist eine sitzende Position: Ihr Partner setzt sich ans Kopfende des Bettes und schiebt sich viele Kissen in den Rücken. Nun lassen Sie sich langsam auf ihn herab, so dass er Zentimeter um Zentimeter in Ihr köstlich feuchtes Versteck eindringen kann. Dann hebt er Sie mit den Händen leicht an, und Sie haken sich mit den Beinen in seine Armbeugen ein. So kann er um Ihre Hüften und Ihren Po greifen und Sie auf seinem erigierten Penis zu den Seiten hinbewegen. In einer anderen Variante – der sogenannten *Affenstellung* – bewegt er Sie vor und zurück. Scheik Nefzaui spricht bei dieser Stellung in seinem »Duftenden Garten« auch vom *Gewechselten Aufspießen*, wohl deshalb, weil Ihr Partner Sie dabei auf seinem Glied bewegt, statt selbst mit dem Becken zu stoßen.

Um die in den alten erotischen Texten beschriebenen Positionen zu praktizieren, bedarf es natürlich einigen Trainings und vieler Yogastunden. Aber obwohl sie allem Anschein nach am besten für Paare geeignet sind, bei denen der Mann der Frau an Größe und Stärke überlegen ist, können auch körperlich ebenbürtige Paare mit gewissen Änderungen ihre Freude daran haben. In dem Fall können Sie sich zum Beispiel zurücklehnen, sich auf den Händen abstützen und im Rhythmus seiner Bewegungen das Becken schaukeln. Oder Sie können Ihre Beine, statt sie ihm in die Armbeuge zu legen, auch auf seinen Oberschenkeln lassen. Nutzen Sie die Originalstellungen zur Inspiration und werden Sie dann selbst kreativ!

20 Mai

Dirty Talk

Manche Leute finden den Gebrauch obszöner Worte – auch *Dirty Talk* genannt – ungemein erotisch und antörnend, obwohl es sich empfiehlt, in diesem Bereich sehr viel Fingerspitzengefühl walten zu lassen. Schon die Aussicht auf verbale Frivolitäten kurbelt bei manchen den Lustmotor an. Flüstern Sie Ihrem Schatz doch einmal ins Ohr: »Verzeih, aber ich muss dir jetzt einfach mal was Versautes sagen«, so als würde das, was er gerade tut, Sie jede Form von Anstand über Bord werfen lassen. Wie hoch stehen die Chancen, dass er Ihnen mit einem »Nein, bloß nicht!« in die Parade fahren wird, so dass Sie Ihre versauten Gedanken zurückpfeifen müssen?
Na, wie wär's? Manche Leute fahren voll darauf ab, wenn jemand ihnen in der Hitze des Liebesakts »Fick mich, fick mich, fick mich!« zuraunt. Sie dürfen die Worte beliebig oft wiederholen. Wenn Ihnen das zu ordinär ist, können Sie es auch gewählter formulieren. Ein Satz wie »Ich möchte dich jetzt in mir spüren« kann auch ziemlich sexy sein.

Hinweis: Werten Sie diesen Tipp nicht als Aufforderung, während des gesamten Liebesakts zu plappern. Manche Menschen möchten sich konzentrieren, wenn sie auf einen Orgasmus zusteuern, und Worte lenken Sie da unnötig ab. Mit *Dirty Talk* ist es wie mit Gewürzen: Ein Hauch genügt. Präverballaute wie »oooohhh«, »aaaaahhh« und mmmmhhh« sagen Ihrem Lover ohnehin alles, was er oder sie wissen muss.

21 Mai

Zwillinge

Sie oder Ihr Partner haben zwischen dem heutigen Datum und dem 21. Juni Geburtstag? In diesem Fall haben Sie das Tierkreiszeichen Zwillinge, das der Herrschaft des Planeten Merkur unterliegt. Astrologen beschreiben Zwillinge als lebendig, witzig und vielseitig. Sie haben einen hochentwickelten Intellekt, der ständig Anregung braucht. Mit einem Zwilling wird es Ihnen nie langweilig, denn die in diesem Zeichen Geborenen lieben lebhafte Gespräche ebenso wie neue Erfahrungen – ob im Bett oder anderswo.

Ganz gleich, wer von Ihnen beiden Zwilling ist, vergessen Sie nie, dass für dieses Sternzeichen Abwechslung das Salz in der Suppe des Lebens ist. Sorgen Sie dafür, dass sich keine Routine einschleicht, indem Sie *spontane* erotische Abenteuer organisieren. Setzen Sie sich auf die Waschmaschine, und verführen Sie ihn in der Waschküche. Setzen Sie sich ihm auf den Schoß und tragen Sie keinen Slip unter Ihrem langen, fließenden Rock. Werden Sie zur Meisterin des Quickies. Überraschen Sie ihn mit geilen Gedanken und Taten. Bringen Sie ihn zum Staunen über Ihre vielfältigen erotischen Facetten. Wem wird er heute Abend begegnen – einem schüchternen Mädchen oder einem schamlosen Luder? Nur Sie wissen es.

Halten Sie ihn auch während des Akts selbst mit viel Abwechslung (im wahrsten Sinn des Wortes) auf dem Sprung. Wählen Sie erst eine sitzende Position, bevor Sie ihn flachlegen und ihn in der umgekehrten *Cowgirl-Stellung* besteigen. Wenn er oben ist, ergreifen Sie die Initiative! Rollen Sie herum, damit Sie oben sind! Wetten Sie mit ihm, wie viele *Kamasutra-Stellungen* er in einem Liebesspiel bewältigen kann. Sorgen Sie dafür, dass er nie weiß, was als Nächstes kommt. Dann werden Sie beide immer wieder Lust auf mehr haben!

22 Mai

Lust: Noch besser als Old Spice

Der Wonnemonat Mai ist der Wollust geweiht, und so ist es an der Zeit, Ihre innere Schlampe herauszulassen. Eine Möglichkeit, dies zu tun, ist gelegentlich Ihre Hygienestandards etwas zurückzuschrauben. Das soll nicht heißen, dass Sie eine Woche lang ungeduscht herumlaufen sollten. Es heißt nur, dass Sie nicht immer von Kopf bis Fuß frisch geschrubbt sein müssen, bevor Sie zwischen die Laken hüpfen. Treten Sie ihm nach dem Fußballspielen am Samstag durchgeschwitzt, wie Sie sind, gegenüber. Und lassen Sie ihn an Ihrem Körper riechen. Ihr ganz persönlicher, salziger Eigengeruch kann wie ein natürliches Aphrodisiakum wirken. Außerdem regen sportliche Aktivitäten genau wie Sex die Endorphinausschüttung an. Auch das spricht dafür, sich nach dem Sport nicht in aller Eile abzukühlen und *frisch zu machen*. Ihr Duft ist der gleiche wie beim leidenschaftlichen Liebesspiel – und auf einer tiefen, urtümlichen Ebene spürt er das. Lassen Sie die Natur von Zeit zu Zeit für sich arbeiten.

Lassen Sie sich auch etwas Zeit damit, die Bettwäsche zu wechseln. Natürlich können Sie die Laken mit moschushaltigen Essenzen parfümieren, aber was spricht dagegen, den Eigengeruch von Ihnen beiden ein wenig länger zu bewahren? Sein Duft wird in Ihnen die gleiche chemische Reaktion auslösen wie beim gemeinsamen Schäferstündchen. Und solange es *untenherum* mit der Hygiene stimmt, können Sie auch Ihr körpereigenes Gleitmittel als Aphrodisiakum nutzen. Benetzen Sie einen Finger mit Scheidenflüssigkeit, und lassen Sie ihn daran schnuppern, indem Sie ihn ihm unter die Nase halten oder auf die Lippen legen. Wetten, dass er sofort anspringt?

23 Mai

Reiten Sie ihn auf dem Sofa

Die Abbildungen im »Kamasutra« und anderen erotischen Texten zeigen Liebende gern beim Stelldichein in üppigen Gärten, aber um Ihr Liebesleben aufzupolieren, brauchen Sie nicht ins Freie zu gehen. Ein Ausflug ins Wohnzimmer genügt. Lassen Sie ihn auf dem Sofa oder einem bequemen Sessel Platz nehmen und setzen Sie sich auf seinen Schoß. Ihre Knie ziehen Sie hoch zu seiner Brust, und die Füße stellen Sie links und rechts neben seinen Hüften auf. Dann lehnen Sie sich zurück. Wenn Sie extrem gelenkig sind, können Sie die Arme auch wie in einer Brücke ganz nach hinten strecken und auf den Boden aufstellen. Und dann fangen Sie zu stoßen an. Öffnen und schließen Sie die Schenkel und bearbeiten Sie ihn mit Ihrem PC-Muskel. Das Wechselspiel der Empfindungen bringt seine Säfte garantiert zum Fließen. Eine weitere Alternative ist, dass Sie sich über die Sofalehne beugen und ihm Ihren Hintern präsentieren.

Haben Sie einen Schaukelstuhl? Steigen Sie dort auf ihn auf und schaukeln Sie gemeinsam. Um besser stoßen zu können, können Sie die Füße auch fest auf den Boden stellen. Achten Sie nur darauf, dass der Stuhl auch wirklich solide ist – Sie wollen schließlich nicht, dass er mitten in Ihrer erotischen Schaukelpartie unter Ihnen zusammenbricht.

Und denken Sie im Wohnzimmer nicht nur an sitzende Positionen. Räumen Sie den Couchtisch ab und legen Sie sich so darauf, dass Sie mit der Hüfte an der Kante liegen. Mit etwas Glück sind Sie genau in der richtigen Höhe, so dass er vor Ihnen knien und sich der Vorzüge Ihres Körpers bedienen kann.

24 Mai

Orale Lust: Auf die Einstellung kommt es an

Es gibt ein Geheimnis, wie Sie ihn oral wirklich glücklich machen können: Seien Sie mit Lust bei der *Sache*. In dem Fall nämlich ist der Erfolg so gut wie garantiert, weil ein Mann sich kaum etwas Besseres vorstellen kann als eine Frau, die ihm begeistert den Schwanz lutscht. Mahl ehrlich: Macht es Sie nicht auch zumindest ein ganz kleines bisschen an, ihn durch den gekonnten Einsatz Ihrer oralen Künste zu Ihrem Sex-Sklaven zu machen?

Manche Menschen haben Hemmungen in Bezug auf Oralsex, weil sie Angst haben, dass sie oder ihr Partner schlecht schmecken oder riechen könnten, aber wenn Sie sich beide regelmäßig waschen, brauchen Sie da keine Bedenken zu haben. Nehmen Sie doch einfach ein romantisches Bad oder eine Dusche zu zweit, bevor Sie sich aneinander zu schaffen machen.

Manche Frauen befürchten auch, beim Oralsex würgen zu müssen. Den natürlichen Würgereiz in den Griff zu bekommen ist nicht nur eine Frage der Übung. Es emphehlt sich auch, Ihre mit Spucke befeuchtete Hand um den Penis Ihres Liebsten zu legen. Auf diese Weise können Sie die Eindringtiefe bestimmen. (Die Kombination von Hand- und Mundarbeit steigert zudem das Lusterleben.) Nehmen Sie sein Glied so weit in den Mund, wie es Ihnen angenehm ist, und entspannen Sie dann die Halsmuskeln. Atmen Sie durch die Nase, während Sie an seinem Schwanz saugen. Werden Sie langsam schneller, atmen Sie weiter, und wenn Sie zwischendurch Luft schnappen müssen, dann tun Sie es einfach!

Bei den meisten Männern lösen gekonnte orale Liebkosungen den Wunsch aus, entweder mit gleicher Münze zurückzuzahlen oder es wie wild mit Ihnen zu treiben. Klingt gut, oder?

25 Mai

Immer schön im Rhythmus bleiben

Um Ihren Schatz mit perfekter Mundarbeit zu verwöhnen, achten Sie auf seine Körpersprache. Wenn Sie irgendetwas machen und er wie wild zu stöhnen anfängt, ist das in der Regel ein ziemlich gutes Zeichen. Sie könnten ihn auch einfach fragen, wie er es gerne hätte. Will er, dass Sie sich auf die Eichel konzentrieren? Oder auf den Schaft? Oder auf beides? Mag er es fest oder sanft? Sollen Sie es ihm auf Staubsauger-Art besorgen oder ihn wie ein Schmetterling mit der Zunge bespielen? Oder gelüstet es ihn nach dem ganzen Buffet?

Die orale Kunst beschränkt sich keinesfalls nur aufs Blasen. Zum einen ist da die innere Einstellung. Knien Sie zwischen seinen Beinen – es gibt andere Stellungen, aber die werden wir ein andermal beschreiben – und schauen Sie sein Prachtstück so begierig an, als wäre es Ihr Lieblingseis. Formen Sie Ihre Hände zum »L« und legen Sie sie unten an den Schaft. Lecken Sie an den Seiten des Schafts und an der Eichel, bedecken Sie dann die Zähne mit den Lippen (oder lassen Sie sie locker wie ein »O«) und nehmen Sie die Eichel in den Mund. Dann lutschen Sie daran wie an einer Eiswaffel.

Was Sie als Nächstes tun, kündigt ihm sofort an, dass er sich auf direktem Weg zur Ekstase befindet. Entspannen sie die Muskulatur in Mund, Hals und Kiefer und nehmen Sie seinen ganzen Penis auf ein mal in den Mund. Dann ziehen Sie den Kopf zurück und lassen Ihre Lippen über den Ansatz zwischen Schaft und Eichel ploppen. Nach dieser überzeugenden Einleitung bewegen Sie sich auf und ab und saugen ihn sanft. Nein, machen Sie ihm nicht den Staubsauger, das bringt Sie bloß aus dem Rhythmus! Zeigen Sie ihm, was Ihre Zunge alles kann, bis er um Gnade bettelt.

26 Mai

Stellung der Woche: Auf Froschart

Viele der sitzenden Stellungen, wie sie in erotischen Texten wie dem »Duftenden Garten« und dem »Ananga Ranga« beschrieben werden, bieten beiden Partnern wenig Bewegungsspielraum. Sie sind darum besonders für jene Momente zu empfehlen, in denen Sie nach wilderen Sequenzen eine Pause einlegen möchten.

Was im »Duftenden Garten« mit *Auf Froschart* beschrieben wird, funktioniert so: Ihr Partner sitzt mit gespreizten Beinen und angewinkelten Knien da, während Sie sich auf sein Glied herablassen. Dann lassen Sie sich in die Kissen zurücksinken, ziehen die Knie hoch und pressen die Schenkel gegeneinander, so dass sich Ihre Knie auf der Höhe seiner Brust treffen. Die Füße dürfen sich nicht berühren, denn er soll Sie ja penetrieren können. Wenn nötig, halten Sie sich an den Unterschenkeln fest. Wenn Sie beide ausgesprochen gelenkig sind, können Sie vielleicht sogar Ihre Zehen unter seine Beine schieben, so dass Ihre Fersen noch fester gegen Ihren Po gedrückt werden. Durch den so entstehenden Schenkeldruck wird Ihre Vagina verengt, was Ihnen beiden wunderbare Empfindungen beschert. Ihr Partner kann Sie dann an den Schultern oder Oberarmen fassen und Sie nah zu sich hinziehen. Keiner von Ihnen wird sich groß bewegen können, wenden Sie also nutzbringend an, was Sie bei den *Kegel-Übungen* gelernt haben!

27 Mai

Auf den Punkt

In manchen der sitzenden Positionen, die in den alten Liebesschulen beschrieben werden, kann die Frau eine aktivere Rolle übernehmen. Eine davon ist beispielsweise das im »Duftenden Garten« beschriebene *Auf-der-Stelle-Stampfen*. Ihr Liebster sitzt auf dem Bett – vielleicht am besten mit dem Rücken zum Kopfteil, so dass er eine Stütze hat –, während Sie sich rittlings auf seinen Schenkeln niederlassen und seinen Penis in Ihre erregte Scheide einführen. Ihre Beine sind hinter seinem Rücken gekreuzt. Umarmen Sie einander, während Sie sich unter Einsatz Ihrer Oberschenkelmuskeln auf ihm auf und ab bewegen. Wenn Sie je Reitunterricht hatten, dürfte Ihnen das Ganze bekannt vorkommen: Es ist die gleiche Bewegung, mit der man sich beim leichten Trab aus dem Sattel hebt.

Wenn Sie ihn vollends um den Verstand bringen wollen, spannen Sie bei jedem Niedergleiten Ihren PC-Muskel an. Genießen Sie, dass Sie bei dieser Position den Rhythmus und die Eindringtiefe ganz allein bestimmen können. Sie können auf seinem Schoß auf und ab hüpfen oder es langsam angehen lassen und nur ganz sanft stoßen. Er ist dabei jedoch keinesfalls zur Untätigkeit verdammt. Führen Sie seine Hände an Ihren Po: Er kann Sie dort nicht nur stützen, sondern Ihnen auch hocherotische Genüsse bereiten, indem er Ihnen die Pobacken auseinanderzieht und Ihnen die Falte, den Anus und den Damm streichelt. Kippen Sie das Becken im Rhythmus hin und her, so dass Ihre Klitoris an seinem Schambein reibt. Könnte gut sein, dass Sie beim Ritt auf seinem *Hot Spot* auch den Ihren entdecken!

28 Mai

Einkaufsführer: Welcher Vibrator passt zu Ihnen?

Am 18. Mai haben wir Ihnen einige Tipps dazu gegeben, wo Sie sich einen Vibrator besorgen können. Heute sollen Sie mehr über die Details erfahren. Hier eine Checkliste für den nächsten Einkauf.

- Zweck: Was möchten Sie stimulieren? Klitoris? Vagina? G-Punkt? Anus? Alles? Wollen Sie Ihren Vibrator gemeinsam mit einem Partner oder allein benutzen?
- Transportierbarkeit: Soll Ihr Vibrator immer im Schlafzimmer bleiben, oder möchten Sie Ihn mit auf die Piste nehmen? In letzterem Fall sollten Sie eher nach kleineren, batterie- oder akkubetriebenen Modellen Ausschau halten.
- Geräuschpegel: Ist es Ihnen peinlich, wenn die Nachbarn etwas hören? Dann entscheiden Sie sich am besten für die beinahe geräuschlosen Exemplare zum Anschließen an die Steckdose. Vibratoren mit Batterie oder Akku sind meist etwas lauter.
- Intensität: Was ist Ihnen lieber: sanfte oder starke Vibrationen? Grundregel: Je kleiner die Batterie, desto schwächer die Vibrationen.
- Preis: Der Preis für einen Vibrator reicht von 20 bis gerne auch 200 € und mehr für edle Ausführungen und Designs. Aber betrachten Sie das Ganze als Investition: Ein elektrischer Vibrator von einem Markenhersteller ist eine Anschaffung fürs Leben!
- Form: Vibratoren gibt es heutzutage in einer schier endlosen Palette von Formen und Typen. Wollen Sie eher etwas Realistisches? Oder etwas Stylisches?
- Farbe: Ja, die Farbe … Stehen Sie auf den natürlichen Hautton? Oder möchten Sie lieber etwas Ausgefalleneres in Metallic, mit Leuchteffekt oder in Edelsteinanmutung?

29 Mai

Sie sind Vibrator-Novizin?

Sie besitzen jetzt also einen funkelnagelneuen Vibrator. Er ist auch schon ausgepackt und einsatzbereit. Und was nun?

Ob Sie zum ersten Mal einen Vibrator verwenden oder als Frau mit Erfahrung Ihren Lustgewinn maximieren wollen, denken Sei auf jeden Fall daran, sich Zeit zu nehmen. Streicheln Sie sich mit Ihrem neuen Freund über den ganzen Körper, von den Schultern bis zu den Füßen. Wählen Sie die Stellung, die Ihnen am bequemsten ist; probieren Sie alles Mögliche aus. Wenn Sie bereit sind, führen Sie das Teil an Ihre Genitalien. Wenn Ihnen die direkte Berührung für den Anfang zu intensiv ist, können Sie sich natürlich auch durch die Unterwäsche oder ein Tuch stimulieren. Sie können sich mit Ihrem Vibrator entweder streicheln oder ihn an einen bestimmten Punkt halten. Wenn Ihr Modell über mehrere Geschwindigkeitsstufen verfügt, probieren Sie alle aus, um zu sehen, wie sich das anfühlt.

Testen Sie den Vibrator an verschiedenen Stellen. Verwöhnen Sie Ihre Klitoris und Ihre Klitorishaube. Drücken Sie ihn gegen Ihren Venushügel (die fleischige Erhebung, die das Schambein bedeckt). Führen Sie ihn auf Ihren inneren Schamlippen auf und ab und umkreisen Sie die Scheidenöffnung. Sie können ihn natürlich auch in die erregte Vagina einführen, aber die meisten Nervenenden sitzen rings um den Eingang und das erste Drittel der Scheide, so dass Sie in dem Bereich die intensivsten Gefühle haben werden. Wahrscheinlich brauchen Sie die direkte Stimulation der Klitoris, um zum Höhepunkt zu kommen, aber jede Frau ist verschieden. Und wenn Sie beim ersten Einsatz Ihres Vibrators nicht kommen, machen Sie sich keine Sorgen. Sie haben sich ja gerade erst kennengelernt!

30 Mai

Toy-Tipps

Wie Sie gleich sehen werden oder ohnehin schon wissen: Den Einsatzmöglichkeiten eines Vibrators sind nur durch die Begrenztheit der menschlichen Phantasie Schranken gesetzt. Frauen können sich damit Klitoris und Vagina stimulieren, Männer Penis und Hoden verwöhnen. Und beide Geschlechter können ihn gleichermaßen für Analspiele und Ganzkörpermassagen benutzen. Hier ein paar Tipps, wie Ihnen Ihr Sex-Toy maximalen Lustgewinn verschaffen wird:

- Bringen Sie sich in Stimmung. Gucken Sie sich Pornos an, lesen Sie Erotika oder lassen Sie Ihren Phantasien freien Lauf – tun Sie, was immer Ihre Säfte ins Fließen bringt.
- Experimentieren Sie und probieren Sie den Vibrator an verschiedenen Stellen Ihrer Genitalien und Ihres Körpers aus.
- Experimentieren Sie mit verschiedenen Stellungen. Legen Sie sich mal auf den Rücken, mal auf die Seite und mal auf den Bauch, um sich zu stimulieren.
- Probieren Sie die indirekte Stimulation. Legen Sie irgendein Kleidungsstück, Ihre Hand oder ein Laken zwischen sich und den Vibrator, um die Empfindungen in die Breite zu streuen.
- Wechseln Sie Druck und Geschwindigkeit. Fangen Sie mit leichtem Druck an und arbeiten Sie sich zu einer gleichmäßigen direkten Stimulation vor. Stellen Sie das Gerät erst auf die niedrigste Geschwindigkeit und drehen Sie es dann ein paar Stufen höher.
- Seien Sie spielerisch. Fangen Sie an und hören Sie wieder auf. Schalten Sie den Vibrator für ein Weilchen aus. Stimulieren Sie sich auf andere Weise und setzen Sie dann dort wieder an, wo Sie aufgehört haben.
- Setzen Sie sich nicht unter Druck. Wenn Sie nicht kommen, dann kommen Sie eben nicht.

31 Mai

Noch mehr Spaß unter freiem Himmel

Sie haben hoffentlich in diesem Monat vielfältige Möglichkeiten entdeckt, um Ihre lüsternen Triebe voll zur Entfaltung zu bringen. Als Auftakt haben wir Sie zu einem Frischluft-Picknick zu Ehren des Maifeiertags eingeladen. Jetzt, wo sich der Monat seinem Ende entgegenneigt, verraten wir Ihnen, welche Möglichkeiten es noch gibt, um die Liebe im Freien zu einem immens lustvollen Erlebnis zu machen.
Wenn Ihr Garten oder der Hof hinterm Haus absolute Privatsphäre bietet, spricht nichts dagegen, direkt vor der eigenen Tür ein Picknick der besonderen Art zu halten. Schon eine Schaukel im Garten verspricht jede Menge Spaß. Sie haben keinen Garten? Seien Sie kreativ. Ein romantisch veranlagter Bekannter überraschte seine Freundin mit einer Einladung aufs Dach Ihres Wohngebäudes, wo bereits ein mit Wasser gefülltes Kinderplanschbecken und eine Flasche Champagner bereitstanden. Er hat mir nicht verraten, ob es die beiden in jener lauen Sommernacht wieder nach unten geschafft haben!
Mutter Natur bietet die vielfältigsten Möglichkeiten für erotische Stelldicheins. Wer hätte noch nie davon geträumt, sich zum Klang des Wellenrauschens am Strand zu lieben? (Natürlich auf einer großen Decke oder einem Badelaken) Wenn Sie einen langen Rock und keine Unterwäsche anhaben, können Sie sich auf einer Parkbank sanft auf seinem Schoß hin- und herwiegen (wahlweise mit oder ohne Penetration). Ein Waldspaziergang? Suchen Sie sich einen Baum aus, lehnen Sie sich mit dem Gesicht zum Stamm dagegen. Er braucht nur ein wenig in die Knie zu gehen und Sie an den Hüften zu fassen, um Sie von hinten unten zu nehmen. Camping? Lieben Sie sich unter dem Sternenhimmel oder suchen Sie sich ein Bachufer mit sonnengewärmten Felsen. Anschließend können Sie sich im kalten Wasser erfrischen.

KAPITEL SECHS

Juni

»Ich habe die Sommermorgenröte umschlungen.«

Arthur Rimbaud (1854–1891), französischer Dichter, aus »Leuchtende Bilder/Illuminations« – Morgenröte

Machen Sie sich bereit, jeden neuen heraufdämmernden Sommermorgen zu begrüßen – im erotischen Sinne. Der Juni scheint speziell dazu gemacht, der Weiblichkeit die Ehre zu erweisen. Historikern zufolge verdankt der Monat seinen Namen *Juno*, der Göttermutter und Schutzpatronin der Frauen. Am 21. Juni ist Sommersonnenwende, und so wollen wir Sie und Ihren Liebsten mit unseren Anregungen inspirieren, an diesen langen, lustvollen Sommertagen und -nächten den Freuden des Körpers zu frönen.

In der viktorianischen Zeit schenkte man sich die Blume des Monats das Geißblatt – als Ausdruck von Ehrerbietung und Zuneigung. Umgeben Sie sich mit Sträußen dieser süß duftenden Blüten ebenso wie der zweiten Juni-Blume, der Rose, dem klassischen Symbol der Liebe. Dies soll Sie daran erinnern, nicht nur Ihrem Liebsten, sondern auch sich selbst Ihre Zuneigung offen zu zeigen.

Der Stein des Monats Juni ist die Perle, die als Sinnbild der Romantik eine lange Tradition hat. Die alten Griechen sahen in Perlen die zu Stein gewordenen Freudentränen, die die Liebesgöttin Venus vergoss, als sie dem Meer entstieg. Leisten Sie sich ein Schmuckstück mit Perlen (es muss ja kein teures sein!), um sich bewusst zu machen, dass Aphrodite in jeder von uns lebt.

1 Juni

Wenn's Ihnen zu heiß wird ...

Jeder weiß, dass die Küche der Ort ist, an dem bei Partys alle am liebsten herumstehen. Warum machen Sie ihn nicht zum Treffpunkt für Ihre eigenen privaten Festivitäten? Ihre Arbeitsplatte ist die perfekte Basis für einen netten kleinen Akt.

Setzen Sie sich auf die Kante der Arbeitsplatte. Er steht vor Ihnen, und Sie schlingen ihm die Beine um die Taille. In dieser Stellung kann er in Sie eindringen, ohne Ihr Gewicht halten zu müssen, so dass er beide Hände frei hat, um mit Ihren herrlichen Brüsten zu spielen. Führen Sie seinen Daumen nach unten zu Ihrer Klitoris, während er Sie stößt. Auf diese Weise kann er Ihnen eine besondere Köstlichkeit am Rande servieren. Und wenn es ganz heiß wird – in der Küche gibt's auch Wasser ...

Aber Sie haben noch mehr Plätze, die sich für Küchensex eignen. Drücken Sie ihn gegen den Kühlschrank und vernaschen Sie ihn. Oder machen Sie die Kühlschranktür auf und genießen Sie den Kontrast zwischen der kalten Luft und Ihrer vor Erregung erhitzten Haut. Colleen, Künstlerin, 32, hat dazu Folgendes zu berichten: »Ich mache irgendwas absolut Harmloses, zum Beispiel gehe ich an den Kühlschrank, um mir was zu trinken zu holen. Und in dem Augenblick kommt mein Schatz von hinten und flüstert mir was Nettes in Ohr, und dann irgendwas wunderbar Fieses. Und dabei drückt er sich von hinten an mich dran. Seine Hände wandern überallhin, bis sie bei meinen wichtigsten erogenen Zonen landen. In solchen Momenten bin ich kurz davor, mich in die Kälte des Kühlschranks fallen zu lassen. Und gleichzeitig explodiert mein Körper vor Hitze.« Wird Ihnen langsam heiß?

Ein Blick in die Geschichte: Heute ist der Geburtstag der Filmschauspielerin und Sex-Ikone Marilyn Monroe (1926–1962).

2 Juni

Stellung der Woche: Standfeste und schwebende Vereinigung

Stehende Positionen können extrem spannend für Quickies (besonders im Freien) sein oder wenn die Leidenschaft Sie beide übermannt und Sie es nicht mehr ins Bett schaffen. Stützen Sie sich aneinander oder an einer Wand ab, um es miteinander zu treiben, entspricht das der *Standfesten Vereinigung* aus dem »Kamasutra«. Wenn Sie ein Bein um ihn schlingen, können Sie die Schenkel weiter spreizen, damit er tiefer eindringen kann. (Er kann sich dabei an Ihrem Schenkel festhalten, um kontrollierter stoßen zu können.) Wenn er seine Füße etwas auseinandernimmt, fällt es ihm leichter, die Balance zu halten.

Wenn die Gäule völlig mit Ihnen durchgehen – und Ihr Schatz sehr viel Kraft hat –, kann er sich an eine Wand oder einen Baum lehnen. Schlingen Sie Ihre Arme um seinen Nacken, während er Sie an den Oberschenkeln oder am Po fasst und hochhebt. Er kann seine Hände unter Ihrem Hintern falten, um Ihnen mehr Halt zu geben, während Sie sich mit den Füßen an der Wand abstützen. Dies ist die *Schwebende Vereinigung*. Wahrscheinlich werden Sie diese Stellung nicht sehr lange halten können – und passen Sie auf, dass er Sie nicht fallen lässt, denn dabei könnt er sich am Penis verletzen –, aber sie auszuprobieren macht auf jeden Fall Spaß!

Ein Blick in die Geschichte: Heute ist der Geburtstag des französischen Philosophen, Buch- und Theaterschriftstellers Comte Donatien Alphonse François de Sade (1740–1814), besser bekannt unter seinem Titel Marquis de Sade. Der Begriff Sadismus ist von seinem Namen abgeleitet. Leihen Sie sich den Film »Quills – Macht der Besessenheit« aus, wenn Sie mehr darüber erfahren möchten.

3 Juni

Stellungen für die Mundarbeit (für ihn)

Wenn Sie an der Reihe sind, sich von Ihrem Schatz oral verwöhnen zu lassen, gibt es ein paar Dinge, die Sie tun können, damit Sie beide mehr Spaß haben. Erstens lohnt es sich, verschiedene Stellungen auszuprobieren. Versuchen Sie zum Beispiel, wie es ist, wenn Sie sich ein oder zwei Kissen unter den Po und ihm eines unter die Brust schieben. (Das macht die Sache bequemer für ihn und erleichtert ihm den Zugang.) Wo Sie schon dabei sind, schieben Sie sich ein weiteres Kissen unter den Kopf, damit Sie zuschauen können. Es wäre doch schade, die ganze Action zu verpassen! Weitere Varianten:

- Setzen Sie sich auf die Bettkante oder einen Stuhl und lehnen Sie sich zurück, während er auf dem Boden vor Ihnen kniet.
- Stellen Sie sich mit gespreizten Beinen hin, während er Sie von unten leckt. Gucken Sie nur, dass Sie sich irgendwo festhalten können – für den Fall, dass Sie weiche Knie kriegen!
- Gehen Sie auf alle viere, während er sich Ihnen von hinten nähert. Diese Position bringt in manchen Menschen wirklich das Tier heraus. Achten Sie aber darauf, dass er sich nach anal-oralem Spiel nicht wieder an Ihrer Vulva zu schaffen macht.
- Um seinen Nacken zu entlasten, legen Sie sich so hin, dass er von der Seite an Sie herankommt. Sie können auch beide auf der Seite liegen. Dann kann er den Kopf auf Ihrem Schenkel ablegen, während er sich zwischen Ihren Beinen betätigt.

Es ist nicht nur erotisch anregend, möglichst oft zwischen den Stellungen zu wechseln. Sie verhindern damit gleichzeitig, dass Ihnen Arme und Beine einschlafen. Schließlich gibt's nichts Schlimmeres als einen Cunnilingus-Krampf.

4 Juni

Sitzen Sie rittlings auf

Es mag am bequemsten für Sie sein, auf dem Rücken zu liegen, während er Sie oral verwöhnt, aber es gibt noch eine andere interessante Stellung, die sich anbietet, wenn er Sie mit dem Mund erforschen soll. Er liegt dabei auf dem Rücken, und Sie gehen mit gespreizten Beinen über seinem Oberkörper in den Kniestand, sprich: Sie setzen Ihre beiden Knie links und rechts von seinen Schultern auf. Falls nötig, können Sie sich am Kopfteil des Bettes festhalten. Nun lassen Sie sich so weit zu ihm herab, dass er Ihre Klitoris in den Mund nehmen kann. Sie können dabei auch zu seinen Füßen hinschauen. Damit das Ganze bequemer für ihn ist, sollte er sich ein oder zwei Kissen unter den Kopf schieben.

In dieser Position können Sie bestimmen, welchen Druck Sie in ihrer Freudenzone spüren möchten, während er mit seiner neugierigen Zunge Ihre *Quelle* erforscht. Sie können stillhalten oder vor und zurück schaukeln. Sie können sich ihm zwar nicht direkt aufs Gesicht setzen – schließlich wollen Sie den armen Kerl ja nicht ersticken –, aber vielleicht können Sie auch so die Vibrationen des sich aufbauenden Orgasmus an seinen Mund, seine Nase und sein Kinn weitergeben. In dieser Stellung kann er auch wunderbar Ihren Po streicheln, die Scheide und den Anus befingern oder an sich selbst herumspielen. Auf geht's!

5 Juni

Stellungen für die Mundarbeit (für sie)

So wie Sie sich optimal für den Empfang seiner oralen Liebkosungen in Stellung bringen können, haben Sie die verschiedensten Möglichkeiten, sich so zu positionieren, dass sein Penis die Stimulation mit dem Mund noch mehr genießen kann. Das Übliche wäre, dass er auf dem Rücken liegt, während Sie zwischen seinen Beinen liegen oder knien. Zeigen Sie ihm, dass es auch kreativer geht. Rollen Sie ihn sanft auf die Seite und rutschen Sie im Bett so weit nach unten, dass Ihr Gesicht auf einer Höhe mit seinem Glied ist. In dieser Position kann er stoßen und Sie sich entspannen. Wenn Sie sich ein Kissen unter den Kopf schieben, haben Sie noch mehr Halt.

Es mag wie ein Gemeinplatz klingen, aber es macht Jungs tierisch an, wenn sie dastehen und eine Frau vor ihnen auf die Knie geht. Je nachdem, wie groß Sie beide sind, können sie sich auf verschiedene Weise vor dem *Altar seiner Erektion* verneigen: Sie knien auf dem Boden, während er vor Ihnen steht; er kniet auf dem Bett und Sie auf dem Boden vor ihm; oder er kniet auf dem Boden oder im Bett und Sie sitzen vor ihm und haben die Beine um seine Schenkel geschlungen.

Eine weitere aufregende Position ist für ihn, wenn Sie auf dem Rücken liegen und er über Ihnen ist. Sie können im Bett entweder so weit nach unten rutschen, bis Sie an seinen Penis herankommen, oder er rutscht nach oben. Er kann sich auf den Armen oder am Kopfende des Bettes abstützen, während er vorsichtig in Ihren Mund stößt. Vielleicht sollten Sie seine Bewegungen mit der Hand kontrollieren, damit er nicht im Eifer des Gefechts zu tief eindringt. Falls nicht, können Sie sich mit seinen Hoden, seinem Damm und seinem Po befassen. Der Fachbegriff für diese Technik lautet *Irrumation*. Wenn das kein Wissensbrösel für die nächste Cocktailparty ist …

Eine helfende Hand

Das Gleitmittel liegt parat, und Sie haben sich eine bequeme Stellung gesucht, um ihn von Hand zu verwöhnen. Und nun? Im Idealfall haben Sie ihm beim Masturbieren zugeschaut, aber es schadet nie, ihn mit ein paar Variationen zu überraschen.

Zuerst üben Sie den Grundgriff. Nehmen wir an, Sie liegen Seite an Seite. Umfassen Sie sein Glied so, dass der Daumen oben und der kleine Finger unten ist. Führen Sie die andere Hand an seine Peniswurzel. Die Finger liegen flach auf seiner Leistengegend auf, der Daumen greift um den Schaft und übt sanften Druck aus. Zeigefinger und Daumen sollten eine Art »L« bilden. Auf diese Weise erhöhen Sie die Stimulation seines Gliedes, fixieren es und halten es steif, während Sie sich an ihm zu schaffen machen.

Nun lassen Sie die Hand langsam nach oben zur Eichel hingleiten, bis Sie kaum noch die Spitze berühren. Dann führen Sie sie wieder zurück den Schaft entlang nach unten. Fangen Sie langsam an und steigern Sie die Geschwindigkeit; achten Sie auf seine Reaktionen, um zu sehen, welches Tempo das beste ist. Vielleicht hat er es am liebsten, wenn Sie ihn schnell, mit viel Druck und jeder Menge Gleitmittel streicheln (übertreiben Sie es aber mit dem Glibberzeug nicht, denn sonst spürt er nichts). Womöglich mag er sich aber einfach nur zurücklehnen und es langsam genießen. Dann brauchen Sie weniger Gleitmittel. In dem Maße, wie Sie schneller werden, können Sie die andere Hand von der Peniswurzel nehmen und seine Hoden streicheln oder einfach nur umfassen. Sie mögen diese Zuwendung. Und er auch.

7 Juni

Rauf, drüber, runter

Hier eine Handtechnik, mit der Sie Ihren Schatz verrückt machen können.

Mit der einen Hand drücken Sie ihm wieder unten gegen den Schambereich. Mit der anderen Hand umfassen Sie sein Glied diesmal aber so, dass Ihr Zeigefinger und Daumen unten und Ihr kleiner Finger oben an der Rille ist. (Ihr Handrücken weist also zu Ihnen.)

Führen Sie die Hand bis zur Spitze, aber wenn Sie dort angekommen sind, schieben Sie sie nicht gleich wieder nach unten zurück, sondern fahren über die Eichel drüber und streicheln sie in einer drehenden Bewegung von Handfläche und Fingern, etwa so, als wollten Sie mit der offenen Hand eine Glühbirne einschrauben. Sie können die Eichel sogar in Ihrer Handfläche rollen. Achten Sie nur auf jeden Fall darauf, immer in Kontakt mit seinem *Stab* zu bleiben. Und dann führen Sie die Hand auf der anderen Seite mit dem kleinen Finger voraus wieder nach unten.

Sie können diesen *Rauf-drüber-runter-Griff* entweder mit der gleichen Hand wiederholen oder in einer fließenden Bewegung die andere Hand mit ins Spiel bringen und ihn abwechselnd mal mit der einen und mal mit der anderen verwöhnen.

Das mag kompliziert klingen, aber mit ein bisschen Übung kriegen Sie den Bogen schnell raus, und er wird vor Freude singen.

8 Juni

Lassen Sie ihn zuschauen

Viele ansonsten sehr sexfreudige Frauen sind auf einmal fürchterlich schüchtern, wenn es darum geht, ihren Partner beim Masturbieren zuschauen zu lassen. Befreien Sie sich von solchen Hemmungen! Männer sind visuell veranlagt, und die allermeisten von ihnen lieben es, wenn eine Frau sie dabei zuschauen lässt, wie Sie es sich selbst macht. Sie träumen davon! (Sonst würde man in Pornos der Masturbation keinen solchen Stellenwert einräumen.) Bieten Sie ihm also eine intime Show. Lassen Sie ihn mit ansehen, wie Sie Ihren Körper lieben. Präsentieren Sie sich ihm als erotisches Wesen. Er soll sehen, wie Sie die Phasen von Lust und Erregung bis hin zum Orgasmus durchlaufen: Wie sich unmittelbar vor dem Höhepunkt Ihre Brust rötet, Ihre Atmung beschleunigt, Ihre Muskeln anspannen; wie sich Ihr Rücken wölbt, wenn Sie die Kontrolle verlieren. Wenn er sieht, wie nass und geil Sie werden, heißt es von da an »Ladies first«.

Sie haben Angst, dass ihn beim Zuschauen das Gefühl beschleicht, er könnte Ihnen nicht genügen? Obwohl viele Männer sich gerne in dem Glauben wiegen, eine Frau mit ihren unglaublichen erotischen Künsten die höchsten Wonnen bereiten zu können, sind die meisten doch insgeheim etwas ratlos, wie sie dies bewerkstelligen sollen, besonders wenn sie merken, dass (Überraschung!) jede Frau anders ist. Was für eine Erleichterung ist es da, zuschauen zu können, wo sie wie mit welchem Druck wie schnell gestreichelt werden wollen. Und außerdem könnte man auch so argumentieren: Sein Anblick allein macht Sie so scharf, dass Sie einfach nicht die Hände von sich lassen können.

Sie können das mit der Show natürlich auch in ein Spiel verwandeln. Verbieten Sie ihm, Sie anzufassen, oder fesseln Sie ihn ans Bett oder einen Stuhl und zwingen Sie ihn, mit anzusehen, wie Sie sich selbst zum Orgasmus bringen. Er wird Sie anflehen, auch mitmachen zu dürfen!

9 Juni

Stellung der Woche: Bauch an Bauch

»Der duftende Garten« von Scheik Nefzaui beschreibt zwei sinnliche stehende Positionen. Die erste heißt *Bauch an Bauch* und ist der *standfesten Vereinigung* aus dem »Kamasutra« sehr ähnlich. Auch hier stehen Sie einander gegenüber, aber Sie brauchen sich nicht an eine Wand zu lehnen, und Nefzaui rät dem Mann, einen Fuß etwas vorzusetzen. Wenn er größer ist als Sie, braucht er nur leicht in die Knie zu gehen, während Sie sich auf die Zehenspitzen stellen. Sie werden diese Stellung nicht sehr lang halten können, aber sie ist eine schöne Überleitung hin zu liegenden oder sitzenden Positionen.

Die Besonderheit dieser Stellung sind die detaillierten Anweisungen des Autors, wie sich die Erregung der Penetration in die Länge ziehen lässt. Hier schlägt er etwas vor, das er den *Eimer im Brunnen* nennt:

»Mann und Weib umschlingen sich so fest wie möglich, nachdem das Glied hineingesteckt worden ist. Dann führt er einen Stoß und zieht sich ein wenig zurück; sie macht ebenfalls einen Stoß und zieht sich ebenfalls zurück. So bewegen sie sich abwechselnd in Takt und Rhythmus. Fuß gegen Fuß, Hand gegen Hand gestemmt, stellen sie die Bewegung eines Eimers dar, der im Brunnen auf- und absteigt.«

Ob Sie sich an eine stehende Position heranwagen wollen oder nicht – bei dem Versuch, Ihr Liebesspiel zu verfeinern, kann eine Technik wie diese extrem aufregend sein. Er muss noch nicht einmal wissen, was Sie vorhaben; aber er wird es auf jeden Fall zu schätzen wissen.

10 Juni

Reinschieben, einschalten

Wie Sie gesehen haben, gibt es eine unglaubliche Vielfalt an Vibratoren in den unterschiedlichsten Größen und Formen. Elektrische Modelle für den Netzbetrieb sind wahrscheinlich die meistbenutzten, weil sie nicht als Sexspielzeuge, sondern als Massageapparate für den persönlichen Bedarf vertrieben werden. Ironischerweise sind sie im einschlägigen Handel womöglich schwerer zu finden, weil die erotische Nutzung eben nicht explizit erwähnt wird.

Elektrovibratoren verfügen in der Regel über verschiedene Geschwindigkeitsstufen oder eine *Rheostat-Steuerung* (funktioniert im Prinzip wie ein Dimmer), so dass Sie mit verschiedenen Stufen von Druck und Geschwindigkeit experimentieren können. Die strombetriebenen Massageapparate erzeugen oft ziemlich starke Vibrationen, die für Ganzkörperbehandlungen wunderbar geeignet, für die Genitalstimulation aber mitunter allzu heftig sind. Sollte dies der Fall sein, schauen Sie, wie es ist, wenn Sie den Vibrator durch die Kleidung anwenden oder ein Stück Stoff dazwischenlegen.

Die gute Nachricht: Da Elektrovibratoren von namhaften Markenherstellern wie Hitachi oder Panasonic hergestellt werden, sind sie gut gemacht und werden oft mit Garantie ausgeliefert. Wenn Sie einen finden, der Ihnen liegt, werden Sie damit viele Jahre Freude haben (anders als mit manchen Männern). Und Sie brauchen sich keine Gedanken darüber zu machen, dass die Batterien womöglich im ungünstigsten Augenblick zur Neige gehen könnten. Für manche Geräte sind die verschiedensten Aufsätze lieferbar, so dass Sie Ihre Ausstattung nach Herzenslust erweitern können.

11 Juni

Schwingen Sie einfach Ihren Zauberstab

Ein magischer *Zauberstab*? Ja, diesen Namen tragen die sogenannten *Magic Wands* zu Recht! Und die Empfindungen, die sich damit hervorrufen lassen, sind allemal überirdisch. Die Geräte sind meist etwa dreißig Zentimeter lang, haben einen harten Kunststoffgriff und auf einer Seite einen runden, tennisballgroßen Gummi- oder Acrylkopf. Es ist auf den ersten Blick zu erkennen, dass sie für äußerliche Massagen und nicht für die Penetration gemacht sind. Der bekannteste unter den elektrischen Vibratoren dieser Art ist der *Hitachi Magic Wand*.

Weil diese Art von Vibrationen sehr stark sein kann, sollten Sie sie zunächst immer durch Stoff hindurch anwenden – etwa ein Handtuch oder Kleidungsstück. Der Kopf verteilt die Schwingungen an die umliegenden Körperregionen. Fangen Sie auf jeden Fall langsam an (die schnelleren Stufen könnten für den Anfang zu intensiv sein) und arbeiten Sie sich nach und nach zu den *magischen Voll-Stoff-Orgasmen* vor. Sie können auch hier Ihre Stellungen variieren: Legen Sie sich auf den Vibrator drauf, klemmen Sie ihn sich in Seitenlage zwischen die Beine oder drapieren Sie ihn auf einem Kissen, knien Sie sich davor hin und lehnen Sie sich dagegen.

Auch ins Liebesspiel zu zweit lassen sich *Zauberstäbe* wunderbar integrieren. Halten Sie ihn gegen Ihren Handrücken, während Sie ihm den Schwanz halten. Wenn er intensivere Stimulation verträgt, können Sie ihn auch an der Peniswurzel oder dem Penisschaft entlangführen. Sie können ihn zwischen sich legen, während er auf Ihnen ist. Wenn Sie den *Zauberstab* an Ihre Klitoris halten, wird dabei nicht nur der untere Bereich seines Glieds mit stimuliert. Er fühlt die Vibrationen auch in Ihrer Vagina. Davon will er sicher mehr!

12

Juni

Noch mehr Spaß mit dem Zauberstab

Es gibt schier endlose Variationsmöglichkeiten beim Einsatz eines Vibrators. Beginnen Sie, sich damit sanft über die Innenseiten der Oberschenkel zu streichen. Führen Sie ihn dann in langen, langsamen Bewegungen an Ihre äußeren und inneren Schamlippen heran. Wenn Sie sich der Klitoris nähern, können Sie, um die Vibrationen zu dämpfen, drei Finger nebeneinander auf Ihren *Liebesknopf* legen und den Vibrator von oben gegen die Finger drücken. Oder steigern Sie die Spannung, indem Sie den Vibrator vom Körper abheben, eine Pause machen und dann in Ihrem lustvollen Spiel fortfahren.

Sind Sie nun bereit, Ihre *Rosenknospe* direkt zu stimulieren? Führen Sie Ihren Zauberstab rings um die Klitoris herum und über die Spitze. Streichen Sie damit auf und ab, beklopfen Sie sich leicht damit. Drücken Sie ihn fest an und stellen Sie nach und nach die Intensität stärker, bis Ihr ganzer Körper von Lustwellen durchflutet wird. Während Sie die Klitoris mit dem Stab stimulieren, können Sie mit den Fingern die nasse Öffnung bespielen und sie tief in Ihre Vagina hineingleiten lassen. Wie fühlt es sich an, wenn Sie gegen Ihren G-Punkt drücken und dabei gleichzeitig den Vibrator an den Teil der Hand halten, der sich außerhalb der Vagina befindet?

Lassen Sie Ihren Schatz auch Spaß haben! Zeigen Sie ihm, wie er den Vibrator führen soll. Oder er kann den Kopf erst mit der einen, dann mit der anderen Hand umfassen. Jetzt braucht er nur noch zwei Finger auszustrecken, um sich im Nu in einen *menschlichen Vibrator-Ergänzungs-Aufsatz* zu verwandeln, mit dem er Ihre Klitoris, Ihre Vagina und Ihren G-Punkt in höchste Höhen jubeln kann.

13 Juni

Selbstliebe ... baut Stress ab!

Stress ist aus unserem Alltag nicht wegzudenken. Ob bestimmte Ereignisse oder der allgemeine Lebensfrust – Krankheiten, Einsamkeit oder ein übler Chef – es gibt tausenderlei Gründe, warum er entsteht. Wird er zu stark, ist dies leider abträglich für unser körperliches und emotionales Wohlbefinden. Es gibt viele Wege, Stress in den Griff zu bekommen, aber bei der Masturbation haben Sie den Spannungslöser im wahrsten Sinne des Wortes in der Hand.

Zum einen regt sexuelle Erregung den Kreislauf an, erhöht den Energiepegel und vertreibt das Gefühl der Antriebslosigkeit, das uns oft als Begleiterscheinung von Stress überfällt. Außerdem lösen die durch einen Orgasmus ausgelösten intensiven rhythmischen Muskelkontraktionen Spannungen auf und fluten den Körper mit Endorphinen – den natürlichen, im Organismus selbst erzeugten Schmerzkillern. Genau genommen ist ein Orgasmus die körpereigene Version einer häufig verordneten Technik zum Stressabbau, der sogenannten *Progressiven Muskelentspannung*, bei der man jeden einzelnen Muskel im Körper erst an- und dann entspannt.

Sie können die entspannende Wirkung von sexuellen Höhepunkten entweder beim Sex mit Ihrem Liebsten erleben oder sie sich beim Solospiel holen – Letzteres jederzeit und überall. Sie sind nicht davon abhängig, ob Ihr Schatz in Stimmung oder überhaupt da ist – was unterwegs und in beziehungsfreien Zeiten ein unschätzbarer Vorteil ist. Ganz gleich, wie es in Ihrem Leben gerade aussieht, mit Masturbation können Sie sich Ihrer Spannungen und Ängste wie mit einer guten Massage oder einem heißen Bad entledigen. Eine frustrierende Woche im Job? Ein nervtötender Boss? Fordernde Kinder? Keine Sorge: Die Lösung ist zum Greifen nahe ...

14 Juni

Kreatives Spiel mit dem Liebestunnel

Es stimmt schon, dass die meisten Frauen die direkte Stimulation der Klitoris brauchen, um zum Höhepunkt zu kommen, aber das heißt nicht, dass Sie bei der Selbstliebe Ihren *Liebestunnel* vernachlässigen sollten. Seine seidigen Falten zu erkunden, bringt Sie vielleicht in Stimmung, um sich Ihrer Klitoris zu widmen oder um Ihrem *Liebesknopf* eine Pause zu gönnen, wenn Sie den Orgasmus noch ein wenig hinauszögern möchten. Vergessen Sie nicht, dass die meisten Nervenenden im äußeren Drittel der Vagina liegen. Ein kleines Stück Weg kann Sie da sehr weit voranbringen. Schieben Sie einen oder zwei Finger in die Scheide und drücken Sie nach oben. Wirbeln Sie sie in lustvollen Kreisen in Ihrem *Liebestunnel* herum, so als wollten Sie einen köstlichen Teig anrühren. Wenn Sie dabei die Hand mitrollen, können Sie sich mit den Knöcheln vielleicht sogar gleichzeitig die Klitoris massieren. Oder bringen Sie die Finger der anderen Hand mit ins Spiel: Schieben Sie zwei Finger in die Vagina und drücken Sie von außen gegen die Klitoris oder kneten Sie das Gewebe dazwischen.

Eine interessante Technik ist auch, die ganze Hand auf die Vulva zu legen, den Mittelfinger gerade eben in die Vagina zu schieben und den Venushügel und die Klitoris mit wellenförmigen Bewegungen der Hand zu stimulieren wie ein neckender Liebhaber. Ziehen Sie die Haut Ihres Venushügels nach oben zum Bauch hin, und lassen Sie dann die Finger ein und aus gleiten. Oder ziehen Sie die äußeren Schamlippen mit den Fingern auseinander und massieren Sie die inneren mit dem Daumen.

Während Sie die Tiefen Ihrer Scheide erkunden, haben Sie wunderbar Gelegenheit, Ihren Liebesmuskel anzuspannen. Wenn Sie bei dieser Art Spiel Ihre *Kegel-Übungen* machen, bekommen Sie einen guten Eindruck davon, welche unglaublichen Empfindungen Sie Ihrem Partner mit solchen Muskelkontraktionen bereiten.

15 Juni

Sinnliche Dusch-Meditation

Wenn Ihre Dusche über einen abnehmbaren Duschkopf mit flexiblem Schlauchanschluss verfügt, sind Sie bestens für allerhand genussvolle Wasserspiele ausgestattet. Richten Sie den Strahl auf Ihre Klitoris und Ihre Vulva. Regulieren Sie die Temperatur und den Druck so lange nach, bis Sie beide als optimal empfinden. Wenn Ihr Duschkopf über verstellbare Massagedüsen verfügt, die einen Wechsel zwischen konstantem und pulsierendem Strahl erlauben, können Sie mit den verschiedenen Einstellungen herumexperimentieren. Stellen Sie einen Fuß seitlich auf den Wannenrand, um sich abzustützen, und halten Sie drauf! Könnte gut sein, dass auf Sie ein mystisches Erlebnis wartet, etwa wie meine Freundin Connie es beschreibt:

»Ich habe einen Weg gefunden, um während meiner Morgendusche gleichzeitig zu meditieren und zu masturbieren. Ich stelle die Massagedüse meiner Dusche auf Pulsieren und richte diesen Strahl auf meine Vulva. Dabei stelle ich mir vor, wie meine Klitoris von zwei leuchtend hellen gelb-weißen Lichtströmen umzüngelt wird, die sie in sanfte, nährende Liebesenergie hüllen. Dieses Licht lasse ich hinauf zu meiner Vagina und durch meine Gebärmutter hindurch zu jedem einzelnen Organ, jeder Zelle und jedem Gewebe in meinem Körper strömen. Wenn ich zum Orgasmus komme, stelle ich mir vor, dass dieses Licht der Liebe durch meine Brustwarzen, meinen Mund und meine Ohren hinausströmt. Es ist so hell, dass es mich blendet.

Ich lasse meine Hand auf meinem Venushügel, um kleinere, nach und nach verebbende Höhepunkte hervorzulocken, bis mit dem Licht auch der letzte verloschen ist. Wenn ich das Wasser abdrehe, den Duschkopf wieder auf den Haken stecke und aus der Duschkabine steige, bin ich von einem Gefühl des Friedens erfüllt und bereit, dem Tag ins Auge zu sehen!«

16 Juni

Stellung der Woche: ... stehen bleiben!

Das Wunderbare an den alten erotischen Texten sind die überaus kreativen Beschreibungen des Liebesspiels, aus denen eine echte künstlerische Wertschätzung der Schönheit und Spannung des Sexualakts zu sprechen scheint. Nehmen wir beispielsweise die zweite stehende Position aus dem »Duftenden Garten«: *Den Pflock einschlagen*. Wie bei der *Standfesten Vereinigung* hebt Ihr leidenschaftlicher Liebhaber Sie auch hier an, um Sie zu penetrieren, doch diesmal drückt er Sie mit dem Rücken gegen die Wand. Sein Glied dringt in Sie ein, als würde ein Pflock in die Wand getrieben – darum der Name.
Positionen wie diese erinnern uns an Augenblicke, in denen uns die Lust auf das Objekt unserer Begierde schier in den Wahnsinn treibt. Wenn Sie es kaum abwarten können, nach Hause zu kommen, oder es nicht mehr bis ins Bett schaffen, warum nehmen Sie ihn nicht an Ort und Stelle? An einen Baum gelehnt, im Flur oder im Garderobeschrank auf einer gutbesuchten Party? Jetzt, wo der Sommer langsam heiß wird, spricht nichts dagegen, die Hitze selbst ein bisschen zu schüren.

Hinweis: So aufregend diese Stellung ist, machen Sie sie nur, wenn Ihr Partner stark genug ist, um Ihr Gewicht zu halten. Würde er Sie fallen lassen, solange er noch in Ihnen ist, könnte er sich ernstlich verletzen (siehe 18. März). Safer Sex soll vor allem eines sein: sicher.

17 Juni

Benutzen Sie ihn, um sich Lust zu verschaffen

Wissen Sie, wie fasziniert Ihr Schatz von seinem eigenen Glied ist? Wenn Sie ihm mit ebenso viel Interesse begegnen, findet er das ungemein spannend. Nutzen Sie seinen Penis – und seinen Körper insgesamt –, um sich Lust zu verschaffen. Für viele Männer gibt es nichts Erotischeres. Ein Bekannter hat mir erzählt, dass seine Freundin ihn als ihr ganz persönliches Sexspielzeug benutzt, und wenn sie ihn danach ranlässt, ist er unglaublich scharf. Warum? Ganz einfach. Es macht einen Mann an, wenn Sie etwas anmacht, und wenn dieses »etwas« noch dazu sein eigener Körper ist, empfindet er das als enorme Aufwertung seiner Männlichkeit.

Wenn Ihr Partner Ihnen also sagt, dass Sie im Bett ruhig egoistisch sein sollen, heißt das nicht, dass Sie die Zicke geben sollten. Was er will, ist, dass Sie sich maximalen Spaß verschaffen. Sie sollen nicht versuchen, ihm zu gefallen, wie es das brave Mädchen tun würde, zu dem Sie erzogen wurden. Stattdessen sollen Sie sich darauf konzentrieren, auf Ihre Kosten zu kommen, wie es sich für die lüsterne Sexgöttin in Ihnen geziemt. Nichts begeistert ihn mehr, als zuzuschauen, wie die Leidenschaft Sie übermannt. Zeigen Sie ihm, was für ein Instrument der Ekstase sein Körper für Sie ist! Streicheln Sie sich überall mit seinem Penis – am Hals, an den Brüsten, dem Bauch, den Schenkeln. Massieren Sie sich damit die Klitoris, als wär's ein Dildo oder Vibrator. Machen Sie, was immer nötig ist, um zum Orgasmus zu kommen. Machen Sie den Satz »Ladies first« zu Ihrem Motto, und handeln Sie danach.

Es ist ein bisschen wie beim *Zen:* Kaum hören Sie auf, sich um seine Lust zu kümmern, um sich ganz auf Ihre eigene zu konzentrieren, wird er das Ganze mit ziemlicher Sicherheit als sehr viel reizvoller erleben.

18 Juni

Schwangerschaft und Sex

Wenn Sie schwanger sind, durchlebt Ihr Körper eine totale Verwandlung. Könnte gut sein, dass Ihre Libido in den Keller geht. Besonders in den ersten drei Monaten kommt dies häufig vor. Oder das Gegenteil passiert, und Sie werden zu einem regelrechten Sexmonster. Vor allem im zweiten Schwangerschaftsdrittel werden die Schwellgewebe durch die vermehrte Durchblutung stimuliert; gleichzeitig sorgt ein höherer Östrogenspiegel für eine bessere Durchfeuchtung der Vagina. In dieser Phase haben Sie womöglich mehr Lust und stärkere Orgasmen als gewöhnlich.

Wie auch immer Sie diese Zeit persönlich erleben, gehen Sie flexibel mit erotischen Stimmungsschwankungen um. Seien Sie offen für neue Techniken und Stimulationsmethoden. Und machen Sie sich klar, dass es im Rahmen einer normalen, gesunden Schwangerschaft absolut sicher ist, Geschlechtsverkehr und Orgasmen zu haben. Vorsicht ist nur geboten, wenn bei Ihnen das Risiko vorzeitig einsetzender Wehen besteht, Sie schon Fehlgeburten hatten oder andere gesundheitliche Probleme vorliegen. Fragen Sie Ihren Arzt.

Wenn der Geburtstermin näher rückt, sorgen Sie gut für sich. Geben Sie Ihrem Mann liebevoll zu verstehen, dass Sie ein paar extra Streicheleinheiten gebrauchen könnten. Meine Autoren-Freundin Talila hat folgende Tipps für die Jungs parat: »Ich bin im neunten Monat schwanger und kann euch sagen, dass das Verwöhntwerden in der letzten Zeit DER Kitt für unsere Beziehung war. Oft genügt da schon eine kleine Schulter- oder Fußmassage. Und auch mit Komplimenten wie ›Du bist die schönste Schwangere, die es gibt‹ oder ›Deine Haut ist so rosig‹ kann mein Schatz jede Menge Punkte bei mir sammeln. Denn obwohl mich Waage und Spiegel tagtäglich daran erinnern, wie viel ich zugenommen habe – diese Schmeicheleien sind Balsam für mein angeschlagenes Selbstbewusstsein!«

19 Juni

Das dritte Chakra erwecken

Auch Sie kennen bestimmt den Spruch: »Ich hab da so ein Gefühl im Bauch.« Tantriker glauben, dass solche *Bauchempfindungen* aus dem dritten *Chakra* kommen – dem Energiezentrum, das Sitz unserer Emotionen ist. Es heißt auch *Solarplexus* und befindet sich im Oberbauch. Hierher beziehen wir das Gefühl unserer persönlichen Kraft, während unsere sexuelle Energie aus dem zweiten *Chakra* im Unterbauch kommt. Fressen wir Emotionen wie Liebe, Wut oder Angst in uns hinein, statt sie zum Ausdruck zu bringen, verhärten sie sich dort und blockieren dieses *Chakra*. Wer seine Gefühle unterdrückt, unterdrückt damit leider meist gleichzeitig seine Sexualität. Wie könnte man seiner erotischen Leidenschaft freien Lauf lassen, wenn man seinen Bauch mit einer Rüstung panzert?
Hier eine gezielte Übung zur Aktivierung dieses *Chakras*: Meditieren Sie mindestens zehn Minuten lang und schauen Sie, welche Gefühle in Ihnen aufsteigen. Beobachten Sie diese Gefühle, aber bewerten Sie sie nicht. Wenn Sie wütend sind, nehmen Sie es zur Kenntnis. Analysieren Sie es nicht. Vielleicht wäre es gut, sich anschließend ein paar Notizen im Tagebuch zu machen, aber in diesen zehn Minuten sitzen Sie einfach still da und schauen, was passiert. Wenn Sie sich bei dem Gedanken sicher fühlen, können Sie Ihren Schatz später bitten, Ihnen sanft den Bauch zu massieren – von innen nach außen und dann nach unten Richtung Schambein. Sobald Sie aufhören, Ihren Bauch zu »schützen«, können Sie sich dem erotischen Feuer öffnen, das in Ihnen wartet.

20 Juni

Handarbeit bei der Mundarbeit

Wenn Sie Ihren Liebsten mit Fellatio verwöhnen, braucht Ihr Mund nicht die ganze Arbeit allein zu machen. Sie können Ihre Hand wunderbar als Verlängerung des Mundes einsetzen. Bilden Sie mit Zeigefinger und Daumen einen Ring (so als wollten Sie das O.-k.-Zeichen machen) oder umfassen Sie sein Glied unten am Schaft mit der ganzen Hand. Bleiben Sie zunächst mit den Lippen dicht an der Hand. Sobald Sie aber mit dem Kopf nach oben gehen, lassen Sie die Finger mit festem Druck nach unten gleiten. Für ihn fühlt sich das so an, als würde er gleichzeitig einen Blowjob und einen Handjob kriegen, und das macht ihn ziemlich kirre (im positiven Sinn).
Zur Abwechslung können Sie auch Hand und Mund in der gleichen Richtung bewegen; lassen Sie seinen Penis kurz durch Zeige- und Ringfinder gucken, und gleiten Sie dann wieder nach unten. Wenn Sie hochkommen, verschwindet sein Stab durch den Ring nach unten. Je fester Sie ihn mit Fingern und Mund umschließen, desto besser sollte sich das Ganze für ihn anfühlen – aber fragen Sie sicherheitshalber noch mal nach. Sie können auch die Hand während des Auf-und-ab-Gleitens jedes Mal leicht verdrehen.
Eine weitere Einsatzmöglichkeit für die Hände ist, den Schaft unten – etwa zwei bis drei Zentimeter von der Wurzel entfernt – mit einem Ring aus Daumen und Zeigefinger zu umfassen und nach unten zu ziehen. Dadurch wird die Haut an seinem Penis gestrafft und so die Empfindlichkeit der Eichel erhöht. Außerdem wird er dadurch schneller hart – und er kommt möglicherweise schneller – was in manchen Situationen (im Flugzeug-WC, beim Quickie vor der Arbeit oder wenn Ihre Kieferknochen erlahmen) ganz praktisch sein kann. Um es einmal so zu formulieren …

21 Juni

Lange Liebesnacht zur Sommersonnenwende

Heute ist Sommersonnenwende, der längste Tag des Jahres. Nutzen Sie die langen Tageslichtstunden! Mit den folgenden Techniken können Sie das Liebesspiel deutlich in die Länge ziehen. Der Schlüssel liegt darin, ihn so lange wie möglich zu stimulieren, denn je länger seine Erregung anhält, desto intensiver ist sein Orgasmus. Um sicherzustellen, dass er auch mitspielt, sollten Sie ihn kurz in Ihre Pläne einweihen. (Vielleicht müssen Sie ihn sogar fesseln und ihn in den Wahnsinn treiben, aber das können nur Sie entscheiden.)

Wenn Sie ihm einen Blowjob geben oder es ihm mit der Hand besorgen, haben Sie die Kontrolle über das Tempo. Beobachten Sie ihn genau. Wenn sich seine Muskulatur anspannt, sein Atem schneller wird oder seine Brust rötet, sind das Zeichen für den nahenden Orgasmus. Bevor er den *Point of no Return* erreicht, unterbrechen Sie für mindestens zehn Minuten das, was Sie gerade tun. Wenn Sie direkten Verkehr haben, können Sie in Ihren Bewegungen erst langsamer werden und dann komplett zur Ruhe kommen; oder lassen Sie ihn einfach aus sich herausrutschen.

Sobald seine Erregung abgeflaut ist, können Sie erneut *durchstarten* – bis er wieder kurz davor ist zu kommen. Dann unterbrechen Sie ein zweites Mal. Aber mehr als drei- oder viermal sollten Sie es nicht tun, weil er es sonst unter Umständen gar nicht mehr zum Höhepunkt schafft. Wenn Sie ihn schließlich kommen lassen, intensivieren Sie Ihre Bewegungen: Streicheln oder saugen Sie ihn schneller, oder wenn er in Ihnen ist, stoßen Sie härter, melken Sie ihn mit Ihrem PC-Muskel und streicheln Sie ihn überall. Wenn er dann endlich über die Klippe springt, wird er den unglaublichsten, erdbebenartigsten Orgasmus seines Lebens haben.

22 Juni

Der Krebs

Wenn Sie oder Ihr Liebster zwischen dem 22. Juni und dem 22. Juli Geburtstag haben, ist Ihr Sternzeichen der Krebs. Krebse gelten als häuslich, fürsorglich, sensibel und künstlerisch; sie sind sich nicht nur ihrer eigenen Gefühle bewusst, sondern haben auch ein Gespür für die Emotionen von anderen. Appellieren Sie an das Bedürfnis Ihres Krebs-Liebhabers, umsorgt zu werden (und Sie im Gegenzug umsorgen zu können): Schlagen Sie vor, gemeinsam ein romantisches Candlelight-Dinner zuzubereiten, idealerweise mit Ihrer beider Lieblingsgerichten. Fangen Sie schon in der Küche mit dem Vorspiel an. Während Sie beim Kochen sind, können Sie sich gegenseitig Probierhäppchen reichen und diese mit einem Schlückchen guten Wein hinunterspülen. Kuscheln Sie sich von hinten an ihn an, während er in der Suppe rührt. Kneifen Sie ihm auf dem Weg zum Kühlschrank liebevoll in den Po. Fürs Dessert verziehen Sie sich nach dem Essen ins Schlafzimmer. Denken Sie daran, dass Krebse romantisch und sinnlich sind. Erotische Rollenspiele geben ihm – und auch Ihnen selbst – Gelegenheit, den Hang zu Fülle und Verspieltheit auszuleben. Schlagen Sie ihm zum Beispiel ein kleines Spiel namens *Sultan und Haremsdame* – oder ganz nach Stimmung auch *Sultanin und Haremsjunge* – vor. Dabei geht es darum, dass eine Nacht lang einer von beiden dem anderen jegliche sexuellen Bedürfnisse erfüllt. Fangen Sie mit einer erotischen Massage an. Anschließend kann er ganz nach Belieben über Sie verfügen. Wenn Sie diejenige sind, die das Zepter in der Hand hat, haben Sie Gelegenheit, all Ihre sexuellen Wünsche auszusprechen! Ob Sie selbst Krebs sind oder nicht, dieses Spiel wird im Bett garantiert selbst den schüchternsten Menschen aus seinem Schneckenhaus locken.

23 Juni

Mittsommernachtswahnsinn

In ganz Europa wird die *Mittsommernacht* mit Festen, Tanz und Freudenfeuern begangen, die auf heidnische Fruchtbarkeitsriten der alten Germanen zurückgehen sollen. In Schweden und Finnland gilt die *Mittsommernacht* als das wichtigste Fest des Jahres, bei dem ausgelassen gefeiert und ein ziemlich phallisch wirkender *Maibaum* aufgestellt wird, um den alle herumtanzen.

Sie brauchen sich nicht zu betrinken, um Ihre eigene kleine *Mittsommernachtsparty* zu feiern, aber ein bisschen heidnisch soll es schon zugehen. Stellen Sie im Wohnzimmer überall Kerzen auf und breiten Sie auf dem Boden eine Decke aus. Machen Sie eine Flasche von Ihrem Lieblingswein oder -sekt auf und bereiten Sie ein opulentes Mahl zu. Es gibt nur drei Regeln: 1) kein Besteck; 2) keine Kleidung; 3) keinen Bissen selbst zum Mund führen. Beim gegenseitigen Füttern mit den Händen wird man nicht nur satt. Es ist auch sehr erotisch! Wählen Sie als Vorspeise Fingerfood wie gekühlte Spargelspitzen, Babykarotten oder Oliven. Als Hauptgang können Sie Köstlichkeiten wie Hähnchenflügel, kleine rote Röstkartöffelchen oder grüne Bohnen wählen. Und zur Nachspeise können Sie sich gegenseitig mit dekadenten Schokoladentrüffeln oder saftigen Beeren der Saison wie Erdbeeren, Kirschen oder Blaubeeren füttern. Tauchen Sie die Beeren in Schlagsahne! Machen Sie sich keine Gedanken über die Kleckerei. Genießen Sie jeden Bissen und den Spaß, einander den Saft vom Leib zu lecken. Befriedigen Sie Ihre Oralfixierung erst mit kulinarischen Genüssen – bevor Sie sich gegenseitig vernaschen.

Ein Blick in die Geschichte: Heute ist der Geburtstag des US-amerikanischen Sexualforschers Dr. Alfred Kinsey (1894–1956), des Autors von »Das sexuelle Verhalten des Mannes«.

24 Juni

Stellung der Woche: Die Kuhstellung

Vergleiche mit Tieren mögen im Zusammenhang mit der Benennung erotischer Stellungen auf uns moderne Menschen des 21. Jahrhunderts etwas unromantisch wirken, doch in früheren Zeiten betrachtete man das Tierreich als unerschöpflichen Quell der Inspiration. Die *Kuhstellung* kommt aus dem »Kamasutra« und ist eine ziemlich herausfordernde Kombination von stehender Position und Eindringen von hinten. Fangen Sie damit an, dass er hinter Ihnen steht und Sie sich mit etwas auseinandergestellten Füßen nach vorne beugen, bis Sie mit den Händen den Boden berühren. (Wenn Sie nicht ganz so gelenkig sind oder einen Blutstau im Kopf bekommen, können Sie sich natürlich auch am Bett abstützen.)

Wenn er Sie an Hüften und Taille umfasst, kann er Sie im Rhythmus mit seinen Stößen zu sich hinziehen und Ihnen damit lustvolle Empfindungen am Po und in den sensiblen Zonen rings um Anus und Damm bereiten. Damit Sie von der Stellung genauso viel haben wie er, können Sie seine Hände zu Ihrer Klitoris führen und sich von ihm streicheln lassen. In dieser Stellung strömt viel Blut in Ihren Kopf, und das kann in Ihnen entweder einen unglaublichen Orgasmus oder Schwindelgefühle auslösen. Seien Sie also vorsichtig!

Vatsyayana, der Autor des »Kamasutra«, schreibt, dass mit dieser Position – die die Taoisten als *Esel im späten Frühling* bezeichnen – auch kopulierende Hunde, Katzen, Ziegen und Hirsche imitiert werden können, ebenso wie das zwangsweise Besteigen eines Esels, der Sprung eines Tigers, das Pressen eines Elefanten, das Reiben eines Wildschweins und das Reiten eines Pferdes. Kopulierende Tiere nachzumachen wird Ihrem Liebesspiel sicher eine primitivere, rauhere Note geben. Lassen Sie sich ruhig von Ihren Instinkten übermannen.

25 Juni

Zungenarbeit (für Sie)

Wie eine ganz besonders süße Handtasche ist Ihre Zunge ein perfektes Accessoire – für den perfekten Blowjob. Während Sie den Kopf in einer kontinuierlichen, fließenden Bewegung auf und ab gleiten lassen, können Sie Ihre Zunge über die Rille an der Unterseite seines Schafts flattern lassen. Oder probieren Sie es mit einer Vor-und-zurück-Bewegung. Lassen Sie die Zungenspitze in den Schlitz an seiner Eichel gleiten. Lecken Sie um sein ganzes Glied herum. Oder neigen Sie, wenn Sie mit dem Mund oben angekommen sind, ein wenig den Kopf, als wollten Sie nicken, und umspielen Sie mit der Zunge sein Frenulum (den empfindlichen Hautstreifen an der Unterseite der Rille zwischen Schaft und Eichel). Saugen Sie an ihm, als wäre er ein Lutscher. Wenn Sie dabei gleichzeitig den Kopf schütteln, fühlt sich das für ihn auch interessant an.

Wo Sie schon mal in der Nähe sind, verabschieden Sie sich kurz von seinem Schwanz, um den *Zwillingen* einen kleinen Besuch abzustatten. Lecken Sie ihm leicht über die Hoden, nehmen Sie sie einen nach dem anderen in den Mund und saugen Sie sanft daran. Sein Damm, also der Bereich zwischen Skrotum und Anus, ist ebenfalls für die Berührungen Ihrer Zunge empfänglich. Wenn Sie sich gut dabei fühlen – wir nehmen mal an, Sie sind beide frisch gewaschen –, können Sie ihn sogar zwischen den Pobacken lecken.

Vergessen Sie nicht, dass es seine Vorfreude und die Intensität seiner Orgasmen steigert, wenn Sie in Ihren oralen Beglückungen nach dem Motto *Stop-&-Go* kleine Pausen einlegen und dann neu anfangen. Haben Sie also keine Bedenken, sich zwischendurch auch mal anderen Körperregionen zu widmen und ihn da unten ein wenig abkühlen zu lassen. Sie können zur Abwechslung auch immer Hand an ihn legen, bis Sie wieder bereit sind, ihn mit dem Mund zu verwöhnen.

26 Juni

Zungenarbeit (für ihn)

Mädels, hier kommt ein komplettes Oralsex-Tagesprogramm, mit dem Sie sich von Ihrem Schatz verwöhnen lassen können. Vielleicht geben Sie ihm diese Seite auch selbst zu lesen. Natürlich ist Ihr Ziel, dass er es Ihnen so besorgt, wie es für Sie am lustvollsten ist.

Liebe Männer: Die *Pornozunge* – also die Zunge möglichst weit rausstrecken und aus der Ferne gerade eben das Spitzchen ihrer Knospe zu kitzeln – mag in nicht jugendfreien Filmen als das Nonplusultra erscheinen, aber ihr bringt es nur eins: Frust und Irritation. Bringen Sie lieber Ihren gesamten Mund zum Einsatz. Schaffen Sie einen Spannungsbogen. Fangen Sie an, indem Sie ihr den Bauch und die Schenkel küssen, und arbeiten Sie sich langsam zu ihrer Klitoris vor. Erforschen Sie ihre ganze Vulva einschließlich ihrer feuchten Öffnung. Fahren Sie mit der Zunge an beiden Seiten des Klitorisschafts entlang, bevor Sie sich der Knospe selbst zuwenden. Lecken Sie rings um ihre Klitoris. Schmusen Sie sich mit der Nase an sie an. Wenn sie es mag, können Sie auch ein wenig saugen. Sofern sie für die direkte Stimulation nicht zu empfindlich ist, können Sie abwechselnd mit flacher und spitzer Zunge um die Knospe herumlecken. Denken Sie daran, dass manchen Frauen eine solch intensive Stimulation schnell unangenehm werden kann, und wenn dieser Punkt erst einmal erreicht ist, ist es nur schwer, sich von dem Abtörn wieder zu erholen.

Hier ein entscheidender Punkt. Wenn Sie das Gefühl haben, sie mag, was Sie gerade tun, dann hören Sie nicht auf. Ändern Sie weder das Tempo noch den Druck. Viele Frauen brauchen stetigen Rhythmus, Wiederholung und konstanten Druck, um zum Höhepunkt zu kommen. Wenn Sie jetzt aufhören oder etwas ändern, lenken Sie sie womöglich ab, und all Ihre Mühe war umsonst. Also: *dranbleiben!* Sie wird es zu schätzen wissen!

27 Juni

Ein Vibrator für zwei

Ein Vibrator ist nicht nur da, um Wartezeiten bis zum Eintreffen Ihres Liebsten zu überbrücken. Für viele Paare gehören Masturbation und der Einsatz von *Toys* zum Liebesspiel dazu – und sie bescheren sich so viele ekstatische Momente. Barbara, 40, Projektmanagerin, erzählt, wie ihr Freund sie einmal in einen Sexshop mitgenommen hat: »Wir haben uns ziemlich amüsiert, als wir all die vielen *Toys* angeguckt haben, die es für ihn und mich gab. Dann haben wir uns jeder für eins entschieden, und der Kassierer hat uns 20 Prozent Rabatt gegeben, wahrscheinlich weil wir in dem Laden so viel Spaß hatten! Dann sind wir so schnell wie möglich nach Hause, um unser neues Spielzeug auszuprobieren. Ich konnte es kaum abwarten, ihm dabei zuzugucken, und er war schon ganz aus dem Häuschen, weil er mir unbedingt zusehen wollte. Es war so spannend und lustig in der Nacht, das werden wir nie vergessen. Und wir haben jetzt viel mehr, worauf wir uns freuen können!«

Wie Barbaras Schilderung zeigt, braucht Ihr Partner sich von Ihrem Spielzeug nicht bedroht zu fühlen. Im Gegenteil: Die Spannung, die Vorfreude und die neuen Empfindungen sind für Sie beide eine Bereicherung im Bett. Es gibt unendlich viele Spielzeuge speziell für ihn, und auch einige, die für den gemeinsamen Gebrauch gedacht sind. Lassen Sie sich also nicht von dem Gedanken abhalten, dass Ihr Partner womöglich zurückhaltend oder eifersüchtig reagieren könnte, wenn Sie vorschlagen, doch einmal einen Vibrator auszuprobieren. Aller Wahrscheinlichkeit nach wird es ihn ziemlich anmachen, wenn Sie ihn zuschauen lassen, wie Sie es sich damit machen, oder er das Teil an sich selbst ausprobieren kann. Der Schlüssel zum Erfolg ist, vorher darüber zu reden. Vibratoren sind wie gut erzogene Sandkastenfreunde: Sie haben nichts dagegen, wenn noch einer mehr mitspielt.

28 Juni

»Schatz, dies ist mein Vibrator ...«

Auch wenn Sie kaum abwarten können, mit Ihrem Schatz die Freuden Ihres Vibrators zu teilen, rate ich ab, ihm mitten im Vorspiel Ihren *Zauberstab* unter die Nase zu halten. Sprechen Sie das Thema vorher an. Das kann sehr sexy rüberkommen. Sagen Sie ihm einfach, dass Sie ihm zeigen wollen, wie scharf sie werden, wenn Sie es sich mit Ihrem Spielzeug machen, und dass Ihnen Phantasien durch den Kopf geistern, wie er es an Ihnen zum Einsatz bringt. Jedem Mann sollte diese Vorstellung den Atem rauben. Aber wenn er …

- … fürchtet, dass er Sie nicht richtig befriedigen kann? Versichern Sie ihm, dass er Ihnen JEDE MENGE Lust bereitet und Sie deshalb noch mehr Spaß mit ihm haben wollen!
- … Angst hat, dass Sie ihn nicht mehr brauchen? Mit Ihrem Vibrator können Sie weder scherzen noch kuscheln. Ganz abgesehen davon, dass er beim Küssen eine schreckliche Niete ist! Versichern Sie ihm, dass ein Vibrator zwar auch fürs Liebesspiel taugt, aber doch nie und nimmer seinen warmen Adonisleib ersetzen kann!
- … denkt, dass Sie außer ihm noch etwas anderes brauchen? Wenn dem so sein sollte, können Sie ihn vorsichtig darauf hinweisen, dass jeder – ob in Träumen, bestimmten Situationen oder Stimmungen – auf etwas anderes zurückgreift als den eigenen Partner. Das macht er beim Onanieren doch nicht anders, oder?

Im Idealfall ist es Ihrem Schatz egal, wie Sie kommen, Hauptsache, Sie kommen. Wenn er sich natürlich einfach Gedanken macht, dass er Ihnen keine Orgasmen *schenken* kann, ist dies die optimale Gelegenheit, mit ihm offener darüber zu reden, was Sie brauchen.

29 Juni

Planen Sie ein Rendezvous

Selbst die ausgefeiltesten Sextechniken der Welt nützen nichts, wenn Sie sich für die Liebe nicht die Zeit nehmen. Dies ist umso wichtiger, sobald Kinder mit ins Spiel kommen. Einerseits ist mehr Spontanität gefragt: Nutzen Sie jede günstige Gelegenheit, zum Beispiel, wenn das Kind Mittagsschläfchen hält oder überraschend von einem Freund zum Spielen eingeladen wird. Werden Sie Meisterin in der Kunst des Quickies! Vergnügen Sie sich mit Masturbation oder manuellen und oralen Spielchen, wann immer es möglich ist. Sie müssen nicht jedes Mal das komplette Programm durchziehen, besonders wenn Sie mit Ihren Kräften am Ende sind.

Andererseits kann es nötig werden, Sex (schluck!) zu planen. Denken Sie nicht daran, dass das weniger spontan ist. Denken Sie lieber an den Moment, wenn Sie mit Ihrem Lieblingsmann zur Sache kommen, und genießen Sie die Vorfreude! Jane, 45, Kommunikationsmanagerin und Mutter von zwei Kindern, sagt dazu:

»Was uns am meisten hilft, uns auch in romantischer Hinsicht weiterhin als Paar zu erleben, ist mindestens einmal in der Woche einen Abend nur für uns zu planen. Ich stelle mich dann darauf ein und komme so viel schneller in Stimmung – wenn ich ehrlich bin, freue ich mich den ganzen Tag darauf. Das heißt nicht, dass wir nicht auch manchmal spontan Sex hätten, aber so wissen wir, dass wir uns zumindest einmal in der Woche wirklich Zeit füreinander nehmen. Das mag langweilig klingen, aber die erotische Spontanität ist eines der ersten Dinge, die auf der Strecke bleiben, wenn man ein Kind bekommt. Ich kann das mit dem Sex auf Verabredung nur empfehlen!«

Selbst langjährige Partner, die keine Kinder haben, können von einer solchen geplanten gemeinsamen Zeit ohne andere Ablenkungen profitieren. Warum vereinbaren Sie nicht für heute Abend ein Rendezvous?

30 Juni

Lassen Sie ihn Ihren Garten erforschen

Sie sollten nicht erwarten, jedes Mal, wenn Sie allein oder mit Ihrem Partner zugange sind, einen Orgasmus zu erreichen. Solche Erwartungen wirken eher wie ein *Antiaphrodisiakum*. Setzen Sie sich nicht unter Druck. Der beste und zuverlässigste Weg zum Höhepunkt ist, sich zu sagen (und es auch wirklich zu meinen), dass es o.k. ist, wenn man nicht kommt. Sie können unglaubliche erotische Erlebnisse haben, wenn Sie sich nicht nur auf das Ziel fixieren, sondern auf das konzentrieren, was auf dem Weg dorthin passiert. Cathy, Mitte 30, Coach, formuliert es so: »Wenn Sie nicht kommen, ist das auch o.k. Momente unglaublicher Nähe entstehen, wenn man ohne jeden Hintergedanken nur aus reiner Freude berührt wird.«

Und sie beschreibt ein solches Erlebnis, das sie mit ihrem Mann hatte: »Erst hat er die Fingerspitze in mich reingeschoben und mir meinen Saft über die Schamlippen gestrichen. Dann hat er mir die Klitoris auf die gleiche Weise nass gemacht. Und dann hat er mir die sinnlichste Genitalmassage gegeben, die ich je erlebt habe. Er hat meine äußeren Schamlippen nacheinander ganz zart gestrafft und mit seinen kleinen Fingern gestreichelt. Und mit den Daumen hat er mir dabei die inneren Schamlippen massiert. Ich bin nicht gekommen, aber ich werde das nie vergessen. Auf so unglaubliche Weise sind meine Genitalien noch nie gewürdigt worden.«

Wie die Geschichte von Cathy zeigt, entstehen unsere denkwürdigsten erotischen Momente oft aus der Aufmerksamkeit, die wir einander widmen, aus der Verbundenheit und Nähe, die wir zueinander empfinden – und nicht aus der Tatsache, ob wir nun einen Orgasmus hatten oder nicht. Wenn Sie sich darauf einlassen können, das Unterwegssein zu genießen, steht das Tor zur Ekstase das ganze Jahr für Sie offen.

KAPITEL SIEBEN

Juli

»Eine Schwalbe macht noch keinen Sommer.«

Volksmund

Der Weise, der sich dieses Sprichwort ausgedacht hat, hat sicher nicht an Sex gedacht, aber das heißt nicht, dass wir es nicht für unsere Zwecke nutzen könnten, wenn wir unseren Fokus in diesem Monat auf orale Vergnügungen legen. (Und wir reden hier nicht über Lutscher!)

Im Juli ist Ferienzeit, und so werden wir Sie in diesem Monat immer wieder einladen, die Gedanken und Sorgen ruhen zu lassen, die Sie davon abhalten, Ihr Sexleben rundum zu genießen.

Im ausgehenden 19. Jahrhundert galt die Blume dieses Monats, der elegante Rittersporn, als Symbol für ungezwungene Ausgelassenheit. Schmücken Sie Ihre Wohnung mit den langen Rispen – es gibt sie in Rot, Rosa, Weiß und Lila –, um sich an das Gebot der Leichtigkeit zu erinnern. Es ist schließlich Sommer!

Der Stein des Monats Juli ist der Rubin, den die Hindus als König unter den Edelsteinen betrachten. Der Legende nach bezieht er sein rotes Glühen aus einem inneren Feuer, das niemals erlischt, und dies macht ihn zum perfekten Symbol für die ewige Liebe.

Tragen Sie in dieser Zeit etwas Rubinrotes, um sich an *Kundalini* zu erinnern – jene universelle Schöpfungsenergie, die eingerollt in Ihnen ruht.

1 Juli

Stellung der Woche: Die erhobene Stellung

Bei dieser »Kamasutra«-Stellung wird er sich garantiert erheben.
Sie liegen auf dem Rücken, die Beine nach oben gestreckt; er kniet vor ihnen (mit den Knien dicht an Ihrem Po) und dringt in Sie ein. Sie haben Ihre Fußgelenke links und rechts von seinen Hals, pressen die Schenkel fest zusammen und drücken die Beine gegen seine Schultern. Dadurch wird sein Penis fest umschlossen und der Druck – und damit die Reibung – erhöht. Wenn er kräftig stoßen will, kann er Ihre Beine auch fest gegen seine Brust drücken, um besser die Balance halten zu können.
Kalyana Malla, der Autor des »Ananga Ranga«, beschrieb unter den *uttana-bandha* – also den liegenden, einander zugekehrten Stellungen – etwas sehr Ähnliches, das er als *Füße-in-die-Luft-Stellung* bezeichnet. Der einzige Unterschied ist, dass er Sie anhebt, so dass Sie mit dem Po auf seinen Oberschenkeln liegen. Dies erlaubt es ihm, Sie noch tiefer zu stoßen.
Bleiben Sie aber nicht einfach still liegen. Obwohl er bei dieser Art von Stellungen mehr Kontrolle hat, können Sie die Hüften schwingen, Ihren PC-Muskel anspannen und Ihren Rücken durchbiegen. Je mehr Sie sich beteiligen, desto lustvoller ist das Ganze für Sie beide.

Allzeit emsige Hände

Nur weil Sie sich gerade mit dem Mund an Ihrem Liebsten zu schaffen machen, müssen Sie noch lange nicht die Finger still halten! Wenn er empfänglich dafür ist, können Sie nach oben greifen und mit seinen Nippeln spielen und sanft daran ziehen, hineinzwicken und sie reiben. Sind Sie ein besonderes Multi-Tasking-Talent, können Sie auch mit einer Hand seine Brustwarzen bearbeiten und ihm mit der anderen die Hoden streicheln. Und vergessen Sie auch nicht den Rest! Streichen Sie ihm über den Bauch, massieren Sie ihm die Innenseiten der Schenkel und die süße kleine Falte an der Leiste. Drücken Sie gegen seinen Damm (den Bereich zwischen Skrotum und Anus), um seine Prostata zu stimulieren. Lassen Sie ihn an Ihren Fingern saugen, damit er sich nicht von der Aktion ausgeschlossen fühlt.

Und schließlich ist da noch ein Tipp, der laut Aussage meines Freundes Matt seine Lover in den Wahnsinn treibt: Tauchen Sie einen Finger in Gleitmittel und schieben Sie ihn während des Oralsex vorsichtig in seine Analöffnung ein, um ihm Anus und Prostata zu massieren. Auch den Bereich um die Öffnung selbst können Sie bearbeiten. (Mehr dazu siehe 30. Januar und 18. April.) Ein heterosexueller Mann aus meinem Bekanntenkreis hat Matts Tipp ausprobiert: »Ich habe keine große Erfahrung mit Analverkehr und war erst etwas zurückhaltend, aber mit viel Gleitmittel und sanftem Griff hat mich meine Freundin auf eine völlig neue Lust-Ebene gebracht. Während des Oralsex hat sie mir langsam einen gut angefeuchteten Finger in den Arsch geschoben – nur eben so weit, dass ich es spüren konnte. Dann hat sie noch mehr Gleitmittel genommen und den Finger im Rhythmus ihrer Mundbewegungen rein- und rausgeschoben. Kurz bevor ich gekommen bin, hat sie mit dem Mund aufgehört und es nur noch mit dem Finger gemacht. Es ist mir noch nie so intensiv gekommen.« Probieren Sie es aus.

3 Juli

Weitere Blowjob-Variationen

Wenn Sie nach einer weiteren Möglichkeit suchen, ihn mit ungewohnten Empfindungen zu überraschen, können Sie es ihm auch abwechselnd mit dem Mund und der Vagina machen. Während Sie auf ihm reiten, steigen Sie immer wieder mal ab, gleiten an seinem Körper entlang nach unten und lassen dort Ihre Zunge spielen. Am besten funktioniert das natürlich, wenn Sie oben sind. Manche Männer macht das ganz besonders an, und Sie haben auch was davon.

Wo wir gerade von Lustgewinn reden: Es ist absolut o.k. – und für ihn sehr erregend – wenn Sie sich selbst befriedigen, während Sie ihn oral verwöhnen. (Auch wenn es dabei nicht ganz einfach ist, die Konzentration zu halten.) Für ihn ist das ein riesiges Kompliment: Es zeigt ihm, dass es Sie so anmacht, ihm den Schwanz zu lutschen, dass Sie die Finger nicht von sich lassen können. Sorgen Sie dafür, dass er etwas zum Gucken hat, denn das erregt ihn zusätzlich. Lassen Sie ihn sehen, wie Sie die Finger in Ihr feuchtes *Versteck* schieben. Zeigen Sie ihm, was er tun soll, wenn er in Ihnen ist.

Vergessen Sie nie, dass Männer optisch veranlagte Wesen sind. Halten Sie während der Mund- und Handarbeit Blickkontakt mit ihm, damit er sieht, wie scharf Sie sind. Verstecken Sie sich nicht hinter einem Vorhang aus Haaren! Binden Sie Ihre Lockenpracht zurück oder lassen Sie ihn Ihr Haar zurückhalten, damit er sieht, was Sie machen. Stellen Sie einen Spiegel auf, damit er besser zuschauen kann. Seien Sie stolz auf Ihre oralen Fertigkeiten!

4 Juli

Unabhängigkeitstag

Ob Sie in einer festen Beziehung leben oder munter mit dem Durchsieben der Bevölkerung beschäftigt sind, nutzen Sie den heutigen Tag, um Ihr Gefühl der Unabhängigkeit zu stärken!

Es muss gar nicht explizit in sexueller Hinsicht sein. Verabreden Sie sich mit sich selbst, um irgendetwas zu tun, was Sie gern machen – allein. Gehen Sie ins Museum oder verbringen Sie so viel Zeit, wie Sie wollen, in Ihrer Lieblingsgalerie. Lassen Sie sich massieren. Besuchen Sie ein Wellness-Center und bleiben Sie eine ganze Stunde in der Sauna oder der heißen Badewanne. Schleichen Sie sich davon und setzen Sie sich mit einer guten Lektüre oder Ihrem Tagebuch in ein Café. Gönnen Sie sich ein halbes Stündchen Eigenliebe mit Ihrer bevorzugten Methode.

Diese Vorschläge sind inspiriert von den Anregungen, die die Autorin Julia Cameron in ihrem Buch »Der Weg des Künstlers« gibt. Sie nennt es *Künstlertreffen* und definiert es als »eine bestimmte Zeit, etwa zwei Stunden pro Woche, die für die Stärkung des kreativen Bewusstseins reserviert ist«. Sie sind keine Künstlerin, sagen Sie? Nonsens! Jedes Mal, wenn Sie Sex haben, ob allein oder mit einem Partner, ist das ein kreativer Akt. Warum, glauben Sie, würde es sonst *Liebe machen* heißen?

Nur wer innerlich hohl ist und den Kontakt zu sich selbst verloren hat, hat nichts zu geben. Gehen Sie gut mit sich um! Päppeln Sie sich! Auf diese Weise nähren Sie Ihre innere Kraftquelle. Dann können Sie mit neuem Elan und frisch aufgeladenen Batterien gemeinsam mit Ihrem Partner oder allein ein Feuerwerk abbrennen!

5 Juli

Falls er das noch nicht weiß ...

Hier ein Tipp, den Sie an Ihren Partner weitergeben können. Für viele Frauen ist es der reinste Genuss, von der Zunge ihres Lovers penetriert zu werden. Wenn Sie je in den Genuss dieser Liebestat gekommen sind, werden Sie mir da sicherlich beipflichten. Ihr Schatz soll so tun, als ob seine Zunge ein besonders gelenkiger Penis wäre! Jeden Winkel Ihrer feuchten Spalte soll er erforschen und Ihnen zeigen, was er mit seiner Erektion anzufangen wüsste. Feuern Sie ihn an! Er soll Spaß haben an dem Spiel. Er soll Ihnen mit der Zungenspitze rings um die Öffnung lecken und mit der Spitze hineinzüngeln. Er muss gar nicht tief eindringen – Sie wissen ja, die meisten Nervenenden befinden sich im äußeren Drittel Ihrer Vagina. Auch wenn er sanft auf Ihre Vulva bläst, kann er Sie gut warm machen. Aber wohlgemerkt SANFT, denn direkt in die Vagina zu blasen kann in sehr seltenen Fällen eine Embolie verursachen, wenn die Gebärmutterschleimhaut geschädigt sein sollte. Man müsste dazu zwar ziemlich kräftig blasen, aber immerhin. Seien Sie lieber vorsichtig!

Wenn Sie die Knie an die Brust ziehen, öffnen Sie sich ganz und ermöglichen ihm besseren Zugang. Und während er seine Zunge in Sie vergräbt, können Sie getrost Ihre Klitoris stimulieren. Es wird ihn tierisch anmachen, Sie so hemmungslos zu erleben. Entspannen Sie sich und genießen Sie die göttlichen Gefühle. Aber sorgen Sie dafür, dass er auch sieht, was Sie tun. Ihr ekstatisches Stöhnen wird ihn in noch höhere Höhen jubeln – oder besser: in tiefere Tiefen.

6 Juli

Das ganze Menü

Lassen Sie es ruhig zu, dass er Ihre anderen Öffnungen erkundet, wenn er Sie mit dem Mund verwöhnt. Er soll Ihnen ruhig einen oder zwei Finger in die nasse Vagina einführen, während er an Ihrem Kitzler beschäftigt ist. Wenn Ihr Lover zu jener Kategorie Mann gehört, die gleichzeitig laufen und Kaugummi kauen kann, haben Sie hier das große Los gezogen. Vielleicht möchten Sie aber auch einen Dildo oder Vibrator benutzen, um beim Oralsex zusätzlich Ihren G-Punkt zu stimulieren. Meine Freundin Annette beschreibt eine Technik, die bei ihrer Freundin sehr gut ankommt: »Du hältst die Hand mit der Handfläche nach oben und schiebst einen oder zwei Finger in sie rein. Mit denen ›winkst‹ du dann, als wolltest du sagen: ›Komm her.‹ So streichelst du den Bereich direkt hinter ihrer Klitoris. Und dabei machst du es ihr gleichzeitig mit dem Mund. Das funktioniert garantiert jedes Mal!«

Wenn Sie beide zu den eher forscheren Naturen gehören, können Sie ihn auch bitten, Sie mit einem gut mit Gleitmittel geschmierten Finger am Damm und rings um die Analöffnung zu massieren und Sie dann damit zu penetrieren. Manchmal reicht es schon, wenn er ein winziges bisschen in Sie eindringt, um Sie über die Schwelle zu heben. Reden Sie mit ihm darüber, was sich für Sie am besten anfühlt. Soll er eher langsam oder doch lieber schneller stoßen? Mehr als einen Finger? Wenn Sie gleichzeitig einen Finger oder Dildo in der Vagina haben wollen, sprechen Sie es aus. (Aber passen Sie auf, dass er Ihnen nichts in die Vagina schiebt, das vorher im Anus war. Sie könnten sich sonst eine bakterielle Infektion einfangen.) Wenn der Druck oder die Empfindungen zu intensiv werden, beißen Sie nicht grinsend die Zähne zusammen: Sagen Sie ihm, dass er einen Gang zurückschalten oder ganz aufhören soll. Es ist schließlich Ihr Komplettmenü, und da soll es Ihnen auch schmecken!

7

JULI

Sternenfest

Heute feiern die Japaner *Tanabata*, eine Tradition, die im 8. Jahrhundert aus China ins Reich der aufgehenden Sonne gelangte. Gewidmet ist das Fest dem *Altair* und der *Wega*, den Hauptsternen der Sternbilder *Adler* und *Leier*. Der Legende zufolge stellen *Altair* und *Wega* zwei Liebende dar, die von den Göttern getrennt an gegenüberliegende Ufer der Milchstraße verbannt wurden und nur einmal im Jahr – am siebten Tag des siebten Monats – zueinanderkommen dürfen. Zum *Tanabata-Fest* schreibt man in Japan Wünsche auf bunte Papierfahnen, die man in die Zweige von Bambusbüschen im Garten oder links und rechts des Hauseingangs hängt.

Feiern Sie Ihr eigenes, erotisches *Tanabata-Fest*. Kaufen Sie sich einen *Glücks-Bambus*, der zu dieser Jahreszeit in den meisten Gärtnereien oder Asiamärkten angeboten wird. Wenn Sie keinen finden, geht natürlich auch ein Blumenstrauß oder eine andere Grünpflanze.

Schreiben Sie gemeinsam mit Ihrem Lover bis zu zehn sinnliche Wünsche auf bunte Zettel und hängen Sie die mit Haken für die Weihnachtsbaumdeko oder bunten Schnüren auf. Wenn Sie gern japanisch essen, bereiten Sie Ihr Lieblingsmahl und genießen Sie es gemeinsam. Widmen Sie der Zubereitung und dem Servieren ebenso viel Aufmerksamkeit, wie man es in einem Restaurant in Tokio machen würde.

Und dann pflücken Sie abwechselnd die Wünsche des anderen aus dem Baum. Geben Sie Ihr Bestes (natürlich im Rahmen der Vernunft), um die Wünsche wahr werden zu lassen. Und stellen Sie sich vor, Sie seien *Altair* und *Wega*, und dies sei die einzige Nacht des Jahres, die Sie zusammen verbringen können. Prägen Sie sich das Gesicht, die Haut, den Körper Ihres Liebsten ein, als müssten Sie 364 Tage warten, bis Sie ihn wiedersehen!

Juli

Stellung der Woche: Die Zange

Dem »Kamasutra« zufolge bringt eine Frau, wenn Sie »die Rolle des Mannes nachahmt«, ihre ganze Liebe und Leidenschaft zum Ausdruck. In der sogenannten *Zange* sitzen Sie rittlings auf Ihrem Lover und ziehen seinen Penis mit Ihrem gut trainierten Liebesmuskel tief in sich hinein, um ihn dann mit Ihrer *inneren Zange* rhythmisch zusammenzupressen.

Sie können sich sanft auf Ihrem Lover bewegen oder einfach still dasitzen und gemeinsam mit ihm die Früchte Ihrer *Kegel-Übungen* ernten. Dies ist die optimale Gelegenheit, ihm zu zeigen, wie viele Varianten Sie beherrschen: anspannen, drei Sekunden halten, loslassen. Und wiederholen. Oder lassen Sie Ihren Muskel im Quickie-Stil *flattern*. Kegel-Spezialistinnen können ihren PC-Muskel auch zuerst nur am Scheideneingang anspannen und dann die Spannung nach und nach bis nach oben hinauf ausdehnen, etwa wie in einem Aufzug. Wenn Sie das ein paarmal machen, hat er das Gefühl, von Ihnen gemolken zu werden. Beschweren wird er sich darüber bestimmt nicht.

Wie es der Poet Kalyana Malla sehr viel später im »Ananga Ranga« formuliert: »Und sie wird erfreut hören, dass die Kunst, ist sie erst einmal erworben, nie verlorengeht. Ihr Gatte wird sie dann höher als alle seine Frauen schätzen und wird sie nicht gegen die schönste Rani (Fürstin) der drei Welten tauschen wollen. So kostbar ist für den Mann der Yoni, der sich zusammenziehen kann!«

Juli

Die Kivin-Methode: Ausprobieren lohnt sich!

Kivin-Methode – noch nie gehört? Es handelt sich dabei um eine orale Sextechnik, die wie maßgeschneidert ist für *Do-it-yourself-Männer*, die auf ein superschnelles Feedback aus sind, oder Frauen, die sich ein orgastisches Erdbeben wünschen. (Gibt es eine Frau, die sich das nicht wünschen würde? Zumindest ab und zu?) Und so funktioniert das Ganze: Sie legen sich auf den Rücken, und Ihr Liebster liegt im 90-Grad-Winkel zu Ihnen. Nachdem Sie ihn mit den nachfolgenden Instruktionen ausgestattet haben, brauchen Sie sich nur noch zurückzulehnen und zu genießen.

Er legt je einen Finger links und rechts von Ihrer Klitorishaube auf und leckt darüber zurück und vor (nicht vor und zurück!). Auf diese Weise vermeidet er eine allzu intensive direkte Stimulation der Klitoris. Während er leckt, drückt er mit dem Mittelfinger (nur die Kuppe, nicht den Nagel) gegen Ihren Damm, also die Stelle in der Mitte zwischen Vagina und Anus. Wenn er Sie an der richtigen Stelle leckt, wird er spüren, wie Sie mit unwillkürlichen Kontraktionen reagieren. Stöhnen Sie, damit auch der letzte Zweifel verfliegt.

Er soll Sie mit der Zunge gleichmäßig und rhythmisch bearbeiten und mit dem Finger immer an derselben Stelle drücken, denn ein anderes Tempo oder das Verrutschen des Fingers könnte Sie ablenken. Was noch wichtiger ist: Vergessen Sie nicht, ihm zu sagen, dass es in Ordnung ist, wenn er weitermacht, nachdem es Ihnen zum ersten Mal gekommen ist – das ist es doch?

Wenn Sie noch intensivere Stimulation wünschen – Sie sind aber auch wirklich unersättlich! –, können Sie die Knie zur Brust hochziehen, und er drückt sie mit einem Arm zur Seite. So sind Sie noch offener für noch mehr Vergnügen.

Süße Träume!

Es ist zwei Uhr morgens, und Sie können kein Auge zutun. Gedanken über den Job, das Geld oder den Zustand Ihrer Beziehung wirbeln Ihnen durch den Kopf wie ein hyperaktiver Hamster im Rad, und je mehr Sie sich sagen, dass Sie dringend schlafen müssten, desto schwerer ist es, die Kurve zu kriegen. Schlafmittel möchten Sie auf keinen Fall nehmen, weil Sie sich am nächsten Tag nicht wie ein Zombie fühlen wollen. Aber es gibt ein natürliches Mittel gegen Schlaflosigkeit, das Sie am nächsten Morgen fit und frisch statt wie gerädert sein lässt: Masturbation.

Sich selbst zum Orgasmus zu bringen ist eine wunderbare Möglichkeit, physischen und emotionalen Stress abzubauen (mehr dazu siehe 2. Mai und 13. Juni). Sexuelle Erregung und Orgasmen verschließen die Schmerzpforte im Stammhirn und setzen Wellen von Hormonen (z.B. Endorphine) frei, die die Muskeln entspannen, Ängste lindern und Sie zur Ruhe bringen. Wenn Ihr rasendes Gehirn Sie das nächste Mal wach hält, schreiten Sie unten zur Tat. Das US-amerikanische *Zentrum für die Erforschung von Schlafstörungen* rät Betroffenen, ihr Bett ausschließlich zum Schlafen und zum Sex zu nutzen, um die Assoziation zwischen Bett und Schlafen zu stärken. Wenn Sie sich mit Masturbation in den Schlaf wiegen, befolgen Sie damit also nur den ärztlichen Rat!

Bei chronischer Schlaflosigkeit können natürlich medizinische Ursachen wie Depressionen oder Herzkrankheiten beteiligt sein. Wenn Sie über Wochen oder Monate nicht richtig schlafen können, gehen Sie bitte zum Arzt, denn ganz gleich, ob eine vorübergehende Stresssituation oder ein chronisches Problem dahinterstehen, die tieferen Ursachen sollten auf jeden Fall behandelt werden. Aber als schnelle Lösung kann Ihnen das Masturbieren heute Abend ein sehr viel beschwingteres Morgen bescheren.

11 Juli

Gehen Sie schwimmen

Wenn das Quecksilber steigt, gibt es nichts Erfrischenderes, als ins kühle Nass zu tauchen, und mit ein wenig Kreativität können Sie dabei einen echten Glücksrausch erleben. Suchen Sie sich im Schwimmbad oder auch im Whirlpool die Stelle, an der das heiße Wasser aus der Heizanlage ins Becken strömt. Manche Frauen sagen, dass sich das etwa so anfühlt wie guter Cunnilingus. Achten Sie darauf, dass Ihnen niemand zuschaut, oder setzen Sie Ihr Pokerface auf. Und vermeiden Sie wie immer, den Strahl direkt auf die Vagina zu richten, um die Gefahr einer tödlichen Embolie durch einströmende Luft zu vermeiden! Passiert zwar selten, ist aber schon passiert.

Natürlich können Sie sich auch mit Ihrem Lover im Wasser vergnügen. Stellen Sie sich am flachen Ende des Beckens vor ihn oder lehnen Sie sich gegen den Beckenrand. Streicheln Sie ihn, bis er bereit ist – wenn das Wasser kalt ist, ist womöglich etwas mehr Fingerfertigkeit gefragt –, und lassen Sie sich dann in die Position gleiten, die Ihnen gerade in den Sinn kommt. Wenn Nacktbaden nicht in Frage kommt, tragen Sie einen Bikini, bei dem sich der Schritt leicht zur Seite schieben lässt. Sie können auch die Wellenszene aus dem Film »Verdammt in alle Ewigkeit« nachspielen. Wenn Sie kein Schwimmbad in der Nähe haben, können Sie in Ihrem Fitnessclub oder einer Wellness-Oase vielleicht einen privaten Whirlpool mieten. Für den Fall, dass Sie es nicht in der Wanne treiben wollen, sind die meisten dieser Räume mit Liegen oder Kissen ausgestattet, auf denen Sie sich nach dem ausgedehnten Bad (Wink mit dem Zaunpfahl!) *ausruhen* können.

12 Juli

Vergessen Sie nicht zu atmen

Pranayama nennt man im Yoga die bewusste Steuerung des Atems. Viele Yogis räumen ihr eine größere Bedeutung ein als den Körperstellungen, den sogenannten *Asanas*, weil sie als Brücke zu höheren Bewusstseinszuständen und letztlich zur Erleuchtung gilt. Richtig angewendet kann *Pranayama* eine Beruhigung, Erneuerung und Belebung des Geistes bewirken. Durch die Steuerung des Atems lässt sich auch das Liebesspiel verbessern.

Beim Sex erhöht sich auf ganz natürliche Weise die Atemfrequenz. Bewusstes, tiefes Ein- und Ausatmen wirkt insgesamt stimulierend und kann die Intensität der Orgasmen steigern. Kate, von Beruf Lehrerin, beschreibt, wie Sie beim Sex über den Atem ihre Konzentration verbessert: »Als mein Lover es mir oral besorgte, beschloss ich, alle anderen Gedanken aus meinem Kopf zu verbannen und mich ganz auf ihn und das zu fokussieren, was er da machte. Dabei beobachtete ich meinen Atem, genau wie ich es beim Yoga immer tue. Ich konzentrierte mich darauf, wie der Atem in mich einströmte und wieder aus mir ausströmte, und auf die unglaublichen Empfindungen, die er mir bereitete. Am Ende hatte ich einen absolut überwältigenden Orgasmus, den ich in jeder Zelle spürte. Mein ganzer Körper vibrierte.«

Wenn Sie dazu neigen, den Atem anzuhalten, probieren Sie doch mal, wie es ist, wenn Sie irgendwann auf Ihrem Weg zum Orgasmus anfangen, langsam tief Luft ein- und durch den Mund auszuatmen. Üben Sie es zuerst bei Ihrer nächsten Solo-Session, damit Sie sich an die dadurch ausgelösten physischen Empfindungen gewöhnen können. Und dann versuchen Sie wie Kate, Ihre Atmung bei der Partnerliebe zu beobachten. Wenn er erlebt, wie Sie vor Ekstase beben, wird er Nachhilfestunden bei Ihnen nehmen wollen!

13 Juli

Das große Finale (seines)

Sie haben Ihren Lover mit ein paar von Ihren ganz speziellen oralen Techniken verwöhnt und merken, dass er auf die Ziellinie zusteuert. Was nun? Eine von Männern oft geäußerte Klage ist, dass Frauen es ihnen am Ende nicht fest und schnell genug besorgen. Werden Sie also nicht langsamer und bleiben Sie bei dem, was Sie gerade machen. Steigern Sie lieber so lange den Druck oder die Saugstärke, bis Sie ein Maß gefunden haben, das für Sie beide o.k. ist.

Woher wissen Sie, dass er kurz vor dem Ziel ist? Im Idealfall lässt er es Sie wissen. Außerdem beschleunigt sich seine Atmung, sein Penis schwillt an, seine Hoden steigen nach oben, und sein Körper spannt sich an. Wenn er den *Point of no Return* erreicht, nehmen Sie entweder den Kopf zur Seite und gehen nahtlos zur Handarbeit über. Oder Sie machen es ihm weiter mit dem Mund. Wenn er gekommen ist, hören Sie auf. Nur wenige Männer haben es gern, nach dem Höhepunkt weiter stimuliert zu werden. (Es kann sogar weh tun)

Schlucken oder nicht schlucken? Oralsex gilt nicht als Safer Sex. Körperflüssigkeiten können HIV und andere Geschlechtskrankheiten übertragen, verwenden Sie also ein Kondom. In einer langjährigen Beziehung, in der Sie sich sicher sein können, dass Ihr Partner gesund ist, kann das Schlucken des Samens etwas unglaublich Erotisches und Intimes sein. Wenn Sie nicht so weit gehen wollen, ist das auch kein Problem. In diesem Fall ziehen Sie den Mund sanft zurück und spucken seinen Saft diskret in einen Waschlappen, ein Papiertaschentuch oder ein bereitstehendes Gefäß. Und nur keine Schuldgefühle! Schließlich haben Sie ihn eben ins Paradies entführt!

14 Juli

Das große Finale (Ihres)

Wenn Sie in den Genuss der oralen Liebesdienste Ihres Lovers kommen, sollte er unbedingt wissen, was er tun soll, wenn es Ihnen kommt. Bei vielen Frauen wird die Klitoris im Augenblick des Höhepunkts unglaublich empfindlich. Wenn er mit der Stimulation aufhören soll, sagen Sie es ihm. Gleiches gilt für die Frage, ob er den Druck aufrechterhalten soll, indem er einfach sanft mit dem Mund an Ihrer Klitoris bleibt, oder ob er sich ganz zurückziehen soll. Es empfiehlt sich natürlich, ihm diese Hinweise zu geben, wenn Sie nicht gerade in Leidenschaft entflammt sind.

Hoffentlich sind Sie mit einem geduldigen Lover gesegnet, der weiß, dass drei Minuten lecken nicht ausreichen. Es ist jedoch auch möglich, dass Sie sich selbst unter Druck setzen. Schieben Sie also alle Bedenken und Sorgen beiseite und konzentrieren Sie sich lieber auf Ihre Empfindungen. Geben Sie sich ihm hin. Wenn Sie es gewohnt sind, alles unter Kontrolle zu haben, lassen Sie los. Es ist o.k., sich vor Lust zu winden. Sie sehen nicht doof aus, sondern sexy! Achten Sie auch darauf, dass er genug Kissen hat, die er Ihnen unter die Hüfen oder sich unter die Brust schieben kann. Ermuntern Sie ihn, mal was anderes auszuprobieren, zum Beispiel den Kopf zu schütteln – seine Zunge bleibt dabei, wo sie hingehört – oder ab und zu einen Finger dazuzunehmen.

Wenn feststeht, dass er Sie mit all seinen oralen Fertigkeiten nicht zum Höhepunkt bringen kann, grämen Sie sich nicht. Irgendwann passiert es bestimmt. Sobald Sie anfangen, sich unter Druck zu setzen, wird es immer schwerer. Sagen Sie ihm, wie schön es für Sie war, geben Sie ihm ein Sternchen für den guten Willen und gehen Sie zum nächsten Gang über.

15 Juli

Stellung der Woche: Die neunte Position

Die neunte Position aus dem »Duftenden Garten« ist eine dieser Von-hinten-Positionen, bei denen Sie zwei Portionen zum Preis von einer bekommen. Sie knien auf dem Boden und lehnen sich vornüber auf das Bett oder Sofa (alternativ können Sie sich auch im Stehen über einen Tisch oder eine andere waagerechte Fläche beugen), während Ihr Geliebter Sie von hinten nimmt. Wenn Sie auf G-Punkt-Stimulation stehen, ist dies genau die richtige Stellung für Sie, weil sie eine sehr tiefe Penetration in exakt dem richtigen Winkel erlaubt. Sie können die Eindringtiefe und die Intensität der G-Punkt-Stimulation verändern, indem Sie sich mit den Händen hochstemmen.

Diese Stellung spielt in den Phantasien vieler Leute eine große Rolle, wenn Sie sich vorstellen, es auf dem Esstisch, einem Schreibtisch oder einer anderen ebenen Fläche zu treiben. Dies ist kaum verwunderlich, ist sie doch perfekt für leidenschaftliche *Zum-Teufel-was-soll's-Quickies* geeignet: Natürlich können Sie sich dazu ausziehen, aber eigentlich reicht es, das Nötigste beiseitezuschieben. Ihr Lover genießt garantiert die Stimulation seiner Eichel und das Gefühl, wie seine Schenkel (und möglicherweise auch seine Hoden) gegen Ihren wundervollen Hintern klatschen. Er kann auch mit der Hand um Sie herumgreifen und Ihnen die Klitoris massieren – oder Sie können es sich selbst machen, wenn er sich an Ihren Hüften festklammert, als ginge es um sein Leben. Sie können sogar noch kreativer sein und Ihren Lieblingsvibrator so auf dem Bett positionieren, dass er Ihren süßen Punkt massiert. Mit Ihrem Körpergewicht fixieren Sie ihn an Ort und Stelle.

16 Juli

Mehr Abwechslung mit dem Vibrator

Vibratoren gibt es in einer wahrhaft beeindruckenden Palette von Größen, Formen und sogar Farben. Sie hätten gern ein Modell, das auch zur Ganzkörpermassage taugt? Probieren Sie den legendären *Hitachi Magic Wand* oder vergleichbare elektromagnetische Massagegeräte für den Netzbetrieb. Die Auswahl ist riesig – lassen Sie sich etwa bei *www.eromed.de* inspirieren.

Sie möchten sich in der Badewanne oder unter der Dusche vergnügen? Schauen Sie sich nach einem wasserfesten Typ um. Sie wollen die Zügel in der Hand halten? Suchen Sie sich ein Modell mit Fernbedienung aus. Eine große Auswahl gibt's zum Beispiel bei *www.sexshop-dildo-king.de*.

Vibratoren bieten auch die verschiedensten Stimulationsmöglichkeiten. So gibt es Modelle mit rotierendem Schaft und vibrierendem Reizarm für die Klitoris wie den berühmten *Rabbit Pearl*: In seinem Inneren pulsieren Kunststoffperlen, und mit seinen Hasenohren kitzelt er die Klitoris. Andere Vibratoren stimulieren den G-Punkt und wieder andere den Anus. Es gibt sogar welche, die man sich über den Finger streift, so dass der zum Lustinstrument wird. Manche Modelle sind so klein, dass Sie in die Handfläche passen, und es gibt eine schier unendliche Fülle von lustigen Aufsätzen. Apropos lustig: Es gibt sogar Vibratoren, die an den Sinn für Humor appellieren. Einige sehen aus wie Lippenstifte, andere kommen als Gummiente daher, und es gibt sogar einen mit einer Hello Kitty obendrauf.

Worauf ich hinauswill: Es gibt keinen Grund, sich genötigt zu fühlen, irgendein Teil zu kaufen, das wie ein Penis aussieht. Wenn Sie auf so was stehen, o.k. Aber können Sie sich vorstellen, in ein Restaurant zu gehen, das nur Steaks auf der Karte hat? Nehmen Sie sich Zeit, die Welt der Vibratoren zu erkunden, bis Sie exakt das Modell (warum nur eins?) gefunden haben, das zu Ihnen passt.

17 Juli

Elektromagnetische Lustinstrumente

Die lustigen, netzbetriebenen Handmassagegeräte sehen aus wie kleine Haarföhns oder Handmixer. Sie sind in der Regel etwa 18 bis 20 Zentimeter lang und haben vorne einen Sockel, auf den sich eine ganze Reihe verschiedener Aufsätze aufstecken lässt. Die Vibrationen werden durch eine elektromagnetische Spule erzeugt, was erklärt, warum solche Geräte relativ schwer sind. Vibratoren dieser Art weisen von Hersteller zu Hersteller kleinere Unterschiede auf und haben meist nur zwei Geschwindigkeitsstufen: niedrig und hoch (sprich: ohhh! und ohhhhhhhhh!!!!)

Wenn Ihre Wohnung dünne Wände hat und Sie darum Wert auf Geräuschlosigkeit legen oder Sie Maschinenlärm bei der Selbstbefriedigung unerotisch finden, ist diese Art von Vibratoren ideal, weil Sie sie über ein Netzkabel betreiben können. Die Anwendung ist denkbar simpel: Einfach den gewünschten Aufsatz auf den Metallsockel stecken und einschalten. Die Dinger sind so leise, dass man sie kaum hört. Wie bei *Zauberstäben* ist es auch hier vielleicht besser, sich langsam an den Genitalbereich heranzuarbeiten. Nutzen Sie den Vibrator zunächst bestimmungsgemäß – als Gerät zur Körpermassage –, während Sie sich mit der anderen Hand unten aufwärmen. Sobald Sie entspannt und erregt sind, können Sie die Vibratorspitze an Ihre Klitoris und Ihre Vulva führen und sich ganz den intensiven, punktgenauen Empfindungen überlassen.

18 Juli

Totale Verwandlung – für Ihren Vibrator

Sie lieben Vorher-nachher-Shows? Dann gefallen Ihnen bestimmt auch die vielen (Verwandlungs-)Möglichkeiten, die Vibratoren heute so zu bieten haben. Die meistens werden nämlich gleich mit allerlei Aufsätzen geliefert – mit verschiedensten Klitorisstimulatoren, mit gekrümmten Aufsätzen für die G-Punkt-Stimulation oder geraden Variationen, die sich super in unterschiedlichen Stellungen verwenden lassen. Und der Kopfhautstimulator leistet nicht nur dort, sondern auch an vielen anderen Körperstellen gute Dienste ...

In gut sortierten Sexshops finden Sie aber ganze Zubehör-Sortimente: Vielleicht eine handliche Saugglocke, die Sie an Ihrem *kleinen Juwel* oder Ihren Nippeln ausprobieren möchten. Oder lieber etwas für Ihren hübschen Po? Auch bei Aufsätzen für das Analspiel ist die Auswahl groß, und bitte, meine Damen: Benutzen Sie für Ihr anales Vergnügen auch NUR solche Aufsätze, die speziell dafür konstruiert sind – also einen Ausleger oder eine Verdickung an ihrem Ende haben. Diese Konstruktionen verhindern, dass das Teil in Ihrem Po verschwindet.

Und natürlich: Auch Ihr *Zauberstab* ist wandelbar. Schauen Sie sich doch zum Beispiel unter *www.verwoehndich.de* an, was es für ihn und seine Kollegen alles gibt ... Putzen Sie Ihren Vibrator heute hübsch heraus. Sie haben es sich beide verdient!

19 Juli

Das vierte Chakra erwecken

Das vierte *Chakra* – auch *Herzchakra* genannt – nährt Gefühle der Liebe, der Zuneigung und des Mitgefühls. Emotionale Verletzungen wie Liebeskummer, Trauer und Sehnsucht können es jedoch blockieren. Aber wenn es gelingt, dieses *Chakra* zu öffnen und wieder zum Leben zu erwecken, quillt die Liebe daraus so natürlich hervor wie aus einer Gebirgsquelle. Hilfreich ist hier eine Technik, wie sie mein Co-Autor David Ramsdale in unserem Buch »Red Hot Tantra« in ähnlicher Form beschrieben hat. Dabei wird die explosive sexuelle Energie im zweiten *Chakra* (dem *Sexualchakra*) gezügelt und mit der Herzensenergie zusammengeführt, um beide Zentren zu öffnen. Versuchen Sie das Ganze erst allein und dann mit einem Partner.

Bringen Sie sich zunächst selbst so weit, dass Sie kurz vor dem Orgasmus sind. Gehen Sie bis an die Schwelle, aber nicht darüber. Wiederholen Sie das dreimal und stellen Sie sich dabei eine Säule von Energie vor, die Ihre Genitalien mit Ihrem Herzen verbindet. Berühren Sie in Gedanken Ihre Brust zwischen den Nippeln. Wenn Sie möchten, können Sie auch Ihre freie Hand dort auflegen.

Wenn Sie schließlich bereit sind zu kommen, drücken Sie die Hand fest auf die Brust und reiben die Stelle. Stellen Sie sich vor, wie Licht durch die Energiesäule aus Ihrem *Sexualchakra* ins Herz hinauf schießt. Sie können dabei in stetiger Wiederholung das Wort »Liebe!« oder »Yam!« (so heißt das *Mantra des Herzchakras*) oder irgendein anderes Wort Ihrer Wahl sprechen. Lassen Sie den Kopf zurückfallen und lassen Sie los. Die Kontrolle abzugeben ist entscheidend, wenn Sie nicht nur beim Liebesspiel, sondern auch generell in der Beziehung zum anderen emotional voll auf Ihre Kosten kommen möchten. Geben Sie sich den Gefühlswellen hin, die durch Ihren Körper pulsieren – und der Liebe, die durch und aus Ihrem Herzen strömt.

20 Juli

Ringelringelrose

Den Möglichkeiten, den *Liebesstab* eines Mannes mit den Händen zu verwöhnen, sind praktisch keine Grenzen gesetzt. Erinnern Sie sich noch daran, wie Sie am 20. Juni beim Oralsex seinen Penis mit Daumen und Zeigefinger ringförmig umfasst haben. Die gleiche Bewegung können Sie auch bei der Handarbeit einsetzen.

Fassen Sie fest zu, besonders wenn Sie die Hand über seine Rille gleiten lassen. Oder Sie formen beide Hände zum Ring und ziehen sie – in der Penismitte anfangend – in entgegengesetzter Richtung nach außen. Eine ähnliche Methode sieht vor, den *Ring* von der Wurzel zur Spitze gleiten zu lassen, und zwar so, dass Sie, wenn die eine Hand oben angelangt ist, die Bewegung mit der anderen Hand beginnen. Sprich: Sie fangen in dem Moment an der Wurzel an, wenn die andere Hand die Eichel erreicht hat. Dies kann einen sehr starken, explosiven Orgasmus auslösen, seien Sie also gewarnt.

Eine Autorenkollegin verriet mir einen Tipp, der von einer Technik inspiriert ist, die viele Männer an sich selbst praktizieren: »Mit der einen Hand umfasst du fest seine Peniswurzel in einem O-förmigen Griff. Die andere führst du spiralförmig zur Spitze hin, wobei du der Eichel beim Darüberstreichen mit Handfläche und Fingern besondere Aufmerksamkeit widmest. Wenn er kurz vor dem Kommen ist, umfasst du seinen Penis mit beiden Händen kurz unterhalb der Spitze und drehst sie fest hin und her, um seinen *Korken zum Poppen* zu bringen.« Wenn Sie besondere Koordinationsfähigkeiten haben, können Sie auch versuchen, beide Hände spiralförmig nach oben zu führen!

21 Juli

Eine helfende Hand ... oder auch zwei

Wenn Sie Ihrem Schatz eine helfende Hand reichen, warum nicht die zweite dazunehmen? Setzen Sie sich vor ihn hin, und umfassen Sie seinen Penis mit ineinander verschränkten Fingern. Drehen Sie sie mal in der einen und mal in der anderen Richtung und üben Sie sanften Druck aus, während Sie sie nach oben und unten führen, oder legen Sie die Hände zusammen, so dass Ihre Handflächen und Fingerspitzen aneinanderliegen. Lassen Sie das untere Ende der Handflächen an seinem Schaft nach unten gleiten. Ab und zu darf sein Penis dabei zwischen Daumen und Zeigefingern hindurchgleiten, und wenn das der Fall ist, massieren Sie ihm in einer kreisenden Bewegung die Rille. Beide Hände zum Einsatz zu bringen kann ebenfalls hilfreich sein, wenn er noch nicht ganz hart ist.
Sie können auch die folgende Technik ausprobieren, die der gestern beschriebenen *Ring-Methode* ähnelt. Umfassen Sie seinen gesamten Schaft mit der Hand und führen Sie sie unter Ausübung von sanftem Druck nach oben. Wenn Sie an der Spitze angekommen sind, wiederholen Sie die Bewegung mit der anderen Hand. Machen Sie weiter, als würden Sie sich an einem Kletterpfahl hocharbeiten. Um für Abwechslung zu sorgen, umfassen Sie seinen Penis mit beiden Händen und führen diese in einer langsamen, aus den Handgelenken kommenden Drehbewegung in entgegengesetzter Richtung auf und ab. Diese Bewegung können Sie auch nur mit Daumen und Zeigefinger machen. Bloß *wringen* Sie ihn nicht zu fest. Und was Sie auch tun: Vergessen Sie das Gleitmittel nicht!

22 Juli

Stellung der Woche: Seitenlage

Wenn Sie sich mit jeder Menge *High-Impact-Powersex* verausgabt haben, aber trotzdem noch nicht ganz aufhören wollen, sind die Positionen in Seitenlage ideal für eine kleine Pause. Weil keiner von beiden oben ist, eignen sie sich auch gut für all jene, die die Machtfrage außen vor lassen wollen und Lust auf ein wenig Wärme und Kuscheln haben.
Im »Ananga Ranga« werden drei Positionen in Seitenlage – die sogenannten *tiryak-bandha* – beschrieben. Bei der *Laute* haben beide die Beine gestreckt: Sie heben ein Bein an, so dass er in Sie eindringen kann, und führen dann sein oberes Bein so, dass es auf Ihrem Oberschenkel zu liegen kommt (beugen Sie leicht Ihr Knie). Oder Sie können die Beine ausstrecken. In dieser Lage fühlen Sie seine Stöße an der Innenseite Ihrer Schamlippen, die an seine Beine gedrückt werden. Wenn er ein bisschen nach oben in Richtung Kopfende rutscht, kann er mit der Peniswurzel sogar Ihre Klitoris stimulieren.
Das »Ananga Ranga« äußert sich nicht dazu, aber dem »Kamasutra« zufolge sollten der Mann auf seiner Linken und die Frau auf ihrer Rechten liegen. Wenn Ihr Mann Rechtshänder ist und Ihren Liebesknopf stimulieren will, macht das sicherlich Sinn. Aber wenn er Linkshänder ist, dann wechseln Sie um Himmels willen die Seiten! Natürlich sollten Sie sämtliche freien Hände einsetzen, um Gesicht, Arme, Brust und den übrigen Körper des anderen zu erforschen. Wäre es nicht herrlich, in dieser engumschlungenen Position einzuschlafen?

23 Juli

Ich bin der Löwe, hörst du mich brüllen?

Wenn Sie zwischen dem 23. Juli und dem 22. August Geburtstag haben, ist ihr Sternzeichen der Löwe. Die in dieser Zeit Geborenen gelten als großzügig und warmherzig. Sie stehen gern im Mittelpunkt, feiern die Feste, wie sie fallen, und glauben, nur das Allerbeste verdient zu haben. Wenn Sie gerade frisch verliebt in einen Löwen sind: Denken Sie an Qualität und – wenn Sie es sich leisten können – Quantität.
Verführen Sie Ihren Löwen, indem Sie an seinen Sinn für Theatralik appellieren. Reservieren Sie einen Tisch in einem angesagten neuen Restaurant, wo Sie sehen und gesehen werden. Fangen Sie schon während des Essens mit dem Vorspiel an, und raunen Sie ihm all die Sachen ins Ohr, die er mit Ihnen anstellen soll. Streicheln Sie ihm dabei über den Oberschenkel. Lassen Sie sich ein freches Detail nach dem anderen einfallen, und hauchen Sie ihm jedes Mal einen Kuss auf Ohr und Hals. Noch sexier wird das Ganze, wenn Sie ihm Ihre Worte regelrecht ins Ohr schnurren. Wie mein Freund Mick, Mitte 40, Autor, rät: »Lernen Sie, wie ein Kätzchen zu schnurren. Ich weiß auch nicht, warum, aber es funktioniert. Vielleicht weil die heutigen Männer früher so viele Batman-Filme geguckt haben. Vielleicht weil sie Michelle Pfeiffer in ihrem Catwoman-Kostüm gesehen haben. Keine Ahnung. Aber es funktioniert.« Schlagen Sie nach dem Essen einen kleinen Spaziergang vor, lehnen Sie sich an jeder Straßenecke an ihn an und sagen Sie ihm, dass Sie es kaum abwarten können, nach Hause zu kommen. Und schnurren Sie dabei – daheim wird er es nämlich mit einer Wildkatze zu tun bekommen …

24 Juli

Uddiyana bandha: Bauch einziehen

An den nächsten beiden Tagen werden wir uns aufbauend auf dem Tipp vom 12. Juli mit zwei weiteren *Pranayama-Übungen* befassen. Die Technik für den heutigen Tag heißt *uddiyana bandha*, zu Deutsch »das Einziehen das Bauches«. Sie wirkt lindernd und vitalisierend auf die inneren Organe und das Verdauungssystem, vertreibt geistige Trägheit und macht wach und präsent. Gleichzeitig stärkt sie die sexuelle Energie und damit die Orgasmusfähigkeit, weil dabei die Nerven und Muskeln im Unterbauch angesprochen werden. (Es empfiehlt sich, bei dieser Übung einen leeren Magen zu haben.)
Setzen Sie sich zunächst still mit gekreuzten Beinen hin. Die Handflächen liegen auf den Knien. Lassen Sie Ihren Atem zur Ruhe kommen. Atmen Sie tief ein, so dass sich der Bauch dehnt; halten Sie den Atem eine Zeitlang an, bevor Sie komplett ausatmen, bis keine Luft in der Lunge bleibt. Wenn Sie bereit sind, nehmen Sie den nächsten Atemzug. Diesmal atmen Sie kräftig durch die Nase aus und ziehen dabei den Bauch nach oben unter den Rippenbogen ein (der Unterbauch wird dabei »hohl«). Spannen Sie PC- und Analmuskeln an. Halten Sie den Atem mit eingezogenem Bauch so lang wie möglich an; dann atmen Sie langsam durch die Nase aus und lösen die Spannung im Bauch. Atmen Sie ein paarmal langsam tief ein und aus, bis sich Ihre Atmung wieder normalisiert hat und Sie mit der nächsten Runde beginnen. Üben Sie anfangs dreimal. Mit der Zeit können Sie sich auf bis zu zehn Wiederholungen steigern. Aber: Hören Sie auf, falls Ihnen schwindelig wird!

Hinweis: Wenn Sie schwanger sind, an hohem Blutdruck, einer Herzkrankheit oder einem Glaukom leiden, sollten Sie auf die Übung verzichten – ebenso in Verbindung mit Alkohol oder Drogen.

25 Juli

Feueratmung

Kapalabhati – die sogenannte Feueratmung – ist eine weitere *Pranayama-Übung* aus dem *Kundalini-Yoga*, die zur geistigen Klarheit verhilft und den Körper reinigt und energetisiert. Ein angenehmer Nebeneffekt: Auch Orgasmen sollen dadurch stärker und besser werden! Beginnen Sie langsam mit diesen Übungen, die in manchen Yoga-Traditionen als Techniken für Fortgeschrittene gelten.

Ähnlich wie beim *uddiyana bandha* besteht die *Feueratmung* aus mehreren Runden schneller Zwerchfellatmung mit Betonung auf aktives, kraftvollen Ausatmen und passives Einatmen. Setzen Sie sich bequem hin. Atmen Sie tief ein, so dass sich der Bauch dehnt. Dann atmen Sie mehrmals kräftig durch die Nase aus (am Anfang fünf- bis zehnmal) und ziehen dabei den Bauch ein, als wollten Sie ihn in die Wirbelsäule und in den Brustkorb hinauf ziehen – in etwa, als wäre der Bauch ein Blasebalg und Sie würden versuchen, mit ihm durch die Nase eine Kerze auszupusten. Legen Sie eine Hand auf dem Bauch, um sicherzustellen, dass er tatsächlich »pumpt«.

Nach dem letzten schnellen Ausatmen halten Sie den Atem so lange an, wie es Ihnen angenehm ist. Auch beim nächsten Atemzug können sie den Atem noch einmal anhalten. Anschließend darf der Atem sich wieder normalisieren. Sie sollten sich durch die Übung energetisiert fühlen. Wenn Ihnen schwindelig werden sollte, brechen Sie das Ganze ab.

Hinweis: Wenn Sie Ihre Periode haben, schwanger sind, an hohem Blutdruck leiden oder vor kurzem im Bauchbereich operiert wurden, sollten Sie auf diese Übung verzichten. Und auch hier gilt: kein *Pranayama*, wenn Sie Alkohol getrunken oder Drogen genommen haben.

26 Juli

Machen Sie Ferien von Ihren Hemmungen

Der Juli ist der Monat, in dem die meisten Menschen in Urlaub fahren und dem Alltag eine Zeitlang den Rücken kehren. Machen Sie heute Ferien von den Hemmungen, die Sie abhalten, Ihre Sexualität in vollen Zügen zu genießen. Erstens: Legen Sie die Scheu ab, während des Partnerverkehrs der Selbstliebe zu frönen. Geben Sie sich ganz Ihren Empfindungen hin! Für ihn ist es unglaublich sexy zu erleben, wie das Gefühl, ihn in sich zu spüren, Sie derart antörnt, dass Sie die Finger nicht von sich lassen können. Wenn am Ende für Sie beide ein überirdischer Glücksrausch steht, wer würde sich da beschweren?!

Frau-oben-Positionen, das Eindringen von hinten und die Löffelchenstellung sind hervorragend für die Selbstliebe geeignet. Für den Anfang sind Letztere beide auch deshalb optimal, weil Sie ihn dabei nicht anschauen und die Hände zum Spielen an sich selbst frei haben. Wenn er Ihre wachsende Erregung spürt, dürfte ihn das nicht kaltlassen. Warum zeigen Sie ihm nicht Ihre Fingerfertigkeit, wenn Sie oben sind? Lehnen Sie sich zurück und massieren Sie sich die Klitoris, während Sie ihn reiten. Er wird fasziniert zuschauen, wenn Sie dann einen Finger anfeuchten und sich damit Ihren vor Lust erigierten Nippel massieren. Wo Sie schon dabei sind, können Sie auch seinem feuchtglänzenden Schwanz ein paar Streicheleinheiten geben, ganz gleich in welcher Stellung Sie sind.

Behalten Sie aber nicht den ganzen Spaß für sich. Er soll ruhig seine Hand auf die Ihre legen, damit er genau spürt, was Sie tun. Im Idealfall lernt er dabei das eine oder andere.

27 Juli

Auffrischungskurs in Masturbation

Zugegeben, die meisten von uns haben eine zuverlässige Masturbationsroutine, die wahrscheinlich ihren Zweck sehr gut erfüllt.
Warum Gutes ändern? Weil es hilft, noch mehr Gutes zu erleben – genauer gesagt: mehr Orgasmen. Die Anwendung unterschiedlicher Methoden erweitert das Lustrepertoire und verrät Ihnen mehr über Ihre sexuellen Reaktionen. Auch können Sie freier entscheiden, wann und wie Sie kommen möchten. Sie müssen nicht immer mit Ihrem Lieblingsvibrator im Bett auf dem Rücken liegen. (Was wäre zum Beispiel, wenn Sie gerade die diesjährige Ausgabe von »Mein heimliches Auge – das Jahrbuch der Erotik« ausgelesen haben und Ihr Körper nach Erlösung schreit, Sie aber in einer Boeing 747 sitzen, die in 10 000 Meter Höhe den Atlantik überquert?) Und noch ein Vorteil: Sie erhöhen damit die Chancen, dass Ihr Partner Ihnen auf verschiedenerlei Weise Lust bereiten kann.
Wie also den eigenen Stil ändern? Haben Sie Geduld mit sich selbst. Verzichten Sie bewusst auf Ihre bewährte Methode und nehmen Sie sich Zeit zum Experimentieren. Machen Sie es vor einem Spiegel – oder vor den Augen Ihres Partners. Probieren Sie verschiedene Atemmuster und Stellungen aus. Wenn Sie immer auf dem Rücken liegen, versuchen Sie es zur Abwechslung auf dem Bauch oder im Sitzen. Wenn Sie immer still dabei sind, seien Sie laut. Schlagen Sie um sich. Verführen Sie sich mit angewärmtem Öl, seidigen Laken und Kerzen. Stibitzen Sie sich von Ihrem Liebsten das Gleitmittel oder kaufen Sie sich selbst ein Präparat auf Wasserbasis. Und entwickeln Sie neue Phantasien. Sich in Gedanken auf ein noch nie da gewesenes kleines erotisches Abenteuer einzulassen könnte durchaus der Schlüssel zu ganz neuen Lustgefühlen sein.

28 Juli

Dusche à deux

Wenn das Quecksilber in die Höhe klettert, widerstrebt Ihnen womöglich bisweilen der Gedanke, sich mit Ihrem Schatz auf schweißtreibende Aktionen einzulassen. Warum kühlen Sie sich nicht gemeinsam unter einer lauwarmen oder kalten Dusche ab? Sagen Sie ihm, dass Sie ein wenig Erfrischung brauchen, und lassen Sie auf dem Weg ins Bad *versehentlich* das Handtuch fallen. Wenn er den Hinweis nicht versteht, laden Sie ihn zum Mitduschen ein. Sobald Sie beide unter dem Wasserstrahl stehen, können Sie Ihren Spaß miteinander haben. Waschen Sie sich gegenseitig die Haare. Seifen Sie sich mit duftendem, belebendem Duschgel ein. Schäumen Sie ihm mit einem Waschhandschuh erst die Brust ein und arbeiten Sie sich dann nach unten zu seinem Penis und den *Familienjuwelen* vor.

Wenn er noch nicht in *Habachtstellung* steht, spülen Sie den Schaum ab und nehmen Sie ihn in den Mund. Der Anblick, wie Sie nass und glitschig vor ihm knien, dürfte ihn ziemlich antörnen (den gleichen Genuss kann er Ihnen übrigens auch bereiten). Sobald er hart ist, können Sie seinen Penis an Ihrem eingeseiften Po und Ihrer Vagina reiben. Drehen Sie sich von ihm weg und beugen Sie sich leicht vor, damit er von hinten in Sie eindringen kann. In dieser Stellung können Sie sich abstützen, so dass Sie nicht ausrutschen. Es sollte aber trotzdem zur Sicherheit eine rutschfeste Matte in der Wanne liegen! Eine lustvolle Alternative zur Penetration ist, sich gegenseitig mit dem Strahl des Duschkopfs zu massieren.

Beth, 32, Projektmanagerin, sagt dazu: »Ich liebe es, bei Kerzenlicht ausgiebig zu duschen. Das fließende Wasser steigert das Gefühl von Intimität und Nähe!«

29 Juli

Stellung der Woche: Kunstvolles Wiegen

Diese nette Stellung aus dem »Duftenden Garten« ist ideal für ein lustvolles Sommerpicknick geeignet: Während Ihr Partner mit ausgestreckten Beinen auf dem Boden sitzt, setzen Sie sich ihm auf den Schoß, so dass Ihr rechter Oberschenkel auf seinem linken und Ihr linker auf seinem rechten Oberschenkel liegt. Während Sie sich auf seiner Erektion niederlassen, fassen Sie sich gegenseitig an den Oberarmen. Dann schaukeln Sie beide sanft vor und zurück. Laut Scheik Nefzaui geraten die Liebenden dabei »in eine schaukelnde Bewegung, die aus einem taktmäßigen Hin-und-her-Drängen besteht«.

Wo Sie schon einmal dabei sind, könnten Sie auch eine der vom Autor des »Duftenden Garten« empfohlenen Bewegungen ausprobieren, »die beim Koitus Anwendung finden«. Da ist zum Beispiel das *gleichzeitige Stoßen*, bei dem sich beide zurückziehen, ohne dass das Glied ganz herausrutscht, um anschließend gleichzeitig fest zu stoßen. Oder Sie probieren die *abwechselnde Unterbrechung*, bei der erst Ihr Liebster stößt, aber plötzlich in seiner Bewegung innehält und dann Sie das Gleiche tun.

Beide Bewegungen eignen sich gut für diese kunstvolle, wiegende Position.

30 Juli

Summen Sie!

Wenn Sie das nächste Mal *auf seiner Flöte spielen*, machen Sie richtig Musik: Lassen Sie ein leises Stöhnen oder Summen ertönen, wenn Sie ihn im Mund haben. Die dabei entstehende Vibration fühlt sich ziemlich interessant an seinem Penis an. Er kann das Gleiche bei Ihnen machen, während er an Ihrem Liebesknopf saugt. Durch das Summen werden Sie zu einer Art menschlichem Vibrator. Und wenn das Stöhnen auch noch verrät, dass Sie mit Feuer und Flamme bei der Sache sind, ist das Ganze noch erregender.

Manche Tantra-Experten empfehlen sogar, beim Oralsex das *Sanskrit-Wort* »Om« zu tönen, um den *Lingam* bzw. die *Yoni* des Partners zu ehren und der göttlichen Natur des anderen zu huldigen. *Om* ist ein in der Meditation gebräuchliches Mantra, also ein heiliges Wort, das über einen längeren Zeitraum ständig wiederholt wird, um höhere Bewusstseinszustände zu erreichen. Im Hinduismus gilt das *Om* (auch *AUM* genannt, weil es aus einer Kombination der Klänge Aaa, Uuu und Mmm gebildet wird) als die heiligste aller Silben. Sie soll der Laut sein, der als Erstes bei der Schöpfung erklang, und soll – so der Glaube – im Universum fortwährend weiterschwingen.

Während des Geschlechtsakts oder bei der Meditation zu summen oder das *Om* zu tönen wirkt energetisierend und stärkt das Gefühl der Verbundenheit. Lassen Sie die Schwingung Ihren ganzen Körper durchdringen.

Manche Menschen kommen sich albern vor, wenn sie so etwas tun. Betrachten Sie es einfach als Instrument zur geistigen Fokussierung und Möglichkeit zur Befreiung aus der Gedankenmühle, so dass Sie sich mit erhöhter Achtsamkeit der sinnlichen Liebe hingeben können.

31 Juli

Die Geschmacksknospen verwöhnen

Warum beenden Sie den Monat nicht mit lukullischen Köstlichkeiten? Blaubeeren, Pfirsiche, Nektarinen, Pflaumen – im Sommer haben frische Früchte Saison. Nehmen Sie sich Zeit, Ihrer oralen Fixierung auf mehr als eine Weise zu frönen, und verwandeln Sie Ihre beiden Körper in lebende Obstschalen. Pulen Sie mit der Zunge eine Blaubeere aus seinem Nabel, füttern Sie sich mit Erdbeeren und Schlagsahne und zeichnen Sie mit Sahne die Konturen Ihrer Körper nach. Oder Sie essen genüsslich ein Eis am Stiel. Lecken Sie erst ein wenig daran, bevor Sie sich damit die Schamlippen reiben.

Verwandeln Sie seinen Penis in einen großen Lutscher mit Fruchtgeschmack: streichen Sie pürierte Mango, Banane oder Papaya auf sein Glied und nehmen Sie sich Zeit, die Sauce sorgfältig abzulecken. Beträufeln Sie ihn mit geschmolzener (aber abgekühlter) Schokolade. Wenn Sie einen Löffel Ihrer Lieblingseiscreme in den Mund nehmen und seinen Schwanz hinterherschieben, können Sie nicht nur einen lebensgroßen Eisshake genießen: Das Gefühl der Kälte an seinem heißen Glied wird ihm unvergesslich bleiben. Verwandeln Sie auch Ihren Körper in ein köstliches Dessert. Bestreichen Sie Ihre Nippel mit Honig, Schlagsahne oder Karamell und malen Sie eine Linie bis hinunter zu Ihrer Klitoris.

KAPITEL ACHT

August

»Soll ich dich einem Sommertag vergleichen?
Er ist wie du so lieblich nicht und lind;
Nach kurzer Dauer muss sein Glanz verbleichen,
Und selbst in Maienknospen tobt der Wind«

William Shakespeare (1564–1616), Sonett 18

Diesen Monat werden wir uns zum Ausklang des Sommers mit entspannenden sinnlichen Ritualen und supercoolen Techniken wie dem Einsatz von Eiswürfeln befassen. Natürlich wird uns Heißes auch weiterhin beschäftigen: Es gibt noch mehr Tipps für den Einsatz von Vibratoren im Liebesspiel, und weil der San Franciscoer Erotikladen *Good Vibrations* den August zum *Nationalen Analsexmonat* erklärt hat, werden wir auch zu diesem Thema ein paar Anregungen geben.

Blumen des Monats sind die Gladiole und der Klatschmohn. Erstere galt in der viktorianischen Zeit als Symbol für Liebe auf den ersten Blick, und Letzterer steht für Freude. Selbst wenn Sie in einer langjährigen Beziehung leben: Die Gladiole soll Sie daran erinnern, Ihren Liebsten mit neuen Augen anzuschauen. Und ein Strauß Mohnblumen kann Ihren Vorsatz symbolisieren, alle (sinnlichen) Freuden zu genießen.

Der Peridot, ein wunderschöner, transparenter limetten- oder olivgrüner Stein, ist diesem Monat zugeordnet. Die Römer nannten ihn den *Smaragd des Abends*, und es hieß, er könne Träume wahr werden lassen. Tragen Sie jetzt erwartungsvoll einen solchen Stein als Schmuck …

1 August

Landpartie!

Sommerzeit ist Ausflugszeit, springen Sie also ins Auto und unternehmen Sie eine kleine Landpartie. Suchen Sie sich eine einsame Landstraße oder einen abgelegenen Feldweg – dass ein Polizist an die Seitenscheibe klopft, wenn Sie gerade zur Sache kommen, käme Ihnen sicher ungelegen.

Wenn Sie Ihr Auto in ein fahrendes Schlafzimmer verwandeln, gilt nur eine Regel: Vorspiel (wenn überhaupt) auf der Straße, Orgasmen am Straßenrand. Wenn er am Steuer sitzt, können Sie ihn in Fahrt bringen, indem Sie sein bestes Stück durch die Hose streicheln und tätscheln. Streicheln Sie auch sich selbst, aber lassen Sie ihn nicht zuschauen. Warten Sie, bis er angehalten hat, bevor Sie ihm den Penis aus der Hose ziehen – oder seine Hand zu Ihren erogenen Zonen leiten – oder bevor Sie sich einen richtigen Orgasmus leisten. Während die Räder rollen, sollten Sie immer und jederzeit sicherstellen, dass sich der Fahrer auf die Straße konzentriert!

Sobald Sie einen Platz gefunden haben, an dem Sie sicher anhalten können und nicht gestört werden, ist es Zeit, zur Sache zu kommen. Beugen Sie sich über ihn, und nehmen Sie ihn in den Mund. Lassen Sie ihn auf dem Beifahrersitz Platz nehmen und setzen Sie sich rittlings auf ihn, so dass Ihre Knie entweder links und rechts neben ihm sind oder – wenn der Liegesitz zurückgeklappt ist – Ihre Beine über der Rückenlehne liegen. Oder wenden Sie ihm den Rücken zu. Krabbeln Sie gemeinsam auf die Rückbank und machen Sie es sich dort selbst. Wenn Sie absolut sicher sein können, dass Sie nicht entdeckt werden, können Sie auch aussteigen, sich auf die Motorhaube setzen und es ganz *Roadmovie-mäßig* dort treiben. Achten Sie nur darauf, dass der Motor abgekühlt ist, sonst dürfte es Ihnen definitiv zu heiß werden.

2 August

»Ich bin nicht auf dieser Welt, um nach deinen Erwartungen zu leben. Und du bist nicht auf dieser Welt, um nach meinen zu leben.«

Friedrich (»Fritz«) Perls, in Deutschland gebürtiger und in die USA emigrierter Psychologe und Begründer der Gestalttherapie

Urlaub von den Erwartungen

Erwartungen sind Fallen. Sie halten uns auf einem engen, vorgezeichneten Weg und betrügen uns um die Freuden des Unerwarteten. Erwartungen sagen: »Diesmal muss es der Sex wirklich bringen, sonst krieg ich schlechte Laune.« Die Hoffnung sagt: »Ich hoffe, dass mein Schatz und ich im Bett Spaß haben werden. Ich bin sicher, wir kriegen das hin, ganz gleich, was ist.« Die Hoffnung öffnet sich den Möglichkeiten und lässt uns unvoreingenommen und frei sein.

Welche Erwartungen haben Sie in Bezug auf die Sexualität? Die Medien überschütten uns mit Botschaften, in denen Sie sich mal mehr, mal weniger wiederfinden. Erwarten Sie, dass Sie immer in Stimmung sein müssen? Dass Sex zu bestimmten Zeiten oder auf bestimmte Weise stattzufinden hat? Dass Sie Ihrem Liebsten immer einen Orgasmus *schenken* können – oder er Ihnen?

Nehmen Sie sich heute von Ihren Erwartungen frei. Seien Sie offen für das, was passiert. Versuchen Sie, das Wort »sollte« aus Ihrem Vokabular zu streichen. Mit Ausnahme der Hinweise zum Thema Safer Sex sind die Tipps in diesem Buch eben nur das: Tipps. Wenn Sie mit einer Anregung etwas anfangen können und sie Ihnen Spaß bringt, umso besser. Wenn nicht, blättern Sie einfach um und wenden sich einem anderen Tag zu.

3 August

Kondome sind sexy!

Sofern Sie die letzten zwanzig Jahre nicht in einer Höhle gelebt haben, wissen Sie, dass Kondome beim Sex unverzichtbar sind, ausgenommen Sie leben in einer HIV-negativen, monogamen Beziehung und praktizieren eine zuverlässige Form der Geburtenkontrolle.

Also Schluss mit dem Gejammer, dass Kondome unbequem und einfach nicht sexy seien! Dem technologischen Fortschritt ist es zu verdanken, dass sie bequem sein können (siehe 13. September), und ob sie sexy sind oder nicht, ist allein eine Frage der Einstellung. Betrachten Sie sie aus dem *Das-Glas-ist-halb-voll-Blickwinkel*: Kommt ein Kondom ins Spiel, steht Sex auf dem Programm! Er geht mit Ihnen ins Bett! Beziehen Sie das Teil mit ins Spiel ein, so wie Sie das Licht dimmen oder sich in eine bequemere Lage bringen, bevor Sie zur Sache kommen. Fragen Sie ihn, ob Sie ihm beim Überziehen helfen sollen, und necken Sie ihn, wenn Sie es tun – oder er kann beim Überstreifen eine erotische Show für Sie abziehen.

Sie könnten auch für einen Extra-Kick sorgen, indem Sie es ihm mit dem Mund überschieben. Formen Sie die Lippen zum »O«, nehmen Sie ein schon ein bisschen auseinandergerolltes Kondom so in den Mund, dass es vor den Zähnen liegt. (Achten Sie darauf, dass Sie es richtig herum in den Mund nehmen; und wahrscheinlich ist es besser, wenn Sie eine Sorte ohne Gleitmittel verwenden.) Halten Sie seine Erektion mit einer Hand fest und setzen Sie den Mund am oberen Ende auf. Spannen Sie die Lippen an und schieben Sie sie langsam am Schaft entlang nach unten.

So schön herausgeputzt, darf der Kleine jetzt spielen!

4 August

Stellung der Woche: Die koitale Ausrichtungstechnik

Anders als uns Kinofilme, Liebesromane und Pornostreifen heutzutage glauben machen, kommen weniger als 30 Prozent aller Frauen nur durch Geschlechtsverkehr zum Orgasmus. Die überwiegende Mehrheit braucht irgendeine Form der Klitorisstimulation. Der Abstand zwischen Kitzler und Scheidenöffnung ist aber just so groß, dass das Stoßen der Vagina mit Penis oder Dildo für sich allein nicht ausreicht. Um dieses Problem zu lösen, wird eine Methode empfohlen, die Fachleute als *koitale Ausrichtungstechnik* (oder nach dem englischen Begriff *Coital Alignment Technique* auch kurz *CAT*) bezeichnen.

Im Prinzip ist *CAT* nichts anderes als Sex in der *Missionarsstellung*, nur wählt Ihr Partner den Winkel seiner Stoßbewegungen genau so, dass er Ihren Liebesknopf stimuliert. Er dringt zunächst nur oberflächlich (sprich: nur mit dem Peniskopf) in Sie ein und rutscht dann an Ihrem Körper so weit nach oben, dass sein Schaft mit Ihrem Venushügel in Kontakt kommt. Dabei sind seine Beine gestreckt, während Sie ihm die Ihren um die Schenkel schlingen und die Knöchel auf die Waden legen. Dann schiebt er Ihnen die Hände unter den Achseln durch, so dass er Ihre Schultern umfasst.

Statt ihn stoßen zu lassen, fangen Sie an, langsam die Hüften zu bewegen: Kippen Sie das Becken von ihm weg, so dass sein Penis fast herausrutscht und mit der Wurzel gegen Ihre Klitoris drückt. Dann kippt er das Becken, um ganz in Sie einzudringen, während Sie Ihres wieder nach vorn bringen und die Schenkel und den PC-Muskel anspannen. Dann geht das Spiel von vorne los. Oder einfach ausgedrückt: Es geht darum, dass seine Peniswurzel konstanten Druck auf Ihre Klitoris ausübt.

5 August

Halt! Zutritt verboten!

Manchmal vergessen wir, dass Sex auch ohne Intimverkehr möglich ist. Fixieren Sie sich nicht so auf die Penetration – ja, das gilt für Mädels und Jungs gleichermaßen –, dass Sie die anderen Freuden am Wegesrand übersehen. Es kann ausgesprochen handfeste Gründe geben, Alternativen zum direkten Geschlechtskontakt auszuprobieren: Sie sind nicht dazu bereit; Sie haben die Kondome vergessen; Sie haben sich extrem gut unter Kontrolle und glauben, dass Triebaufschub gut fürs Seelenheil ist.

Nehmen wir zum Beispiel das *Trockenvögeln*. Was könnte mehr anmachen, als die Körper dicht aneinander zu haben und zu spüren, wie seine Erektion durch Ihre Kleidung oder gegen Ihre Haut drückt? Reiben Sie Ihre Klitoris an verschiedenen Stellen seines Körpers: an den Oberschenkeln, der Hüfte, dem Schambein oder Knie. Die gestern beschriebene *koitale Ausrichtungstechnik* lässt sich sehr erfolgreich beim Verkehr ohne Penetration anwenden. Ihr Süßer liegt auf Ihnen und stützt sich auf die Ellbogen. Seine Beine liegen zwischen den Ihren. Er liegt genau in der richtigen Höhe, damit sein Penis gegen Ihre Klitoris reibt. Dann stützen Sie sich beide mit den Füßen am Fußende des Bettes ab und reiben so lange die Bäuche gegeneinander, bis Sie im Reich der Ekstase sind. Die Hände haben Sie bei dem Spiel frei. Erforschen Sie damit seinen Körper.

Hinweis: Wenn Ihr Partner kein Kondom trägt, geht das *Trockenvögeln* nicht als Safer-Sex-Technik durch, denn es könnte durchaus sein, dass etwas von seinem Präejakulat oder tatsächlichem Ejakulat mit Ihren Körperflüssigkeiten in Kontakt kommt. Gehen Sie auf Nummer sicher!

Gemeinsam Spaß haben

Es spricht einiges für Selbstliebe MIT dem Partner: Zum einen ist es absolut sicher. Zum anderen ist es eine wunderbare Alternative zum Verkehr, wenn Sie räumlich beengt sind – im Kleinwagen, auf Sitz 22A und 22B im Flugzeug, im Einmannzelt – oder Sie (oder auch Sie beide) keine Lust haben, das komplette Programm durchzuziehen. Sie können gleichzeitig Ihre voyeuristischen und exhibitionistischen Neigungen ausleben, und Sie können sich genau so stimulieren, wie Sie es gern haben. Sie können damit Ihre übliche Routine durchbrechen, und jede Menge Spaß macht es auch!

Einer der Hauptvorzüge des gemeinsamen Masturbierens bzw. Onanierens liegt in seinem Lernpotenzial. Es bietet beiden von Ihnen Gelegenheit, dem Partner genau zu zeigen, welche Art von Bewegung, welchen Druck und welches Tempo Sie mögen. Und weil Sie Ihre Hemmungen fallen lassen und Ihren Lover zuschauen lassen, wie Sie es sich selbst besorgen, ist Vertrauen und Zuneigung unabdingbar. Es kann mehr Nähe schaffen und den Umgang miteinander unkomplizierter machen.

Genießen Sie also gemeinsam die Selbstliebe. Setzen Sie sich im Bett gegenüber und schauen Sie einander zu. Setzen Sie sich vor einen Spiegel. Timen Sie Ihre Orgasmen, so dass Sie zusammen kommen, oder wechseln Sie sich ab. Probieren Sie unterschiedliche Stellungen aus. Setzen Sie es als Vorspiel für die Hauptshow des Abends aufs Programm. Machen Sie es sich, während Sie dabei sind. Holen Sie Ihre Lieblingsspielzeuge aus der Schublade.

Und notieren Sie sich im Geiste das eine oder andere – es gibt sehr viel zu lernen!

7 August

Sie bestimmen, wo's langgeht!

Das Schöne am Masturbieren ist, dass Sie bestimmen können, wo, wann, wie und ob überhaupt Sie einen Orgasmus haben möchten. Zu wissen, was Sie brauchen, um zu kommen, erleichtert es Ihnen, Ihrem Partner genau zu zeigen, was er tun muss, um Sie ins Reich der Ekstase zu bringen.

Gleichzeitig ist Selbstliebe der beste Beweis, dass wir keinen Partner brauchen, um unsere Sexualität auszuleben. Wir sind nicht von einem Mann abhängig, um Lust zu empfinden. Missverstehen Sie mich nicht, ich will Liebe zu zweit nicht diskreditieren – ganz im Gegenteil! Eine liebevolle Beziehung ist etwas zutiefst Erfüllendes und Beglückendes, aber viele Frauen fühlen sich nicht wirklich komplett, wenn Sie keinen Partner haben, und verbringen darum viel Zeit mit der Suche nach einem. Wir haben das alle schon erlebt. Ironischerweise treten geeignete Kandidaten in dem Moment aus dem Unterholz, in dem wir aufhören, uns nach einer Beziehung zu verzehren und stattdessen unsere Unabhängigkeit genießen.

Was das mit Masturbation zu tun hat? Nun, Masturbation ist gewissermaßen ein Mikrokosmos Ihrer Unabhängigkeit. Wenn Sie sich selbst befriedigen, können Sie nach Lust und Laune entweder von einem Lover träumen, der Ihnen jeden Wunsch erfüllt, oder ganz einfach Spaß an Ihrem Körper haben und über die erstaunliche Bandbreite seiner Empfindungen staunen. Es gibt keinen Grund, irgendwo da draußen zu suchen – das Potenzial zur Ekstase liegt in Ihnen selbst. Sie haben den Schlüssel in der Hand.

August

Ein Hauch von Brasilien

Sommerzeit ist Badezeit, und Baden heißt für die meisten Frauen: Enthaarung der Bikini-Zone. Beim *Brasilian Waxing* werden alle Haare im Intimbereich – Venushügel, äußere Schamlippen und Pofalte – mit einem speziellen *Brasil-Wachs* entfernt. Manche Frauen lassen vorne einen schmalen Streifen oder ein Dreieck stehen, andere lassen sich komplett enthaaren.
Was erwartet Sie, wenn Sie sich ein *Brasilian Waxing* machen lassen? In manchen Salons bekommen Sie einen Papier-String, aber in aller Regel wird man Sie bitten, sich unten komplett freizumachen. Keine Angst: Es gibt nichts, was die Kosmetikerin noch nicht gesehen hätte. Stellen Sie sich darauf ein, dass Sie alle möglichen Verrenkungen mit dem Unterleib machen müssen, damit sie in jeden Winkel und jede Falte kommt. Zum Schluss zupft sie nach dem Wachsen vielleicht noch das eine oder andere Haar aus. Die Schmerzen? Ich will Ihnen nichts vormachen: Ein paar Sekunden lang brennt es wie Feuer, aber wenn Sie an der Haut ziehen, um die Schamlippen straff zu halten, tut es nicht ganz so weh. Und in weniger als einer Viertelstunde ist alles vorbei. Erkundigen Sie sich nach einer guten Kosmetikerin in Ihrer Nähe. Und alle Infos über *Brasilian Waxing* erhalten Sie zum Beispiel auf *www.wax-in-the-city.com*.
Ein *Brasilian Waxing* ist eine sexy Überraschung für Ihren Schatz. Wenn Sie der Gedanke an Heißwachs im Intimbereich zusammenzucken lässt, können Sie die Haarentfernung auch zum erotischen Event machen und ihn bitten, Sie zu rasieren. Und wenn Sie dann völlig glatt da unten sind, können Sie seine Hand zwischen Ihre Beine führen und zuschauen, wie sich seine Pupillen weiten. Glatt zu sein, beschert auch Ihnen beim Oralsex und dem Liebesspiel interessante, ungewohnte Gefühle. Und wenn es Ihnen nicht gefällt, können Sie die Haare ja einfach nachwachsen lassen.

9 August

Eine erste Annäherung ans Spiel an der Hintertür

Dank der vielen Nervenenden, die die Analregion durchziehen, kann das Spiel in diesem Bereich erotisch, lustvoll und in hohem Maße befriedigend sein. Viele Männer berichten, dass die Stimulation der Prostata ihnen unglaubliche Orgasmen verschafft. Frauen haben dabei andere, aber nicht weniger intensive Empfindungen. Dawn, 25, Verlagsassistentin, meint dazu: »Ich halte es für sehr wahrscheinlich, dass es in dem Bereich einen G-Punkt gibt, denn beim Analsex habe ich die explosivsten Orgasmen.« Da die anale Penetration nicht ohne Entspannung einer Körperzone funktioniert, die erhebliche Spannung aushalten kann, beschreiben manche sie sogar als stresslindernde, beinahe meditative Erfahrung.

Der am häufigsten geäußerte Einwand gegen Analsex ist seine angebliche hygienische Bedenklichkeit. Wie bereits im Januar angesprochen ist das Rektum ein Durchgang und kein Lagerraum. Wenn Sie also vor kurzem auf der Toilette waren (wieder ein Grund mehr für eine ballaststoffreiche Ernährung), dürften höchstens Spuren von Kot vorhanden sein. Nehmen Sie gemeinsam eine Dusche oder ein Bad, und reinigen Sie den Bereich sanft mit einem eingeseiften Finger. Und wenn Sie sich trotzdem unsicher fühlen, können Sie auch ein Klistier zur Reinigung verwenden,

Die zweite Befürchtung dreht sich um eine mögliche Übertragung mit Krankheiten. Bedenken Sie aber, dass Viren – und nicht Sexualpraktiken – Krankheiten übertragen, und ungeschützter Verkehr die Gefahr einer Ansteckung erhöht. Darum sind Kondome beim Analspiel unverzichtbar, es sei denn, Sie und Ihr Partner hätten sich beide negativ auf sexuell übertragbare Krankheiten testen lassen.

10 August

Es geht allein um Sie

Von Zeit zu Zeit ist es schön, sich im Bett einen kleinen Urlaub von der Selbstlosigkeit zu gönnen. Wenn Sie sich keine Gedanken über die Befriedigung des anderen zu machen brauchen, fällt es Ihnen womöglich leichter, sich zu entspannen und den Reaktionen Ihres Körpers hinzugeben. Machen Sie ein Spiel daraus: Konzentrieren Sie sich abwechselnd einen Abend lang ganz auf den einen und dann auf den anderen. Wenn Ihr Partner dran ist, stellen Sie sicher, dass er keinen Finger zu krümmen braucht, es sei denn, um Ihnen zu zeigen, wie er es gerne hätte. Binden Sie ihn notfalls ans Bett, um ihm klarzumachen, dass es ganz allein um ihn geht. Und am nächsten Abend sind Sie dran. Da es die meisten Menschen antörnt, ihren Partner erregt zu sehen – und zu wissen, dass sie ihn in diesen Zustand gebracht haben –, tut das Spiel dem Ego des Gebenden gut, und der, der die Aufmerksamkeiten empfängt, kann sich zurücklehnen, ohne überlegen zu müssen, wie er das alles wiedergutmacht. So ist er frei, sich ganz seinen Empfindungen hinzugeben. Amelie, 34, Finanzplanerin, sagt, dass Sie auf diese Weise den »alltäglichen Kleinkram« hinter sich lassen kann. »Ich spüre ganz in meinen Körper hinein, achte auf meine Empfindungen, meine Atmung, wie es sich anfühlt, wenn wir Haut an Haut daliegen, wie mein Partner atmet, wie er sich bewegt, seine Wärme, wie rauh sich die Haare an seinen Beinen und auf seiner Brust anfühlen.« Wenn ihr Liebster ihr, kurz bevor er kommt, ihren Namen ins Ohr flüstert, hebt sie das sofort über die Schwelle.

Wenn Sie dran sind, achten Sie darauf, ob es Ihnen schwerfällt, so sehr im Mittelpunkt der Aufmerksamkeit zu stehen. Viele Frauen haben von klein auf gelernt, anderen zu gefallen. Lassen Sie diese Neigung einen Abend lang in den Hintergrund treten. Stellen Sie sich lieber vor, wie stolz Ihr Lover sein wird, dass er Ihnen solch intensive Lust bereiten kann. Entspannen Sie sich und überlassen Sie alles andere ihm.

11 August

Stellung(en) der Woche: ... auch akrobatische Positionen

Viele der im »Kamasutra« beschriebenen Stellungen scheinen zur spielerischen Annäherung ersonnen zu sein. Wie sonst könnte man einige der *akrobatischen Missionarsstellungen* erklären, die Vatsyayana beschreibt. Nehmen wir zum Beispiel das *Einschlagen des Nagels*. Ihr Partner dringt im Knien in Sie ein, und Sie heben dabei ein Bein an, doch statt es ihm wie beim *Bambusspalten* auf die Schulter zu legen, berühren Sie mit der Ferse leicht seine Stirn. Damit steht schon fest: Vatsyayana hatte eindeutig ein Faible für die figuralen Arrangements, die sich aus dem körperlichen Zusammenspiel der Liebenden ergeben, selbst wenn er schreibt, dass es der Übung bedarf, um diese Stellung zu erlernen.

Dann ist da die *Krabbenstellung*, in der Sie die Knie anwinkeln und die Beine zum Körper hinziehen wie eine Krabbe, die die Scheren einzieht. Dadurch zieht sich Ihre Vagina wie ein *seidener Schraubstock* um sein Glied zusammen.

Wenn Sie im Yoga geübt sind – oder auf andere Weise besondere Gelenkigkeit erlangt haben –, können sie auch die *Lotusähnliche Stellung* ausprobieren, wenngleich Sie sich dabei womöglich wie eine Brezel fühlen werden: Sie liegen auf dem Rücken, heben die Beine und kreuzen sie zur *Lotusposition* (sprich: die Knöchel liegen oben auf den Schenkeln), während er in Sie eindringt. Machen Sie sich nichts daraus, wenn Ihnen die Stellung nicht gelingt oder Sie sie nicht sehr lange halten können. Bewahren Sie sich Ihren Sinn für Humor. Betrachten Sie das Ganze von der spielerischen Seite. Vielleicht hat Vatsyayana diese Position ja nur aufgenommen, um uns zu erinnern, dass Sex Spaß machen soll!?

12 August

Vibrator? – Natürlich!

Gelegentlich hört man das Argument, Vibratoren seien unnatürlich, gerade so, als dürften wir beim Sex nichts verwenden, was von Menschenhand gemacht ist. Konsequent zu Ende gedacht, würde dieses Argument bedeuten, dass wir auch nicht mit Besteck essen, uns in Kleider hüllen und im Auto fortbewegen dürften. Klar, unbedingt erforderlich sind Vibratoren beim Sex nicht. Das trifft auch für das Küssen zu, aber beides macht die Sache deutlich lustvoller.

Auch wird immer wieder gesagt, der Einsatz von Vibratoren sei *aufgesetzt* und damit unnatürlich. Wie kann etwas, das es uns ermöglicht, unsere natürlichen erotischen Impulse und unser Tastempfinden zu erforschen, unnatürlich sein? Heißt das, dass auch Massageöl, Satinbettwäsche, Kerzen und sanfte Musik unnatürlich sind? Ja, das schon. Aber haben wir ein Problem damit? Eine der größten Freuden des menschlichen Daseins ist der Genuss, durch Berührung stimuliert zu werden, und es ist nichts Unnatürliches an einem Instrument, das uns leichter in Kontakt zu unseren lustvollen, erotischen Reaktionen kommen lässt. Viele Frauen brauchen den gleichbleibenden Druck und die konstante Stimulation durch einen Vibrator, um zum Höhepunkt zu kommen, und das eigentlich Unnatürliche wäre, sich die gottgegebene Ekstase des Orgasmus vorzuenthalten.

Manche Menschen empfinden Vibratoren als etwas Bedrohliches, aber wer sie kennt, weiß aus eigener Erfahrung, dass sie niemals einen Menschen aus Fleisch und Blut ersetzen können. Sie können uns zwar nie das Herz brechen (es sei denn, die Batterien gehen im unpassendsten Augenblick zur Neige), aber sie können nicht mit uns lachen und nicht mit uns weinen. Und sich in einer lauen Sommernacht eng an uns kuscheln können Sie auch nicht. Aber sie können uns helfen, erotisch die Phasen zu überbrücken, in denen wir keinen Partner haben. Und daran ist überhaupt nichts Unnatürliches!

13

August

Materialvielfalt im Hightech-Zeitalter

Dem technologischen Fortschritt sei Dank gehören die billigen Hartplastik-Vibratoren früherer Zeiten längst der Vergangenheit an. Heutzutage gibt es eine solche Vielfalt an unterschiedlichen Materialien, dass es manchmal selbst dem erfahrensten Einkäufer von Lustartikeln schwerfällt, den Überblick zu behalten. Hier eine kleine Materialkunde:

- Silikon: wird für qualitativ hochwertige Vibratoren und Manschetten verwendet, ist nicht porös und leicht zu reinigen. Teuer, aber die Ausgabe lohnt sich.
- Cyberskin: ist eine Neuentwicklung, deren Haptik der menschlichen Haut ähnlicher ist als alles andere, was auf dem Markt angeboten wird. Es ist weich und beweglich, aber auch extrem porös. Entweder Sie verwenden den Vibrator mit einem Kondom oder reinigen ihn sorgfältig nach jeder Verwendung.
- Gummi: Vibratoren aus synthetischem Gummi sind leicht zu finden und preiswert, weich und warm. Aber womöglich halten Sie nicht so lange wie kostspieligere Modelle.
- Kunststoff: Toys aus Vinyl und Weichkunststoff sind preiswert und leicht, aber porös. Vibratoren aus Hartplastik sind nicht porös und darum einfacher zu reinigen, aber wahrscheinlich auch nicht so haltbar.
- Weichacryl: aus diesem weichen, nichtporösen Material ist beispielsweise der Kopf des *Hitachi Magic Wand* gemacht.
- Naturlatex: ein Material, das überwiegend für Kondome und Handschuhe, gelegentlich aber auch für Sextoys verwendet wird. Es darf nicht zusammen mit Ölen gleich welcher Art verwendet werden.

Wichtig: Denken Sie daran, dass poröse Materialien generell mit einem Kondom geschützt und nach dem Spiel sorgfältig gereinigt werden müssen. Aber jetzt auf zum Shoppen!

14 August

Ein Besucher an der Hintertür

Wenn Sie Lust haben, es mit Analverkehr zu versuchen, gibt es drei Schlüssel zum Erfolg: Kommunikation, Entspannung und Gleitmittel. Bringen Sie Ihrem Partner gegenüber klar Ihre Erwartungen zum Ausdruck und nehmen Sie sich Zeit für den Anlauf vor dem großen Sprung. Bitten Sie ihn zumindest, Ihnen die Pobacken zu massieren und auf diese Weise den gesamten Bereich zu stimulieren. Vielleicht empfiehlt es sich sogar, sich vorher zum Orgasmus zu bringen, um sich noch weiter zu entspannen. Wenn Sie bereit sind, denken Sie daran, dass Gleitmittel unverzichtbar ist – und zwar JEDE Menge, weil dieser Bereich nicht von körpereigenen Flüssigkeiten durchfeuchtet wird. Tragen Sie das Gel nicht nur auf seinen mit einem Kondom versehenen Penis auf, sondern auch rings um die Analöffnung. Es empfiehlt sich, etwas von dem Zeug sogar direkt in die Öffnung zu reiben.

Lassen Sie ihn zunächst langsam einen oder eventuell auch zwei mit Gleitmittel geschmierte Finger einschieben. Ist Ihr Anus erst einmal entspannt, kann er seine Penisspitze an die Öffnung halten. Atmen Sie tief in den Bauch ein und lehnen Sie sich dann gegen sein Glied. Denken Sie daran, dass derjenige, der penetriert wird – in diesem Fall Sie –, das Tempo vorgibt. Lassen Sie ihn eindringen und dann erst einmal still halten, bis Sie sich an das Gefühl gewöhnt haben. Wenn es weh tut, heißt das: Aufhören! Warten Sie, bis er komplett in Ihnen ist, bevor Sie Ihre Hände an Ihre Nippel oder Ihre Klitoris bringen: Durch die Stimulation anderer erogener Zonen könnte sich Ihre Harnröhre unwillkürlich zusammenziehen und ihn hinausdrücken.

Wenn Sie so weit sind, dass er Sie sanft stoßen kann, führen Sie seine Hand nach vorne zu Ihren anderen Kostbarkeiten. »Das Schärfste, was mir je ein Mann gemacht hat, war, es mir anal zu besorgen und mir dabei gleichzeitig den Vaginalbereich zu stimulieren«, behauptet Liane, Anfang 40, Ärztin. »Es ist uns gleichzeitig gekommen!«

15 August

Toys für Analspiele

Toys, die speziell für das Analspiel entworfen wurden, bringen beim Sex mit dem Partner und bei der Selbstliebe jede Menge Extra-Spaß. Analstöpsel – auch *Butt-Plugs* genannt – sind eine Art kurzer Dildo mit verbreitertem Schaftende, das verhindert, dass das Ding in Ihnen verschwindet. (Schieben Sie sich nichts in den Po, das kein verbreitertes Schaftende hat!) Es gibt sie in den verschiedensten Größen, Formen und Materialien. Für den Anfang ist weiches Jelly-Gleitmaterial empfehlenswert; das Material ist jedoch porös, so dass Sie auf alle Fälle ein Kondom verwenden sollten!

Um das lustvolle Gefühl der doppelten Penetration zu genießen, probieren Sie aus, es sich mit ihrem Lieblingsvibrator zu machen – oder von Ihrem Partner machen zu lassen – während Sie einen Analstöpsel tragen. Denken Sie aber immer daran, dass die Rektalschleimhaut sehr dünn ist und keine Gleitflüssigkeit absondert. Die Verwendung eines Gleitmittels ist da ein Muss! Und zwar viel, sehr viel – und noch ein bisschen mehr.

Auch ein Strang murmelgroßer Kugeln kann für ausgefallene Empfindungen im Analbereich sorgen. Viele Leute mögen das Gefühl, wie sich ihre Muskeln um jede einzelne Kugel erst weiten und dann wieder zusammenziehen. Andere lenkt es einfach nur ab. Und wieder andere verstärken ihren Höhepunkt oder den des Partners, indem sie die Kugeln während des Orgasmus eine nach der anderen herausziehen. Sprechen Sie sich mit Ihrem Partner ab, bevor Sie es versuchen, und reißen Sie nicht an dem Strang!

Ein Wort zu den Materialien: Kaufen Sie keine billigen Plastikkugeln, denn diese haben oft rauhe, scharfe Nähte und können verletzen! Auch bei den angenehm weichen Gummikugeln ist Vorsicht geboten, denn sie sind porös.

Geben Sie ihm ein Zeichen

Gutes Vorspiel fängt lange vor Betreten des Schlafzimmers an. Zeigen Sie Ihrem Partner, wie sehr Sie ihn haben wollen, wenn es keine oder kaum Möglichkeiten gibt, Ihre Lust zu stillen. Auf diese Weise bauen Sie Spannung auf, und irgendwann können Sie es kaum noch abwarten, endlich allein zu sein. Überlegen Sie sich eine Möglichkeit, um ihm zu signalisieren, woran Sie gerade denken – einen vielsagenden Blick oder eine zarte Berührung. Lassen Sie sich ein ganz bestimmtes Zeichen einfallen, mit dem Sie sich beide in Gesellschaft wissen lassen können: »Komm raus hier, damit ich dir die Kleidung vom Leib reißen und es dir besorgen kann.«

Solche Geheimsignale können Sie natürlich auch zu Hause einsetzen. Eine meiner Freundinnen berichtet, dass ihr heranwachsender Sohn es »total peinlich« findet, wenn seine Eltern sich vor seinen Augen ihre Zuneigung zeigen, und so tauschen sie während der abendlichen Essensvorbereitungen oder sonstiger Alltagsaktivitäten heimlich Berührungen und Klapse aus. Damit geben Sie einander nicht nur zu verstehen, dass sie beide in Stimmung sind, sondern schüren die Erregung. »Wir können es kaum abwarten, endlich ins Bett zu kommen!«, schwärmt sie.

Dass Sie Lust haben, können Sie auch durch die Schaffung einer entsprechenden Atmosphäre im Schlafzimmer signalisieren. Michelle, 33, Unternehmenscoach, rät, Kerzen bereitzuhalten. »Wenn Sie in Stimmung sind, können Sie, während ihr Liebster sich aufs Zubettgehen vorbereitet, schnell die Kerzen anzünden, sich nackt ausziehen und ihm zeigen, dass Sie Interesse haben!«

Ein Blick in die Geschichte: Heute ist der Geburtstag der US-amerikanischen Sängerin und Sex-Ikone Madonna (*1958).

17 August

»Ich war einmal Schneewittchen ... aber davon bin ich abgekommen.«

Mae West (1892–1980)

Alles Gute zum Geburtstag, Mae West!

Am heutigen Tag erblickte in Brooklyn, New York, eine US-amerikanische Ikone das Licht der Welt: Mae West, die mir ihren Rollen als erotische, emanzipierte Frau sämtliche konventionellen Moralvorstellungen über Bord warf. Haben Sie je geträumt, so dreist und unverblümt zu sein wie Mae West oder moderne Ikonen wie Madonna? Warum lassen Sie sich nicht einen Abend lang auf ein kleines Rollenspiel ein? In eine fremde Haut zu schlüpfen – und sei es nur vorübergehend – kann enorm befreiend sein. Ganz zu schweigen von dem Spaß, den es macht! Hier ein paar Anregungen, wie Sie Ihre Alltagspersönlichkeit hinter sich lassen können:

- Gehen Sie getrennt in eine Bar oder zu einer Party. Flirten Sie hemmungslos mit Ihrem Partner. Spüren Sie wieder das herrlich freche Gefühl, sich gegenseitig aufzugabeln.
- Mieten Sie sich ein Hotelzimmer. Er soll als Erster dort sein. Auf einmal stehen Sie vor der Zimmertür, und Sie haben nichts drunter an. Oder Sie sind zuerst da und *bestellen* ihn herauf …
- Lassen Sie im geschützten Rahmen Ihrer eigenen vier Wände eine geheime Phantasie wahr werden, aber widmen Sie den heutigen Abend Mae West: Sie sind diejenige, die die Fäden in der Hand hält. Spielen Sie Herrin/Sklave, Lehrerin/Schüler oder Polizistin/Gefangener.

Der Schlüssel für ein gelungenes Rollenspiel liegt darin, von Anfang an klare Regeln aufzustellen – und das gilt besonders für die »Sofortaufhören-Absprache«!

18 August

Stellung der Woche: Möwen im Flug

Im »T'ung Hsüan Tzu« beschreibt Li T'ung Hsüan erotische Positionen in einer überaus poetischen Sprache, die sich oft Bildern der Natur bedient.

Möwen im Flug ist eine solche Stellung. Sie weist große Ähnlichkeit mit der neunten Position des »Duftenden Gartens« auf (siehe 15. Juli), nur liegen Sie hier nicht auf dem Bauch, während er von hinten in Sie eindringt. Stattdessen befinden Sie sich in Rückenlage, und zwar so, dass Ihre Hüfte auf einer Linie mit der Bettkante ist. Die Füße haben Sie auf dem Boden aufgestellt, während er vor Ihnen kniet. Statt schräg nach unten zu stoßen, dringt sein Glied diesmal direkt in Sie ein, was ziemlich interessante Empfindungen verspricht. Überlassen Sie sich Ihrer Lust, während er Sie stößt. Ihre Klitoris ist zugänglicher als in der konventionellen *Missionarsstellung*, weil Sie die Hand nicht irgendwie zwischen Ihre beiden Körper schieben müssen. Nutzen Sie die Gelegenheit, um sich mit einem Vibrator oder den Fingern zu streicheln, oder führen Sie seine Hände an Ihren sehnsüchtig wartenden Liebesknopf.

Diese Stellung lässt sich so abwandeln, dass Sie sie praktisch überall im Haus anwenden können. Stellen Sie sich vor, wie es ist, wenn Sie an einem heißen Sommertag so auf dem Rand des Pools liegen und *Ihr Schwan* in Sie eintaucht.

19 August

Noch mehr Wertvolles für Ihren Allerwertesten

Wenn sich die Klitoris und die Vagina durch Vibration stimulieren lässt, warum sollte dies nicht auch für die Millionen von Nervenenden rings um Ihren Anus gelten? Bei manchen *Butt-Plugs* gehört ein Satz Batterien zum Lieferumfang; andere haben einen hohlen Schaft, in den Sie einen batteriebetriebenen Vibrator einführen können. Und dazu gibt es noch lange, dünne Exemplare, die vibrieren und rotieren! Aber keine Angst: Sie müssen nicht auf große Einkaufstour gehen. Bei vielen Vibratoren werden Aufsätze mitgeliefert, mit denen sich die Geräte in vibrierende Analstöpsel umfunktionieren lassen. Wenn Ihr Modell über ein Netzkabel verfügt, sollte es lang genug sein, damit es Ihnen das Teil nicht im Eifer des Gefechts herauszieht. Größere Vibratoren lassen sich mit flexiblen Analmanschetten bestücken, wenngleich ich einen Bogen um die Rippen und Noppen machen würde, wie sie von vielen innovativen Herstellern angeboten werden. Das Motto heißt: »Keep it simple«.

Geben Sie Ihrem Partner (natürlich nur, wenn er offen dafür ist) einen Extra-Kick, indem Sie die Spitze Ihres gut mit Gleitmittel geschmierten Vibrators während des direkten Verkehrs oder beim Hand- oder Mundspiel in seinen Anus einführen. Er ist in dem Bereich ebenso sensibel wie Sie selbst! Mit einem G-Punkt-Vibrator können Sie zusätzlich seine Prostata stimulieren. Vergessen Sie nur nicht, nie etwas in Ihre Vagina zu schieben, das vorher bei irgendjemandem im Po war, ohne vorher das Kondom zu wechseln! Oder noch besser: Kaufen Sie ihm sein eigenes Spielzeug! Auch wenn Mama uns etwas anderes beigebracht hat: Manchmal ist es besser, nicht zu teilen.

20 August

Das fünfte Chakra erwecken

Haben Sie schon einmal jemanden sagen hören, dass ihm in einer bestimmten Situation »die Worte im Hals steckenblieben?« Tantriker würden sagen, dass in diesem Fall das fünfte *Chakra*, auch *Halschakra* genannt, blockiert war. Dieses Energiezentrum steht für Kommunikation und ist für unsere Kreativität und Ausdrucksfähigkeit zuständig. Gestört wird es, wenn ein Mensch seine Ideen und Gefühle unterdrückt, und dies kann Beziehungen ruinieren und befriedigenden Sex unmöglich machen. Um Blockaden im *Halschakra* zu lösen, empfiehlt es sich, nach Möglichkeiten zum Selbstausdruck zu suchen: Singen oder summen Sie, wenn Sie allein im Auto sitzen. Lernen Sie, bewusst zu atmen, besuchen Sie einen *Pranayama-Kurs* oder führen Sie ein Tagebuch, in dem Sie Ihren innersten Gedanken und Gefühlen nachspüren.

Suchen Sie auch im Umgang mit Ihrem Liebsten nach Wegen, um zu einer offeneren, intimeren Kommunikation zu gelangen. Tischen Sie ihm keine Lügen auf, machen Sie ihm nichts vor, wenn es darum geht, ob Sie etwas mögen oder nicht – täuschen Sie nie einen Orgasmus vor! –, und erwarten Sie von Ihrem Partner keine außersinnlichen Wahrnehmungsfähigkeiten. Hier eine wunderbare Übung, die mir ein sehr weiser Therapeut empfohlen hat: Jeder von Ihnen reserviert an wechselnden Abenden einmal pro Woche eine Stunde für sich im Terminkalender des anderen. In dieser Stunde machen Sie es sich im Schlafzimmer gemütlich. Derjenige, dessen Stunde es ist, darf bestimmen, wie er die Zeit verbringen möchte – kuscheln, knutschen oder einfach nur reden. Nur eines ist tabu: GESCHLECHTSVERKEHR. Sie werden staunen, um wie viel näher Sie sich kommen, wenn Sie gemeinsam eine ruhige Stunde verbracht haben, in der Sie sich gegenseitig von Ihrem Tag erzählt und dabei die Füße massiert haben.

21 August

Anker hoch!

Leben Sie in der Nähe des Wassers? Sich in einem Boot zu lieben, während die Wellen im Rhythmus der Stöße sanft gegen den Bug klatschen, stellt jedes Wasserbett in den Schatten. Sollten Sie in der glücklichen Lage sein, ein eigenes Segel- oder Motorboot zu besitzen, fahren Sie zu einer Vergnügungstour der besonderen Art aufs Wasser hinaus. Schalten Sie den Motor ab, holen Sie die Segel ein und werfen Sie den Anker aus. Gehen Sie unter Deck oder wählen Sie einen Platz in der Bootsmitte, weil die Lage hier am stabilsten ist. (Sicherheitshinweis: Wenn Sie in einem kleinen Boot unterwegs sind oder es an Deck unter dem Sternenhimmel treiben wollen, ist es ratsam, die Schwimmwesten anzubehalten!) In kleineren Booten verteilen Sie ein paar Kissen auf dem Boden.

Lassen Sie sich an einem lauen Sommerabend auf einem Gummifloß einen gemächlich fließenden Fluss entlangtreiben. Vielleicht können Sie nicht richtigen Sex haben, aber das heißt nicht, dass Sie sich nicht mit den Händen betätigen könnten. Demonstrieren Sie ein bisschen von dem, was Sie in diesem Jahr schon an manuellen oder oralen Fertigkeiten gelernt haben. Es wird bestimmt nicht lange dauern, bis er *Ausblas!* ruft. Und nachher können Sie sich einfach zur postorgastischen Abkühlung in die Fluten gleiten lassen.

Wenn keine wie auch immer gearteten Wasserfahrzeuge zu Ihrer Verfügung stehen, bleibt immer noch der Strand. Breiten Sie in einer klaren Nacht ein Handtuch aus und walzen Sie sich im Takt zur den brandenden Wogen. (Halten Sie ein zweites Handtuch bereit für den Fall, dass Sie sich schnell zudecken müssten.) Und lassen Sie sich nicht von ein bisschen Sand stören, es gibt schließlich Duschen!

22 August

Eis, Baby, Eis

Eines der allerbesten Sexspielzeuge liegt griffbereit in Ihrem Tiefkühler: Mit Eis lassen sich überall auf dem Körper die raffiniertesten Empfindungen auslösen, speziell an einem schwülen Sommertag. Reiben Sie ihm einen Würfel über die Nippel. Lassen Sie ihn an seinem Rücken hinuntergleiten oder über den Bauch bis an seine empfindlichsten Stellen. Nehmen Sie einen Eiswürfel in den Mund, während Sie es ihm oral besorgen. Das Temperaturgefälle zwischen Ihrer warmen Mundhöhle und dem kalten Eis wird ihn zum Abheben bringen. Oder fahren Sie abwechselnd mit Eis und Ihrem heißen Mund über den Penis. Ein Komplettmenü ist auch nicht verkehrt. Mein Freund Lee, 40, Marktforscher, rät: »Kühle ihm mit Eis die Eier, bevor du ihn oral verwöhnst. Der Kontrast lässt den ganzen Bereich hochgradig sensibel werden.«

Auch sich selbst können Sie mit Eis jede Menge Spaß bereiten. Reiben Sie sich damit über die Brustwarzen und schauen Sie zu, wie sie steinhart werden. Oder schieben Sie sich einen Würfel zwischen die Schamlippen und über Klitoris und Vaginalöffnung und stellen Sie sich dabei vor, wie sich sein heißes Lustzepter in Ihnen bewegt. Mein Freund Kyle hat noch eine andere Idee: Packen Sie einen Dildo in Klarsichtfolie oder ein Kondom ein und legen Sie ihn in den Tiefkühler. Das eisige Toy an Ihrer heißen Haut zu spüren wird Ihnen den Verstand rauben!

Oder Sie wandeln im wundersamen Reich Ihrer selbst kreierten Eisskulpturen – etwa mit einer gut gekühlten Gurke oder einem mit Wasser gefüllten Kondom …

23 August

Die Jungfrau

Wenn Sie oder Ihr Partner zwischen dem heutigen Tag und dem 22. September geboren ist, ist Ihr Sternzeichen die Jungfrau. Astrologen charakterisieren die unter diesem Zeichen Geborenen als harte Arbeiter mit einem ausgeprägten Hang zur Perfektion. Typisch ist ihr Sinn für das Praktische und Schnörkellose. Wenn Sie die Kritikfreude einer Jungfrau zu spüren bekommen, bedenken Sie, dass diese Menschen sich selbst mit ebenso kritischen – wenn nicht noch kritischeren – Augen betrachten. Sie sind äußerst gesundheitsbewusst und ordnungsliebend. Achten Sie also gut auf sich und reduzieren Sie das Durcheinander in Ihrer Wohnung auf ein Minimum. Ihre Jungfrau hat es am liebsten, wenn alles schön aufgeräumt und ihr Schatz gepflegt ist.

In puncto Sex ist der Jungfrau wilde Spontanität nicht unbedingt in die Wiege gelegt. Um einen unter diesem Zeichen Geborenen zu verführen, sollten Sie sich also Zeit lassen. Bauen Sie erst Vertrauen auf. (Wenn Sie selbst Jungfrau sind, sollten Sie sich bewusstmachen, dass Sie einem Mann vertrauen müssen, um mit ihm ins Bett zu gehen.) Seien Sie offen und ehrlich in der Art und Weise, wie Sie sich ihm annähern, und appellieren Sie an seine intellektuelle, medizinisch interessierte Ader, indem Sie die vielen Vorzüge der sexuellen Betätigung preisen. Packen Sie einen Picknickkorb mit Bio-Vollwertkost und unternehmen Sie einen erotischen Ausflug ins Grüne. Wenn Sie den Plan zuerst gemeinsam durchspielen und das Plätzchen für Ihr Stelldichein mit Bedacht wählen, wird es Ihrem Jungfrau-Mann leichter fallen, seine Ängste bezüglich eines derart waghalsigen Abenteuers im Zaum zu halten.

Wenn Sie selbst Jungfrau sind, schauen Sie, wie Sie Ihren Perfektionismus in den Griff bekommen. Sex ist eine chaotische Angelegenheit – und wenn Sie vor dem Liebesspiel unbedingt unter die Dusche müssen, laden Sie Ihren Schatz doch mal mit dazu ein …

24 August

Posieren Sie!

Sie haben die endlose Parade ewig gleicher Sommerurlaubsfotos Ihrer Freunde und Anverwandten satt? Wandeln Sie das alljährliche Ritual für Ihre eigenen Zwecke ab und legen Sie ein extrascharfes Album an, das nur für Ihre und seine Augen bestimmt ist. Dies ist eine wunderbare Möglichkeit, Ihre exhibitionistischen Neigungen auszuleben, und Sie können so ausgefallene oder riskante Posen wagen, wie Sie wollen. Bitten Sie einen befreundeten Fotografen, von Ihnen erotische Aufnahmen für ein Album zu machen, mit dem Sie ihn überraschen. Die besten davon darf Ihr Liebster für seine private Sammlung auswählen. Ein Fotograf aus meinem Freundeskreis, der oft Nacktmodelle fotografiert, hat mir übrigens verraten, dass er viel zu sehr mit dem Arrangement des Sets beschäftigt ist, um sich von einer nackten Brust oder Pobacke ablenken zu lassen. Ein Profi nimmt Ihnen die Scheu, und wenn er Sie fotografiert, dann so, dass Sie stolz auf Ihren Körper sind!

In unserem modernen Digitalkamera-Zeitalter brauchen Sie sich jedoch nicht unbedingt für den Gang in ein professionelles Studio zu entscheiden. Machen Sie mit dem Selbstauslöser ein paar Schnappschüsse von sich in sinnlichen Posen und verstecken Sie die Bilder, wo nur er sie finden kann. Fotografieren Sie sich gegenseitig oder gemeinsam, und schauen Sie sich die Aufnahmen an, wenn Sie sich in Stimmung bringen möchten. Vergessen Sie nur nicht, die Bilder nach der Sitzung aus der Kamera zu löschen, oder speichern Sie sie auf dem PC in einem Ordner ab, zu dem nur Sie Zugang haben …

25 August

Stellung der Woche: Die Schaukel

Erinnern Sie sich noch an diese herrlichen Kindheitssommer und das unvergleichliche Gefühl, auf einer Schaukel im Park vor- und zurückzuschwingen, höher und höher, bis fast in den Himmel hinauf? Als Sie älter wurden, haben Sie sich vielleicht auch schon einmal, eng an Ihren Schatz gekuschelt, auf einer Hollywoodschaukel hin- und herwiegen lassen.

Dem »Kamasutra« zufolge können Sie aber auch Ihr Bett zum Spielplatz machen! Sie brauchen bloß die Position zu probieren, die Vatsyayana als *Schaukel* beschreibt. Mag sein, dass Sie dabei nicht vom Boden abheben, aber ein Höhenflug der Empfindungen ist allemal für Sie drin.

Ihr Partner lehnt sich zurück und stützt sich auf die Hände oder schiebt sich ein paar dicke Kissen ins Kreuz. Sie lassen sich mit Blickrichtung auf seine Füße rittlings auf seiner wartenden Erektion nieder. Neigen Sie den Oberkörper nach vorne und halten Sie sich an seinen Schienbeinen fest. So können Sie die Balance halten, während Sie sanft mit dem Becken vor und zurück schaukeln. Wenn es Ihnen peinlich ist, sich vor seinen Augen zu berühren, können Sie Ihre *Knospe* in dieser Stellung streicheln, ohne dass er es sieht – wenngleich er Ihre wachsende Erregung spüren wird, was ihm neben dem Anblick Ihres sich auf ihm bewegenden Hinterteils einen zusätzlichen Kick geben dürfte. Mögen seine Stöße Sie immer höher und höher schubsen!

Besuchen Sie Ihn an seiner Hintertür

Für viele heterosexuelle Männer ist anale Penetration etwas ausgesprochen Erregendes. Und warum auch nicht? Wie bereits an anderer Stelle erwähnt, ist der Anus über und über mit Nervenenden gespickt, und bei der Penetration wird sowohl die Penisknolle als auch die Prostata (d.h. der männliche G-Punkt) stimuliert. Und um gleich mit Klischees aufzuräumen: Analsex ist nicht nur für Schwule da! Es gibt viele schwule Männer, die nie Analverkehr hatten, und viele Hetero-Paare, die total darauf stehen – wie die Popularität der Video-Serie »Bend Over Boyfriend« beweist.

Wenn Ihr Partner anale Penetration ausprobieren will, können Sie im Prinzip genauso verfahren wie bei sich selbst (siehe 14. August). Fangen Sie an, indem Sie seinen Anus mit einem großzügig in Gleitgel getauchten Finger (mit kurzen Fingernägeln!) massieren. Dabei ein Kondom oder einen Latexhandschuh überzustreifen ist keine schlechte Idee, weil sich das glatter anfühlt. Sobald er so entspannt ist, dass Sie mit zwei Fingern in ihn eindringen können, können Sie statt der Hand auch einen Dildo oder ein spezielles Anal-Toy nehmen. Auch hier gilt: Nicht mit Gleitgel sparen und immer wieder nachfragen, wie es ihm dabei geht. Vergessen Sie nie, dass ER bei diesem Spiel das Tempo vorgeben sollte.

Sobald er bereit ist, halten Sie ihm den Dildo an den Anus, und er lässt sich auf das Teil draufsinken. Dabei atmet er bewusst tief ein und aus. Seien Sie nicht überrascht, wenn er seine Erektion verliert, während er sich an das Gefühl gewöhnt. Sobald er Ihnen das Zeichen dazu gibt, können Sie anfangen, den Dildo in ihm zu bewegen. Probieren Sie verschiedene Stellungen aus – beim Eindringen in den Anus haben Sie auch gute Chancen, seine Prostata zu treffen. Wichtig zum Schluss: Verabschieden Sie sich langsam …

27 August

Elektrisierender Oralsex

Ihr *Lieblingsvibrator* kann aus gutem Oralsex phantastischen Oralsex machen. Bitten Sie ihn, zu summen, während er an Ihrer Klitoris saugt und leckt. Die dabei übertragenen Vibrationen können sich göttlich anfühlen. Wenn er sich weigert, weil er Ihnen verheimlichen will, dass er den Ton nicht halten kann, versichern Sie ihm, dass geiles Stöhnen den gleichen Effekt produziert. Um die Wirkung noch zu steigern, kann er sich beim Cunnilingus einen Vibrator unter die Zunge legen. Heißer kann Oralsex nicht sein! Ach ja, bevor ich's vergesse: Lassen Sie ihn wissen, dass er den Vibrator natürlich auch überall sonst anwenden kann – etwa an oder in Ihrer Vagina oder Ihrem Anus – während er Sie mit der Zunge verwöhnt. Vorausgesetzt natürlich, es lenkt Sie nicht ab.

Wenn er dran ist, sich von Ihnen oral beglücken zu lassen, braucht Ihr altgedienter Vibrator auch nicht nutzlos in der Schublade herumzuliegen. Halten Sie ihm das Gerät an die Peniswurzel oder die Hoden. Drücken Sie es ihm gegen den Damm, malen Sie damit Kreise um seine Analöffnung. Manche Männer haben es sogar gern, während des Oralverkehrs von einem Vibrator oder Dildo penetriert zu werden. Wählen Sie einen Vibrator speziell für die G-Punkt- oder Prostatastimulation oder auch einen vibrierenden *Butt-Plug*.

Wenn ein Vibrator ihn von all den wunderbaren Dingen ablenkt, die Sie mit Ihrem Mund machen, gibt es keinen Grund, warum Sie das Spielzeug nicht inzwischen an sich selbst anwenden sollten (vorausgesetzt natürlich, Sie können sich dabei auf Ihre oralen Techniken konzentrieren).

Stellen Sie sich vor, wie elektrisierend es wäre, gleichzeitig zu kommen!

28
August

Ein kleiner Fingerzeig

Wie können Sie Ihren Mann wissen lassen, dass er Ihren Liebesknopf mit dem Mund liebkosen soll? Wenn es Ihnen peinlich ist, es ihm zu sagen, oder Sie einfach mal etwas anderes ausprobieren wollen, versuchen Sie es mit dem *Zeigen-und-Küssen-Spiel.* Sagen Sie ihm, dass er Sie überall küssen soll, wo Sie mit dem Finger hindeuten. Zeigen Sie auf den Hals, die Brüste, die Nippe, den Nabel. Und arbeiten Sie sich dann zum Schambereich und dem Punkt vor, an dem Ihre beiden Schamlippen aneinanderstoßen. In dem Augenblick hat er Ihren kleinen Fingerzeig bestimmt verstanden.

Und nachdem Sie ihm den Weg gewiesen haben, zeigen Sie auch, wie sehr Sie seine Zärtlichkeiten zu schätzen wissen! Wenn er es richtig macht, stöhnen Sie vor Erregung; wenn er noch ein wenig mehr Anleitung braucht, hauchen Sie ihm Ihre Instruktionen im sinnlichen Flüsterton zu, nach dem Motto »Ooooohhhh, ich hab es so gern, wenn du sie hin- und herschnalzen lässt.« Fahren Sie ihm mit den Händen durchs Haar. Saugen Sie an einem seiner Finger. Lassen Sie ihn sehen, wie viel Spaß Sie haben.

Was Männer ebenfalls sehr sexy finden, ist, wenn Sie nach unten fassen und Ihre Schamlippen auseinanderspreizen, während er es Ihnen oral besorgt. Nicht nur, dass der Anblick unglaublich erotisch wirkt; durch das Straffziehen der Haut erhöhen Sie gleichzeitig Ihre Empfindsamkeit. Sie können den Griff auch anwenden, während er Ihnen bei der Selbstliebe zuschaut.

29 August

Sommerlager für Erwachsene

Lust auf einen Kurzurlaub? Warum nicht das schöne Wetter nutzen, um mit Ihrem Liebsten zelten zu gehen?
Reservieren Sie sich ein Plätzchen auf einem einsamen Campingplatz irgendwo in der Natur oder buchen Sie eine Rucksack- oder Floßfahrt. Zippen Sie am Abend Ihre beiden Schlafsäcke zusammen und lieben Sie sich unter dem Sternenhimmel oder neben einem prasselnden Lagerfeuer (oder heizen Sie sich einfach im Zelt ein!). Wenn Sie einen Zeltplatz an einem Bach oder Fluss finden, können Sie sich beim Rauschen des Wassers lieben.
Mein Freund Harry, 37, Regisseur, beschreibt es so: »Es ist wirklich etwas Besonderes, sich gemeinsam in die Einsamkeit zurückzuziehen – an irgendeinen schönen Platz in der Natur. Das bringt meine Libido so richtig auf Touren. Ich habe das Gefühl, dass wir instinktiv mit der Natur verbunden sind. Aber normalerweise haben uns der Stress und die Sorgen unseres Großstadtalltags so sehr im Griff, dass wir unsere Sexualität im wahrsten Sinn des Wortes aus den Augen verlieren. Wenn ein Mann mit seiner Geliebten der Stadt den Rücken kehrt und die beiden ganz allein draußen in der Natur sind, tut das seiner Libido auf jeden Fall mehr als gut.«
Seien Sie also nicht überrascht, wenn ein solches Wochenende auf freier Wildbahn das Tier in Ihrem Mann zum Vorschein bringt!

30 August

Lieben Sie Ihren Körper!

Viele Frauen denken bei Sommer an Badeanzug, und einen Badeanzug zu tragen, ist für Sie der reinste Horror. Wie tragisch! Es ist zwar super, gesund und fit zu sein, aber viel zu viele von uns messen sich an den unerreichbaren (und oft ungesunden) Schönheitsstandards, die von den Medien verbreitet werden. Irgendwie haben wir die Botschaft verinnerlicht, dass wir keinen großartigen Sex verdient haben (und bekommen können), solange unser Körper nicht dem Bild entspricht, das wildfremde Leute als perfekt hinstellen.

Das führt dazu, dass manche Frauen die ihnen zustehende Sexualität nur allein deshalb nicht voll auskosten, weil sie Angst davor haben, sich ihrem Mann nackt zu zeigen. Meine Freundin Melissa formuliert es so: »In unserer auf optische Eindrücke fixierten Gesellschaft halten sich viele Frauen sexuell zurück, bis sie irgendwann einmal vielleicht zwei, drei, vier Kilo abgenommen haben. Ich finde, ganz gleich welche Kleidergröße eine Frau hat oder wie viel sie wiegt, sie sollte leben, lieben und vögeln! Eine Frau mit gesundem erotischem Appetit törnt einen Mann doch eher an als eine verklemmte Bohnenstange.«

Wenn es Ihnen also ernst damit ist, sich wirklich an jedem einzelnen Tag des Jahres sinnliche Lust zu verschaffen, dann müssen Sie lernen, Ihren Körper zu lieben! Stopfen Sie ihn nicht mit Junkfood voll, aber machen Sie sich auch nicht verrückt, wenn Sie nicht so aussehen wie ein magersüchtiges »Vogue«-Model. Ja, sportliche Betätigung ist gut für die Gesundheit und lässt Sie lebendiger und damit erotischer werden, aber das heißt nicht, dass Sie Stunden im Sportstudio verbringen müssten, um Spaß beim Sex zu haben. Freuen Sie sich über all die wunderbaren Empfindungen, die Ihr Körper Ihnen bereitet. Genießen Sie mit allen fünf Sinnen – Ihren Lieblingsduft, eine Massage oder viele köstliche Orgasmen.

Und wenn Sie sich im Badeanzug nicht gefallen, dann springen Sie halt nackt ins Wasser!

31 August

Handarbeit für Faule

Sie arbeiten das ganze Jahr über hart genug, da wollen wir es zum Sommerausklang gemütlich angehen lassen. Die folgenden Anregungen versprechen zwar lustvolle Momente, aber Sie können sich dabei getrost zurücklehnen. Ihr Schatz soll Sie verwöhnen:

- Er formt die Hand zum C, schiebt Ihnen den Daumen in die Vagina und bewegt die Hand so, dass sein Daumen gegen Ihren G-Punkt drückt und er Ihnen gleichzeitig mit den Fingern die Klitoris und die *Liebeslippen* massieren kann.
- Mit einer Hand schiebt er Ihre Schamlippen auseinander, die andere legt er obenauf, so dass er Ihre *Knospe* mit dem Mittelfinger streicheln kann.
- Die folgende Technik funktioniert am besten in der Löffelchenstellung oder wenn er neben Ihnen liegt: Er legt drei gebogene Finger auf Ihren Venushügel: Mit dem Mittelfinger bearbeitet er Ihre Klitoris, wie Sie es am liebsten haben, während er Ihnen mit Zeige- und Ringfinger gleichzeitig die Schamlippen massiert.
- Während er neben Ihnen liegt, schiebt er Ihnen eine Hand unter den Po und verwöhnt Sie gleichzeitig mit der anderen von oben. Mit den Fingern seiner unteren Hand kann er Ihnen den Po streicheln, Ihre *Rosenknospe* verwöhnen oder in Ihre Vagina eindringen – oder alles auf einmal.

Genießen Sie den Spaß, der in diesen Techniken steckt. Wenn Sie funktionieren, wunderbar. Wenn nicht, spricht nichts gegen Ihre gute, altbewährte Methode. Sex soll schließlich Spaß machen – und keine Arbeit sein!

KAPITEL NEUN

September

»Nur die Unwissenden verachten die Bildung.«

Pubilius Syrus, römischer Schriftsteller, 1. Jh. v. Chr.

Bilden Sie sich fort – in erotischer Hinsicht!

Wie viele Menschen assoziieren vielleicht auch Sie den September mit dem Ende der gemächlichen Sommerferienzeit. Schweren Herzens verabschieden Sie sich von den lauen Abenden und dem süßen Nichtstun. Wenn Sie Kinder haben, stecken Sie vielleicht mitten im Anfangstrubel des neuen Schuljahrs. Warum machen Sie es ihnen nicht gleich und nutzen die Zeit, um Ihr eigenes (sinnliches) Wissen aufzufrischen. In diesem Monat stehen neue Positionen und Techniken ebenso auf dem *Lehrplan* wie jede Menge Amüsantes und Wissenswertes rings um das Thema Sex.

Blumen des Monats sind die Astern und die Windengewächse. Erstere galten in der viktorianischen Zeit als Symbol für die Lust auf Abwechslung und die Anmut, letztere dagegen standen für Eigenwilligkeit. Wandeln Sie die Symbolik für Ihre Zwecke ab: Lassen Sie sich von einem Strauß Astern dazu inspirieren, die verschiedensten Sexualtechniken auszuprobieren, und von Windengewächsen daran erinnern, sich selbst treu zu sein.

Bei den alten Griechen galt der Saphir als Stein des Monats September, und es hieß, er könne das dritte Auge öffnen und uns mit unserem Unterbewusstsein in Verbindung bringen. Als Hüter der Liebe schenkte man der Liebsten einen Saphir, um ihre Liebe zu schüren, Eifersucht und Neid zu bannen und die Treue zu besiegeln.

1 September

Der Doktor sagt ...

... Sex tut nicht nur den Genitalien gut, sondern, wie neuere Forschungen zeigen, auch jedem anderen Teil unseres Körpers. Besonders heiß ist, was die Wissenschaft über Oxytocin herausgefunden hat – ein Hormon, das uns nicht nur in die richtige Stimmung bringt, um emotionale Bindungen eingehen zu können, sondern auch für die Regulierung von Körperfunktionen wie Temperatur, Blutdruck und Wundheilung zuständig ist. Während eines Orgasmus schnellt der Spiegel dieses Kuschelhormons auf das Fünffache seines üblichen Werts hoch. Und warum Sex sonst noch so gesund ist, lesen Sie jetzt:

- Er ist gut fürs Herz. Es zu treiben ist nicht nur eine tolle Aerobic-Übung. Studien haben gezeigt, dass sexuell aktive Menschen seltener einen Herzinfarkt bekommen.
- Er hilft beim Abnehmen. Bei jedem Geschlechtsakt werden ca. 200 Kalorien verbrannt. Das entspricht 30 Minuten Jogging. Was machen Sie lieber?
- Er lindert Schmerzen. Beim Orgasmus werden Endorphine und Kortikosteroide ausgeschüttet, die vorübergehend Menstruationskrämpfe, arthritische Schmerzzustände und Migräne lindern.
- Er stärkt das Immunsystem. Häufiger Sex kann die Zahl der Antikörper im Blut erhöhen und so auch die Infektionsneigung senken.
- Er wirkt stimmungsaufhellend. Die beim Sex freigesetzten Hormone können Unruhezustände und Ängste ausgleichen und Depressionen lindern.

Aktuell wird sogar der Zusammenhang zwischen Orgasmushäufigkeit und Langlebigkeit erforscht. Einer schottischen Studie zufolge kann Sex den Alterungsprozess verzögern. Also seien Sie fleißig: Wie's aussieht, gilt das Motto »An apple a day ...« nicht nur für Äpfel!

2 September

Stellung der Woche: Strumpfanziehen

Selbst in der männlich dominierten arabischen Kultur des späten fünfzehnten Jahrhunderts wurde in erotischen Schriften wie Scheik Nefzauis »Duftender Garten« die Bedeutung des Vorspiels für die Lust der Frau beschrieben:

»Willst du dir einen angenehmen Koitus verschaffen, der den beiden Teilnehmern am Liebeskampf gleiche Wonne bereitet und beide befriedigt, so musst du vor allen Dingen mit dem Weibe kosen, musst sie durch Küsse aufregen, musst an ihren Lippen beißen und saugen, musst ihren Hals und ihre Wangen liebkosen … Hast du meinen Rat befolgt, so werdet ihr beide einen wonnigen Koitus haben, der euch die größte Befriedigung gewähren und eine köstliche Erinnerung hinterlassen wird.«

Das *Strumpfanziehen* ist weniger eine erotische Stellung als vielmehr eine Technik, mit der Sie sich in Fahrt bringen können. Im Prinzip geht es darum, dass er seinen Penis wie einen Dildo einsetzt. Sie liegen auf dem Rücken. Er kniet zwischen Ihren Beinen und schiebt sein Glied zwischen Ihre Schamlippen, die er mit Daumen und Zeigefinger erfasst und über die Eichel zieht. Dann bewegt er seine Penisspitze in ziemlich schnellem Rhythmus auf Ihrer gesamten Vulva einschließlich der Klitoris hin und her, bis Sie von dem Gemisch aus seinem Sekret und Ihrem eigenen Saft feucht geworden sind. Wenn Sie durch das abwechselnde Vorstoßen und Zurückziehen des Gliedes entflammt sind, kann er schließlich ganz herein.

3 September

Auf die Plätze, fertig, los! Ein Schnellkurs über Quickies

Ausgiebiges, zärtliches Liebesspiel ist etwas Wunderschönes, aber nichts geht über den Rausch von völlig ungeplantem Spontansex. Er hebt nicht nur schlagartig die Stimmung, sondern hält auch das Feuer am Lodern, weil er dem anderen zeigt, dass Sie Ihn hier und jetzt haben müssen. Nichts kann die eingefahrenen Routinetätigkeiten des Alltags schneller durchbrechen als eine schnelle Nummer. (Sie falten gerade die Wäsche zusammen, und paff!, schon liegen Sie auf dem Wäscheberg.) Studien haben ergeben, dass Paare, die beim Sex gelegentlich aufs Tempo drücken, sich öfter lieben – und auch öfter miteinander kuscheln und sich küssen.

Hier ein paar Tipps für einen superschnellen Akt, der keine Wünsche offenlässt. Erstens: Sie sollten beide in Stimmung für Spontansex sein. Ihrem Partner aufzulauern und ihn sich in einem unpassenden oder ungünstigen Moment wie den letzten 30 Minuten eines wichtigen Fußballspiels zu schnappen könnte das Gegenteil dessen bewirken, worauf Sie aus sind. Außerdem fällt bei einem Quickie die Möglichkeit eines ausgiebigen Vorspiels flach. Darum sollten Sie schon in Stimmung sein: Sie haben über Sex geredet; Sie haben eine preisverdächtige Knutsch-Session hingelegt; Sie schauen sich im Internet zusammen einen Porno an und wissen, dass Ihre Schwiegereltern spätestens in einer halben Stunde vor der Tür stehen werden. Wenn nicht, kann ein bisschen Gleitgel oder Spucke (und Ihre Hand) helfen, die Dinge ins Rollen zu bringen.

Erscheinen Sie ruhig mit einer kleinen Verspätung zum Mittagessen. Sie werden sich beide super fühlen!

4 September

Grundregeln für öffentliche Auftritte

Viele Menschen träumen davon, Sex an einem öffentlichen Ort zu haben. Die Gefahr, erwischt zu werden, trägt nur zur Erhöhung der Spannung bei. Was zweifellos daran liegt, dass der Körper bei Angst Adrenalin ausstößt – jenen Botenstoff also, der auch im Zustand der Geilheit in der Blutbahn kursiert. Denken Sie daran, dass Sex in der Öffentlichkeit dem Tatbestand des öffentlichen Ärgernisses entspricht (siehe 1. Mai), seien Sie also vorsichtig. Am besten, Sie nutzen den Schutz der Dunkelheit. Wenn Sie es unter freiem Himmel treiben wollen, suchen Sie sich eine geschützte Stelle, von der aus Sie sehen können, wenn jemand kommt: an oder zwischen geparkten Autos, auf dem Dach von Gebäuden, in einem uneinsehbaren Balkon, Garten oder Hof, oder an einem einsamen Strand. Drinnen empfehlen sich abschließbare Räume wie ein Büro oder eine Aktenkammer. Aufzüge hingegen sind außer fürs Vorspiel ungeeignet. Viele sind mit Kameras überwacht. Und außerdem bleibt zwischen zwei Stockwerken nicht viel Zeit, um wirklich etwas zu machen.

Wo immer Sie es auch treiben: Je länger Sie brauchen, desto größer die Wahrscheinlichkeit, erwischt zu werden. Riskieren Sie eine solche Nummer nur mit einem Partner, dessen Körper und Reaktionen Sie gut kennen. Unterwäsche ist ein Hindernis, lassen Sie sie also weg, es sei denn, es wäre ein G-String oder Tanga, der sich leicht zur Seite schieben lässt. Ein langer Rock ist gut zum Hochschieben geeignet und bietet leichten Zugang.

Stehende Positionen – Sie beugen sich vor, so dass er Sie von hinten nehmen kann, oder Sie setzen sich auf eine horizontale Fläche wie eine Brüstung oder einen Tisch – erlauben den dezentesten Rückzug für den Fall, dass Sie überrascht werden.

5 September

Deepthroating

Bei dieser erstmals in Linda Lovelaces Film »Deep Throat« propagierten Oralpraxis geht es darum, dass Sie den kompletten Penis in Mund und Hals nehmen. Saugen, lecken oder sonstige großartige Aktivitäten der Zunge sind dabei nicht möglich, so dass der Reiz der Technik eher in der Show als in ihrem praktischen Wert liegt.

Der Schlüssel zum Gelingen liegt in der Position: Sie müssen Mund und Hals in eine gerade Linie bringen. Aus diesem Grund liegt die Frau für diese Stellung meist auf dem Rücken und lässt den Kopf über die Bettkante hängen, während er so vor ihr kniet oder steht, dass sein Penis auf Ihrer Mundhöhe ist. Alternativ dazu können Sie sich ihm auch mit Blickrichtung auf seine Füße und seinen Penis auf die Brust setzen. Wenn Sie Angst haben, abgelenkt zu werden, könnten Sie sogar die *69-Stellung* einnehmen.

Die natürliche Reaktion des Körpers bei einer Blockade im Halsbereich ist der Würgereflex. Entspannen Sie sich und denken Sie daran, durch die Nase zu atmen. Umfassen Sie seine Peniswurzel mit den Händen oder kontrollieren Sie seine Stöße, wenn nötig, indem Sie Ihre Hände gegen seine Schenkel drücken. Wenn Sie Angst haben, würgen zu müssen, falls er ejakuliert, bitten Sie ihn, ein Kondom zu tragen.

Deepthroating verlangt Übung und eine entspannte Grundhaltung. Wenn Sie sich nicht wohl dabei fühlen – dann machen Sie es eben nicht! Sie können auf seiner *Flöte* auch dann viele schöne Lieder spielen, wenn sie Ihnen nicht an die Rachenmandeln stößt.

Mundarbeit für Fortgeschrittene

Glauben Sie nur nicht, die einzig mögliche Stellung für Cunnilingus sei, dass er sich zwischen Ihre Beine begibt und die Füße über die Bettkante baumeln lässt. Probieren Sie doch einmal folgende Möglichkeiten aus:

- Halten Sie die Beine geschlossen. Das ist besonders empfehlenswert, wenn Ihr *Liebesknopf* super empfindlich und einem Frontalangriff nicht gewachsen ist.
- Versuchen Sie es mit einer abgewandelten Form von *69*: Er liegt mit dem Kopf zu Ihren Füßen neben Ihnen. Seine Hüfte ist bei Ihnen auf Kopf- bzw. Schulterhöhe, und er liegt mit dem Oberkörper quer auf Ihrem Becken. Auf diese Weise kann er den Kopf hängen lassen, während er Ihre Klitoris verwöhnt, was zwischendrin für seine Nackenmuskulatur sehr entspannend ist.
- Wenn er zwischen Ihren Beinen ist, können Sie ihm ein Bein über die Schulter legen und sich leicht drehen. Dies gibt ihm einen noch besseren Zugang zu Ihrem *süßen Punkt*.

Extra-Bonus: Die folgende Position lässt sich am besten mit dem Begriff *vertikale Neunundsechzig* beschreiben. Er sitzt so auf dem Sofa, dass er mit den Hüften an der Kante des Polsters ist. Sie krabbeln VORSICHTIG an ihm in die Höhe, bis Ihre Schenkel auf seinen Schultern liegen und Sie die Füße hinter seinem Kopf verschränken können. (Ja, in dieser Stellung hängen Sie wirklich kopfüber nach unten.) Ihre Schultern und Oberarme ruhen auf seinen Schenkeln. Während er Sie verwöhnt, hält er Sie FEST. Der Blutandrang in Ihrem Kopf verspricht interessante Empfindungen, aber wahrscheinlich werden Sie die Position doch eher als Übergang zu liegenden Stellungen nutzen.

7 September

Bringen Sie ihm das ABC bei

Der inzwischen verstorbene US-amerikanische Stand-up-Comedian Sam Kinison hat der Männerwelt in einer seiner zwar profanen, aber urkomischen Nummern einen unschätzbaren Tipp hinterlassen, wie sie Frauen mit Oralsex verwöhnen können: »Lecken Sie das Alphabet!« Ja, Sie haben richtig gelesen: Ihr Liebster braucht nichts anderes zu tun, als Ihnen mit der Zunge die Buchstaben des Alphabets auf die Klitoris zu malen. Wenn er mag, kann er Ihnen natürlich auch ganze Liebesbriefe und Sonette auf den *Liebesknopf* schreiben.

Dies ist eine wunderbare Art, Ihren Partner zu der Erkenntnis zu bringen, dass Sie kein wildes *Herumgeflicker* mit der Zungenspitze brauchen, sondern sich die Fieberkurve Ihrer Erregung durch sanften, zarten Druck viel eher in die Höhe treiben lässt. Dies gehört zum Basiswissen eines jeden guten Liebhabers. »Mein Verlobter verwöhnt mich mit Oralsex der Extraklasse«, verrät Karen, Mitte 20, Englischlehrerin. »Ich weiß nicht genau, was er macht, aber erst leckt er in Mini-Runden, dann kommt eine Pause, und er macht irgendetwas anderes, und dann leckt er wieder. Es ist total abgedreht, und ich kriege die tollsten Orgasmen.«

Das Beste an der *Alphabet-Technik* ist, dass er überall üben kann. Schlagen Sie ihm vor, eine Pfefferminzpastille oder irgendein anderes Bonbon in den Mund zu nehmen und mit der Zungenspitze die Kanten, Kurven und Vertiefungen nachzuzeichnen. Sie können die Übung auch gerne beide machen. Die Zungenfertigkeit zu verbessern kann nie schaden. Es braucht ja niemand zu wissen, was Sie da tun. Was für eine Möglichkeit, sich bei einem langweiligen Meeting die Zeit zu vertreiben …

Täuschen Sie nie einen Orgasmus vor

Wenn es beim Liebesspiel unverrückbare Regeln gibt, ist dies neben Safer Sex eine der wichtigsten: Täuschen Sie nie einen Orgasmus vor. Sie würden sich beiden einen Bärendienst erweisen. Erstens könnte er es merken: Mit dem PC-Muskel eine 0,8 Sekunden lange unwillkürliche Kontraktion zu simulieren ist ziemlich schwer. Zweitens begeben Sie sich in einen Teufelskreis, der mit beinahe absoluter Sicherheit dafür sorgt, dass Sie NIE bekommen werden, was Sie brauchen. Sie können schlecht mitten in irgendeiner Aktivität, von der er glaubt, dass Sie voll darauf stehen, aufhören und verkünden: »Weißt du, ehrlich gesagt hat das bei mir so noch nie wirklich funktioniert.«

Und warum wollen Sie überhaupt einen Orgasmus vortäuschen? Haben Sie Angst, Ihr Schatz könnte denken, dass er seine Sache nicht gut macht? Vielleicht stimmt das sogar, weil Sie ihm nicht gesagt oder gezeigt haben, was Sie brauchen. Oder vielleicht simulieren Sie, weil Sie nicht wissen, wie Sie den Höhepunkt erreichen können. Geben Sie sich nicht dem Irrglauben hin, jedes Mal kommen zu müssen. Ein liebevolles »Heute wird's bei mir wohl nicht zum großen O. reichen, weil ich zu gestresst/müde/was auch immer bin« nimmt Ihnen beiden den Druck, und das ist allemal besser, als sich anzulügen. Sofern es der Wahrheit entspricht, versichern Sie ihm ausgiebig, wie schön es mit ihm ist und wie sehr Sie es trotzdem mit ihm genossen haben. Wenn Sie offen zu ihm sind, gibt Ihnen das ein Gefühl der Sicherheit. Und je sicherer Sie sich fühlen, desto größer ist die Chance, beim nächsten Mal zu kommen.

Und für den (hoffentlich unwahrscheinlichen) Fall, dass Sie ihm schon den einen oder anderen Höhepunkt vorgegaukelt haben, führen Sie ihn auf den richtigen Pfad, indem Sie ihn ab sofort in dem bestärken, was Sie tatsächlich gern mögen.

September

Stellung der Woche: Die gepackte Position

Das »Kamasutra« ist zu einer Zeit und in einem kulturellen Umfeld entstanden, wo Sex vor der Ehe und außerehelicher Sex üblich waren, und es richtet sich an alle Liebenden – sowohl Frauen als auch Männer. Das »Ananga Ranga« wurde im 15. Jahrhundert vor einem ganz anderen gesellschaftlichen Hintergrund verfasst: Es wurde für verheiratete Männer geschrieben, denen Kalyana Malla mit präzisen Anleitungen verrät, wie sie ihre Gemahlinnen sexuell befriedigen und verhindern können, dass mit der Zeit die Langeweile ins Schlafzimmer Einzug hält, wie dies in langjährigen Beziehungen oft geschieht. »Dieses Buch«, so schreibt er in der Einleitung »wurde verfasst, um die Vergeudung von Leben und Liebe zu verhindern« – ein Ziel, das heute noch ebenso erstrebenswert ist wie vor 500 Jahren.
Malla betrachtete die verschiedenen Formen des Koitus als eine Kunst, die er ausführlich und in poetischen Worten beschrieb. Die liegende Position, die er als *Gepackte Position* bezeichnet, verdankt ihren Namen offenbar der Tatsache, dass die Frau dabei wie ein kleines Paket zusammengefaltet ist. Ziehen Sie die Knie in Rückenlage dicht an den Körper heran, so dass Sie mit den Schienbeinen oder Füßen seine Brust berühren, während er sich zwischen Ihre Beine kniet, Sie umarmt und in Besitz nimmt. Um die Penetration einfacher zu machen, kann er seine Hände unter Ihren Po schieben und Sie auf seine Schenkel heben. Sobald er eingedrungen ist, können Sie sich mit Ihren – oder seinen – Händen die Brüste und Klitoris streicheln und verwöhnen. Ihr Bewegungsspielraum ist begrenzt, darum ist Ihr PC-Muskel gefragt!

10 September

Selbstgemachtes

Es wäre einfach grandios, wenn wir immer dann Lust auf Sex hätten, wenn auch unser Partner in Stimmung ist, aber im wahren Leben ist das nun einmal nicht so. Angesichts des natürlichen Wechselspiels des menschlichen Begehrens wäre es unrealistisch zu erwarten, dass unsere Libido immer in optimalem Gleichklang mit der unseres Herzblatts schwingt. Sowohl Männer als auch Frauen sind zyklische Wesen. An manchen Tagen fühlen Sie sich womöglich in etwa so sexy wie ein nasser Putzlappen, während er feurig mit den Hufen scharrt. Und ein andermal ist er zu gestresst für amouröse Abenteuer, während Sie ihn am liebsten an Ort und Stelle vernaschen würden.

Masturbation ist die ideale Möglichkeit, die Kluft zu überbrücken. Zu wissen, dass Sie die Sache selbst in die Hand nehmen können, nimmt Ihnen beiden den Druck. Warum jemanden bedrängen, der nicht in Stimmung ist, wo Sie doch selbst fünf Finger haben? Wenn Ihr Partner Sie liebt, wird er Ihnen eine kleine Triebabfuhr durchaus gönnen, weil die Spatzen von den Dächern pfeifen, dass es ihm eines Tages genauso gehen wird.

Selbstliebe leistet auch gute Dienste, wenn Sie Single sind oder Ihr Partner gerade nicht da ist. Sie haben das Gefühl, vor Sehnsucht und Frust tot umzufallen, weil er auf Geschäftsreise ist? Wozu?! Sie können es sich jederzeit und beinahe überall selbst machen. Sie haben es im wahrsten Sinn des Wortes in der Hand, sich Erlösung und Ekstase zu verschaffen.

11 September

Gehen Sie bei ihm in die Schule

Die besten Informationen darüber, wie Sie Ihren Mann am besten verwöhnen können, finden Sie nicht in Büchern – Sie kriegen sie von ihm. Jeder Mann hat seine eigene Masturbationstechnik, und sofern Sie nicht über außersinnliche Wahrnehmung verfügen, können Sie die nur kennenlernen, wenn Sie ihm zuschauen. »Das Beste, was du tun kannst, ist zu lernen, wie dein Typ am liebsten kommt«, rät mein Freund Kyle. »Masturbation ist was Tolles, aber wenn deine Hand den Job übernimmt, ist das absolut phantastisch! Lass dir zeigen, wie er es sich selbst macht, und versuch dann, es ihm genauso zu besorgen. Fass es nicht als Kritik auf, wenn er dir sagt: fester oder schneller. Ermuntere ihn, dir Feedback zu geben.«

Und was, wenn es ihm peinlich ist, vor Ihren Augen zu masturbieren? Für viele Menschen ist die Selbstliebe mit Scham belegt. Vielleicht traut er sich noch nicht einmal zuzugeben, dass er masturbiert, wenn Sie nicht da sind. (Beim Solospiel eines Mannes geht es übrigens mehr um körperliche Triebabfuhr als um Sex; viele glücklich verheiratete Männer masturbieren regelmäßig.) Versichern Sie ihm, dass es Sie unglaublich scharf macht, ihm zuzuschauen. Zeigen Sie Interesse. Stellen Sie ihm Fragen. Wenn Sie dran sind, soll er Ihnen die Hand führen.

Wenn Sie ihm beim Masturbieren zuschauen, bekommen Sie Dinge mit, die Sie beim aktiven Mitmachen womöglich gar nicht merken würden: Wie sich seine Brust rötet, die Venen am Nacken hervortreten, seine Atmung beschleunigt; wie er seine Finger hält. Hier lohnt sich Voyeurismus immer!

Ein Blick in die Geschichte: Heute ist der Geburtstag des englischen Schriftstellers D.H. Lawrence (1885–1930), dessen Roman »Lady Chatterley's Lover« in England erst 30 Jahre nach seinem Tod veröffentlicht werden durfte.

12 September

Was Sie über Safer Sex wissen sollten

Keine Angst, dies soll kein trockener Vortrag werden. Wir wollen nur einfach die Fakten auf den Tisch legen. Sie können einem Menschen nämlich nicht ansehen, ob er gesund ist oder nicht. So tragen etwa 80 Prozent der Bevölkerung das Virus von Genitalwarzen. Schätzungsweise einer von fünf hat Genitalherpes – doch 80 Prozent wissen es nicht. Vor diesem Hintergrund wird es Zeit, über die Vorzüge und Freuden des *Safer Sex* zu sprechen:

- Er beruhigt, und so können Sie sich beim Sex mehr fallenlassen.
- Er ist ein Zeichen dafür, dass Sie beide Respekt vor der Gesundheit des anderen haben, und das gibt beiden ein gutes Gefühl.
- Kondome können ihm helfen, länger steif zu bleiben. Und das bedeutet mehr Spaß für alle Beteiligten.
- Kondome verkürzen den postkoitalen Reinigungsaufwand und tragen außerdem zur Hygiene Ihrer Sex-Toys bei.
- In Kombination mit Gleitmittel können Latex-Barrieren wie Kondome & Co beiden interessante Empfindungen bereiten.
- Mit Latex-Barrieren können Sie sich an Praktiken wie die Oral-Anal-Stimulation (auch *Analingus* oder *Rimming* genannt) heranwagen, ohne sich über Hygiene oder Körperflüssigkeiten Gedanken machen zu müssen.
- Safer-Sex-Praktiken ermutigen zu einem kreativen und kommunikativen Umgang mit der Sexualität und schaffen dadurch mehr Nähe zwischen den Partnern.

Statt also über lästige Kondome und andere Latex-Barrieren zu klagen, betrachten Sie sie lieber als *Schutzengel*, *Spaßbringer* … So, das wär's. Lektion beendet.

13 September

Kondome kaufen, aber richtig

In der langen, bunten Geschichte der Kondome gibt es kaum ein Material, das man nicht ausprobiert hätte – ob geöltes Seidenpapier oder gar die Schwimmblasen von Fischen. Zum Glück ist man heute weiter!

- Latex: Kondome aus Latex haben mehrere Vorteile: Sie sind preiswert, praktisch und (bei korrekter Verwendung) ein hocheffizientes Verhütungsmittel gegen Schwangerschaft und Sexualkrankheiten. Nachteile: Sie dürfen nicht zusammen mit Gleitmitteln auf Ölbasis verwendet werden, können bei unsachgemäßer Verwendung reißen, und manche Menschen reagieren allergisch auf das Material.
- Polyurethan: Kondome aus Polyurethan sind latexfrei und inzwischen nahezu überall erhältlich. Das Material ist dünner als Latex, transparent, geruch- und geschmacklos. Es ist hypoallergen, ein besserer Wärmeleiter (so dass er mehr spürt), weniger hitze- und lichtempfindlich und kann gemeinsam mit Gleitmitteln auf Ölbasis verwendet werden. Polyurethan ist zwar nicht ganz so elastisch wie Latex – kann also reißen, wenn man es falsch oder ohne Gleitmittel verwendet. Trotzdem ist das Material so sicher, dass sogar das Kondom für Frauen, das *Femidom*, daraus hergestellt wird.
- Naturdarm: Aus dem Darm von Schafen hergestellte Kondome mögen sich natürlich anfühlen und für die Verhütung taugen. ABER: Sie sind durchlässig für Viren und schützen nicht vor sexuell übertragbaren Krankheiten!

Wo kauft man Kondome am besten? Zwar bieten die meisten Drogeriemärkte inzwischen ein ziemlich umfangreiches Sortiment an, doch noch mehr Auswahl haben Sie im Internet. Suchen Sie auf Seiten wie *www.lacondomeria.de, www.kondomdiscount.de* oder *www.kondomotheke.de* nach den interessanten Angeboten.

11 September

Ihre Kondom-Einkaufsliste

Auch wenn Ihr Partner gerne mal etwas anderes behauptet: Ein Gummi ist wesentlich komfortabler als ein Regenmantel. Hier Ihre Wahlmöglichkeiten:

- Größe: Die bezieht sich meist nicht auf die Länge, sondern auf den Durchmesser. Ein zu kleines Kondom sollten Sie auf keinen Fall verwenden, weil es leicht reißen oder abrutschen könnte, zu viel Haut unbedeckt ließe und außerdem verdammt unbequem wäre. Aber wenn es zu groß ist … nun, dann haben Sie auch ein Problem.
- Struktur: Es gibt Kondome mit kleinen Noppen innen, außen (um der Frau Lust zu bereiten) und auf beiden Seiten.
- Geschmack: Latex-Kondome werden in den verschiedensten Geschmacksrichtungen von Erdbeere über Schokolade bis zu Pfefferminze und sogar Coca-Cola angeboten – ein nettes Extra für Oralsex.
- Farbe: Genau das Richtige für Leute mit Humor. Es gibt sogar eine Variante, die im Dunklen leuchtet.
- Mit Gleitmittel: Kondome dieser Art sind mit einem Gleitgel auf Wasser- oder Silikonbasis beschichtet. Wenn es Ihnen in erster Linie um Empfängnisverhütung geht, wählen Sie eine Sorte, die mit einem Spermizid ausgerüstet ist. Ansonsten können Sie auch ein trockenes Kondom nehmen (Spermizide können die Vaginalschleimhaut reizen) und das Gleitmittel selbst zufügen.

Aber das ist noch nicht alles! Wie wär's mit einem Kondom mit weit ausgestelltem Kopfteil? Oder mit einem, das auch die Hoden bedeckt? Oder …? Lesen Sie die Beschreibung und schauen Sie auf der Verpackung, ob das Produkt als Empfängnis- und Krankheitsverhütungsmittel geeignet ist. Das Motto lautet: Clever einkaufen, gut lieben!

15 September

Verhütungslogistik

Für viele jüngere Männer, die im Zeitalter von AIDS groß geworden sind, ist die Verwendung eines Kondoms so selbstverständlich, dass es keiner großen Überzeugungsarbeit bedarf. Weigert sich ein potenzieller Lover, ein Kondom zu tragen, sollten Sie sich ernsthaft fragen, ob Sie ihn wirklich in Ihr Bett lassen wollen. Eine solche Einstellung verrät einen unglaublichen Mangel an Achtung vor seiner und Ihrer Gesundheit. Wenn ein Kerl Ihnen sagt, dass er keine Kondome mag, fragen Sie ihn, ob ihm die Alternativen lieber seien: krank werden und Alimente zahlen.

Wenn es um die Logistik geht, gilt das alte Pfadfinder-Motto: »Allzeit bereit!« Halten Sie im Portemonnaie oder einem Seitenfach Ihrer Handtasche immer ein Kondom bereit. Reagieren Sie NICHT beleidigt, wenn sich herausstellt, dass er bei Ihrem ersten Date selbst eines dabeihat. Viele Jungs HOFFEN, Glück zu haben, aber sie haben es nicht notwendigerweise geplant. (Und genau genommen sind wir Mädels in der Hinsicht auch nicht anders.) Dass er vorbereitet ist, sollte ihm Lob, nicht Tadel einbringen.

Wenn Sie wissen, dass Sie zu ihm gehen werden, nehmen Sie ein Kondom mit und achten Sie darauf, dass Ihre Handtasche im Augenblick der Augenblicke auch griffbereit in der Nähe ist. Die meisten Jungs sind clever genug, neben dem Bett einen kleinen Vorrat parat zu haben, aber Sie wollen bestimmt nicht riskieren, dass er erst im Schränkchen unter dem Waschbecken herumkramen muss, um eines zu finden. Bei sich zu Hause können Sie ein paar Kondome im Nachtkästchen oder einer hübschen Dose bereithalten. Wann Sie sie herausholen sollen? Das werden Sie dann schon merken!

16 September

Stellung der Woche: Die stille Umarmung

Vielleicht haben Sie sich ja auch schon so etwas gedacht ... In seinen Fußnoten zu dem »Ananga Ranga«-Kapitel, in dem die Stellungen beschrieben werden, weist der Übersetzer Sir Richard Francis Burton seine Leser selbst darauf hin, dass viele der Positionen für Europäer absolut unmöglich seien. Ziel des Geschlechtsakts sei für den Hindu-Lover der damaligen Zeit gewesen, »Muskelverspannungen zu vermeiden, die die Dauer des Genusses verkürzen würden ... ab und an unterbricht er sogar den Liebesakt, um zu plaudern, sein Weib zu liebkosen, zu essen, *Pan-supari* zu kauen und vielleicht auch eine Wasserpfeife zu rauchen.« Mit anderen Worten: Die Altvorderen legten Snack-Pausen ein! Vielleicht wollte Burton seine prüden viktorianischen Zeitgenossen daran erinnern, dass Sex nichts ist, was man von Schuldgefühlen gehetzt in aller Eile hinter sich bringt, sondern man auskosten und genießen sollte.

Dem »Ananga Ranga« zufolge ist die *Stille Umarmung* eine »Kohabitationsform, die von den geschicktesten Schülern des Kama-Shastra (ein anderer Klassiker der erotischen Weltliteratur) als besonders köstlich empfunden wird«. Dass sie so beliebt war, liegt wohl daran, dass man damit das Liebesspiel so schön in die Länge ziehen kann.

Sie liegen auf dem Rücken, und Ihr Partner hebt Ihren Po an, während er vor Ihnen kniet und in Sie eindringt. Dann schiebt er Ihnen die Hände unter den Rücken, um Sie zu stützen. Wenn Sie möchten, können Sie ihm die Beine um den Oberkörper schlingen, die Knöchel kreuzen und ihn zu sich hinziehen. Die Hände verschränken Sie hinter seinem Nacken. Diese Position ist zwar nicht unbedingt so still, wie ihr Name vermuten ließe, aber gut geeignet, um einander innige Zärtlichkeit und Leidenschaft zu zeigen.

17 September

Zwei Köpfe sind besser als einer

Verdoppeln Sie Ihre Lust mit einem Vibrator, der mit zwei mehrere Zentimeter auseinanderliegenden Vibrationsköpfen bestückt und damit perfekt zur gleichzeitigen Stimulation des Vaginal- und Analbereichs geeignet ist.

Die meisten dieser Geräte verfügen über zwei Geschwindigkeitsstufen (schnell und langsam), sind nicht unbedingt leicht, aber haben es dafür ganz schön in sich: Mit bis zu 40 Watt bieten sie nicht nur eine starke Leistung, sondern mit Aufsätzen zur Stimulation von Vagina und Klitoris oder dem *G-Spotter*, der für die Massage des G-Punkts oder der Prostata konzipiert ist, auch einen Extra-Lustfaktor. Sie können auch verschiedene Aufsätze gleichzeitig ausprobieren ...

Neugierig geworden? Auf Internetseiten wie zum Beispiel *www.eromed.de* oder *www.sexshop-dildo-king.de* finden Sie garantiert etwas, das Sie in Wallungen bringen könnte!

Vergessen Sie nicht, dass Sie Ihren *Doppelkopf-Vibrator* auch für seinen ursprünglichen Zweck verwenden können, sprich: Sie können sich damit gegenseitig wunderbar massieren. Sie brauchen das Gerät nur ein Weilchen links und rechts an der Wirbelsäule Ihres Partners entlangzuführen, und schon ist er seine Verspannungen los.

Sie werden sehen, wie schnell er da in Stimmung kommt!

18 September

Schluss mit dem Kabelsalat: 1x1 der batteriebetriebenen Vibratoren

Es gibt viele Gründe, warum sich batteriebetriebene Vibratoren einen treuen Freundeskreis erobern konnten: Sie sind preiswert, vielseitig, und was das Beste ist: Ihr Einsatz ist völlig ortsungebunden. Sie brauchen kein lästiges Kabel und auch keine Steckdose und können das Gerät überallhin mitnehmen: auf lange Autofahrten! Zum Camping! In den Urlaub! Auf Partys! Ins Kino! Das Einzige, was Sie brauchen, ist ein Satz Baby- oder Mignon-Batterien – und schon ist ihr mobiler Freund einsatzbereit.

Batteriebetriebene Vibratoren sind in einer breiten Palette von Farben, Formen, Größen und Ausführungen erhältlich. Bedenken Sie aber, dass die Vibration und nicht die Größe den Lustgewinn bringt. Batteriebetriebene Geräte liefern sanftere Vibrationen als netzbetriebene, und ein Modell mit drei Babyzellen hat mehr Kraft als eines mit zwei Mignonbatterien. Bei modernen Geräten ist die Geschwindigkeit aber meist stufenlos regelbar: Man braucht nur am Ende des Schafts zu drehen, und schon läuft das Teil schneller oder langsamer. Manche Modelle haben sogar ein Display, über das sich die Geschwindigkeit und Rotation programmieren lassen.

Der Nachteil von batteriebetriebenen Vibratoren: Sie sind allesamt preisgünstig, und das macht sich oft in einer schlechten Qualität bemerkbar. Etwas geschenkt bekommt man nirgends. Trotzdem lohnt es sich, vor dem Kauf zu vergleichen. Und bevor Sie Geld hinblättern, sollten Sie sich überlegen, wofür Sie Ihr Spielzeug wollen: Soll es wasserfest, realistisch oder für die gleichzeitige Anal- und Vaginalstimulation geeignet sein? Auch alles auf einmal wäre eine gute Antwort. Es gibt so viele verschiedene Modelle – warum also nicht das eine oder andere Stück in Ihre Sammlung aufnehmen?

September

Großreinemachen

Es ist wichtig, gut auf Ihre Spielzeuge zu achten, damit Sie Ihnen viele Jahre treue Dienste leisten. Bewahren Sie sie in Seidentücher gewickelt an einem kühlen, trockenen Ort auf. Nehmen Sie die Batterien heraus, wenn Sie Ihren Vibrator nicht benutzen. Auf diese Weise stellen Sie sicher, dass er nicht versehentlich eingeschaltet bleibt und sich die Batterien entleeren (was, wenn es in einem ungünstigen Moment passiert, ein ziemlicher Abtörn wäre). Und Sie verhindern, dass die Batterien auslaufen. Bei Geräten mit Kabel wiederum sollten Sie den Netzstecker ziehen, damit das gute Stück nicht überhitzt.

Preiswerte batteriebetriebene Vibratoren haben in puncto Qualität häufig ihre Defizite – seien Sie also nicht überrascht, wenn so ein Billigteil ausgerechnet in dem Augenblick den Geist aufgibt, wenn Sie am wenigsten damit rechnen. Manchmal ist aber nur Staub ins Innere geraten, und Sie können es mit Pusten probieren.

Nehmen wir an, Sie hätten Ihren Spaß gehabt und das Nachglühen genossen. Jetzt ist es Zeit, die Spuren zu beseitigen. Vibratoren aus geschlossenporigen Materialien wie Vinyl, Hartkunststoff oder Latex reinigen Sie mit einer milden Seife und Wasser. Tauchen Sie Ihren Vibrator aber nicht völlig unter, wenn er nicht ausdrücklich als *wasserfest* gekennzeichnet ist! Spülen Sie ihn gründlich mit klarem Wasser nach und lassen Sie ihn an der Luft trocknen. Silikon ist ein porenfreies Material, das Sie auf genau die gleiche Weise reinigen können. Bei porösen Spielzeugen aus Gummi oder Cyberskin sollten Sie ein Kondom verwenden (Saubermachen erfolgt da im Handumdrehen!); ansonsten können Sie auch hier Wasser und milde Seife benutzen. Gut nachspülen, mit einem sauberen Tuch abtrocknen und zur Aufbewahrung mit Speisestärke (nehmen Sie keinen Talkum-Puder – der steht im Verdacht, Gebärmutterhalskrebs auszulösen) einpudern.

20 September

Das sechste Chakra erwecken

Das sechste oder *Stirnchakra* sitzt zwischen den Augenbrauen und wird darum auch *drittes Auge* genannt. Es ist für unseren Intellekt zuständig: Wahrnehmung, Intuition, Imagination und Visualisierungsvermögen werden von ihm beeinflusst. Stellen Sie sich dieses Energiezentrum als Quell Ihres inneren Lichts vor, der Ihnen Weisheit und Klarheit schenkt, Ihnen die Fähigkeit zur Unterscheidung zwischen Realität und Phantasie gibt und die verborgensten Winkel Ihres Seins beleuchtet.

Blockaden in diesem *Chakra* entstehen, wenn wir unsere Augen vor der Wahrheit verschließen. Um sie zu lösen, helfen Praktiken wie Yoga, Meditation und Visualisierungen. Selbst wenn Sie nicht an die Existenz von *Chakren* glauben, sind diese Übungen ein gutes Mittel zur Stressreduktion und Beruhigung des Gedankenflusses.

Auch ein liebevoller Partner kann helfen, dieses *Chakra* zu öffnen, doch zuerst einmal sollten Sie lernen, in der Meditation Kontakt zu dem Punkt zwischen Ihren Augenbrauen aufzunehmen. Setzen Sie sich bequem auf einen Stuhl, einen Sessel oder das Sofa. Stellen Sie eine brennende Kerze vor sich hin, und richten Sie Ihren Blick darauf. Dann schließen Sie die Augen und visualisieren die Flamme. Lassen Sie die Augen in die Augenhöhlen zurücksinken und geben Sie sich ganz dem Augenblick hin. Wenn Ihnen diese Meditation leichtfällt, können Sie zum nächsten Schritt kommen: Wieder lassen Sie die Augen in die Augenhöhlen zurücksinken, diesmal aber konzentrieren Sie sich auf Ihr *drittes Auge*. Und gleichzeitig stimuliert Ihr Partner Ihre Klitoris. Wenn Sie kommen sollten, achten Sie darauf, was im Augenblick des Orgasmus geschieht. Öffnen Sie Ihr *Chakra*, erleben Sie ein Gefühl der überwältigenden spirituellen Glückseligkeit? Ganz gleich, wie Ihre persönliche Erfahrung aussieht – genießen Sie sie und schauen Sie, was Sie Ihnen über Ihr innerstes Selbst verrät.

21 September

Das innere Feuer entzünden

Im Tantra wird die Schöpfungsenergie der universellen Göttin Shakti als *Kundalini* bezeichnet, und man geht davon aus, dass diese eingerollt am unteren Ende der Wirbelsäule schläft und darauf wartet, erweckt zu werden. Dies erklärt, warum sie oft als Schlange dargestellt wird. Gelingt es, die *Kundalini* so zu stimulieren, dass sie im Körper aufsteigt, führt dies zu überwältigenden Zuständen der sexuellen und spirituellen Ekstase. Eine Möglichkeit, diese Energie zu erwecken, ist das *Kundalini-Schütteln*.

Legen Sie eine schnelle, rhythmische Musik auf, die Lust zum Tanzen macht, zum Beispiel *Worldbeat* oder *Sufi-Klänge*. Stellen Sie sich mit den Füßen hüftbreit auseinander hin, Arme und Knie sind entspannt. Schließen Sie die Augen. Und nun fangen Sie an, die Hüften und Schultern im Rhythmus der Musik zu schütteln. Je schneller Sie schütteln, desto besser. Machen Sie sich keine Gedanken, wie Sie aussehen. Sie können das Ganze auch einfach als eine Art Bauchtanznummer betrachten. Stellen Sie sich vor, wie Sie die ganze Spannung aus Ihrem Körper herausschütteln. Singen, summen oder stöhnen Sie, wenn Ihnen das hilft, den Kiefer- und Nackenbereich zu lockern. Spüren Sie, wie durch das Schütteln der ganze Bauch- und Beckenbereich energetisiert wird. Nach einigen Minuten reduzieren Sie langsam das Tempo, bis Sie schließlich ganz zur Ruhe kommen. Dann setzen oder legen Sie sich hin und spüren, wie die dynamische Energie in Ihrem Körper pulsiert.

Bei der *Kundalini-Arbeit* ist Leichtigkeit das Zauberwort, und so berichtet meine Freundin Clara, Verlegerin. »Meine Energien gerieten danach so außer Kontrolle, dass ich beim Autofahren Spontanorgasmen hatte. Einer Bekannten von mir erging es ähnlich. Ihr kam es einmal sogar während eines Gottesdienstes. Nun weiß ich, warum enthaltsam lebende Yogis ständig dieses Lächeln auf den Lippen haben!«

22 September

Stellung der Woche: Die gespaltene Position

Beim Lesen alter erotischer Handbücher fällt oft auf, dass viele der beschriebenen Positionen einander sehr ähnlich sind. Dies ist nicht wirklich überraschend, weil der Geschlechtsakt eben nur in einer begrenzten Anzahl von Körperstellungen möglich ist. Das eigentlich Spannende ist, welch interessante Namen und subtile Unterschiede die Autoren sich für ihre Beschreibungen einfallen ließen.

Nehmen wir beispielsweise die *Gespaltene Position* aus dem »Ananga Ranga«. Sie ist denkbar einfach: Sie liegen auf dem Rücken, während Ihr Partner vor Ihnen kniet und in Sie eindringt. Aus dieser Stellung heraus hebt er Ihre beiden Beine hoch und legt Sie sich über eine Schulter. Diese Stellung ist beinahe identisch mit dem, was Hunderte von Jahren zuvor in Tunis im »Duftenden Garten« unter dem Titel *Die Beine in der Luft* beschrieben wird. Der Scheich rät seinen männlichen Lesern jedoch, »ihre Beine emporzuheben, bis ihre Fußsohlen nach der Zimmerdecke zeigen«. Und auf der anderen Seite des Globus beschrieb der Arzt Li T'ung Hsüan noch einmal 500 Jahre zuvor im 7. Jahrhundert praktisch die gleiche Stellung in seinem taoistischen Sexratgeber »T'ung Hsüan Tzu«. Er nannte sie *Der Drache wendet sich*.

Wenn Sie die Beine und Schenkel in dieser Stellung fest zusammenpressen, erhöhen Sie damit die Reibung an seinem Penis. Er kann Sie zwar tief penetrieren, aber Ihre Klitoris wird kaum stimuliert, es sei denn, seine oder Ihre eigene Hand würde den Weg zwischen Ihre Beine finden.

23 September

Die Waage

Wenn Sie zwischen 23. September und 22. Oktober Geburtstag haben, ist Ihr Sternzeichen die Waage. Astrologen beschreiben die in dieser Zeit Geborenen als kultiviert, intelligent, warmherzig und gesellig mit einem Hang zu Bequemlichkeit und Luxus. Ihre Entscheidungen wägen sie sorgfältig ab (so dass sie manchmal unentschlossen wirken). Dank ihrer ausgeprägt romantischen Ader sehnt sich die Waage nach Beziehungen, doch es geht ihr dabei mehr um intellektuellen Austausch als um tiefe emotionale Bindungen oder körperliche Leidenschaft.

Die Waage ist ein Mensch, der es gern allen recht machen möchte. Wenn Sie unter diesem Sternzeichen geboren sind, sollten Sie also darauf achten, Ihre eigenen sexuellen Bedürfnisse nicht den Wünschen Ihres Partners zu opfern. Wenn Sie es tun, werden Sie sich irgendwann innerlich gegen ihn auflehnen: Sie geraten in eine Einbahnstraße von Frust und Deprimiertheit, an deren Ende das Scheitern der Beziehung steht. Nehmen Sie sich also lieber Zeit, Ihre eigenen sexuellen Reaktionen und Vorlieben kennenzulernen. Für die Waage spielt das Äußere eine große Rolle – ihr eigenes ebenso wie das von anderen –, und darum ist es wichtig, dass Sie sich darauf konzentrieren, sich beim Liebesspiel auch wirklich fallenzulassen. Machen Sie sich in Momenten der Leidenschaft keine Gedanken darüber, was für eine Figur Sie machen. Sie sehen so sexy aus, dass Sie Ihrem Kerl den Verstand rauben!

In puncto Sex spricht Ihr Waage-Mann auf jegliche Bemühungen an, ein absolut perfektes, romantisches Ambiente zu schaffen. Aber im Bett entschädigt er Sie für Ihre Mühen, denn er ist ein einfühlsamer, großzügiger Partner, der Ihnen wirklich gefallen will. Achten Sie aber stets darauf, dass seine eigenen Wünsche nicht zu kurz kommen – wenngleich Sie ihm mitunter auf die Sprünge helfen müssen, diese überhaupt zu erkennen.

24 September

Ein Blick auf seine Familienjuwelen

Wenn es um das Thema Sex geht, steht immer sein Penis im Mittelpunkt. Was ist aber mit seinen Nachbarn, dem Hodensack und den Hoden? Die meisten Frauen haben keine Ahnung, was sie damit anfangen sollen, und lassen sie darum meist völlig links liegen. Dabei entgeht ihnen aber eine tolle Möglichkeit, ihrem Schatz Lust zu bereiten.

Zuerst einmal müssen Sie wissen, womit Sie es zu tun haben: Die Hoden sind Drüsen, die in der Testosteron- und Sperma-Produktion eine Rolle spielen, und der Hodensack – auch Skrotum genannt – ist das Hautgebilde, das sie umhüllt und schützt. Die Eier eines Mannes können je nach den äußeren Umständen ihre Form, Größe und sogar Lage verändern. Wenn ihm zum Beispiel warm ist, hängen sie locker herunter, aber wenn er friert oder erregt ist, ziehen die Muskeln im Skrotum sie näher zum Körper hin. Nur keine Panik, wenn Sie feststellen sollten, dass bei Ihrem Partner ein Hoden tiefer hängt als der andere. Das kommt oft vor und ist völlig normal.

Wir wissen alle, dass ein Mann kaum etwas so sehr fürchtet, wie in dieser Körperzone einen Tritt abzubekommen. Wenn Sie sich also an seinen *Juwelen* vergreifen, sind anfangs immer Zärtlichkeit und Fingerspitzengefühl gefragt. Halten Sie seine Hoden in einer Hand und zeichnen Sie mit der anderen ganz sanft kleine Achter darauf. »Die Kurven, die du mit dem Finger beschreibst, sollten einem Zufallsmuster folgen«, empfiehlt ein männlicher Freund. »Sie sollten nicht vorhersehbar sein, damit er sich darauf konzentriert, was du machst.« Wenn er erst einmal begriffen hat, dass Sie nur Gutes mit seinen *Familienjuwelen* im Schilde führen, lässt er sie sich bestimmt gern kräftig polieren. Aber darüber reden wir morgen weiter.

Extra-Tipp: Seine Hoden sind ein Paar – quetschen Sie sie nie so fest zusammen, dass sie auseinandergedrückt werden!

25 September

Ballspielen!

Nachdem Sie jetzt mehr über seine Hoden wissen, stellt sich die Frage, wie Sie mit ihnen schön spielen können. Zur Begrüßung greifen Sie um sie herum und streicheln mit dem Mittelfinger sanft über die glatte Hautpartie an ihrer Unterseite. Wenn Sie davon genug haben, formen Sie Daumen und Zeigefinger so zu einem Ring, dass seine Hoden in Ihrer Handfläche liegen. Führen Sie sie sanft auf seinem Skrotum nach unten, während Sie ihm den Penis streicheln oder ihn oral verwöhnen. Stimmen Sie den Rhythmus dieser Abwärtsbewegung auf den Ihrer Finger bzw. Ihres Mundes ab.

Diese Techniken funktionieren immer, ganz gleich ob er auf dem Rücken liegt und Sie zwischen seinen Knien sitzen oder Sie liegen und er rittlings auf Ihrer Taille sitzt. Streicheln Sie mit einer Hand seine Erektion und mit der anderen seine *Juwelen*. Oder lassen Sie eine Hand von der Penisspitze bis ganz nach unten zu seinem Sack gleiten. Eine Freundin von mir hat noch ein paar weitere kreative Ideen auf Lager: »Wenn du seinen Penis so hältst, dass er mit der Spitze zu seinem Nabel zeigt, kannst du mit den Fingern ganz sanft gegen sein Skrotum trommeln. Danach umfasst du mit Daumen und Zeigefinger seinen Schwanz und seinen Hodensack, in etwa so, als würdest du eine Schlinge darum herum legen. Und so ziehst du sie mal nach vorne, nach links, nach rechts, nach oben, nach unten – so als hättest du einen Joystick in der Hand. Zum Höhepunkt kommt er dabei wahrscheinlich nicht, aber wenn es ihm irgendwann kommt, ist sein Orgasmus intensiver!«

Manche Männer lieben es, wenn eine Frau mit ihren Hoden spielt, andere machen sich überhaupt nichts daraus. Klären Sie, zu welcher Sorte Ihr Schatz gehört, denn schließlich soll er ja genießen. Eines steht aber fest: Er wird hoch beglückt sein, dass sich endlich jemand dieser oft vernachlässigten Zone seiner Sexualanatomie annimmt.

26 September

Bringen Sie Ihren Phantasiegenerator auf Touren

Sind Ihre Phantasien eingeschlafen? Halten Sie es wie alle Künstler, die auch ihr kreatives Feuer ständig schüren müssen: Eröffnen Sie sich so viele Inspirationsquellen wie möglich. Lesen Sie erotische Literatur und versetzen Sie sich in die Charaktere hinein. Blättern Sie die Fotostrecken in Pornomagazinen durch. Werfen Sie einen Blick ins »Feigenblatt« – das »erotische Magazin für Anspruchsvolle«. Schauen Sie sich Sexratgeber an. Leihen Sie sich DVDs mit erotischen Filmen aus. Wenn Ihnen ein gutaussehender Fremder über den Weg läuft, machen Sie ihn zum Helden Ihrer Tagträume.

Sie haben eine Lieblingsphantasie? Warum holen Sie sich nicht einen extra Kick, indem Sie sie aufschreiben, weiterspinnen und nach Lust und Laune ausschmücken? (Mag sein, dass Sie am Ende nur noch eine Hand zum Tippen frei haben.) Finden Sie in Büchern wie »Die geheimsten Gedanken der Frauen oder das kreative Spiel mit erotischen Wünschen«, »Erotische Intelligenz«, »Casanovas Venedig« oder »Sag Luder zu mir« mehr über die Richtung heraus, in der sich Ihre Phantasien entfalten wollen.

Es lohnt sich, die erotische Traummaschine auf Trab zu halten: Wissenschaftler haben herausgefunden, dass manche Frauen – besonders jene, die leicht einen Orgasmus erreichen – allein durch Phantasien oder Träume zum Höhepunkt kommen können. Wenn Sie keine Phantasien brauchen, um Freude am Sex zu haben, ist das auch gut. Tagträumereien sind kein Muss für die erotische Ekstase. Aber sie machen jede Menge Spaß …

27 September

Hilfe! Schüler im Haus!

Erinnern Sie sich noch daran, wie Sie als Jugendliche Angst hatten, von den Eltern beim Petting auf dem Sofa erwischt zu werden? Und jetzt, wo Sie selbst Nachwuchs in dem Alter haben, ist die Situation genau umgekehrt: Jetzt müssen Sie aufpassen, dass Sie nicht von Ihren Kindern erwischt werden. Es gibt mit Sicherheit kaum etwas, was ein Teenager schrecklicher findet, als die Sexgeräusche der eigenen Eltern mit anzuhören. Was können Sie also tun, wenn Sie einen pubertierenden Jugendlichen im Haus haben, der bis spät in die Nacht hinein für eine Bioprüfung lernt, und Sie ihm ersparen wollen, den Lernstoff noch zusätzlich mit einem lebensnahen Beispiel aus dem Reich der menschlichen Sexualität zu befrachten?

Am besten, Sie drehen den Spieß einfach um und nutzen die Angst, dass Ihr Spross etwas mitbekommen könnte, um das Vorspiel in die Länge zu dehnen und damit die Spannung in die Höhe zu treiben. Irgendwann muss Ihr Sohn oder Ihre Tochter ja einschlafen … »Manchmal«, verrät meine Freundin Anne«, »fangen wir mit dem ›Vorspiel‹ schon bei den Vorbereitungen fürs Abendessen an und tauschen verstohlene Berührungen aus. Wir können es dann kaum abwarten, endlich ins Bett zu kommen.« Und wenn dann endlich die Schlafzimmertür hinter ihnen ins Schloss fällt, steigert das Bemühen, nur ja leise zu sein, ihre Erregung ins Unermessliche. »Manchmal«, gesteht Anne kichernd, »muss mein Mann mir den Mund zuhalten!«

28 September

Sex und Chemie

Es gibt viele Substanzen, die unsere Sinne stumpf machen und es uns erschweren, zum Höhepunkt zu kommen. Alkohol mag entspannen und Hemmungen lösen, aber er trocknet auch die Schleimhäute aus und reduziert die Produktion der natürlichen vaginalen Gleitflüssigkeit. (Marihuana und rezeptfreie Anti-Erkältungs-Mittel können einen ähnlichen Effekt haben.) Wenn Sie also vorhaben, mit Ihrem Liebsten in die Kiste zu springen, sollten Sie sich – wenn überhaupt – auf zwei Gläser beschränken. Ein halbes Glas Rotwein genügt, um den Testosteronspiegel anzuheben und die sexuelle Kraft zu steigern. Eine weitere Möglichkeit, um besseren Sex zu haben: Geben Sie das Rauchen auf. Nikotin verengt die Blutgefäße und senkt den Testosteronspiegel. Wissenschaftlichen Studien zufolge haben Raucher ein um bis zu 50 Prozent höheres Risiko, impotent zu werden; und bei Frauen leidet die Orgasmusfähigkeit unter dem blauen Dunst.

Bei manchen Menschen können Antidepressiva auf die Libido drücken, die Empfindsamkeit und die Produktion von Scheidenflüssigkeit reduzieren und zu Orgasmusstörungen führen. Die Verwendung eines Gleitgels ist ratsam – ebenso wie Geduld. Vielleicht ist es in Ihrem Fall tatsächlich medizinisch geboten, für kurze Zeit Antidepressiva einzunehmen, um über eine schwierige Lebensphase hinwegzukommen. Reden Sie aber auf jeden Fall mit Ihrem Arzt. Ein anderes Mittel ruft in Ihrer Körperchemie vielleicht nicht die gleichen Reaktionen hervor.

Die Kehrseite der Medaille: Depressionen sind selbst oft der Grund für das Erlahmen der Libido. Mehrere Studien haben außerdem ergeben, dass sich depressive Menschen eher auf ungeschützten Verkehr einlassen. Wenn Sie hier mit Medikamenten und Therapien gegensteuern, kann dies Ihr Selbstwertgefühl stärken – und dann kommt der großartige Sex wie von allein zurück!

29 September

Orgasmen auf Rezept?

Für die vielen Menschen, die unter sexuellen Störungen leiden, hat die moderne Wissenschaft neue Wege gefunden. Medikamente wie *Viagra*, *Levitra* und *Cialis* erhöhen den Blutandrang im Penis und ermöglichen es dem Mann so, eine Erektion zu bekommen und auch zu halten, sofern er sexuell erregt ist. Aphrodisierend wirken diese Mittel nicht: Sie stärken weder die Libido, noch steht der Penis sofort *Habacht*. Auch sind sie nicht für jeden geeignet: Männer mit Herz-Kreislauf-Beschwerden sollten zum Beispiel kein *Viagra* nehmen. Lassen Sie sich von Ihrem Arzt beraten. Und was ist mit Frauen? In Studien hat *Viagra* bei Frauen nach den Wechseljahren gewisse positive Wirkungen gezeigt, doch für jüngere Frauen wurden bisher keine Vorteile festgestellt.

Ein niedriger Testosteronspiegel dämpft sowohl bei Männern als auch bei Frauen die Libido. Männern werden dann häufig Testosteronpflaster und -gels verschrieben, EU-weit sind sie inzwischen auch für Frauen zugelassen. Bitte sprechen Sie mit Ihrem Arzt, wenn Sie nähere Informationen über solche Medikamente brauchen. Es ist zwar verlockend, Probleme wie mangelnde Libido oder Orgasmusstörungen als *weibliche sexuelle Dysfunktion* zu etikettieren, aber bevor Sie irgendwelche Pillen einwerfen, sollten Sie alle anderen Möglichkeiten ausgeschöpft haben. Ein Rezept ist kein Ersatz für mangelndes Vorspiel oder unerfüllte emotionale Bedürfnisse wie das Vertrauen in den Partner. Erwarten Sie nicht, in fünf Sekunden von null auf hundert zu kommen – schon gar nicht ohne die mentale und körperliche Stimulation, die Sie brauchen, um liebevollen Sex und unglaubliche, ekstatische Orgasmen zu erleben.

30 September

Stellung der Woche: Die gedrehte Position

Im »Kamasutra« und anderen erotischen Schriften sind manchmal Stellungen beschrieben, die sich eher wie eine kniffelige Herausforderung als eine Anleitung zum Liebesspiel lesen. Die *Gedrehte Position* ist eine davon: Ausgehend von der normalen *Mann-oben-Stellung*, dreht er sich nach der Vereinigung wie ein gigantischer Schraubverschluss kreisförmig auf der Frau um, ohne seinen Penis herauszuziehen. Wenn Sie sich eine Top-Note in Sexualgymnastik verdienen möchten, hilft Ihnen die folgende Anleitung bestimmt weiter:

- Zuerst dringt er in der *Missionarsstellung* in Sie ein und stützt sich auf den Armen hoch, so dass sein Oberkörper den Ihren nicht berührt.
- Dann hebt er erst das eine, dann das andere Bein über Ihre Beine.
- Als Nächstes schiebt er seinen Körper so weit herum, dass er quer zu Ihnen liegt. (Sie bilden also ein riesiges, menschliches Kreuz.)
- Er schiebt seinen Körper immer weiter herum, bis er schließlich mit dem Oberkörper zwischen Ihren Beinen liegt. Seine Beine liegen links und rechts von Ihren Schultern.

Sie haben die verschiedensten Möglichkeiten, ihn anzufeuern, während er dieses trickreiche Manöver ausführt. Kraulen Sie ihm die Brust, streicheln Sie ihm erst die Schenkel und dann den Po. Wenn Sie die Beine leicht auseinandernehmen, erleichtern Sie es ihm, seinen Penis in Ihnen zu halten, während der sich dreht. Stoßen Sie erst dann, wenn er bei Ihren Füßen angekommen ist – dieses eine Mal ist es o.k., einfach nur still dazuliegen. Auf jeden Fall sollte er sich langsam bewegen, um sich den Penis nicht zu verletzen. Aber wem's gefällt …

KAPITEL ZEHN

Oktober

»Der Oktober hat etwas an sich, das das Zigeunerblut in Wallung bringt.«

William Bliss Carman, A Vagabond Song

Oktober – da denken viele an Halloween, das berühmteste Herbstfest von allen. Und so werden wir uns mit allerhand gewagten Maskeraden und erotischen Rollenspielen auf die Nacht aller Nächte vorbereiten. In dieser Zeit haben Sie Gelegenheit, all Ihre Hemmungen über Bord zu werfen. Hey, du da! Was ist dir lieber? Süßes oder Saures?

Blüte des Monats ist die Ringelblume oder Calendula, die in der viktorianischen Symbolik als Ausdruck von Freude gilt. Ihre gelben und orangen Blütenblätter wurden bereits im 16. Jahrhundert von Kräuterheilkundigen in Aufgüssen und Teemischungen verwendet, um Herzleid zu lindern und den Geist zur Ruhe kommen zu lassen. Für welchen Zweck auch immer Sie Ringelblumen normalerweise verwenden, stellen Sie sich auf jeden Fall einen Strauß ins Haus, um sich daran zu erinnern, wie viel Freude Sex machen kann!

Der Stein des Monats Oktober ist der Opal, der von jeher wegen seiner Schönheit und Schutzkraft geschätzt wird. Einen Opal zu schenken gilt als Zeichen des Vertrauens und der Treue. Leisten Sie sich selbst einen dieser Steine als Symbol dafür, dass Sie sich stets selbst vertrauen und Ihren Wünschen treu sein werden!

1 Oktober

Erntedankfest

Erntedankfeste sind jahrtausendealte Relikte aus der Zeit, in der sich der Mensch noch von der Scholle ernährte. In Großbritannien und Australien wird Ende September oder Anfang Oktober *Harvest Home* – also das Einbringen der Ernte – gefeiert – ein Fest, an dem die Kirchen mit Obst und Gemüse geschmückt werden und zu dessen Anlass es ein besonderes Erntedank-Essen gibt.

Feiern auch Sie Ihr ganz persönliches Erntedankfest – mit einem sinnlichen Festmahl nur für Sie beide. Tisch, Stühle und Geschirr gibt es dabei keines: Ihr Körper (oder der seine) dient als Serviertablett zum Anrichten der Leckereien! Breiten Sie auf dem Boden ein Laken oder Tischtuch aus (nehmen Sie eines, das ruhig ein paar Flecken abbekommen darf) und lassen Sie Ihrer kulinarischen Phantasie freien Lauf. Richten Sie die verschiedenen Gänge in unterschiedlichen Körperregionen an. Arrangieren Sie Trauben rings um Ihre Brüste. Bemalen Sie Ihrer beider Körper mit Schlagsahne, Sirup, Joghurt oder Eiscreme. Schlürfen Sie Wein oder Likör aus Ihren Nabeln; lassen Sie sich von ihm die Schamlippen mit Champagner beträufeln. Stellen Sie sich vor, was man alles mit Gemüse wie Gurken, Babykarotten und Zucchini machen kann (stets mit Kondom, versteht sich!).

Sollte das Ganze in eine lukullische Schlacht ausarten, machen Sie sich nichts draus. Sie können nachher ja einfach gemeinsam in die Badewanne steigen!

2 Oktober

Feiern Sie Ihr persönliches Oktoberfest

Alljährlich steigt um diese Zeit für zwei Wochen das wohl größte Volksfest der Welt: das *Münchner Oktoberfest* – ein Brauch, der sich mittlerweile rings um die Welt verbreitet hat. Doch Sie müssen Ihre eigenen vier Wände nicht verlassen, um den Freuden des Biergenusses zu frönen. Mein lieber Freund Kyle hält für laue Oktober-Abende folgende Tipps bereit:

Spielen Sie mit den Empfindungen von heiß und kalt auf der nackten Haut, und lassen Sie Ihrem Liebsten eine eiskalte Bierflasche über die Brust gleiten. Fahren Sie ihm mit dem Flaschenboden über die Brustwarzen. Setzen Sie die Flaschenöffnung an einem seiner Nippel an, so dass diese zum Verschluss wird, und stellen Sie die Flasche dann auf den Kopf. Das Prickeln der Kohlensäure wird ihm eine Gänsehaut über den Rücken jagen! Und wenn Sie die Flasche abnehmen, lecken Sie ihm das Bier von den Brustwarzen. »Das treibt JEDEN Kerl in den Wahnsinn«, behauptet Kyle. Sie können ihm auch ein paar Tropfen Bier auf die Brust und beide Seiten des Halses träufeln und die dann ablecken. Lassen Sie ihm die eisgekühlte Flasche erst über den Bauch zu den Innenseiten seiner Schenkel gleiten und dann hinauf zu seinen Hoden und der Wurzel seines Penis.

Nicht nur die Tatsache, dass Sie als Frau Bier mögen, wird Ihnen Punkte einbringen, sondern die Tatsache, dass Sie eine der coolsten, kreativsten Liebhaberinnen sind, die er je hatte. Natürlich gehört Rollentausch mit zum Fairplay.

Sicherheitshinweis: Führen Sie AUF KEINEN FALL Flaschen in Vagina oder Anus ein! Sie können zerbrechen, ihren Verschluss verlieren oder bereits geöffnet einen gefährlichen Unterdruck erzeugen.

3 Oktober

Stocken Sie Ihre erotische Bibliothek auf

Sie suchen nach Möglichkeiten, Ihre Libido zu beflügeln? Für viele Menschen ist es unglaublich erregend, allein oder gemeinsam mit ihrem Partner erotische Literatur zu lesen. Und heutzutage ist es leichter denn je, an entsprechendes Material heranzukommen – was Ihre Chancen erhöht, auch etwas zu finden, das Sie persönlich anspricht. Nach welchen Kriterien lässt sich beurteilen, ob etwas erotisch ist oder nicht? Ganz einfach: Es muss Sie anmachen. Um dieses Ziel zu erreichen, brauchen Sie ein klares, ehrliches Bekenntnis dazu, was Sie antörnt und scharf macht.
Und wo findet man Erotika? Die meisten Buchhandlungen verfügen über eine entsprechende Abteilung, wenngleich Sie womöglich etwas stöbern müssen (schauen Sie unter Sexualität). Auch in alternativen oder unabhängigen (also nicht in einer Kette organisierten) Buchläden können Sie fündig werden. Ebenso in guten Sexshops – schauen Sie am 10. Januar oder 23. März nach. Oder versuchen Sie es in Versand- oder Internetbuchhandlungen, die auf das Thema Sex spezialisiert sind – *www.erotisches-zur-nacht.de*, *www.erotik-buch.de* oder *www.daserotischekabinett.de* sind hier empfehlenswerte Adressen. *Amazon.de* verfügt ebenfalls über einen riesigen Fundus, und die Kundenrezensionen helfen Ihnen dabei, das für Ihren Geschmack Passende zu finden. Für den Einstieg empfehlen sich auch Sammelbände wie »Mein heimliches Auge – das Jahrbuch der Erotik«, eine erotische Anthologie wie »Lustwandel« oder »Boccaccio – Erotische Geschichten – ausgewählt aus dem ›Dekameron‹«.

Ein Grund mehr, es sich an einem kalten Winterabend mit einem guten Buch so richtig gemütlich zu machen.

Mehr erotisches Lesefutter

Und wenn Sie sich nicht auf erotische Jahrbücher beschränken wollen? Dann schauen Sie sich doch einmal in folgenden Genres um:

- Frauenerotika: In Titeln wie »Mein lesbisches Auge« oder »Sex: So machen's Frauen« finden Sie die heißesten Geschichten über Frauen aller Art – ob dick oder dünn, alt oder jung, weiß oder farbig, lesbisch, hetero oder bi.
- Multikulti-Erotika: Mittlerweile bietet der Buchmarkt Erotika, die den unterschiedlichsten kulturellen Perspektiven gerecht werden und etwa speziell auf afroamerikanische, asiatische, lateinamerikanische und jüdische Bevölkerungsgruppen zugeschnitten sind.
- Schwule Erotika: Erotika und Pornos für schwule Männer erfreuen sich auch bei heterosexuellen Frauen und Lesben wachsender Beliebtheit. Warum das so ist? Nun, weil darin absolut unverblümter Sex dargestellt wird, und zwar jede Menge. Schauen Sie sich zum Beispiel unter *www.querverlag.de* bei Deutschlands erstem lesbisch-schwulem Buchverlag um oder klicken sich bei *www.brunogmuender.com* rein.
- Massentaugliches: Halten Sie Ausschau nach preiswerten Taschenbuch-Anthologien oder Romanen, in denen es direkt und ohne Umschweife zur Sache geht. Großartige Literatur dürfen Sie nicht erwarten, aber darum kaufen Sie solche Bücher ja auch nicht, oder?
- Literatur: Manche der besten Schriftsteller haben Werke mit eindeutig erotischer Ausrichtung verfasst: Denken Sie nur an Henry Miller, Anaïs Nin, Anne Rice und Nicholson Baker.

Die Liste endet hier natürlich nicht. Es gibt ganze Lastwagenladungen voller Bücher zum Thema *S&M*. Oder hätten Sie lieber etwas aus dem Bereich Science-Fiction? Fantasy? Gothic? Horror? Machen Sie IHRE Liste!

5 Oktober

Intensiveres Empfinden

Hier noch ein paar Anregungen, die Ihnen beim Sex zu intensiveren Empfindungen verhelfen können. Sie wissen, wie gut es sich anfühlt, wenn Sie Ihre Schamlippen spreizen und die Haut rings um die Klitoris straffen, während er Sie oral verwöhnt? Gönnen Sie ihm ein ähnliches Vergnügen und drücken Sie während des Verkehrs auf die Haut an der Wurzel seines Penis, wie Sie es bei der Mund- oder Handarbeit machen. Auf diese Weise ziehen Sie die Haut an seinem Penis straff und verstärken damit die Reibung, während er stößt.

Oder Sie spannen Ihren PC-Muskel just in dem Augenblick an, in dem es Ihrem Partner kommt. »Manchmal kann das sogar einen zweiten Orgasmus auslösen«, behauptet ein Freund von mir. Er empfiehlt außerdem, sanft, aber nachdrücklich auf das Perineum des Mannes zu drücken (also den Punkt zwischen Skrotum und Anus). Im richtigen Augenblick kann das seinen Orgasmus deutlich intensivieren.

Im »Duftenden Garten« finden Sie weitere Bewegungen, die Sie während des Liebesspiels ausprobieren können. Bei der *Schneiderarbeit* führt Ihr Mann sein »Glied nur teilweise in Ihre Scheide ein, macht mit dem darin befindlichen Teil eine schnelle reibende Bewegung und stößt plötzlich das Glied bis an die Wurzel hinein. Dies ist die Bewegung, die die Nadel in der Hand des Schneiders macht.« Oder wie wäre es mit dem *Zahnstocher* in der Scheide, bei dem der Mann mit seinem Glied »auf und ab und nach rechts und links im Kreise herumfährt« – eine Bewegung allerdings, so der Hinweis des Autors, die »nur ein Mann mit einem nicht sehr dicken Glied ausführen kann«. Bleibt noch das, was der Scheik als *Die Ramme* bezeichnet. Dabei steckt der Mann sein Glied so tief in ihre Scheide, »dass seine Schamhaare völlig mit denen des Weibes vermischt sind«. Für diese Stellung sollten Sie richtig in Fahrt sein und nach Kräften Ihren PC-Muskeln einsetzen!

6 Oktober

Ballspielen in der Oberliga

Vergessen Sie beim Oralsex nicht die Hoden und das Skrotum Ihres Mannes. Lecken oder blasen Sie über die Haut, und treiben Sie ihn so in den Wahnsinn. Oder saugen Sie sanft an einem oder beiden Hoden. Auch das sorgt für einen Extra-Kick.
Vielleicht haben Sie in einer Folge von »Sex in the City« auch schon einmal von der *Teebeutel-Technik* gehört? Im Wesentlichen geht es darum, beide Hoden auf einmal in den Mund zu nehmen: Greifen Sie mit Daumen und Zeigefinger ringförmig um seinen Sack und ziehen Sie ihn nach unten, so dass Sie ein hübsches kleines Päckchen haben. Wenn er dabei rittlings auf Ihnen sitzt, kommt Ihnen die Schwerkraft zu Hilfe. Bedecken Sie die Zähne mit den Lippen, bevor Sie sich mit dem Mund an ihm zu schaffen machen. Und wie immer gilt: Übung macht die Meisterin.
Wir haben manuelle und orale Techniken speziell für die Hoden bereits an anderer Stelle besprochen. Aber trotzdem noch einmal der Hinweis: Vergessen Sie nicht, seinen *Juwelenbeutel* ins Liebesspiel mit einzubeziehen! Wenn Sie oben sind, können Sie ihm die Hoden streicheln, egal ob Sie nun zu seinem Kopf oder seinen Füßen hinschauen. In der *Missionarsstellung* können Sie mit einer Hand unter Ihrem Bein oder zwischen Ihre beiden Körper hindurchgreifen. Achten Sie darauf, dass Ihre Streicheleinheiten fließend und sanft sind. Bloß keine ruckartigen Bewegungen! Was viele Jungs beim Akt von hinten am meisten anmacht, ist das lustvolle Gefühl, wie ihre Eier rhythmisch gegen Ihre Schenkel klatschen. Greifen Sie sich zwischen die Beine und schauen Sie, ob Sie seinen *Cojones* mit ein paar extra Handbewegungen nicht noch mehr Lust verschaffen können.

7 Oktober

Stellungen der Woche: geöffnete und lotosähnliche Stellung

In den alten Schriften wurde Sex als eine Kunst beschrieben, die beiden Partnern gleichermaßen Freude bereitet. Das »Ananga Ranga« beispielsweise unterstreicht die Bedeutung des Vorspiels für die Lust der Frau: »Die Umarmungen, Küsse und vielfältigen Handlungsweisen müssen stets in Übereinstimmung mit dem Geschmack des Ehemannes und seiner Frau praktiziert werden, und … wenn die Leidenschaften der Frau aufs höchste erregt und ihr Yoni weicher und elastischer geworden ist, so wird alles für die fleischliche Vereinigung vorbereitet sein.«

Bei der *Geöffneten Stellung* wölben Sie Ihren Körper zum Bogen, indem Sie sich ein Kissen oder Polster unter die Hüften und den Po schieben. Ihr Partner kniet zwischen Ihren Schenkeln – auch auf einem Kissen, damit er in der richtigen Höhe ist, um in Ihr Zentrum der Liebeslust einzudringen. In dieser Stellung sind Ihre Schenkel weit gespreizt, und Ihre Genitalien werden darum besonders gut stimuliert. »Eine wundervolle Form des Beischlafs, die beiden Handelnden höchste Wonnen verschafft«. Darauf können Sie wetten!

Die *Lotosähnliche Stellung* ist etwas komplizierter. Sie liegen auf dem Rücken, kreuzen die Beine und ziehen die Knie zum Oberkörper. Auch hier kniet Ihr Partner vor Ihnen, während er in Ihre von Ihren Füßen und Beinen umrahmte Vagina eindringt. »Diese Stellung ist sehr förderlich für die, die vor Liebe glühen«, schreibt Malla. Kann gut sein, dass Sie es tatsächlich sehr erregend finden, so in Ihrer Bewegung eingeschränkt zu sein und Ihre Vulva und Klitoris seinen fordernden Stößen preiszugeben.

8 Oktober

Eine Reise nach Phantasia

Unser Gehirn ist ein phantastisches Speichermedium für Erinnerungen, Bilder und Phantasien – und ein nimmer endender Quell sexueller Inspiration. In Gedanken können wir völlig ohne Konsequenzen mit jedem beliebigen Menschen wie und wann immer wir wollen Sex haben. Unsere Phantasien können einem ausgefeilten Drehbuch folgen oder uns in Form flüchtiger Bilder durch den Kopf gehen.

Um Ihr erotisches Innenleben bunter und lustvoller zu gestalten, sollten Sie sich nicht auf sichere Phantasien beschränken oder Ihre Vorstellungen als abwegig oder pervers zensieren. In den Köpfen vieler Menschen geistern alle möglichen Phantasien herum, die sie nie in der Realität ausleben würden: Sex mit unerreichbaren Partnern (vor allem Stars und Promis); Voyeurismus und Exhibitionismus; erzwungener Sex; Sex mit einem gleichgeschlechtlichen Partner, *Gang Bangs* und Gruppensex; und natürlich *SM*. All dies sind weitverbreitete Themen der menschlichen Phantasie.

Haben Sie auch keine Hemmungen, in Ihren mentalen Bildern Tabus zu überschreiten oder sich politisch inkorrekte Dinge auszumalen. Zum einen heißt, sich etwas vorzustellen, noch lange nicht, dass man es auch tatsächlich tut. Vielleicht malen Sie es sich überhaupt erst deshalb in Gedanken aus, WEIL sie es niemals in der Realität machen würden. Tabus sind beinahe schon per Definition erotisch; der Mensch hat nun einmal eine Faszination für alles Verbotene. Zum anderen könnte sich in Ihren Phantasien ein Aspekt Ihrer Persönlichkeit Ausdruck verschaffen, der im Alltag zu kurz kommt. So könnte eine schüchterne Frau zum Beispiel davon träumen, als Domina aufzutreten; oder eine Karrierefrau könnte in ihren Phantasien in die devote Rolle schlüpfen und sich einem grausamen Meister unterwerfen. Graben Sie in den Tiefen Ihres erotischen Innenlebens und schauen Sie entspannt, was da zum Vorschein kommt.

9 Oktober

... mehr Vibratoren mit Batterie

Unter dem Begriff Vibrator fällt den meisten von uns zuallererst die zylindrische Variante ein. Diese gibt es in zwei Ausführungen: glatt oder realistisch. Die Smoothies sind gerade und glatt und bestehen in der Regel aus Hartplastik, wenngleich es auch Modelle in Gummi, Cyberskin oder Silikon gibt. Sie werden in den unterschiedlichsten Farben und in Längen von 10–20 Zentimeter angeboten. Der Durchmesser liegt meist zwischen drei und vier Zentimetern, und in der Regel lässt sich unten am Gerät die Geschwindigkeit regulieren. Unter den zylindrischen Vibratoren bieten Smoothies die stärksten Vibrationen.

Bei den Realos handelt es sich, wie der Name schon sagt, um realistische Nachbildungen eines echten Penis. Manche haben sogar Venen, Hoden und eine naturgetreu anmutende Hautoberfläche. Ob für die Selbstliebe oder beim Sex mit dem Partner, solche Vibratoren können eine nette Ergänzung im Spiel mit erotischen Phantasien sein. Bedenken Sie aber, dass selbst das realistischste Toy allein mit seinen Vibrationen nicht viel ausrichten kann, wenn Sie nicht zusätzlich Ihre Klitoris stimulieren. Aber vielleicht genießen Sie das Gefühl der Penetration und die Art und Weise, wie sich die Vibrationen in Ihrer Vagina ausbreiten, während Sie es sich mit den Fingern machen.

Für alle, die Abwechslung lieben, werden für viele zylindrische Vibratoren Vinylmanschetten mitgeliefert, mit denen sich das Aussehen und die Oberflächenstruktur verändern lassen. Auch wenn die Noppen und Rippen in der Vagina keinen großen Lustgewinn bringen, können Sie Ihnen bei empfindlicher Klitoris durchaus spannende und erregende Empfindungen schenken.

10 Oktober

Doppelte Freude

Sie wünschen sich das doppelte Vergnügen? Dann ist ein *Dual-Action-Vibrator* womöglich das Richtige für Sie. Stellen Sie sich das Ganze so vor: ein vibrierender Schaft, der in Ihnen rotiert UND ein kleiner Klitorisknopf, der gleichzeitig gegen Ihren Kitzler drückt. Oder ein kleiner Ausleger, der vom Schaft abzweigt, um Ihre empfindliche Analöffnung zu erregen. Manchmal enthält sogar der Hauptschaft kleine Perlen, die das sensible Gewebe im äußeren Drittel der Vagina stimulieren. Solche Vibratoren mit Doppeleffekt kosten ein wenig mehr, aber es gibt viele, die darauf schwören. Investieren Sie hier aber lieber in Markenmodelle wie zum Beispiel den *Rabbit Pearl* – bei preiswerten Kopien hat es Rückrufaktionen gegeben.

Übrigens: Machen Sie sich nichts draus, wenn der Klitoris-Ausleger Ihres *Dual-Action-Vibrators* als kleiner Hase mit Wackelohren oder süßer Biber mit flatternder Zunge daherkommt. Bei einem Modell, dem *Blue Hawaiian*, macht sich die Schnauze eines winzigen Delphins an Ihrem Allerheiligsten zu schaffen. In Japan, wo diese Toys zuerst auf den Markt kamen, waren Sexspielzeuge, die wie ein Penis aussahen, früher illegal, und so brachten die Hersteller kreative Alternativen auf den Markt – eine Tradition, die bis heute weiterlebt.

Es gibt sogar *Dual-Action-Vibratoren* mit blinkender Spitze, LED-Bedienelement und Science-Fiction-Design. Wenn Sie ein Faible für Novitäten haben und gleichzeitig die unglaubliche Kombination aus innerer und äußerer Stimulation zu schätzen wissen, lohnt es sich durchaus, so ein Teil auf Ihre Einkaufsliste zu setzen. Passen Sie nur auf, dass es nicht zu lang ist, denn die Ohren des Häschens mögen noch so witzig aussehen – wenn sie nicht an die richtige Stelle kommen, bringen sie nichts!

11 Oktober

Sicherer kann Safer Sex nicht sein!

Einer der vielen Vorteile des Masturbierens liegt darin, dass es die sicherste Sexualpraktik von allen ist. Wenn Sie sich selbst lieben, brauchen Sie sich keinerlei Sorgen zu machen, dass Sie schwanger werden oder sich eine unangenehme oder sogar lebensbedrohliche Krankheit einfangen könnten. Auch brauchen Sie nicht darüber nachzugrübeln, ob Sie etwa in einem allzu frühen Stadium der Beziehung in die Kiste gehüpft sind oder er Sie am Tag danach auch anrufen wird. Wenn Sie allein im Boot sind, können Sie es ganz entspannt angehen.

Auch im Rahmen der Partnerliebe ist Masturbation eine sichere, lustvolle, stressfreie Alternative, weil sie nicht nur gesundheitliche Bedenken überflüssig macht, sondern auch die Frage nach dem Wahrheitsgehalt seiner sexuellen Vorgeschichte zweitrangig erscheinen lässt. Kein Kondom zur Hand? Denken Sie nur an all die vielen Möglichkeiten, die das Liebesspiel auch ohne Austausch von Körperflüssigkeiten bietet! Sie können es sich mit Ihren oder seinen Händen, mit Dildos, Vibratoren oder anderen Sex-Toys besorgen. (Wenn Sie beide denselben Vibrator oder Dildo verwenden, denken Sie daran, dass ein Kondom im Nu gewechselt ist, bevor Sie das gute Stück an den anderen weiterreichen.) Wie am 6. August beschrieben, kann das gemeinsame Masturbieren erotisch und informativ zugleich sein, weil Sie sich dabei gegenseitig ganz genau zeigen können, wie Sie es am liebsten haben. Außerdem können Sie mit ansehen, wie sehr es ihn antörnt, Ihnen zuzuschauen.

Gehen Sie auf Nummer sicher: Masturbieren Sie!

12 Oktober

Magie in Kugeln: Vibro-Eier

Sie wünschen sich eine besonders intensive Stimulation der Klitoris? Probieren Sie *Vibro-Eier*. Ekstase garantiert! Sie bestehen aus Hartplastik mit oder ohne Überzug aus Vinyl, Gel-Gummi oder Cyberskin, sind etwas kleiner als echte Eier und über ein Kabel mit einem Batteriefach verbunden, mit dem sich die Intensitätsstufe steuern lässt. Manchmal haben Sie auch die Form von Pistolenmunition (die sogenannten *Bullets*) – und genauso gehen Sie auch ab.
Führen Sie das Ei mit den Fingern in die Vagina ein, so dass es sich in Ihnen einnisten kann. Sie können es sogar unter der Kleidung tragen! (Ihre Kollegen werden sich beim nächsten Meeting bestimmt fragen, warum Sie so glücklich dreinblicken.) Sie können das Bedienteil auch Ihrem Partner in die Hand drücken, so dass er Ihre empfindlichsten Zonen stimulieren und Sie in den Himmel schicken kann. Wenn Sie fertig sind, ziehen Sie nicht am Netzkabel. Umfassen Sie das Ei mit der Hand, ziehen Sie es nach unten und drücken Sie es gleichzeitig mit Hilfe Ihres PC-Muskels heraus. Sie können sich mit auch liebevoll mit dem Ei über die Klitoris streichen oder es in einen hohlen Dildo oder ein speziell für diesen Zweck entwickeltes Anal-Toy stecken. Stellen Sie sich vor, wie es sich anfühlt, wenn Sie gleichzeitig einen Dildo in sich spüren und ein *Vibro-Ei* Ihre Klitoris bearbeitet. Oder überraschen Sie Ihren Mann, indem Sie ihm mit der flachen Hand mit so einem Ei über seine heiße Erektion fahren. Nett. Sehr nett.

13 Oktober

Überraschungsmoment

Vergessen Sie nicht, dass ungeplanter Spontansex eines der besten Mittel ist, um den Einzug von Alltagsroutine ins Liebesleben zu vermeiden. Selbst wenn es nicht zum direkten Verkehr kommt, können Sie einander mit fleischlichen Genüssen überraschen. Ziehen Sie ihm beim Fernsehen – oder (wenn Sie wirklich mutig sind und keiner guckt) in der letzten Reihe im Kino – den Reißverschluss an der Hose auf und verwöhnen Sie ihn mit heißer oraler Action. Gehen Sie vor ihm auf die Knie und lutschen Sie ihn, während er gerade mit seinem Chef telefoniert.

Viele Menschen haben die Phantasie, in einem Luxusrestaurant unter dem weißen Tischtuch abzutauchen, um es Ihrem Partner oral zu besorgen. Wenn Sie nicht so weit gehen wollen (was sehr wahrscheinlich ist), können Sie zu Hause bei einem romantischen Candlelight-Dinner unter den Tisch kriechen oder ihn unter der Tischdecke mit Zehen oder Fingern bearbeiten. Könnte gut sein, dass er Sie dann als Dessert vernascht.

Sich von den oralen Liebkosungen des Lovers aufwecken zu lassen hat auch etwas für sich! Ein Bekannter von mir, Fotograf, 30+, formuliert es so: »Einer der heißesten Akte, die meine Frau gebracht hat, war, mich mit dem Mund aus dem Schlaf zu holen und mich dann zu besteigen.« Könnte gut sein, dass sich Ihr Liebster im Traumland wähnt, wenn Sie das machen. Aber denken Sie nur, wie scharf er sein wird, wenn er auf einmal merkt, dass er wach ist …

14 Oktober

Stellung der Woche: Die zweite Position

Es ist kein Geheimnis, dass Männer sich ebenso viele Gedanken um ihr Glied machen wie Frauen um ihre Oberschenkel. Skrupellose Geschäftsleute nutzen diese Angst, um eine Vielzahl von Produkten zur Penisvergrößerung oder -verlängerung anzupreisen. Vielleicht beruhigt es Sie zu wissen, dass das Geschäft mit der Penisvergrößerung seit mindestens tausend Jahren floriert. Bereits im 16. Jahrhundert widmete »Der duftende Garten« ein ganzes Kapitel dem Thema »wie man kleine männliche Glieder größer macht und ihnen ein imposantes Aussehen gibt«. Einige der Rezepte, die Scheik Nefzaui empfiehlt (Umschlag mit Mus vom Blutegel gefällig?), sind nichts für Menschen mit schwachem Magen.

An anderer Stelle aber beschreibt der Autor durchaus praktikable Positionen für weniger üppig ausgestattete Männer. Ob sie Ihnen zusagen, ist eine andere Frage. In der *Zweiten Position* heben Sie Ihre Beine so weit über den Kopf, wie es geht – ähnlich wie bei der *Pflugstellung* im Yoga. Durch Umfassen der Fußgelenke heben Sie die Vagina an, so dass Ihr Liebster leichter in Sie eindringen kann, ohne herauszurutschen. Die Position ist etwas anstrengend für Nacken und Schultern, so dass Sie sie bestimmt nicht lange halten wollen. Aber sie auszuprobieren macht bestimmt Spaß!

15 Oktober

Wo ist die Fernbedienung?

Guck mal, Schatz: Ganz ohne Hände! Vibratoren mit Fernbedienung machen's möglich. Sie haben größenverstellbare Bein- und Taillenbänder, mit deren Hilfe sie so fixiert werden, dass sie auf der Klitoris liegen. Dank Mikrochip-Technologie haben schlanke, diskrete Toys inzwischen längst die sperrigen Apparaturen von einst abgelöst. Die Teile sind zwar immer noch nicht leise genug, um damit durchs Museums zu schlendern, aber zu Hause oder auf einer lauten Party kann man allemal viel Spaß damit haben.
Leider ist eine der Kehrseiten dieser Modelle, dass das Anlegen der elastischen Haltebänder eine ziemlich verwirrende Angelegenheit sein kann und es mitunter nicht gelingt, das Teil richtig zu fixieren. Oder der Vibrator liefert nicht die Stimulation, die Sie brauchen. Wenn man so ein Gerät mit der Hand auf die Klitoris drücken muss, braucht man auch keine Fernbedienung! Nicht schlecht sind Slips oder Tangas mit eingebautem Vibrator. Das Spielzeug steckt in einer kleinen Tasche und liegt fester an der Klitoris an.
Vibratoren wie diese lassen sich wunderbar ins Liebesspiel mit einem Partner einbeziehen. Drücken Sie Ihrem Mann die Fernbedienung in die Hand, so dass er Sie immer und immer wieder an die Schwelle zum Orgasmus führen kann. Oder Sie können das Teil auch während des Verkehrs tragen, da der Vibrator meist nur die Klitoris abdeckt. Wenn Sie ein Tanga-Modell haben, brauchen Sie nur den String zur Seite zu schieben!

Ein Blick in die Geschichte: Heute ist der Geburtstag von Dr. Marie Stopes (1880–1958), der britischen Pionierin der Geburtenkontrolle, die gemeinsam mit Ihrem Ehemann Humphrey Verdon Roe die erste Klinik zur Geburtenkontrolle in England gründete.

16 Oktober

Spielzeuge für die Brüste

Gehören Sie zu den Frauen, die auf die Stimulation der Brustwarzen abfahren? Mögen Sie es, wenn man Ihre Nippel streichelt, sie kitzelt oder sogar hineinkneift? Dann werden Ihnen Toys wie *Nippelzangen* Spaß machen, die sowohl Frauen als auch Männern intensive Stimulation bieten. Wählen Sie ein Modell mit abgepolsterten Vinylspitzen. Für Frauen sind auch *Nippel-Clips* gut geeignet, weil sie verstellbar sind und so für verschiedene Brustwarzengrößen passen; die breiten, flachen Auflageflächen von *Krokodilklemmen* sind dagegen eher etwas für Männer. Für Leute, die einen extra Kick suchen, gibt es Zangen mit Vibrierfunktion, Saugspielzeuge mit Handpumpe und batteriebetriebene Vibratoren. *Nippelzangen* sind oft mit einer Kette verbunden, was absolut sexy aussieht. Sanft an der Kette zu ziehen sorgt für zusätzliche Empfindungen.
Warten Sie, bis Sie erregt sind, bevor Sie Ihre *Nippelzangen* anlegen, denn nur dann fühlt sich das Ganze nicht schmerzhaft, sondern prickelnd an. Tasten Sie sich beim ersten Mal langsam an die Sache heran, um herauszufinden, was Ihnen gefällt. Vielleicht ist es besser, die Zange hinter der Spitze statt ganz vorne anzusetzen. Das ist bequemer und reduziert die Wahrscheinlichkeit, dass das Toy abfällt. Wenn Sie ein Modell mit starkem Biss haben, versuchen Sie, es zunächst um den Warzenhof zu klemmen. Gehen Sie langsam vor, wenn Sie die Zange abnehmen: Wenn das Blut zurückfließt, kann das ziemlich starke Empfindungen auslösen. Für manche Leute ist es genauso lustvoll, die Zangen zu lösen, wie sie anzulegen!

Sicherheitshinweis: Wenn Sie ein Brustimplantat oder Zysten in der Brust haben, seien Sie vorsichtig beim Herumspielen mit *Nippelzangen*. Tragen Sie sie AUF KEINEN FALL LÄNGER als 20 Minuten.

17 Oktober

Ein Ring für den Liebesstab

Wenn Sie und Ihr Mann sich gern lange und ausgiebig lieben wollen, könnte ein Penisring genau das richtige Toy für Sie sein. Er besteht aus Metall, Gummi oder Leder, wird rings um Peniswurzel und Hodensack gelegt und verhindert, dass das Blut abfließen kann. Das sorgt für eine festere Erektion, macht sein Glied empfindlicher und ermöglicht Ihnen beiden ein längeres und insgesamt intensiveres Liebesspiel.

Gummi- oder Latexringe sind preiswert und flexibel – und manche sind mit kleinen Noppen versehen, die die Klitoris stimulieren sollen – aber das Material ist porös, so dass die Teile nicht für das gemeinsame Spiel geeignet sind. Stahlringe lassen sich zwar sterilisieren, im Falle eines Falles aber womöglich nicht so leicht abnehmen. Lederringe, die mit Schnapp- oder Klettverschlüssen fixiert werden, sind größenverstellbar, leicht abzunehmen und sehen verdammt heiß aus. Sie sind jedoch nicht unbedingt leicht zu reinigen, was eine vorsichtige Umschreibung dafür ist, dass sie mit der Zeit ziemlich unappetitlich werden können.

So helfen Sie Ihrem Mann, einen Penisring anzulegen: Fangen Sie an, bevor er hart ist. (Wenn er schon eine Erektion hat, ist es vorbei, es sei denn, Sie würden ein größenverstellbares Ledermodell verwenden.) Schieben Sie erst den einen, dann den anderen Hoden und zuletzt den Penis durch den Ring. Wenn er mag, kann er das Toy auch nur um die Peniswurzel legen. Um auf Nummer sicher zu gehen, ist darauf zu achten, dass der Ring nicht zu fest sitzt und sich verstellen oder leicht entfernen lässt. Egal, wie viel Spaß Sie haben: Länger als 20 Minuten sollte er das gute Stück nicht tragen. Und einschlafen darf er damit auch nicht!

18 Oktober

Ringelingeling! Vibrationen für Sie beide

Der Tipp von gestern geht Ihnen nicht aus dem Kopf? Möchten Sie das Spiel mit dem Penisring noch eine Stufe weitertreiben? Nun, die Technik hat sich da etwas einfallen lassen: Es gibt eine ganze Palette von vibrierenden Ringen, die beiden Partnern Lustgewinn verschaffen. Die meisten davon sind an einem Ende mit einem kleinen Kugelvibrator ausgestattet, der mittels Kabel an ein externes Batteriefach angeschlossen ist. Es gibt aber die verschiedensten Varianten, darunter auch Ringe mit einer Manschette, in die Sie Ihr eigenes *Bullet* bzw. Ihr *Vibro-Ei* einschieben können. Ebenfalls erhältlich sind schnurlose Modelle, bei denen Sie die Hände frei haben. Und bei manchen Geräten wird sogar ein Analaufsatz mitgeliefert, der mit einem eigenen Kabel am selben Batteriefach angeschlossen wird wie der Hauptvibrator.

Kommen wir zu den Einsatzmöglichkeiten. Legen Sie den Ring so an der Peniswurzel an, dass der Kugel-Vibrator nach unten weist und seine *Familienjuwelen* in den vollen Genuss der Action kommen. Oder Sie wollen Ihren Kitzler während des Liebesspiels stimulieren. Dann drehen Sie das Teil so um, dass der Vibrator oben sitzt. Wenn Sie ein Gerät mit externem Batteriefach haben, können Sie abwechselnd bestimmen, wie intensiv die Vibrationen sein sollen.

Wie bei vielen Sextoys haben kreative Hersteller die unterschiedlichsten Varianten entwickelt, um ihren Produkten eine persönliche Note zu verleihen. Der *Bunny Ring Vibe* zum Beispiel ist ein Penisring aus Gel-Gummi, der wie ein Hase aussieht und in dessen Kopf ein kleiner Vibrator sitzt. Und die Wackel-Ohren kitzeln die Klitoris. Das meistverkaufte Modell von *Good Vibrations (www.goodvibes.com)* ist der *Neptune Ring Vibe* der mit einem winzigen vibrierenden Delphin ausgestattet ist. Wenn das kein ideales Accessoire für Ihr Halloween-Meerjungfrauen-Kostüm ist …

19 Oktober

Das siebte Chakra erwecken

Das siebte oder *Kronenchakra* befindet sich oben auf dem Kopf und ist für unser spirituelles Bewusstsein zuständig. Gelingt es, dieses Energiezentrum zu erwecken, soll uns dies einen Blick auf das Göttliche eröffnen, die Verbundenheit mit dem Universum erfahrbar machen und ein Gefühl besonders inniger Nähe während des Liebesspiels vermitteln.

Hier eine einfache Übung, mit der Sie das *Kronenchakra* aktivieren, und sich so möglicherweise zu intensiveren Orgasmen verhelfen können. Setzen Sie sich mit gekreuzten Beinen oder in einer anderen bequemen Position hin. Die Hände liegen auf den Oberschenkeln oder sind zu leichten Fäusten geballt. Atmen Sie sanft ein, so dass sich die Lunge langsam mit Luft füllt. Spannen Sie Ihre PC- und Analmuskulatur an und lassen Sie die Augen in den Kopf zurücksinken. Wenn Sie möchten, können Sie den Kopf leicht nach vorne fallen lassen und den Unterbauch einziehen. Stellen Sie sich vor, wie mit jedem Atemzug ein Strom von weißer Energie – wie eine kleine Flamme – an Ihrer Wirbelsäule entlang nach oben bis in den Kopf aufsteigt. Auch ein »Ah« beim Ausatmen kann helfen, in der Kehle festsitzende Energien loszulassen. Aber erzwingen Sie nichts.

Wenn Sie mit dieser Übung vertraut sind, können Sie einen Schritt weiter gehen und visualisieren, wie beim Einatmen oben aus Ihrem Kopf wie aus einem Springbrunnen ein Lichtstrahl in die Höhe schießt. Auch beim Ausatmen können Sie dieses Bild halten. Und wenn Sie möchten, sich dabei das Gefühl eines Orgasmus in Erinnerung rufen. Seien Sie nicht überrascht, wenn Sie jetzt meinen zu fliegen. Um sich danach wieder zu erden, stellen Sie sich vor, wie das Licht beim Ausatmen auf Ihren Körper herabregnet und jeden Teil von Ihnen in Liebe und Glückseligkeit taucht. Genießen Sie das kosmische Nachglühen!

20 Oktober

Rollenspiel: Die Göttin und ihr Diener

Halloween steht vor der Tür. Bringen Sie sich also mit einem kleinen Rollenspiel in Stimmung. Ob mit oder ohne Kostüm – gemeinsam mit dem Liebsten vorübergehend in eine fremde Haut zu schlüpfen kann den Spaß, die Spontanität und Verspieltheit wiedererwecken, die Sie als frisch Verliebte miteinander erlebt haben.

Bei diesem tantrischen Rollenspiel schlüpfen Sie in die Rolle der Göttin. Ihr Partner ist ihr gehorsamer und beflissener Diener, dessen Aufgabe es ist, Ihnen sinnliche, sexuelle Lust zu bereiten. Und er muss alles machen, was Sie von ihm verlangen, und Sie bei allem, was er tut, zuvor um Erlaubnis bitten. Sie haben heute nur eine Aufgabe: sich auf Ihre Bedürfnisse zu konzentrieren – ein andermal tauschen Sie sowieso die Rollen.

Nehmen Sie sich Zeit zur Gestaltung des Bühnenbilds. Zünden Sie Kerzen an oder mieten Sie sich in einem romantischen Hotel ein. Beginnen Sie zum Beispiel mit einem heißen Bad und bitten Sie ihn, Ihnen Körper und Haare zu waschen und Sie mit duftenden Lotionen und Ölen zu salben. Begeben Sie sich dann ins Schlafzimmer, und gehen Sie die Dinge dort so langsam oder so schnell an, wie Sie Lust haben. Eine schöne Möglichkeit für den Einstieg ist, sich einander gegen überzusetzen und ihm zu erlauben, eine Lobesrede auf Sie zu halten. Während er spricht, brauchen Sie nur zu lächeln, ihn in Gedanken der bedingungslosen Liebe zu hüllen und sich Ihrer Göttlichkeit bewusst zu sein.

Ein Blick in die Geschichte: Heute ist der Geburtstag des französischen Dichters und Symbolikers Arthur Rimbaud (1854–1891), dessen stürmische Affäre mit dem Schriftstellerkollegen Paul Verlaine als Vorlage für den 1995 erschienenen Film »Total Elipse« diente. Leonardo DiCaprio ist darin als Rimbaud zu sehen.

21 Oktober

Stellung der Woche: Die dritte Position

Während das »Kamasutra« und das »Ananga Ranga« mit ihren poetischen Beschreibungen von ineinander verschlungenen Paaren Frauen als gleichberechtigte Partner im Liebesspiel betrachten, ist »Der duftende Garten« von Scheik Nefzaui derb und zotig, und man hat beinahe den Eindruck, dass *das Weib* darin wie ein Objekt behandelt wird. Das Buch wurde erstmals von Offizieren der französischen Armee in Nordafrika entdeckt und zunächst in Frankreich unter dem Titel »Le Jardin parfumé« veröffentlicht. Dort wurde der charismatische Engländer Richard Francis Burton auf das Werk aufmerksam, dem die Übersetzung ins Englische zu verdanken ist.

Zu den studierenswerten Positionen aus dem »Duftenden Garten« gehört die *Dritte Position*.

Ähnlich wie bei der *Gähnenden Position* des »Kamasutra« liegen Sie auf dem Rücken, und Ihr Mann kniet zwischen Ihren Beinen. Legen Sie ihm nun – falls nötig, mit seiner Hilfe – ein Bein auf die Schulter und schieben Sie ihm das andere unter den Arm. Wenn er Sie jetzt penetriert, kann er außerordentlich tief in Sie eindringen.

Warten Sie darum mit dieser Stellung, bis Sie wirklich voll erregt sind. Ist dies der Fall, verschiebt sich die Gebärmutter nämlich nach oben, und die innere Vagina bläht sich im Bereich des Gebärmutterhalses auf (Fachleute sprechen vom *Balooning* oder *Tenting*), was die tiefe Penetration und das Stoßen einfacher und lustvoller macht. Kein Wunder, dass »Der duftende Garten« so großen Wert auf das Vorspiel legt!

22 Oktober

Östliche Vergnügungen

Der Legende zufolge führten Frauen im alten China und in Japan sogenannte *Ben-Wa-Kugeln* – eiförmige, hohle Elfenbeinkugeln – in die Vagina ein und schaukelten dann so lange vor und zurück, bis sie zum Orgasmus kamen! Die moderne Variante dieser Kugeln misst etwa zwei Zentimeter im Durchmesser und ist in der Regel vergoldet, wenngleich es sie auch in Silber, Kunststoff, Lucite oder Stahl gibt. Meist werden sie in hübschen Verpackungen oder Kästchen geliefert, so dass sie sich perfekt als sinnliches Geschenk eignen.

Lustkugeln sind ganz einfach anzuwenden: Sie schieben sie einfach in die Vagina ein (nicht in den Anus, weil sie da verschwinden könnten!) und halten Sie dort fest, während Sie herumspielen oder den Verpflichtungen des Tages nachgehen. Um Sie loszuwerden, pressen Sie sie einfach mit dem PC-Muskel heraus. Manche Frauen haben die *Glücksperlen* lieber im unteren Bereich der Vagina, andere schieben sie weiter hinein, so dass Sie hinter dem G-Punkt liegen. Sie werden kaum das Gefühl haben, dass die Kugeln in Ihnen herumrollen, da die Scheidenwände sich wie eine Manschette darumlegen und sie an Ort und Stelle halten. Die Empfindungen sind sehr viel subtiler. Sie können Sie allerdings durch den Einsatz eines Vibrators aktivieren.

Für eine intensivere Stimulation bieten sich auch sogenannte *Smartballs* an: Sie bestehen aus zwei hohlen Bällen von etwa dreieinhalb Zentimeter Durchmesser, die mit einer Nylonschnur verbunden sind und in denen kleinere Bälle rotieren. *Smartballs* werden in Gel-Kunststoff, Plastik oder Silikon angeboten. Es gibt auch Stränge mit bis zu vier Kugeln. Und sogar Versionen mit eingebautem Vibrator! Führen Sie sie in Ihren Liebeskanal ein, und zum Finale ziehen Sie eine nach der anderen heraus, bis Sie es kaum noch aushalten können!

23 Oktober

Und ewig lockt der Skorpion

Wenn Sie oder Ihr Partner zwischen dem 23. Oktober und 21. November geboren sind, ist Ihr Sternzeichen der Skorpion. Er gilt als das extremste im Tierkreis, und Astrologen beschreiben ihn als ausgesprochen leidenschaftlich, intuitiv und sensibel. Wenn Sie der Blick eines Menschen gefangen nimmt, könnte es gut sein, dass Sie es mit einem Skorpion zu tun haben. Über einen Mangel an Leidenschaft werden Sie sich in einer Beziehung mit einem Vertreter dieses Zeichens kaum beklagen. Mit ihm werden Sie alle Höhen und Tiefen kennenlernen, die die Erotik zu bieten hat. Ein Skorpion-Mann ist der ideale Partner, wenn es darum geht, Ihre dunkle Seite zu erkunden; und wenn Sie selbst Skorpion sind, werden Sie wahrscheinlich schon das eine oder andere Abenteuer hinter sich haben – wenn nicht in der Realität, dann zumindest in Ihren Phantasien.

Wenn Sie eine Beziehung mit einem Skorpion haben, ergreifen Sie die Gelegenheit, um einen Ausflug ins Ungewisse zu wagen. Kosten Sie die ganze Palette der erotischen Stimulanzien aus: Filme, Bücher, Rollenspiele, tantrischer Sex, östliche Liebesschulen. Wenn Sie selbst Skorpion sind, tauchen Sie ein in Ihre Phantasien. Wie wir morgen sehen werden, gibt es viele sichere, lustvolle Praktiken wie *BDSM* (englische Abkürzung für: *Bondage & Discipline (B&D), Domination & Submission (D&S), Sadism & Masochism (S&M)*, auf Deutsch: Fesselung und Disziplin, Dominanz und Unterwerfung, Sadismus und Masochismus), für die Sie sich keine abgefahrenen Leder-Outfits oder furchteinflößenden Gerätschaften zulegen müssen. Nutzen Sie die Leidenschaft des Skorpions, um Ihre Batterien aufzuladen und die erotische Macht des Unvorhersehbaren und Unbekannten kennenzulernen.

24 Oktober

Pervers? Eine Frage des Blickwinkels!

Was macht Sex in den ersten Phasen einer Beziehung so prickelnd? Hauptsächlich die Tatsache, dass wir Neuland betreten, und das ist immer unheimlich aufregend. Mit fortschreitender Dauer kann dann aber die Vorhersehbarkeit Einzug halten, und die ist der Tod der Erotik. Wie können Sie den Funken neu entzünden? Indem Sie die Grenzen verschieben und das Unerwartete in Ihr Liebesleben zurückholen. Es gibt eine Möglichkeit, dies gefahrlos zu tun – und gleichzeitig können Sie dabei die eine oder andere Phantasie wahr werden lassen.
Vergessen Sie Ihre Vorstellungen über *BDSM*. Sie brauchen kein Lederkostüm zu kaufen, irgendeinem schrägen Club beizutreten oder sich für pervers zu halten. Es bedarf lediglich der Bereitschaft, neue Empfindungen zu erkunden und sich ein wenig in die Welt der Illusion zu begeben. Und weil es für diese Art von Sex der Kommunikation, des gegenseitigen Vertrauens und der Liebe bedarf, ist sie perfekt für langjährige feste Beziehungen geeignet.
Sie sind also bereit, das Wagnis einzugehen? Doch wo fangen Sie an? Einen idealen Einstieg bietet etwa das Portal *www.lustqual.de*. Als Nächstes machen Sie sich Ihre Wünsche klar. Ihre erotischen Phantasien sind eine wahre Fundgrube für Ideen. Welche Elemente dar in törnen Sie am meisten an? Seien Sie spezifisch. Manchmal kann es sinnvoll sein, Listen zu erstellen: eine mit erotischen Aktivitäten, die Sie ausprobiert und an denen Sie Gefallen gefunden haben, und eine zweite, in die Sie all das hineinschreiben, was Sie gern einmal ausprobieren würden – und das, was Sie in einer Million Jahren nie machen würden! Solche Listen sind wie eine Landkarte, die Ihnen den Weg in die Tiefen Ihrer erotischen Natur weist. Zensieren Sie also nichts. Und gemeinsam mit einem liebevollen Partner sind Sie nun bereit, den nächsten Schritt zu tun.

25 Oktober

Machtspiele

BDSM greift die subtilen Machtströmungen in zwischenmenschlichen Interaktionen auf und verstärkt sie. (Diese Strömungen sind vorhanden, auch wenn wir sie manchmal gern leugnen würden.) Sie mögen noch so verwerflich oder kläglich sein – in DIESEM Rahmen ist alles in Ordnung. Im typischen *BDSM-Spiel* hat der *Top* oder dominante Partner die totale Kontrolle, während der *Sub* oder submissive bzw. devote Partner die Zügel in zuvor abgesprochenen Szenen völlig an ihn abgibt. Eine Szene kann so schlicht oder ausgefeilt sein, wie es die persönlichen Toleranzgrenzen erlauben, aber es sollte immer alles in gegenseitigem Einverständnis geschehen. Vielleicht ist der devote Part ein unartiges Schulmädchen, das eine Tracht Schläge verdient. Vielleicht will der dominante Part sich zwei Stunden die Füße massieren lassen. Es liegt ganz an Ihnen!

In die devote Rolle zu schlüpfen gibt die Freiheit, sich dem anderen völlig auszuliefern. Man kann seinen Gefühlen freien Lauf lassen und ist jeglicher Verantwortung für sein erotisches Handeln entbunden. (Mehr hierzu siehe 30. März.) Die dominante Rolle dagegen ermöglicht es, den inneren Kontrollzwang auszuleben. Sie können zügellos alle Eigenschaften rauslassen, die im Alltag als abstoßend gelten – und das auch noch, um Ihrem Partner Lust zu bereiten.

Damit das Ganze Spaß macht, ist Kommunikation der Schlüssel. Je spezifischer Sie sind, desto geringer die Gefahr von Missverständnissen und Enttäuschungen. Betrachten Sie Absprachen nicht als Hemmnis für die Spontanität, sondern als eine Art Vorplanung, die es Ihnen erlaubt, sich später ganz dem Geschehen hinzugeben. Schicken Sie sich gegenseitig eindeutige, detaillierte E-Mails. Durchforsten Sie gemeinsam erotische Bücher und Filme auf der Suche nach Ideen. Und dann schreiben Sie in eine Liste, was geht und vor allem was nicht geht. Los, schreiben Sie!

26 Oktober

Bondage für Anfänger

Für ein bisschen liebevolles *Bondage* brauchen Sie Ihren Partner nicht wie eine Mumie zu verschnüren oder Ihr Geld in furchteinflößende Gerätschaften zu investieren. Fesseln sind eine unkomplizierte, lustvolle Möglichkeit, um Ihre erotischen Spiele aufzupeppen.

Thema Materialien: Am sichersten ist wohl eine weiche, glänzende Nylonschnur. Sie ist vielseitig einsetzbar, einfach zu reinigen und leicht zu lösen. Seidenschals und -strümpfe sind hübsch, könnten aber zu eng werden, und außerdem sind sie womöglich schwer zu lösen. Vermeiden Sie auch dünne Schnüre, Leinen, Garn, Telefon- und Stromkabel, Ketten, Lederbänder und auch Handschellen. Überlegen Sie sich, ob Sie nicht etwas Geld für Fesseln ausgeben wollen, die speziell fürs *Bondage* gemacht sind. Sie sind einfach bequemer und sicherer als die hausgemachte Variante. Es empfiehlt sich auch, sich ein gewisses technisches Grundwissen anzueignen, zum Beispiel aus Büchern wie »Das Bondage-Handbuch: Anleitung zum erotischen Fesseln« von Matthias T. J. Grimme.

Oberster Grundsatz: Safety first! Fesseln sollen SINNLICH sein – fest, aber bequem. Lassen Sie mindestens einen Fingerbreit Platz zwischen Fessel und Hand- oder Fußgelenken, und halten Sie für alle Fälle eine Schere mit stumpfen Enden bereit. Und achten Sie immer darauf: Wenn das gefesselte Körperteil taub oder kalt wird oder zu kribbeln beginnt – schnell losbinden! Mehr als eine halbe Stunde sollte niemand gefesselt bleiben, und allein lassen sollte man ihn auch nicht – obwohl Sie natürlich so tun können, als ob Sie weggehen und Ihren Partner mit verbundenen Augen dasitzen lassen würden. Aus der Distanz aber haben Sie ein Auge auf ihn!

Manchmal braucht man aber auch gar keine echten Fesseln, und es reicht zu sagen: »Wehe, wenn du dich auch nur einen Millimeter bewegst ...«, und dann machen Sie sich gnadenlos an ihm zu schaffen.

27 Oktober

Darf ich bitte Schläge haben?

Sind Sie ein sehr, sehr böses Mädchen gewesen? Haben Sie Schläge verdient? Ob ein schneller Klaps auf den Po während des Verkehrs oder eine sorgfältig verabreichte Tracht während eines Rollenspiels – vielen Menschen gibt es einen ungeheuren Kick, ordentlich den Po versohlt zu bekommen. Wenn Sie in den Genuss kommen, dürfen Sie erleben, wie Ihr Hintern und Ihre Geschlechtsorgane erbeben. Und wenn Sie die Schläge austeilen, können Sie sich an dem Gedanken aufgeilen, etwas leicht Anrüchiges, Verbotenes zu tun.

Und so könnte das Ganze ablaufen: Derjenige, der die Schläge bekommt (nehmen wir an, das sind Sie) entscheidet, wie viele er zur Strafe bekommt. Dann legen Sie sich mit entblößten Pobacken über die Sofalehne, das Bett oder das Knie des Partners. Und wenn Sie bereit sind, versetzt er Ihnen einen netten kräftigen Klaps auf die fleischige Fülle Ihres Hinterteils. Nicht zu hart, nicht zu sanft – genau so, dass ein zarter roter Abdruck bleibt. (Wenn Sie ein andermal an der Reihe sind, sollten Sie auch auf die fleischige Zone zielen und unbedingt darauf achten, ja nicht die Hoden zu erwischen.) Wenn es in die Szene hineinpasst, können Sie die Schläge laut mitzählen und ihm jedes Mal dafür danken.

Vielleicht mögen Sie es zwischendurch auch etwas fester oder ein paar Streicheleinheiten zur Abwechslung? Woher er weiß, wann es Ihnen zu viel wird? Nutzen Sie ein Codewort, eine zuvor festgelegte Formulierung, die nicht verwechselt werden kann mit dem »Nein, bitte nicht!«, das im Rollenspiel ständig vorkommt und genau das Gegenteil besagt (siehe 29. März). Wenn er fertig ist, sollte er Ihre brennenden Pobacken zärtlich streicheln, Sie im Arm halten oder was immer Sie gerne hätten. Oder Sie sind so scharf, dass er Sie auf der Stelle nehmen soll?

28 Oktober

Stellung der Woche: Die siebte Position

Sir Richard Francis Burton (1821–1890), der brillante, gutaussehende, charismatische Entdecker alter erotischer Schriften, der das »Kamasutra«, das »Ananga Ranga« und den »Duftenden Garten« ins Englische übersetzte, lebte ein Leben wie im Hollywood-Film. Nicht nur, dass er in der viktorianischen Gesellschaft mit der Veröffentlichung der alten Liebesschulen für Skandale sorgte, mit seiner Forderung, dass Frauen am Sex genauso viel Freude haben sollten wie Männer, stellte er auch die traditionellen Auffassungen der damaligen Zeit in Frage.

Wie viel Freude Ihnen die *Siebte Position* aus dem »Duftenden Garten« bereitet, hängt weitgehend davon ab, ob Sie Yoga auf fortgeschrittenem Niveau beherrschen oder in Ihren Halloween-Phantasien akrobatische Artisten vorkommen.

Sie legen sich auf die Seite und heben ein Bein an, so dass es auf seiner Schulter liegt (er kann dabei ruhig mit anfassen). Er hockt im Fersensitz zwischen Ihren Schenkeln und dringt so in Sie ein. Der Bewegungsspielraum ist dabei natürlich eingeschränkt. Der Autor empfiehlt dem Mann darum, die Frau »mit deinen Händen, mit denen du sie umarmt hältst, an deine Brust« zu ziehen. Um die Bewegung überhaupt möglich zu machen, müssen Sie sich wahrscheinlich etwas nach hinten auf den Rücken rollen.

Dies ist eine hübsche Kreuzung zwischen der *Missionarsstellung* und den Positionen in Seitenlage, weil Sie dabei sehen können, wie erregt Sie beide sind – oder in diesem Fall vielleicht besser: wie sehr Sie sich amüsieren.

29 Oktober

Verwandeln Sie sich in ein Kunstwerk

In jedem von uns steckt ein Künstler, aber nur allzu oft wurde unsere blühende Kreativität in jungen Jahren von irgendjemandem gekappt – einem Lehrer, einem der Eltern oder der Geschwister –, der sich über unsere künstlerischen Versuche lustig gemacht hat. Es ist nie zu spät, den inneren Künstler neu zu entdecken, und was für eine bessere Möglichkeit gäbe es, als den Körper des Liebsten als lebendige Leinwand zu verwenden! Körpermalerei ist eine wunderbare Ausdrucksform. Sie ist unkompliziert, macht Spaß und ist wesentlich vergänglicher als ein Tattoo.

Überlegen Sie sich zunächst, wer oder was Sie sein möchten. Wonder Woman? Eine Leopardin? Ein exotischer afrikanischer Papagei? Ein frecher Dämon? Lassen Sie sich auf Webseiten wie *www.bodypainting.com* oder *www.alteredbody.com* inspirieren. Die passende Farben und Zubehör gibt's zum Beispiel unter *www.schminktopf.de* oder *www.eulenspiegel.de* (hier bekommen Sie auch die als Profischminke sehr geschätzte Marke Mehron).

In der Halloween-Zeit bieten viele Kostümläden ebenfalls Körperfarben an. Schminken auf Wasserbasis lassen sich in der Dusche leicht abwaschen; Produkte auf Fettbasis dagegen müssen mit Babyöl oder -creme mühsam abgerubbelt werden. Wenn Sie eine Farborgie mit Ihrem Liebsten planen, sollten Sie auf jeden Fall darauf achten, Bettlaken zu nehmen, die ruhig ein paar Flecken abbekommen dürfen.

Wenn Sie nach einer weniger aufwendigen Alternative suchen, können Sie in vielen Läden auch essbare Körperfarben kaufen. Stellen Sie sich vor, wie lustig es ist, sich gegenseitig die Körper mit ausgefeilten Mustern zu bemalen. Und erst das Saubermachen! Das ist hier der eigentliche Spaß! Einfach die Zunge ansetzen. Und lecken, lecken, lecken …

30 Oktober

Schlüpfen Sie in Ihre Rolle

In Rollenspielen können Sie Ihrer erotischen Phantasie und Kreativität freien Lauf lassen und Ihre heißesten Träume wahr werden lassen. Und was würde mehr Spaß machen, als gemeinsam mit Ihrem Partner ein erotisches Szenario auszuagieren? Vielleicht ist er ein strenger Professor der Sexualwissenschaft, der seine störrische Schülerin (sprich: Sie) unterweisen muss. Oder er ist ein berühmter Pornostar, der einer Promi-Reporterin (= Sie) sein technisches Können demonstriert. Oder Sie sind eine verwöhnte reiche Frau und er Ihr Callboy, oder Sie sind Puffmutter im Wilden Westen und er ein ausgehungerter Cowboy. Mutige können ihr Rollenspiel sogar in die Öffentlichkeit verlegen: Biker und Barmieze, Formel-1-Star und Boxenluder und, und, und … Wählen Sie die Rollen so, dass Sie sie in die von Ihnen gewünschte Situation bringen, politische Korrektheit braucht Sie nicht zu interessieren. Gehen Sie in die Vollen.

Legen Sie sich auch beim Ausgestalten des Bühnenbilds ins Zeug. Auch das gehört mit zum Vergnügen. Verwandeln Sie Ihr Schlafzimmer in ein gotisches Schlafgemach mit tropfenden Kerzen oder einen türkischen Harem mit Kissen und Seidenteppichen. Wenn Sie Ihre vier Wände zu sehr an den normalen Alltag erinnern, buchen Sie ein Hotelzimmer. Es muss kein teures sein: Ein billiges Motel kann genau das richtige Ambiente für Ihre *Brummifahrer-Kellnerin-Geschichte* bieten. Und verkleiden Sie sich entsprechend!

Achten Sie darauf, während des Spiels Ihrer Rolle konsequent treu zu bleiben. Sich in der Halbzeit anders zu entscheiden kann die Luft völlig aus der Sache herausnehmen. Spielen Sie Ihren Part mit Haut und Haaren. Vielleicht kriegen Sie keinen Oscar. Aber die Chancen stehen gut, dass Sie einen sehr viel aufregenderen erotischen Preis gewinnen.

31 Oktober

Süßes oder Saures?

Es gibt einen Grund, warum die Leute so auf Halloween stehen: Es ist der perfekte Anlass, sich zu verkleiden. In San Francisco zieht es an die 15 000 Gäste, die in den spektakulärsten, provokantesten Kostümen erscheinen, zum alljährlich im Oktober stattfindenden *Exotic Erotic Ball*. Sich in ein sexy Outfit zu stürzen kann Sie in die richtige Stimmung für Rollen- und SM-Spiele bringen. Und für richtig heißen Sex! Wenn Sie in Bezug auf Ihren Kleidungsstil normalerweise eher auf schlichte Klassik setzen, wird es Ihren Schatz vom Hocker reißen, wenn Sie auf einmal als *Bordsteinschwalbe* vor ihm stehen.

Sich zu verkleiden kann Sie in Stimmung für sinnliche Spielereien bringen. Wenn Sie in Richtung *kinky* gehen wollen, halten Sie Ausschau nach Outfits, die Ihre Kurven betonen: enge Kleider und Korsagen aus Leder, Latex, PVC oder Gummi. In manchen Kreisen nennt man das Fetisch-Mode, aber dank MTV ist diese Art von Klamotten mittlerweile im Mainstream angelangt.

Kunstpelz bringt einen Extra-Touch Dekadenz in Ihr Outfit. Vergessen Sie auch nicht Accessoires wie lange Handschuhe, spezielle Unterwäsche und spektakuläre Highheels. Es gibt auch Leute, die auf Uniformen abfahren: Schlüpfen Sie in das Kostüm einer Polizistin, einer strengen Lehrerin, einer sexy Krankenschwester. Geben Sie das unschuldige Schulmädchen. Verkleiden Sie sich als Zimmermädchen, Domina, Schlampe, Paketbotin – was immer Ihnen in den Sinn kommt. (Anregungen gibt's auch unter *www.lalalingerie.com* oder *www.maskworld.com*). Und dann klingeln Sie bei ihm an der Tür. Dieses Jahr werden Sie zu Halloween bestimmt jede Menge Süßes bekommen!

KAPITEL ELF

November

»Wie gut ich weiß, was ich zu tun gedenke,
ziehen die langen, dunklen Herbstabende ins Land.«

Robert Browning (1812–1889), englischer Dichter

Der November bietet allerhand Dinge, für die wir dankbar sein können. Im Herbst, wenn die ersten Vorboten der kalten Jahreszeit ins Land ziehen und die Bäume ihr leuchtend buntes Blätterkleid fallen lassen, ist es Zeit, auf eine erotische Pilgerreise zu begeben, um das innere Feuer zu schüren, in die geheimsten Winkel des Selbst hinabzusteigen und sich auf den Winter vorzubereiten. An den langen, dunklen Herbstabenden danken wir dem Himmel, indem wir die göttlichste aller Gaben feiern: den Orgasmus. In diesem Monat werden wir uns auf Möglichkeiten konzentrieren, wie Sie beide gar überirdischere Höhepunkte erreichen können.

Blüte des Monats ist die Chrysantheme. Die weißen schenkte man sich in der viktorianischen Zeit als Symbol für die Wahrheit, und die roten, um »ich liebe dich« zu sagen. Stellen Sie sich eine Vase mit roten und weißen Chrysanthemen auf, um Ihren Vorsatz zu bekräftigen, sich selbst und Ihrem Liebsten gegenüber im Hinblick auf Ihre sinnlichen Bedürfnisse stets treu zu bleiben.

Der wunderschöne gelbe Topas ist der Stein des Monats. Der Legende zufolge soll er unsere Fähigkeit stärken, Liebe zu geben und zu empfangen und dementsprechend innigere und bessere Intimbeziehungen eingehen zu können.

1 November

Der Zauber der Nähe

Beim Sex können alle Tipps und Techniken der Welt eines nicht ersetzen: emotionale Nähe. Sie ist die gar nicht so geheime Zutat, die die körperliche Liebe so zauberhaft macht. Wenn Partner innig miteinander verbunden sind, kann Sex gar nicht anders als phantastisch sein. Nanette, Designerin von Accessoires, 32, beschreibt die sexuelle Energie, die aus einer tiefen Nähe zwischen zwei Liebenden entsteht: »Mein Freund und ich führen lange Gespräche, und dabei streichen wir uns übers Haar, mal liege ich bei ihm, mal er bei mir mit dem Kopf auf dem Schoß, mal sitzen wir einfach eng aneinandergekuschelt da. Das hat noch gar nichts mit Sex zu tun. Wir brauchen uns nur in die Augen zu schauen und uns zu berühren, um uns geschätzt und geliebt zu fühlen. Und wenn wir uns anschließend lieben, was wir immer tun, dann ist das jedes Mal etwas ganz Außergewöhnliches. Wenn wir uns küssen, spüre ich sein Begehren auf meinen Lippen. Es ist wie eine energetische Schockwelle, und dieses orgastische Gefühl, das meinen gesamten Körper durchflutet, hält während unseres ganzen Liebesspiels an. Mit ihm zusammen zu sein, ist für mich etwas Heiliges – so als ob wir in einen Zustand eintauchen würden, den nur wir beide gemeinsam erreichen können.«

Nicht nur Frauen brauchen diese emotionale Verbundenheit. Auch Männer brauchen sie. Wir bauen in dem Augenblick Intimität zu einem anderen Menschen auf, in dem wir uns in seiner Gegenwart fallen lassen können. In solchen offenen, ehrlichen Gesprächen können wir so sein, wie wir sind. Wenn Sie sich also das nächste Mal dabei ertappen, wie Sie sich fragen, ob Sie auch alles richtig machen, versuchen Sie, sich Ihrem Liebsten auf emotionaler Ebene zu nähern. Führen Sie sich all die Dinge vor Augen, die Sie an ihm lieben. Gehen Sie mit dem Fluss. Mögen Ihre Taten – und Ihre Orgasmen – vom Herzen und nicht vom Kopf herkommen.

2 November

Timing ist alles

Die Tageszeit – und sogar die Phase des Monats – kann einen gravierenden Einfluss auf unsere Orgasmen haben. Unser Testosteronspiegel ist morgens am höchsten, was die Chancen auf einen super Orgasmus erhöht. Es lohnt sich also, den Wecker für ein morgendliches Stelldichein ein halbes Stündchen früher zu stellen. Oder verziehen Sie sich zu einer heißen Siesta ins Bett – auch um die Mittagszeit wurde bei Männern oft ein Testosteron-Maximum nachgewiesen. Was auch immer Sie tun, warten Sie auf keinen Fall immer bis zur Schlafenszeit, um in die Kiste zu springen. Am Abend oder nachts sind Sie garantiert am müdesten. Und womöglich liegt Ihnen auch noch ein zu üppig ausgefallenes Abendessen im Magen, was die Orgasmuswahrscheinlichkeit reduziert.

Achten Sie zudem auf den Monatszyklus. Dank hoher Östrogenwerte berichten viele Frauen, in der Halbzeit zwischen zwei Blutungen unmittelbar vor dem Eisprung ein gesteigertes Interesse an Sex zu haben. Andere haben besonders viel Lust, wenn der Progesteronspiegel vor dem Einsetzen der Regel absackt. Und wenn Sie Ihre Regel haben, ist das auch kein Grund zur Abstinenz: Orgasmen können nämlich Menstruationskrämpfe und Rückenschmerzen lindern.

Orgasmen sind jedoch nicht immer eine Frage des Timings: Manchmal geht es darum, eine gute Zeit miteinander zu haben. Lassen Sie es nicht zur Gewohnheit werden, auf das Küssen und Kuscheln vor dem Sex zu verzichten. Die Wissenschaft hat erwiesen, dass es mehr als 90 Prozent aller Frauen nach mindestens 20 Minuten Vorspiel zum Höhepunkt schaffen. Aber machen Sie sich auch nichts daraus, wenn Sie es manchmal eilig haben, denn andere Studien haben gezeigt, dass Frauen beim Sex mit einem Partner in weniger als zehn Minuten einen Orgasmus erreichen können. Manchmal braucht es eben nur ein paar aufregende Momente, um das erotische Feuer zu schüren.

3 November

Ein paar lustige Fakten

Hier einige Wissenssplitter, die einen humorvollen Blick auf den Big O. eröffnen – der perfekte Smalltalk-Stoff für die nächste Party:

- Übung macht den Meister: Es ist nicht der Instinkt, der den Menschen zum Orgasmus führt. Wir entdecken ihn zufällig, und dann finden wir durch Übung heraus, wie wir ihn am besten erreichen können.
- Ihr Schatz will helfen: In der *Janus-Studie* zum Sexualverhalten wurde herausgefunden, dass die Hälfte der befragten Männer den Orgasmus der Frau für wichtiger halten als ihren eigenen.
- Ein paar Zahlen: Während eines Höhepunkts erleben Frauen 3–15 orgastische Kontraktionen, Männer etwa 3–4. Bei beiden Geschlechtern liegt ein Intervall von $^{8}/_{10}$ Sekunden zwischen diesen Kontraktionen. Aber wer achtet schon auf so was?
- Nur für die Lust erschaffen: Frauen haben gleich viel (wenn nicht mehr) Schwellkörpergewebe wie Männer. Die gesamte Klitoris-Zone ist damit ausgekleidet: der Kitzler selbst ebenso wie der Vorhof, der Schaft und die Eichel.
- Auf Dauer ausgelegt: Auch wenn uns die meisten Orgasmen nur recht kurz ins Reich der überirdischen Glückseligkeit katapultieren, kann der weibliche Orgasmus bis zu 28 Sekunden dauern.
- Der längste, von der Wissenschaft registrierte Orgasmus: 43 Sekunden und 25 aufeinanderfolgende Kontraktionen. Beneidenswert!
- Jeder Orgasmus ist anders: Das orgastische Erleben ist zwar immer subjektiv, aber nicht unbedingt jedes Mal überirdisch. Es hängt von einer Vielzahl von Faktoren ab, ob wir einen Höhepunkt als *ganz nett* erleben oder sogar einen Moment lang ohnmächtig werden (was zwar selten, aber doch gelegentlich vorkommt). Machen Sie sich klar, dass Orgasmen an jedem Tag anders sind. Forcieren Sie nichts! Es kommt, wie es kommt …

4 November

Stellung der Woche: Die achte Position

In puncto Sex scheint es nicht viel Neues unter der Sonne zu geben. Beim Verfassen ihrer berühmten erotischen Handbücher schrieben unsere Altvorderen gnadenlos voneinander ab (die im »Kamasutra«, dem »Ananga Ranga« und dem »Duftenden Garten« beschriebenen Stellungen weisen große Ähnlichkeiten auf). Selbst Sir Richard Francis Burton, der alle drei Werke im 19. Jahrhundert ins Englische übersetzte, schrieb von den Anleihen, die Scheik Nefzaui in seinem »Duftenden Garten« bei den arabischen und indischen Autoren genommen hatte. Doch er führt aus, dass es undankbar wäre, »nicht den Gewinn anzuerkennen, den Menschen, aus diesen Büchern bezogen, die im Hinblick auf die Kunst der Liebe noch in den Kinderschuhen steckten«. Der visionäre Burton war eindeutig davon überzeugt, dass alles dem Wohle des Ganzen diente.

Eine Stellung aus dem »Duftenden Garten«, die sich aus früheren Werken inspiriert, ist die *Achte Position*, die große Ähnlichkeit mit der am 7. Oktober beschriebenen *Lotosähnlichen Stellung* aus dem »Ananga Ranga« aufweist: Sie kreuzen die Beine und schieben Ihre Fußknöchel unter die Waden, legen sich zurück und lassen die Oberschenkel nach außen fallen. Ihr Mann kniet vor Ihnen, »wie ein Reiter im Sattel sitzt«, und dringt in Sie ein. Die Hände hat er in dieser Stellung frei, um Sie nach Herzenslust zu streicheln. Wenn er sich nach vorne lehnt, kann er sogar mit seiner Peniswurzel Ihre Klitoris stimulieren. Sie können den Winkel und die Penetrationstiefe verändern, indem Sie die Position Ihrer Hüfte variieren. Er soll noch tiefer eindringen oder Ihren G-Punkt stimulieren? Ziehen Sie die gekreuzten Beine zur Brust hoch, bevor er in Sie eindringt. Und schon sind wir wieder bei der *Lotosähnlichen Stellung*.

5 November

Einmal die Kombination, bitte!

Wussten Sie, dass Frauen dank unterschiedlicher Nerven im Bereich rings um Ihren Beckenboden mehrere Arten von Orgasmen haben können? Da ist zum einen der klitorale Orgasmus, wie ihn über 70 Prozent von uns erleben. Wenn die Klitoris mit den Fingern oder einem Vibrator (oder von einem begierigen Mund) massiert wird, stimuliert das den *Nervus pudendus*, also den Schamnerv, was einen markanten Anflug von Erregung auslöst. Im Augenblick des Höhepunkts spüren wir die Kontraktionen in den Genitalien.

Ein zweiter weitverbreiteter Typ ist der innere oder vaginale Orgasmus, der durch tiefes Eindringen des Penis und Berührung der inneren Scheidenwand und des Gebärmutterhalses ausgelöst wird. Durch Stimulation des Beckens und der *hypogastrischen* Nerven, also der tiefliegenden Vaginalnerven, kommt es zu einem Höhepunkt, der oft als warm und schmelzend beschrieben wird. Er stellt sich ein, wenn Sie beim Akt oben sind oder er von hinten in Sie eindringt.

Und mit ein bisschen Glück und Übung geht auch das: Wenn alle zwei Regionen gleichzeitig oder nacheinander stimuliert werden, kann dies zu erstaunlich intensiven Höhepunkten führen. Massieren Sie zunächst Ihre Klitoris, gehen Sie dann zur Vaginalpenetration über und bringen Sie sich mindestens dreimal bis kurz vor die Schwelle, bevor Sie beide Zonen gleichzeitig stimulieren und es kommen lassen. Oder Sie versuchen sich gleich am *Triple-Decker*, indem Sie Klitoris, Vagina und Anus erregen.

Übrigens ist, anders als Freud behauptete, kein Orgasmus BESSER als ein anderer. Es steht fest: Ohne Stimulation der Klitoris gelangen die meisten Frauen nicht zum Höhepunkt.

6 November

Freihand-Ekstase

Ob Sie es glauben oder nicht, es ist möglich, sich allein mit Gedankenkraft zum Höhepunkt zu bringen! Spontane Orgasmen (auch *extragenitale Orgasmen* genannt) treten auf, wenn Sie ohne jede körperliche Berührung kommen. Studien haben gezeigt, dass sich über 60 – vielleicht sogar 100 – Prozent der Frauen mit guter Orgasmusfähigkeit allein mit Hilfe von Phantasien über die Schwelle heben können. Ihre mentalen Orgasmen äußerten sich mit denselben körperlichen Symptomen wie die klitorale oder vaginale Variante. Erotische Gedanken wirken auf das Lustzentrum im Gehirn und können uns in einen Zustand hochgradiger Erregung bringen. Schauen Sie sich heiße Filme an, lesen Sie Erotika oder lassen Sie so lange erotische Bilder oder Erinnerungen vor Ihrem geistigen Auge ablaufen, bis es Ihnen kommt (durch Anspannen des PC-Muskels können Sie den Prozess unterstützen). Manche Leute sind in der Lage, durch Atemarbeit oder tantrische Techniken energetische Orgasmen zu erreichen.

Sie können auch die Häufigkeit und Intensität von erotischen Träumen beeinflussen. Die meisten Menschen haben solche Träume ab und zu, und bis zu 20 Prozent aller Frauen haben im Schlaf tatsächlich schon einen sexuellen Höhepunkt erlebt. Um die Traumtätigkeit anzuregen, können Sie Ihren Geist unmittelbar vor dem Einschlafen mit sinnlichen Gedanken und Bildern füllen. Es lohnt sich auch, Bücher über *luzides Träumen* anzuschauen, wie zum Beispiel Patricia Garfields »Kreativ träumen«. Hier finden Sie praktische Anleitungen zur Steuerung des Traumerlebens. Auch in unserem Buch »Red Hot Tantra« geht mein Co-Autor David Ramsdale ziemlich ausführlich auf das Thema der *erotischen luziden Träume* ein.

Erotische Träume können unglaublich viel Spaß machen. Denken Sie nur: Im Schlaf können Sie erotische Dinge erleben, von denen Sie im Wachzustand nur träumen können!

7 November

Babyalarm

Lust kommt und geht wie Ebbe und Flut, aber es gibt eine Zeit im Leben, in denen sich die Libido eine Auszeit nimmt: nach dem Gebären eines Kindes. Unser Körper hat einen unglaublich anstrengenden Kraftakt hinter sich und braucht Erholung. Dies gilt besonders, wenn das Kind per Kaiserschnitt auf die Welt geholt wurde oder es bei der Entbindung zu Komplikationen gekommen ist, zum Beispiel wenn bei einem Dammriss oder -schnitt genäht werden musste. Die Hormone arbeiten gegen uns. Der Östrogen- und Progesteronspiegel ist dramatisch gesunken, und Prolaktin – das Hormon, das die Milchdrüsen in der Brust anregt – wirkt nicht nur wie ein natürliches Beruhigungsmittel, sondern reduziert auch die Produktion von Scheidenflüssigkeit und macht die Genitalien unempfindlicher. Und außerdem sind wir erschöpft!

Trotzdem ist die Situation keinesfalls aussichtslos. Die meisten Paare haben nach sieben Wochen oder sogar früher wieder Sex. Außerdem bieten sich alle möglichen anderen erotischen Aktivitäten an, und so ein Alles-außer-Verbot wie zu Teenager-Zeiten kann für beide einen zusätzlichen Kick bedeuten. Egal, ob Sie manuellen, oralen oder vaginalen Sex haben, Sie sollten auf jeden Fall entspannt dabei sein und JEDE Menge Gleitmittel verwenden. Entscheidend ist, mit Humor an die Sache heranzugehen. Je davon gehört, dass die Brust bei Erregung auszulaufen beginnt? Sie tut es. Garantiert. Na und?

Wenn die Libido auf Tauchstation geht, braucht das nicht zu bedeuten, dass Sie auf den Austausch nichtsexueller Zärtlichkeiten verzichten sollten – selbst wenn Sie nicht an *postnataler Depression* leiden sollten, ist dies sehr empfehlenswert. Umarmen, küssen und streicheln Sie Ihren Partner, wann immer Sie die Gelegenheit haben. Massieren Sie sich gegenseitig die Füße. Das Leben ist jetzt anders, aber der Sex kommt wieder – nur Geduld!

8 November

Gutes kommt selten allein …

Theoretisch kann jede Frau *multiple Orgasmen* haben – also Orgasmen, die im Abstand von wenigen Sekunden oder Minuten aufeinanderfolgen, ohne dass die Erregung nachlässt. Warum Frauen eher in den Genuss mehrfacher Höhepunkte kommen können, hat mit der Durchblutung des Genitalbereichs zu tun. Während des männlichen Höhepunkts fließt das Blut aus dem Penis durch ein dichtes Venengeflecht rasch ab. Darum brauchen Männer nach der Ejakulation eine Erholungsphase, in der sie keine neue Erektion bekommen können. Bei Frauen kann das Blut in beiden Richtungen ungehindert fließen – mit anderen Worten: Unsere Genitalien sind stets gut durchblutet und zur Action bereit.

Setzen Sie sich aber bloß nicht zusätzlich unter Druck, indem Sie *multiple Orgasmen* zum sexuellen Ziel erheben und sich fertigmachen, wenn Sie keine haben! Sex sollte lust- und nicht zielorientiert sein. Aber für den Fall, dass Sie ein wenig Herumexperimentieren möchten, sagen wir Ihnen, wie es geht: Wenn Sie das erste Mal gekommen sind, fahren Sie mit der Stimulation fort. Da die Klitoris jetzt womöglich für die direkte Reizung zu empfindlich ist, verlagern Sie Ihre Aktivitäten in die umliegenden Bereiche: Streicheln Sie Ihre inneren Schamlippen mit Ihrem Vibrator (falls Sie einen verwenden) oder drücken Sie ihn gegen Ihren Handrücken, während Sie sich weiter berühren. Atmen Sie tief ein und aus – wenn's sein muss, hecheln Sie – und wippen Sie mit dem Becken. Vielleicht fühlen Sie sich momentan übererregt, aber genau diese Übererregung könnte sich in einem unglaublichen Lusterlebnis entladen und Ihnen einen zweiten, erdbebenartigen Orgasmus bescheren …

9 November

Wecken Sie Ihren Sexualtrieb!

Wenn Ihre Libido schwächelt, kann Ihnen eine nette Masturbationssitzung (oder auch zwei, drei, …) genau den Kick geben, den Sie brauchen. Wenn wir uns selbst stimulieren, erleben wir uns als erotischer, weil wir spüren, wie unser Körper reagiert: Puls und Blutdruck steigen, die Genitalien und Brüste schwellen an und werden empfindlicher, die Scheidenflüssigkeit fängt an zu fließen, und die Haut rötet sich. In unserem Gehirn werden alle möglichen Wohlfühlhormone freigesetzt. Das erotische Stimmungshoch, in das uns das Masturbieren bringt, kann mehrere Stunden andauern.

Außerdem: Je mehr Orgasmen wir haben, desto mehr wollen wir – und desto mehr kriegen wir. Frauen, die es sich regelmäßig selbst machen, sind schneller erregt, kommen öfter, haben eine wachere Libido und mehr Selbstvertrauen; und sie sind zufriedener mit ihrem Sexualleben und ihren Intimbeziehungen. Es ist wie bei jeder Form von körperlicher Aktivität: Je mehr wir trainieren, desto besser werden wir. Mit anderen Worten, unser Nervensystem erkennt: »Oh. Das steht also auf dem Programm!«, und jedes Mal stellt es sich schneller darauf ein, so dass es uns immer leichter gelingt, uns immer mehr Lust zu verschaffen.

Selbstliebe hilft, die Libido innerhalb von Sekunden wieder aufzuladen. Die meisten Menschen können sich mit Masturbation in etwa vier Minuten zum Höhepunkt bringen. Gönnen Sie sich also täglich einen Orgasmus. Es könnte zur selbsterfüllenden Prophezeiung werden!

10 November

Fitness für die Lust

Hoffentlich haben Sie das ganze Jahr über Ihre *Kegel-Übungen* gemacht … Falls Sie einen Auffrischungskurs brauchen, lesen Sie noch einmal am 7. und 8. Januar nach, denn wie Sie inzwischen wissen, gibt es nichts Besseres, um Ihren Beckenbodenmuskel – auch *Pubococcygeal-* oder PC-Muskel genannt – zu trainieren. Und je kräftiger der ist, desto stärker und intensiver sind Ihre Orgasmen.

Wenn Sie zu den Mädels gehören, die auf Spielzeug und Accessoires stehen, werden Sie sich freuen zu sehen, wie viele Trainingsgeräte für die sexuelle Fitness inzwischen auf dem Markt sind. Wo es die gibt? In der *Muckibude* sicher nicht, aber zum Beispiel unter *www.bebote.com*. Hier finden Sie eine vergleichende Übersicht und Informationen zu den einzelnen Geräten, aber auch spezielle Hinweise zu ihrer Eignung – etwa für Männer, in der Schwangerschaft oder bei Inkontinenz. Wie wär es denn mit dem *Kegelcisor*, einem 17,5 Zentimeter langen Edelstahlstab mit kleinen Kugeln am Ende und in der Mitte, der fast wie eine Hantel aussieht? Da hat ihr PC-Muskel richtig zu tun, wenn der Liebesmuskel Ihres Lovers gerade nicht verfügbar ist! Es gibt auch noch den sogenannten *Kegel Enhansor* – eine kürzere Version mit etwa 6 Zentimeter Länge. Ebenfalls sehr effektiv sind Geräte, bei denen Sie gegen einen Luftdruck arbeiten, wie etwa beim *Pelvexiser*. Und auch sehr beliebt: variable *Vaginal-Gewichte*.

Und wenn Sie zum Cool-down (oder besser dem Warm-up) bereit sind: Das eine oder andere Teilchen lässt sich sicher auch wunderbar zur G-Punkt-Stimulation nutzen …

11 November

Stellung der Woche: Die zehnte Position

Nur weil Ihr Mann in der *Missionarsstellung* auf Ihnen liegt, muss das nicht heißen, dass er die Kontrolle hat. In der *Zehnten Position* aus dem »Duftenden Garten« sind Sie diejenige, die im Ozean die Wellen aufwirft. Sie liegen auf dem Rücken und fassen mit den Händen nach hinten, um sich am Kopfteil oder Eisengestell des Bettes festzuhalten. Alternativ können Sie sich auch an der Sofalehne abstützen. Der Autor spricht von einem niedrigen Diwan. Während Ihr Liebster in Sie eindringt, schlingen Sie ihm die Beine fest um die Taille. Dann lehnt er sich nach vorne und hält sich ebenfalls am Kopfteil fest. Wenn er mag, kann er sich auch mit den Zehen an der Bettkante abstützen. Wenn das Bett kein Kopfteil hat, drücken Sie sich einfach mit den Händen von der Wand ab.

Und jetzt fängt das Ganze an, lustig zu werden: SIE sind nämlich diejenige, die die Bewegungen initiiert. Sie drücken sich abwechselnd mal mit den Händen vom Kopfteil ab und ziehen sich mal zu ihm hin, und er folgt dem Rhythmus Ihrer Stöße. Um mehr Halt zu haben, umklammern Sie seine Hüften fest mit den Beinen. Sie können auch verlangen, dass er stillhält, während Sie sich bewegen.

Eine großartige Ausgangsposition, geile *Bondage-Phantasien* auszuleben. Wer die Fesseln trägt? Das müssen Sie entscheiden!

12 November

Mehr, mehr, mehr!

Eine weitere Form von *multiplen Orgasmen* ist der sogenannte *sequenzielle Orgasmus* – eine Serie von Höhepunkten, die mit einem leichten Absinken der Erregungskurve im Abstand von einer bis zehn Minuten aufeinanderfolgen. In einer Studie hat eine Frau berichtet, wie sie innerhalb einer Stunde 134 Orgasmen hatte! Der Schlüssel für das Tor zu diesem Paradies könnte sein, zwischen verschiedenen Arten der Stimulation zu wechseln – also zum Beispiel auf Oralsex direkten Verkehr folgen zu lassen. Wechseln Sie die Stellung, sobald Sie gekommen sind: von der *Missionarsstellung* zu *Frau oben*, von einer Stellung in Seitenlage zur Penetration von hinten. Oder Ihr Liebster soll Sie erst stoßen und Ihnen dann die Klitoris massieren, was Ihnen im Abstand von etwa fünf Sekunden die köstlichsten, orgastischen Kontraktionen einbringen könnte. Möglicherweise werden Sie merken, wie Ihre Orgasmen an Intensität zunehmen, oder sie verebben einfach in einem wunderbaren Nachglühen.

Nur weil Ihr Körper in der Lage ist, mehrere Orgasmen hintereinander zu haben, heißt das aber nicht, dass die maximale Ausbeute auch wirklich erstrebenswert ist. Die US-Wissenschaftlerin Shere Hite hat herausgefunden, dass die meisten Frauen mit einem einzigen Höhepunkt vollauf zufrieden sind. Auch in diesem Zusammenhang geht es eher um Qualität als um Quantität. Hauptsache, Sie haben Spaß bei der Sache. Eine der besten Möglichkeiten, zum Orgasmus zu kommen, ist übrigens, nichts zu tun. Könnte gut sein, dass Sie kommen (und kommen, und kommen …), wenn Sie alle Anstrengungen einstellen. Wie Rumi, der Sufi-Dichter aus dem 13. Jahrhundert, sagte: »Beobachte die Wunder, die um dich herum geschehen. Mach sie dir nicht zu eigen. Spüre, wie sich die Kunst durch sie entfaltet, und sei still.«

13 November

Dildos: Die ältesten Sexspielzeuge der Welt

Seit Jahrhunderten benutzen Menschen penisartige Gegenstände, um sich Lust zu verschaffen. Sie heißen Dildos, vom italienischen *diletto*, was auf Deutsch so viel wie Vergnügen oder Wonne heißt. Darstellungen von Dildos wurden bereits in 30 000 Jahre alter paläolithischer Kunst gefunden, und auch auf griechischen Vasen aus dem 4. und 5. Jahrhundert vor unserer Zeitrechnung sind sie zu sehen. Die *Liebeszepter* galten als heilig. So wurden in Indien aus Stein oder Elfenbein gefertigte *Lingame* (also Dildos) als Symbol für den Gott Shiva verehrt. Wenn Sie sich also ein solches Sexspielzeug zulegen, wissen Sie, dass Sie damit auf den Pfaden einer langen historischen Tradition wandeln. Es gibt tatsächlich einen physischen Grund dafür, dass Dildos so beliebt sind. Im Zustand der sexuellen Erregung bläht sich die Vagina auf (Fachleute sprechen von *Tenting* oder *Ballooning*), und viele Frauen empfinden das Gefühl des Ausgefülltseins und der Penetration als besonders lustvoll. Ein Dildo ist jedoch KEIN Penis-Ersatz, sondern ein nettes Spielzeug, mit dem Sie sich oder Ihren Partner auf verschiedene Weisen penetrieren können.

Eine Kurzdefinition: Ein Dildo ist jedes Objekt, das Sie sich in die Vagina oder die Analöffnung einschieben können. Wenn es vibriert, ist es kein Dildo mehr, sondern ein Vibrator, obwohl viele Dildos innen hohl sind, so dass man ein batteriebetriebenes *Vibro-Ei* hineinschieben kann. Dildos werden in einer atemberaubenden Vielfalt an Größen, Formen und Farben angeboten, um jeder erdenklichen erotischen Laune gerecht zu werden. Für das Solospiel sind sie ideal geeignet, weil Sie den Winkel, die Tiefe und das Tempo der Penetration frei wählen können. Aber auch beim Partnersex lassen sie sich kreativ einsetzen!

11 November

Tipps für den Einkauf

Folgende Fragen werden Ihnen helfen, den einen (oder die vielen) perfekten Dildo(s) für Ihre ganz persönlichen Bedürfnisse zu wählen.

- Welchem Zweck soll er dienen? Um den Verkehr zu simulieren, wählen Sie am besten eines der traditionellen Modelle, bei denen es sich um oft bis ins Detail realistische Penis-Nachbildungen handelt. Zur G-Punkt-Stimulation eignen sich Modelle mit gebogenem Ende. Zum Partnerspiel sollten Sie doppelseitige oder für den *Harness* (also zum Umschnallen) geeignete Toys ausprobieren. Letztere haben einen breiteren Fuß.
- Wie soll er sich anfühlen? Dildos aus Silikon oder Materialien wie Cyberskin fühlen sich erstaunlich ähnlich wie Haut an – sie sind sogar warm, wenn man sie anfasst. Zwar kosten sie ein bisschen mehr, aber viele Frauen halten das für eine gute Investition. Preiswertere Varianten sind Gel-Gummi (auch Jelly genannt) und Latex. Bedenken Sie aber, dass poröse Materialien mehr Pflege und Reinigung brauchen. Wenn Sie sich etwas Härteres wünschen, bieten sich Acryl- und Glas-Dildos an, die in schönen gebogenen, gerippten und glatten Varianten erhältlich sind.
- Wie groß soll er sein? Die meisten Dildos haben einen Durchmesser von etwa 3,5 bis 5 Zentimeter. Unterschätzen Sie nicht die Weite Ihrer Scheide im erregten Zustand, aber größer als Ihr Appetit sollte Ihr Spielzeug auch nicht sein. Nutzen Sie vorhandene Toys – Ihre Finger, den Penis Ihres Lovers, Gurken – als Orientierungshilfe. Wie tief Sie einen Dildo in sich hineinschieben wollen, können Sie jederzeit entscheiden, aber an der Dicke können Sie nichts ändern.

Hinweis zum Schlus: Ganz gleich, wie erregt Sie sind, geben Sie auf den Dildo immer ein Gleitmittel – »doppelt geschmiert …«

Los geht's!

Was können Sie mit Ihrem Dildo anfangen? Alles, was sich gut anfühlt! In Ihrem Rhythmus und auf Ihre ganz persönliche Weise. Wenn Sie Neuling auf dem Gebiet sind, kommt es in erster Linie darauf an, dass Sie sich entspannen, ruhig atmen und sanft mit sich umgehen. Lassen Sie sich von Ihren Körperempfindungen leiten.

So können Sie sich mit Ihrem neuen Lustobjekt vertraut machen: Machen Sie es sich auf dem Bett, einem Sessel, dem Sofa oder auch auf einem Kissenberg auf dem Boden bequem. Geben Sie Gleitmittel auf Ihren Dildo und fangen Sie an, die Schamlippen mit dem befeuchteten Kopf zu bespielen. Lassen Sie ihn über Ihre Klitoris gleiten. Wenn Sie Ihren Kitzler mit den Fingern oder dem Dildo massieren, bringt das Ihre Säfte zum Fließen und bereitet Sie auf die Penetration vor – falls die auf dem Programm steht.

Sobald Sie bereit sind, können Sie sich zunächst den Kopf des Dildos sanft in die Scheide einführen. Handelt es sich um ein realistisches Modell, könnten Sie am Anfang nur die Eichel hineinschieben. Stimulieren Sie sich mit kurzen, langsamen Stößen, bis Ihre Erregung steigt und Sie sich nach und nach zu tieferen und längeren Bewegungen vorwagen können. Bringen Sie Ihren PC-Muskel ins Spiel. Wechseln Sie im Rhythmus Ihrer Stöße zwischen Anspannung und Entspannung und stellen Sie sich vor, Sie würden den Penis Ihres Lovers melken. Und das machen Sie so lange, bis Sie es nicht mehr aushalten können!

16 November

Das beste Aphrodisiakum der Welt: liebevolle Aufmerksamkeit

Sie möchten Ihren Partner WIRKLICH in Stimmung bringen? Verwöhnen Sie ihn mit allen möglichen besonderen Aufmerksamkeiten. Das wirkt besser als jede Pille oder Creme oder ausgefallene Sexualtechnik.

Liane, Projektmanagerin in einem Bauunternehmen, erzählt: »Das Allerheißeste, was je ein Lover für mich getan hat, war, eine Masseurin für mich ins Haus zu bestellen. Sie hat ihre Liege vor dem Kamin aufgebaut und mich ganze zwei Stunden lang durchgeknetet. Anschließend bin ich ins Bett gefallen und hab erst mal geschlafen. Und als ich dann aufgewacht bin, hatte ich SOLCHE LUST auf ihn! Bei so viel Aufmerksamkeit und Einfühlungsvermögen musste ich ihn einfach lieben!« Die Aufmerksamkeiten müssen gar nicht aufwendig sein. Amelia, 34, Finanzberaterin, berichtet: »Das letzte Mal, als es kalt draußen war, hat sich mein Schatz, während ich im Bad war, auf meine Bettseite gelegt, um sie für mich vorzuwärmen. Als er mir erklärte, warum er da lag, spürte ich eine unglaubliche Welle der Zärtlichkeit. In dieser Nacht hatten wir ganz tollen Sex.«

Viele Sexualexperten weisen darauf hin, dass Frauen in einer Beziehung das Gefühl der Verbundenheit und Wertschätzung als besonders lustfördernd erleben. Das ist aber keineswegs eine Einbahnstraße. Auch Ihr Schatz muss wissen, wie wichtig er Ihnen ist. Vielleicht zeichnen Sie ihm seine Lieblingssendung im Fernsehen auf, wenn er das nächste Mal später von der Arbeit nach Hause kommt. Oder Sie arrangieren eine Überraschungsparty für ihn. Oder Sie bringen ihm einfach eine Tasse Kaffee, wenn er abends an einer Präsentation sitzt, die er für das Meeting am nächsten Tag braucht. Sie werden sehen: Uneigennützigkeit wird nicht nur mit Pfadfinderorden belohnt …

17 November

Der Zimmerservice fängt zu Hause an

Wenn Sie Ihren Partner so richtig verwöhnen wollen, lassen Sie sich von den Fünf-Sterne-Hotels dieser Welt inspirieren. Ein Pariser Freund von mir hält es so, wenn er seiner Frau (der Glücklichen!) etwas Gutes tun will. »Ich mache lauter Sachen, die man in einem asiatischen Luxushotel tun würde: Ich streue Rosenblätter aufs Bett, kaufe edle Seifen und Badeöle oder bringe ihr ein ganz besonderes Frühstück ans Bett – in Blütenform arrangierte Tangarinenspalten, schönes Porzellan, feines Leinen, Silberbesteck. Ohne besonderen Anlass Champagner aus kostbaren Kristallflöten zu schlürfen macht aus jedem Tag ein besonderes Fest!«

Jeder Mensch – ganz gleich welchen Geschlechts – liebt es, aufmerksam behandelt zu werden. »Ich kenne keinen Mann, der nicht darauf steht, verwöhnt zu werden«, behauptet ein Freund von mir. »Darum sind wir solche hoffnungslosen Jammerlappen, wenn wir eine Erkältung haben.« Wenn Sie Ihrem Liebsten außerhalb des Schlafzimmers zeigen, wie sehr Sie ihn schätzen, steigert das das Vergnügen IM Schlafzimmer. »Das Gefühl der Wertschätzung macht die Liebe zu etwas ganz Außergewöhnlichem«, meint meine Freundin Nanette. Wenn Ihr Mann eines Morgens aufwacht, soll er sich fühlen, als wäre er im besten Hotel der Welt zu Gast. Servieren Sie ihm sein Lieblingsfrühstück und legen Sie ihm die Zeitung dazu. Gönnen Sie ihm eine Luxusmassage. Und kuscheln Sie sich dann zu ihm unter die Decke. Wenn das kein Zimmerservice ist!

18 November

Stellung der Woche: Das schwebende Erheben

Anders als der auf männliche Bedürfnisse ausgerichtete »Duftende Garten« legt Kalyana Malla in seinem »Ananga Ranga« großen Wert darauf, dass die Frau beim Liebesspiel ebenso viel Befriedigung erfährt wie der Mann. Insbesondere empfiehlt das Handbuch Frau-oben-Stellungen für den Fall, dass »der Mann ganz erschöpft und zu keiner Muskelanstrengung mehr imstande ist, die Frau aber, noch voller Wasser der Liebe, nicht gesättigt ist«.

Das schwebende Erheben, eine Stellung mit gekreuzten Beinen, wird angeraten, wenn »die Leidenschaft der Frau durch vorhergehende Kopulation nicht gestillt wurde«. Der Mann liegt auf dem Rücken, während Sie sich mit gekreuzten Beinen auf ihm niederlassen und seinen *Lingam* mit der Vagina ergreifen. Sie können sich nun auf und ab oder in jeder Richtung hin und her bewegen, die Ihnen die Stimulation gibt, die Sie brauchen. Vielleicht können Sie sogar Ihren G-Punkt stimulieren. Die Hände haben Sie in dieser Position frei, so dass Sie sich gleichzeitig die Klitoris massieren können. Kalyana Malla zufolge werden Sie »diese Art ganz nach Ihrem Gefallen finden«.

Probieren Sie sie an einem kühlen Herbstabend aus. Sie werden sehen: Er hatte recht!

Chakra-Energie!

Sexuelle Erregung bringt die Energien in den *Chakren* automatisch ins Fließen, und wenn es gelingt, diesen Strom bewusst zu lenken, können Sie einen bisher ungeahnten erotischen Höhenflug erleben. Setzen Sie sich zunächst gemeinsam in der klassischen *Yab-Yum-Position* hin: Sie lassen sich auf seinem Glied nieder, und dann umschlingen Sie einander mit den Beinen. Nehmen Sie sich ein wenig Zeit, um sich gegenseitig Gesicht, Hände und Körper zu streicheln und zu küssen und sich so in einen Kokon der Liebe zu hüllen. Öffnen Sie sich den Gefühlen der Vertrautheit und Intimität.

Stellen Sie sich nun ausgehend vom *Wurzelchakra* vor, wie sich die Energiezentren eines nach dem anderen öffnen und ein Kanal entsteht, durch den die Energie von den Genitalien durch die *Chakren* bis ganz nach oben ins *Kronenchakra* hinaufgezogen wird. Es gibt verschiedene Methoden, um den Visualisierungsprozess zu unterstützen. Eine Möglichkeit ist zum Beispiel, Mantren einzusetzen, während Sie den Energiestrom visualisieren. Oder Sie stellen sich vor, wie ein *Chakra* nach dem anderen sich in der ihm zugeordneten Farbe färbt: Rot für das *Wurzelchakra*, Orange für das *Sexualchakra*, Gelb für den *Solarplexus*, Grün für das *Herzchakra*, Blau für das *Halschakra*, Indigo für das *dritte Auge* und Violett für das *Kronenchakra*. Achten Sie die ganze Zeit auf Ihren Atem. Lassen Sie ihn immer langsamer werden und Ihre Erregung vertiefen. Meine Freundin Kim, 43, Fotografin, berichtet, wie sich ihre Empfindungen bei dieser Übung – egal, ob sie sie allein oder mit Partner macht – durch jede Zelle ausbreiten und sie dadurch in den Genuss eines Ganzkörperorgasmus kommt. Es lohnt sich, das irgendwann einmal auszuprobieren!

20 November

Atmen Sie in Ihre Orgasmen hinein

Unsere Atmung hat großen Einfluss auf unsere Orgasmen. Ein schnellerer Atemrhythmus steigert die Erregung, während vertieftes Einatmen und Ausatmen durch den Mund im Takt der Kontraktionen den Höhepunkt intensiviert. Tieferes Atmen steigert gleichzeitig die Sauerstoffzufuhr zu den Muskeln – auch zu denen im Genitalbereich. Wenn Sie Schwierigkeiten haben, zum Orgasmus zu kommen, sollten Sie darum versuchen, Ihr Atemmuster zu verändern. Versuchen Sie, tief ein- und auszuatmen, statt die Luft anzuhalten. Oder gleichen Sie Ihre Atmung an die Ihres Partners an, um die Bindung zwischen Ihnen zu stärken.

Ebenfalls hilfreich ist, aus dem Zwerchfell – dem Muskel zwischen Brustkorb und Bauchraum – heraus zu atmen. Um dies zu üben, atmen Sie kraftvoll aus und ziehen dabei gleichzeitig den Bauch nach oben, so dass die Luft herausgepresst wird (ähnlich wie bei der am 25. Juli beschriebenen Feueratmung). Dabei spüren Sie, wie sich Ihr Zwerchfell zusammenzieht. Probieren Sie das während eines Orgasmus und schauen Sie, ob Sie ihn dadurch intensiveren können.

Viele von uns atmen bei Stress flach aus der Brust heraus. Wenn Sie nach einem anstrengenden Arbeitstag vor dem Sex nervös oder angespannt sind, können Sie sich durch tiefe Bauchatmung entspannen und Ihre sexuellen Energien ins Fließen bringen. Ziehen Sie den Bauch beim Einatmen so fest wie möglich ein, und wölben Sie ihn beim Ausatmen so weit vor, wie Sie können. Zählen Sie dabei jedes Mal bis fünf. Diese Übung steigert Energie und Lustempfinden und lässt Sie zur Ruhe kommen, so dass Sie die sinnlichen Momente richtig genießen können.

21 November

Überqueren Sie die Brücke, wenn Sie (zusammen) kommen

Unser Körper lässt sich wunderbar programmieren. Wenn Sie Ihr erotisches Repertoire ausbauen möchten, probieren Sie die *Brückentechnik*, so genannt, weil sie es ermöglicht, eine Brücke zwischen Ihren altbewährten erotischen Praktiken und neuen Wegen ins sexuelle Nirwana zu schlagen.

Bitten Sie Ihren Partner, Ihnen während des Verkehrs die Klitoris zu massieren, oder tun Sie es selbst. Wenn Sie spüren, dass Sie kurz vor dem Höhepunkt sind, hören Sie mit der Stimulation auf, um sich während des Kommens ganz auf seine Stöße und das Gefühl der Penetration zu konzentrieren. In den darauffolgenden Wochen oder Monaten hören Sie jedes Mal ein bisschen früher auf, Ihre Klitoris zu bearbeiten. Bald wird allein das Gefühl, den Penis in sich zu haben, den Orgasmus auslösen. Zur Abwechslung kann er Sie auch oral stimulieren und dann, unmittelbar bevor Sie kommen, zur Penetration übergehen.

Die *Brückentechnik* ist keinesfalls als Ersatz für Ihre bisher praktizierten Methoden gedacht, und es soll auch keinesfalls unterstellt werden, dass irgendetwas am klitoralen Orgasmus nicht stimmt! Doch vielleicht können Sie mit ihrer Hilfe Ihre Chancen verbessern, gleichzeitig mit Ihrem Schatz zu kommen – besonders wenn Sie beide daran arbeiten, die verbalen und körperlichen Erregungszeichen des anderen zu erkennen.

22 November

Der Schütze

Wenn Sie oder Ihr Partner zwischen dem 22. November und 21. Dezember Geburtstag haben, ist Ihr Sternzeichen der Schütze. Astrologen beschreiben die zu dieser Zeit Geborenen als warmherzige, verspielte Abenteurer. Sie gelten als freundlich, unternehmungslustig, ehrlich (manchmal auf brutale Weise) und intellektuell. Ihre optimistische Grundhaltung bringt den typischen Schützen zu der Überzeugung, dass letztlich immer alles gut ausgeht.

Der Schütze-Mann steht auf aktiven, lustbetonten, tabufreien Sex. Wenn Sie sich einen Lover wünschen, der die ganze Nacht durchhält – nachdem er von morgens bis abends mit Ihnen beim Wandern oder Skifahren war –, werden Sie in diesem Tierkreiszeichen fündig. Der Schütze hat zudem eine Vorliebe für Sex unter freiem Himmel. Vergessen wir nicht, dass sein Zeichen ein *Zentaur* ist – ein Wesen halb Mann, halb Tier. Weitere Argumente für das Liebesspiel im Freien liefert die Wissenschaft: Nach einer Viertelstunde in der Sonne fängt das Gehirn an, das Glückshormon Serotonin auszuschütten. Wenn Sie also in Breiten leben, in denen der November kalt und regnerisch ist, sollten Sie sich unbedingt eine Auszeit in sonnigeren Gefilden gönnen. Der Schütze setzt körperliche Verausgabung mit Vorspiel gleich. Machen Sie eine Stunde lang Sport, bevor Sie zur Sache kommen. Dabei kommt der Kreislauf in Schwung, und Sie bringen sich in aerobische Topform, und das ist die beste Voraussetzung für intensive Orgasmen. Die Wissenschaft hat außerdem herausgefunden, dass ein Workout das Lustempfinden steigert. Fordern Sie Ihren Schatz also zu einem Tennismatch heraus. Steigen Sie mit ihm um die Wette vom Gipfel eines Viertausenders ab. Entführen Sie ihn zu einer wilden Partynacht. Und dann schaffen Sie ihn nach Hause, reißen ihm die Kleider vom Leib und treiben es heftig bis zum Morgengrauen.

23 November

Weitere Tipps zur Verbesserung Ihres Ekstase-Handicaps

Um Ihre Chancen zu verbessern, in der *Missionarsstellung* zu kommen, können Sie folgende Varianten probieren: Bitten Sie Ihren Partner, sich auf Ellbogen oder Händen hochzustützen, um den Druck an Ihrer Klitoris zu erhöhen. Oder ziehen Sie die Knie zur Brust hoch und spreizen Sie die Beine, so dass sie ein V bilden. Auf diese Weise reibt sein Schambein gegen Vulva und Klitoris, und sein Penis gegen Ihren G-Punkt. Wenn Sie ihm die Beine über die Schulter legen, verlängert dies Ihre Vagina, so dass er tiefer in Sie eindringen und dadurch den Druck innen wie außen erhöhen kann.

Ein weiterer Trick ist, Ihre Beine fest zu schließen. Er hat seine Beine dabei außen – entweder im Liegen oder im Knien. Dies erhöht für Sie beide die lustvolle Reibung. Wenn Sie oben sind, können Sie fast das Gleiche tun: Legen Sie sich so auf ihn, dass Sie die Beine links und rechts von seinen Oberschenkeln haben, und drücken Sie sich dann fest mit den Händen von der Unterlage ab, um den Rücken durchzubiegen (wie im Yoga in der *Kobra-Stellung*). Dies bringt Ihre Klitoris in direkten Kontakt mit seinem Schambein.

Wo wir schon dabei sind, hier noch eine weitere Frau-oben-Stellung: Reiben Sie erst Ihre Klitoris an ihm, stellen Sie dann die Füße oder Knie links und rechts von ihm auf und lassen die Hüften kreisen.

Ein weiterer Tipp, den Sie in jeder Stellung ausprobieren können: Spannen Sie Ihren PC-Muskel an, so als wollten Sie versuchen, ihn aus sich hinauszuschieben. Auf diese Weise bringen Sie Ihren G-Punkt dichter an die Scheidenöffnung – und damit seinen Penis – heran, so dass die Berührung automatisch mehr Ekstase verspricht.

24 November

Multiple Orgasmen für ihn

Es gibt zwei verschiedene Muster für den *multiplen Orgasmus* beim Mann. Das erste ist überwiegend bei jüngeren Männern zu beobachten, wenn sie mehr als einmal kommen und ejakulieren und zwischendrin jeweils nur eine kurze Erholungsphase brauchen. Das zweite, häufiger auftretende stellt sich bei Männern ein, die gelernt haben, ohne Ejakulation und Erschlaffen der Erektion zum Höhepunkt zu kommen. Eine Möglichkeit, wie Ihr Partner dies erreichen kann, ist, mit seinem Erregungspegel zu spielen. Es geht darum zu üben, sich bis kurz vor die Schwelle zum Orgasmus zu bringen und sich nach einer bis zu 20-minütigen Pause erneut zu stimulieren.

Ebenfalls entscheidend ist ein gut trainierter PC-Muskel. Ja, auch Männer können kegeln! Die Übung funktioniert genau wie bei Ihnen: anspannen, halten, loslassen. Wenn Sie in übermütiger Stimmung sind, legen Sie ihm einen Waschlappen auf das erigierte Glied. Den soll er mit dem Penis auf und ab bewegen. Wie Sie sich denken können, verspricht ein kräftiger Liebesmuskel deutlich besseren Sex. Stellen Sie sich vor, Sie halten ganz still, während er sein Glied im Inneren Ihrer erregten Vagina bewegt.

Mit etwas Übung kann Ihr Partner seinen neuerdings gut trainierten PC-Muskel und das bewusste Wahrnehmen seines Erregungspegels nutzen, um die Ejakulation beim Orgasmus zurückzuhalten. Der Glücksrausch bleibt der gleiche, einschließlich der beschleunigten Herzfrequenz, Muskelkontraktionen und Entspannung – er spritzt bloß nicht ab. Taoisten sind überzeugt, dass durch die Kontrolle der Ejakulation die sexuellen Energien bewahrt bleiben. (Sie zu oft zurückzuhalten könnte jedoch Prostata-Probleme auslösen – also nicht übertreiben!) Wie auch immer Ihr persönliches Credo sein mag, der *multiple Orgasmus* des Mannes verspricht auf jeden Fall mehr Liebesglück – nicht nur für ihn, für Sie beide!

25 November

Stellung der Woche: Der Straußenschwanz

Sie sind beim Yoga und üben fleißig den *Hund* und die *Vorbeuge*, und auf einmal kommt ihnen eine ziemlich scharfe Idee: Wie würde sich Sex in dieser Stellung anfühlen? Probieren Sie den *Straußenschwanz* aus dem »Duftenden Garten«, um es herauszufinden. Sie liegen auf dem Rücken und tun so, als wollten Sie in den Schulterstand gehen, aber statt die Beine hochzuziehen, kniet Ihr Partner vor Ihnen und hebt Ihre Beine so weit an, dass Sie nur noch mit Kopf und Schultern auf der Matratze liegen. Legen Sie ihm die Beine um den Nacken, während er (vorsichtig) in Sie eindringt. Und anschließend – wie es der Autor formuliert – »packt der Mann mit den Händen ihre Hinterbacken und schüttelt sie«. Was immer er macht, er sollte es langsam tun.

An dieser Stelle erweist sich Yoga-Erfahrung als hilfreich. Wie beim Schulterstand, empfiehlt es sich, eine zusammengefaltete Decke unter die Schultern zu schieben. Achten Sie immer darauf, dass der Nacken gebogen bleibt (richten Sie die Augen auf Ihren Liebsten oder Ihren Nabel). Bewegen Sie den Kopf nicht seitlich hin und her. Stützen Sie sich mit den Händen von hinten gegen den Brustkorb, um sich Halt zu geben. Er kann Sie auch an den Hüften halten.

Bleiben Sie nicht sehr lang in dieser Position, aber mit ihr herumzuexperimentieren kann jede Menge Spaß machen. Vielleicht versuchen Sie, den Oberkörper nach hinten über die Bett- oder Sofakante zu bringen – der Blutandrang im Kopf könnte Ihnen die eine oder andere interessante Empfindung bescheren.

26 November

Dank für sinnliche Gaben

Und wofür sind Sie dieses Jahr zu Thanksgiving dankbar? Wie wäre es, wenn Sie eine Art erotische Laudatio-Liste zusammenstellen würden? Ist nicht die Tatsache, dass uns unser Körper derart intensive Glückserlebnisse schenken kann, allein schon ein Grund zur Dankbarkeit? Was für ein Geschenk!

Denken Sie an all die Dinge, die Sie an Ihrer Sexualität als positiv erleben. Vielleicht sind Sie dankbar für die Art, wie Ihre Brustwarzen auf Berührung reagieren, oder für die köstlichen Orgasmen, die Sie sich mit Ihrem Lieblingsvibrator verschaffen können. Vielleicht finden Sie sich besonders schön, wenn Sie erregt sind, oder Sie sind stolz darauf, wie Sie Ihrem Partner dank Ihrer oralen Künste das Paradies auf Erden bereiten können. Machen Sie eine Bestandsaufnahme all Ihrer erotischen Gaben!

Inzwischen dürfte Ihnen bewusst sein, dass eines der Geheimnisse für eine gelungene Beziehung darin besteht, sich Zeit zu nehmen, um einander seine Wertschätzung zu zeigen. Vielleicht sind Sie mit einem Partner gesegnet, der bereit ist, alles zu tun, um Sie im Bett glücklich zu machen. Oder vielleicht sagt er Ihnen immer wieder, wie sehr er Ihren Po oder Ihre Beine mag, so dass Sie sich womöglich nicht mehr ganz so pausenlos Gedanken über Ihre vermeintlichen Problemzonen machen. Einer meiner männlichen Freunde ist zu folgender Erkenntnis gekommen: »Ich habe gehört, dass Frauen so geliebt werden wollen, wie sie sind. Männer dagegen wollen für das geliebt werden, was sie tun. Ich glaube, dass das weitgehend zutrifft.«

Gehen Sie heute darum verschwenderisch mit dem Wort um, das jeder – und allen voran Ihr Liebster – so gerne hört: Danke!

27 November

Halbmond der Lust

Sie können sich in die höchsten Höhen der Lust katapultieren, wenn Sie das stimulieren, was man den orgastischen Halbmond nennt: der Bereich von Klitoris, in den Körper hineinreichendem klitoralen Geflecht, Harnröhre (in der Fachsprache *Urethra* genannt), Harnröhrenschwellkörper und G-Punkt (das schwammartige Gebilde an der Vorderseite der Vagina, das im Zustand der Erregung anschwillt). Wenn Ihr Liebster das nächste Mal vor Ihnen auf die Knie geht, bitten Sie ihn, sich mit Mund und Händen besonders Ihrer Klitorisspitze, Ihrer *Urethra* und dem G-Punkt zu widmen. Und dann genießen Sie!

Wo wir gerade von der *Urethra* sprechen (sie mündet zwischen Klitoris und Vagina): Sie dient bei weitem nicht nur zum Wasserlassen. Da sie von der Klitoris und im oberen Bereich vom Harnröhrenschwellkörper umschlossen wird (in dem der G-Punkt liegt), können manche Frauen allein durch die Stimulation ihres U-Punkts durch festen Druck mit Zunge oder Hand einen intensiven Orgasmus bekommen. Andere finden das Ganze einfach nur unangenehm. So können Sie herausfinden, ob Ihre *Urethra* zu Ihren erogenen Hotspots gehört: Bitten Sie Ihren Partner, seine untere Zahnreihe mit der Unterlippe zu bedecken und fest nach oben zu drücken, während er Ihnen mit Mund oder Zunge die Klitoris massiert. Den Bereich zu stimulieren kann nach einem Orgasmus besonders schön sein, vor allem dann, wenn für die Klitoris eine weitere direkte Stimulation zu viel ist. Aber achten Sie darauf, dass er sich frisch rasiert hat!

28 November

In der Zone

Der G-Punkt ist nicht die einzige Attraktion, die ihr *Liebestunnel* zu bieten hat. Die sogenannte *AFE-Zone* (vom Englischen *anterior fornix erogenous Zone*) befindet sich an der vorderen Wand der Vagina etwa auf halber Höhe zwischen Gebärmutterhals und G-Punkt. Studien haben gezeigt, dass Druck auf diesen *A-Punkt* stärkere und häufigere Orgasmen auslösen kann. Um ihn zu finden, schieben Sie einen oder zwei Finger bis zum G-Punkt in die Vagina ein. Gehen Sie in dieser Richtung weiter, gelangen Sie an den Gebärmutterhals, der sich in etwa so anfühlt wie eine Nasenspitze. Genau dazwischen liegt die *AFE-Zone.* Bitten Sie Ihren Liebsten, die Finger in Ihnen kreisen zu lassen oder Sie von hinten zu stoßen, während Sie auf allen vieren sind.

Auch Ihr Gebärmutterhals könnte übrigens sensibel auf Druck reagieren. Viele Frauen erleben intensive Ganzkörperorgasmen, wenn Ihr Gebärmutterhals durch tiefe Penetration mit einem langen Dildo oder durch Penisstöße stimuliert wird. Um herauszufinden, ob das bei Ihnen auch funktioniert, setzen Sie sich verkehrt herum auf ihn (also mit dem Gesicht zu seinen Füßen), damit er so tief wie möglich in Sie eindringen kann.

Ein weiterer druckempfindlicher Punkt ist der *Ballon* hinter dem Gebärmutterhals, der entsteht, wenn sich der Uterus und der obere Bereich der Vagina durch sexuelle Erregung weiten. Versuchen Sie, in der *Missionarsstellung* die Beine anzuheben, damit er zu diesem Punkt vorstößt.

Jeder Mensch ist anders, und so könnte die Stimulation dieser Zonen Sie je nach Veranlagung entweder über den Mond schießen oder völlig auf dem Trockenen sitzen lassen. Aber wie dem auch sei: Es ist immer gut, möglichst viel über die eigene Körpergeographie zu wissen. Viel Spaß beim Erforschen!

29 November

Maximaler Lustgewinn durch physische Aktivität

Wenn wir beim Sex wirklich auf unsere Kosten kommen wollen, zahlt es sich aus, nicht allzu entspannt zu sein.

Bedenken Sie, dass ein Orgasmus auf der Lösung von Muskelspannung basiert, und wenn gar keine da ist, gibt es auch nichts zu lösen. Adrenalin im Blut steigert die Konzentration und macht uns ultrasensibel. Denken Sie nur an die köstliche Mischung aus Beunruhigung und Erregung, die wir mit einem neuen Lover erleben. Selbst in langfristigen Beziehungen lässt sich dieses Gefühl neu beleben. Wenn Sie das nächste Mal mit Ihrem Liebsten zugange sind, spannen Sie die Oberschenkel- und Gesäßmuskeln an. Dies verbessert die Durchblutung des Beckens, was die Klitoris anschwellen lässt und die Scheidenflüssigkeit ins Fließen bringt.

Ein weiterer Trick besteht darin, beim Sex auf den Unterbauch zu drücken oder die Muskeln in dem Bereich anzuspannen, denn dadurch werden die innenliegenden Teile der Klitoris massiert. Sie wissen ja: Die Klitoris ist mehr als ein kleiner Lustknopf. Sie besteht aus über 20 Zentimeter Schwellkörpergewebe. Das sollten Sie sich zunutze machen. Zum Beispiel, indem Sie sich bei Frau-oben-Positionen zurücklehnen, so dass sein Penis gegen die Vorderseite Ihrer Vagina drückt. Und dabei massieren Sie sich gleichzeitig die Klitoris und die Brustwarzen. Er wird den Anblick genießen. Und Sie den Höhenflug!

30 November

Zeit lassen und genießen!

Dass die Tage kürzer werden heißt nicht, dass Sie auch die Zeit für den Sex knapper bemessen müssten. Hier einige Möglichkeiten, um die süße Qual des Liebesspiels in die Länge zu ziehen:

- Wenn Sie in der *Missionarsstellung* oder oben sind, strecken Sie Ihre Beine neben den seinen aus. Das macht seine Stöße flacher. (Seien Sie aber vorsichtig: Die empfindlichsten Nervenenden liegen in der Penisspitze und dem äußeren Drittel der Vagina. Flaches Stoßen könnte ihn über die Schwelle heben.)
- Wenn Sie kurz vor dem Kommen sind, lenken Sie sich gegenseitig ab. Sie brauchen ja nicht gleich aufzuspringen, um ans Telefon zu gehen. Machen Sie einfach ein bisschen langsamer, reden Sie oder tun Sie, was immer nötig ist, um wieder herunterzukommen.
- Bewegen Sie sich im Zeitlupentempo. Tun Sie alles doppelt so langsam wie normal und konzentrieren Sie sich dabei auf Ihre Atmung und Ihre Bewegungen.
- Egal, was Sie gerade tun, halten Sie einen Augenblick inne – alle beide! –, um das Gefühl zu genießen, wie sein Penis in Ihrer Vagina ist. Dieses vaginale Umschließen ist eine sexualtherapeutische Technik, die ursprünglich zur Behandlung des vorzeitigen Samenergusses entwickelt wurde.
- Setzen Sie sich auf ihn, lehnen Sie sich beide zurück und stützen Sie sich auf die Ellbogen oder Hände. Bequemer wird das Ganze, wenn Sie sich dabei ein Kissen in den Rücken schieben.

Durch die Verlangsamung des Liebesspiels werden Sie lustvolle Empfindungen wahrnehmen, die Ihnen nie auffallen würden, wenn Sie schnell und heftig zur Sache gehen. Und wenn Sie dann kommen, dann so, dass sich das Warten garantiert gelohnt hat!

KAPITEL ZWÖLF

Dezember

»Zur Saatzeit lerne, zur Erntezeit lehre, den Winter genieße.«

William Blake (1757–1827), englischer Dichter, Maler, Radierer und Mystiker

Das Jahr neigt sich dem Ende entgegen – aber mit einem Hauch von Festtagsstimmung. Ja, dies ist die Zeit der Geschenke. Warum sollten Sie sich und Ihrem Liebsten also nicht ein wenig Ekstase schenken? Hier erfahren Sie, wie Sie sich in kalten Winternächten einheizen und ihren Partner im Bett wild machen können; oder wie Sie sich nach einem langen vorweihnachtlichen Einkaufsbummel mit relaxten, köstlichen G-Punkt-Orgasmen entspannen können.

In diesem Monat wird es auch Zeit für einen Rückblick auf ein Jahr der Liebeslust. Was haben Sie gelernt? Welche Vorlieben und Abneigungen entdeckt? Beginnen Sie schon jetzt, Ihre Liste mit den erotischen Vorsätzen fürs neue Jahr zusammenzustellen!

Welches die Blume des Monats ist? Die einen sagen, es sei die Stechpalme, die nach viktorianischer Vorstellung für Weitblick und die Fähigkeit zu vorausschauendem Denken steht. Andere meinen, es sei die Narzisse, die als Zeichen für Wohlstand und Selbstliebe gilt. Sie können Ihre Wohnung mit beiden dekorieren – als Symbol für Ihre neuerworbene Fähigkeit, das Gute kommen zu sehen. Sie haben die Wahl.

Der Stein des Monats ist der Türkis, der ebenfalls für Wohlstand steht. Finden Sie eine Möglichkeit, sich mit der Farbe oder auch dem Stein zu umgeben, um Ihrer Hoffnung auf ein erfolgreiches, sinnliches neues Jahr Ausdruck zu verleihen.

1 Dezember

Spielen Sie – mit sich selbst

Sie möchten intensivere Orgasmen erleben? Dann beeilen Sie sich nicht. Ziehen Sie das Spiel gnadenlos in die Länge. Bringen Sie sich an die Schwelle des Höhepunkts, und bleiben Sie dort so lange wie möglich, bevor Sie einen kleinen Schritt zurückgehen und sich eine Zeitlang einer weniger empfindlichen Körperzone zuwenden. Sie könnten sich zum Beispiel durch Massieren der Klitoris bis kurz vor den Orgasmus bringen und dann zu den inneren Schamlippen überwechseln. Jedes Mal wird Ihre Erregung ein klein wenig stärker. Genießen Sie es. Kosten Sie die Empfindungen aus. Ziehen Sie Ihre Lust in die Länge, als wäre sie das beste Fünf-Gang-Menü, das Sie je gegessen haben. Wenn Sie sich dann endlich über die Schwelle heben, werden Sie einen gewaltigen Orgasmus haben. Warum das so ist? Bei einem Höhepunkt werden Spannungen abgebaut, und je höher die Spannung im Körper ist, desto stärker die Entladung.

Sie können auch Ihrem Liebsten erlauben, dieses Spiel mit Ihnen zu spielen, aber achten Sie darauf, dass dabei die Kommunikation stimmt. Ebenso wichtig ist die richtige Einstellung. Gestehen Sie sich zu, sich ganz auf sich selbst zu konzentrieren. Keine Angst, über kurz oder lang kommt er auch an die Reihe. Zunächst soll er Sie so stimulieren, wie Sie es am liebsten haben. (Aber denken Sie daran: Er hat keine außersinnlichen Wahrnehmungsfähigkeiten. Sie müssen ihm genau sagen, wie er es machen soll. Und Sie müssen ihm auch dieses Spiel hier richtig erklären.) Da Sie die Dinge in die Länge ziehen wollen, empfiehlt es sich, dass er es Ihnen mit den Händen (und nicht mit dem Mund) macht und reichlich Gleitgel verwendet. Wenn Sie merken, dass Sie kurz davor sind, bitten Sie ihn, sich einer anderen Zone Ihres Genitalbereichs zuzuwenden. Fahren Sie ein paar Runden mit dieser Achterbahn, bevor Sie ihm erlauben, die Weichen umzustellen und Sie geradewegs ins Paradies zu befördern.

2 Dezember

Stellung der Woche: Zwei Fische

Der Philosophie des Tao zufolge ist das Universum von zwei entgegengesetzten, einander ergänzenden Kräften getrieben, die permanent nach Ausgleich streben: Yin, das weibliche, und Yang, das männliche Prinzip. Diese Energien, die Mann und Frau beim Sex austauschen, sind während des Höhepunkts am stärksten. In diesem taoistischen Denken geht es beim Sex weder um Romantik noch um Spiritualität, sondern um körperliche Ertüchtigung, charakterliche Entfaltung und die Verlängerung des Lebens. Vor über zweitausend Jahren kamen taoistische Ärzte zu dem Schluss, dass Sex für das körperliche, geistige und spirituelle Wohlbefinden unabdingbar sei.

In der im siebten Jahrhundert von dem Arzt Li T'un Hsüan verfassten taoistischen Liebesschule »T'ung Hsüan Tzu« sind 26 Stellungen für den Koitus beschrieben. Die *Zwei Fische* erinnern an das Yin-Yang-Zeichen, einen Kreis mit je einer weißen und einer schwarzen, fischförmig gebogenen Hälfte, die sich ineinanderschmiegen. Legen Sie sich beide mit geschlossenen Beinen auf die Seite, so dass Sie sich anschauen. Sobald er in Sie eingedrungen ist, heben Sie ein Bein über das seine, als wären Sie ein Fisch, der seinen Schwanz um seinen Partner legt.

Diese Stellung ist für Männer mit besonders langem Penis gedacht, aber wie dem auch sei: Sie ermöglicht nur eine flache Penetration, und das allein kann schon lustig sein! Er kann auch Ihren Schambereich mit der Spitze seines Gliedes streicheln und Sie mit diesem Spiel auf die bevorstehende tiefere Penetration vorbereiten.

3 Dezember

Seine Lust in die Länge ziehen

Ist Ihr Schatz gelegentlich etwas zu schnell am Abzug? Hier eine Möglichkeit, ihn auszubremsen und ihm eine total überirdische erotische Erfahrung zu bescheren – wovon Sie letztlich beide etwas haben. Am 1. Dezember haben Sie mit sich selbst gespielt, um Ihren Höhepunkt zu intensivieren. Heute geht es darum, seine orgastische Schwelle anzuheben, indem er sich ihr mehrfach nähert, ohne sie zu überschreiten. Während Sie ihm liebevoll das Glied streicheln, bitten Sie ihn, sein Erregungsniveau auf einer Skala von eins bis zehn zu bewerten, wobei die Zehn für den Orgasmus steht. Wenn er bei drei oder vier angelangt ist, reduzieren Sie Ihre Aktivitäten, bis er wieder etwas heruntergekommen ist. Dann fahren Sie fort, bis er etwa bei sechs bis acht angekommen ist. Bremsen. Und wieder von vorne anfangen. (Tipp: An seinem Hodensack können Sie sehen, wenn er kurz vor dem Kommen ist. Sobald sich die Hoden heben, ist er sehr, sehr nahe dran.)

Spielen Sie dieses Spiel etwa eine Viertelstunde lang, und geben Sie ihm dann die Zehn. Wenn er dann endlich kommt, hat er gute Chancen, einen erdbebenartigen Höhepunkt zu erleben.

Helfen Sie ihm zu erkennen, den Punkt zu erkennen, an dem es kein Zurück mehr gibt – also den Punkt, an dem die Ejakulation unvermeidbar ist. Wenn er den einmal oder zweimal verpasst, kein Problem. Es geht nicht darum, die eigenen Körperreaktionen zu unterdrücken, sondern darum, sich mit den verschiedenen Erregungsgraden vertraut zu machen und sie zu genießen.

Nach einiger Zeit können Sie diese Technik auch in Ihr Liebesspiel einbeziehen. Wenn Sie lernen, bei ihm die Zeichen der Erregung zu deuten, können Sie Ihr Timing so aufeinander abstimmen, dass Sie gemeinsam abheben.

4 Dezember

Orgasmus-Killer

Sie haben Schwierigkeiten, zum Orgasmus zu kommen? Vielleicht ist ja einer der folgenden Punkte Grund dafür:

- Antidepressiva: Manche zur Gruppe der *selektiven Serotonin-Wiederaufnahmehemmer* gehörige Antidepressiva können die körperliche Empfindsamkeit dämpfen, die Orgasmusfähigkeit vermindern und sich negativ auf die Libido auswirken. Lösung: Reden Sie mit Ihrem Arzt über die Dosierung oder alternative Medikationsmöglichkeiten.
- Stress und Schlafmangel: Wenn wir unter Druck stehen, verringert sich die Ausschüttung von Sexualhormonen. Salopp ausgedrückt, bringt uns unser Körper nicht in Stimmung, wenn er glaubt, dass wir erst unser Überleben sichern müssten. Auch wer an chronischer Schlaflosigkeit leidet, hat mehr Stresshormone im Blut. Lösung: Versuchen Sie, ausreichend zu schlafen und etwas zur Ruhe zu kommen – ein Spaziergang, ein heißes Bad oder auch Yoga können helfen.
- Alkohol: Ein oder zwei Gläser tragen zwar zur Entspannung bei, aber bei zu viel Alkohol ziehen sich die Blutgefäße zusammen. Das heißt: In seinem besten Stück kommt zu wenig Blut an. Und auf die Produktion der Sexualhormone wirkt sich Alkohol ebenfalls negativ aus. Lösung: Beschränken Sie sich auf »ein Gläschen in Ehren«.
- Hormonelle Unausgewogenheiten: Wissenschaftler prüfen etwa gerade, ob sich niedrigere Testosteronwerte dämpfend auf die Sexualfunktionen auswirken. Lösung: Lassen Sie Ihren Hormonspiegel testen.
- Angst: Sie haben Angst – etwa vor Schmerzen, sexuell übertragbaren Krankheiten oder davor, schwanger zu werden. Lösung: REDEN! Und Kondome.

… und ganz wichtig: Setzen Sie sich nicht unter Druck. Es ist gar nicht tragisch, mal nicht zu kommen – nur Ihre Lust ist das Ziel!

5 Dezember

Kleidung nur für Ihre (und seine) Augen

Sie sind dabei, Ihren Wunschzettel zu schreiben? Wenn ja, stellen Sie erotische Outfits ganz vorn an. Lassen Sie sich von ihm die allersexiesten Dessous schenken, die es für Geld zu kaufen gibt! Lüften Sie gemeinsam *Victoria's Secret* (also das Geheimnis, was unsere Heidi so drunter trägt) unter *www.victoriassecret.com*. Oder Sie stöbern auf *www.dessous.net* und *www.sexystring.net* nach scharfen Teilchen. Und geben Sie ihm zu verstehen: Wenn er sieht, dass Sie sein Präsent tragen – wenn ein Stückchen davon am Schritt oder über den Bund Ihrer Jeans hervorlugt –, ist das Ihr Signal, dass Sie an dem Abend noch etwas mit ihm vorhaben.

Und wenn erotische Unterwäsche nicht Ihr (oder sein) Ding ist? Manchen Männern ist der Anblick von nackter Haut tatsächlich wesentlich lieber als der von Satin und Spitze – Gott möge Sie schützen! In dem Fall soll er Ihnen etwas schenken, was er besonders sexy findet, und Sie tragen das als Signal. Es geht hier vor allem darum, dass Sie einander ein geheimes Zeichen geben können: Wenn er etwa sieht, dass Sie ein bestimmtes Paar Ohrringe tragen, weiß er, dass er Sie über die Sofalehne legen und von hinten vernaschen soll.

Falls Sie zurzeit solo sind, ziehen Sie los und kaufen sich selbst ein scharfes Outfit. Irgendetwas, das Ihnen das Gefühl gibt, das heißeste Geschöpf auf zwei Beinen zu sein. Was soll's, wenn keiner außer Ihnen weiß, was Sie anhaben? Es kommt allein darauf an, dass Sie sich sexy darin fühlen. Tragen Sie ein Satinhemdchen unter dem Pulli, Strapse und Strümpfe unter dem Hosenanzug, einen Push-up unter dem Lieblings-T-Shirt. Nehmen Sie Stoffe, die die Haut streicheln und mit denen Sie sich fühlen wie eine *Sex-Göttin*. Denn das sind Sie schließlich auch, drunter wie drüber.

6 Dezember

Es lebe die Verbalerotik!

Nutzen Sie Ihre und seine erotische Vorstellungskraft und reden Sie ausgerechnet dann über Erotik, Sex und die scharfen Outfits, die Sie gerade anhaben, wenn er am allerwenigsten darauf reagieren kann. Ziel ist, seine (und Ihre eigenen) Gedanken auf die nicht jugendfreie Schiene zu lenken und so lange auf diesem Kurs zu halten, bis Sie miteinander allein sind. Hier ein Vorschlag von meinem Freund Mark: »Eines abends saß ich mit meiner Freundin beim Abendessen im Restaurant, als sie anfing, mir im Detail zu erzählen, was sie drunter anhatte. Sie hat mir sogar beschrieben, welche Wäsche sie sich sonst noch kaufen will. Und als wir mit dem Essen fertig waren, hat sie sich einen Augenblick entschuldigt, um zum WC zu gehen. Als sie zurückkam, hat sie mir ihr Höschen in die Hand gedrückt und mir einen Kuss auf die Wange gehaucht. Ich konnte es kaum abwarten, bis der Kellner die Rechnung brachte.«
Bringen Sie ihn dazu, sich vorzustellen, wie Sie nackt aussehen. Das macht Sie beide so scharf, dass Sie sich am liebsten an Ort und Stelle die Kleider vom Leib reißen würden. Mal ehrlich: Wenn Sie einem attraktiven Mann begegnen, blitzt dann nicht auch in Ihnen – und sei es nur für den Bruchteil einer Sekunde – der Gedanke auf, wie er wohl aussieht, wenn er die Hüllen fallen lässt? Falls nicht, lassen Sie es zu! DIES ist der Stoff, aus dem Sie später Ihre erotischen Phantasien stricken können, wenn Sie es sich daheim im privaten Kämmerlein gemütlich machen.

7 Dezember

Sex auf engstem Raum

So kurz vor den Feiertagen sind Sie mit Ihrem Schatz auf Shoppingtour, und urplötzlich überkommt Sie die Lust. Stellt sich die Frage, wo und wie? Vorausgesetzt, Sie finden ein ungestörtes Plätzchen, sind stehende Positionen am optimalsten. Lehnen Sie sich gegen eine Wand, und stellen Sie die Füße etwa hüftbreit oder noch weiter auseinander. Er sollte mit den Füßen zwischen den Ihren stehen, in die Knie gehen und von unten in Sie eindringen, so dass Sie von seinen Hüften gestützt werden. Wenn Sie in einem Treppenhaus sind, stehen Sie eine Stufe höher als er. In einer Umkleidekabine sitzt er am besten auf der Bank oder einem stabilen Stuhl, während Sie ihn besteigen.

Es ist hilfreich, wenn Ihre Anatomie Sex in allen Stellungen mitmacht. Meine Freundin Eve weiß zu berichten: »Das Schärfste, was ich je mit einem Kerl gemacht habe – Sex irgendwo an einer x-beliebigen Straßenecke –, ist überhaupt nur möglich gewesen, weil er einen besonders langen Penis hatte.« Wenn Sie es in der Öffentlichkeit treiben wollen und das Glück haben, ein ruhiges Plätzchen zu finden, brauchen Sie sich nicht die Kleidung schmutzig zu machen. Er kann einfach in die Fersenhocke gehen, und Sie nehmen auf seinen Oberschenkeln Platz. Apropos Kleidung: In diesem Punkt gilt das Motto »Allzeit bereit«. Am besten ist natürlich, wenn Ihr Begleiter im Kommando-Stil – sprich: ohne Unterwäsche – unterwegs ist. Aber falls nicht, brauchen Sie ihm die Erektion einfach nur aus den Shorts zu ziehen. Und Sie haben ja hoffentlich Ihren schmalsten String-Tanga an. Einfach den Bändel zur Seite schieben. Und los geht's!

8 Dezember

Partytime

Eine langweilige Weihnachtsfeier? Nutzen Sie die Gelegenheit für ein gewagtes Schäferstündchen.

Schleichen Sie sich für eine schnelle Nummer ins Schlafzimmer Ihrer Gastgeber, ins Bad oder eine Abstellkammer. Wenn der Platz reicht, kann er sich hinknien, und Sie legen sich vor ihn hin und ziehen die Knie zur Brust hoch. Oder Sie lehnen sich gegen die Wand oder das Waschbecken. Bei Firmenfeiern können Sie eine Bürotür abschließen, sich einen Stuhl gegen die Wand schieben oder sich auf einen Schreibtisch legen. Im Restaurant wird sich keiner etwas denken, wenn eine WC-Tür fünf Minuten lang geschlossen bleibt. (Es sollte sich nur keine Schlange bilden.) Und mit breitem Grinsen und leuchtendem Teint mischen Sie sich anschließend wieder unter die Gäste.

Natürlich müssen Sie bei solch privaten Aktivitäten in öffentlichen Räumen nicht immer die ganze Bandbreite der Möglichkeiten ausreizen. Mein Freund Andrew hat mir erzählt, wie seine Freundin einmal in einem Restaurant im Schutz des weißen Leinentischtuchs durch die Kleidung so mit ihm gespielt hat, dass es ihm fast gekommen wäre. Sie können wahlweise Ihre Finger oder Zehen zum Einsatz bringen. »Sobald er steht«, rät Andrew, »trommeln Sie den ganzen Abend lang mit den Fingern sanft gegen die Spitze seines Penis. Auf diese Weise können Sie ihn bis zum Orgasmus bringen. »Wenn Sie das ausprobieren, wird sich Ihr Lover sicher nicht allzu lang mit dem Kaffee aufhalten.«

9 Dezember

Stellung der Woche: Eine Seidenraupe spinnt einen Kokon

Die Verfasser von chinesischer erotischer Literatur schmückten ihre Anleitungen mit blumigen Beschreibungen der menschlichen Geschlechtsorgane und des Akts selbst. So wird der Penis zum Beispiel als *Jadeschaft*, *Korallenstamm*, *Schildkrötenkopf* oder *göttliche Drachensäule* bezeichnet. Die weiblichen Genitalien tragen Namen wie *Korallen-* oder *Jadetor*, *geöffnete Pfingstrose* und *Jadepavillon*. Die Klitoris und das sie umgebende Gewebe heißt *Perle auf der Jadestufe* oder *Juwelenterrasse*.

Auch bei den Namen für die erotischen Stellungen mangelt es nicht an bildhaften Bezeichnungen. So werden Männer-oben-Positionen unter dem Oberbegriff der *Innigen Vereinigung* zusammengefasst.

In der Stellung mit dem hübschen Namen *Eine Seidenraupe spinnt einen Kokon* liegen Sie mit möglichst breit gespreizten Beinen auf dem Rücken. Sobald er in Sie eingedrungen ist, umklammern Sie ihn fest mit den Beinen, so dass er Sie im Takt seiner Stöße mal mit nach oben und mal nach unten nimmt. Wenn Sie Ihre *Perle auf der Jadestufe* dabei der Stimulation durch seinen *Korallenstamm* preisgeben, werden Sie womöglich nicht nur erleben, was die Taoisten das *Bersten der Wolken* nannten, sondern vielleicht sogar weit über sie hinweg in den Himmel fliegen!

10

Dezember

Entführen Sie ihn

Wenn Ihr Partner Überraschungen liebt (und welcher Mann täte das nicht?), entführen Sie ihn zu einem besonderen Abendessen in seinem Lieblingsrestaurant, in einen Club, in dem seine Lieblingsband spielt, oder sogar zu einem Wochenende irgendwo außerhalb der Stadt. Verraten Sie ihm erst in allerletzter Minute, wo es hingeht. »Gekidnappt zu werden hat echt was für sich«, findet mein Freund Tim, Student im Master-Studiengang. »Quasi von der Straße gegriffen und erst zu einem super Essen und dann zu sexuellen Handlungen genötigt zu werden, da geht nichts drüber.«

Wenn Sie die Initiative ergreifen und solche Überraschungs-Rendezvous organisieren (ganz zu schweigen von den spontanen Blowjobs …), zeigen Sie Ihrem Schatz damit auch, dass Sie die Beziehung neu und lebendig halten wollen. Das ist besonders wichtig, wenn Kinder mit im Spiel sind und Sie nur wenig Zeit für sich als Paar haben.

Ein Freund von mir überraschte seine Frau beim Anstoßen in der Silvesternacht mit der Eröffnung, dass er ihr ein Zimmer in einem Luxushotel ganz in der Nähe gebucht hatte und sie zwei Tage später dort wieder abholen würde. »Sie genoss den Zimmerservice, die wunderschöne Badelandschaft und den traumhaften Wellnessbereich, das morgendliche Ausschlafen (was sie mit ihrem zweijährigen Sohn zu Hause nie machen konnte), das Lesen und Spazierengehen«, erzählte er. »Am Samstagabend kam ich zum Essen dazu, und als es auf Mitternacht zuging, fühlte ich mich wie ein Lover, der sich heimlich aus dem Haus schleicht.«

Warum lassen Sie sich nicht von dieser Idee inspirieren und buchen Ihrem Mann ein Zimmer in Ihrem Lieblingshotel? Sagen Sie ihm, dass Sie später dazustoßen werden. Und dann stehen Sie bei ihm vor der Tür – in nichts als Ihrem Mantel!

11 Dezember

Spektakuläre Empfindungen

Die Haut ist eines der besten Sexspielzeuge, die man sich denken kann. Experimentieren Sie beim Liebesspiel doch einmal mit den unterschiedlichsten Empfindungen, die sie Ihnen schenken kann. Verbinden Sie ihm die Augen und streichen Sie ihm mit verschiedenen Materialien über die Haut – mit Satin, Fell, den Borsten einer Naturhaar-Bürste, einem Seidenschal, den Fingernägeln. Und vergessen Sie die Eiswürfel nicht: Machen Sie's wie in dem Film »9 ½ Wochen« und lassen Sie ihm die kalten Dinger über den erhitzten Körper gleiten. Fahren Sie ihm damit über die Hoden und spielen Sie damit am Eingang zu seinem geheimen Loch herum. (Aber seien Sie lieber vorsichtig, wenn es darum geht, sie hineinzuschieben, denn das Gewebe ist in dem Bereich extrem sensibel.) Wenn Sie mit ein bisschen SM herumgespielt haben, stellen Sie sich vor, wie gut sich Eis auf einem frisch versohlten Po anfühlt.

Auch im Wechselspiel mit etwas Heißem – zum Beispiel Wachs – ist Eis für hochinteressante Empfindungen gut. Ja, Kerzen taugen zu mehr als zur romantischen Beleuchtung. Aber sie sollten aus einfachem Paraffin bestehen, da farbige, mit Duftstoffen angereicherte oder aus Bienenwachs gedrehte Kerzen bei höheren Temperaturen brennen als die schlichte Variante. Halten Sie die Kerze zunächst hoch über seinem Körper – mindestens einen Meter – damit das Wachs während des Fallens etwas abkühlen kann, und träufeln Sie es ihm dann Tropfen für Tropfen auf die Haut. »Das ist extrem intensiv und hocherotisch«, behauptet mein Freund Kyle. Nur eins ist wichtig: Wenn Sie Ihrem Schatz nicht gerade die Bikinizone enthaaren wollen, tropfen Sie das Wachs auf weniger behaarte Körperzonen. Und NIE ins Gesicht oder auf die Genitalien! Sie wollen ihm schließlich eine süße und keine bittere Pein bereiten.

12 Dezember

Besserer Partner-Sex!

Wenn Sie wissen, wie Sie sich selbst erregen können, steigen Ihre Chancen auf prickelnden Sex mit Ihrem Partner exponentiell an. Ist doch logisch: Die Selbstliebe bringt Sie mit Ihrem Körper in Kontakt, Sie lernen dabei Ihre sexuellen Reaktionen kennen, Ihre Libido wächst und schenkt Ihnen regelmäßig mehr Orgasmen – wie könnte Ihr Partner KEINEN Nutzen daraus ziehen? Frauen, die masturbieren, sind erotisch leicht erregbare, willige, kreative Liebhaberinnen. Also genau das, was sich jeder Mann wünscht. Sie wissen, was Sie anmacht, und können ihm ganz genau zeigen, was das ist. Er braucht nichts zu erraten. Er braucht sich keine Sorgen zu machen, dass er Ihnen keine Lust bereitet. Die meisten Kerle WOLLEN gesagt kriegen, was Sie mögen. Sie können ihm die Schlüssel zu Ihrem Königreich in die Hand drücken, weil Sie genau wissen, wo sie zu finden sind!

Doch damit nicht genug: Wenn Sie sich gut dabei fühlen, es sich vor seinen Augen selbst zu besorgen, können Sie ihm eine Show zeigen, die er nie vergessen wird. Männer sind visuelle Wesen – sie gucken gern zu. Und sie lieben, lieben, lieben es, Ihnen zuzuschauen, wie Sie es sich selbst machen (und außerdem können Sie dabei das eine oder andere lernen). Sie können ihm Tricks zeigen, die er nie erraten hätte. Mag sein, dass er noch nie etwas von *Kegel-Übungen* gehört hat, aber wenn Ihr durch regelmäßige, selbst verursachte Orgasmen trainierter PC-Muskel beim Höhepunkt auf seinem Penis flattert, wird er das garantiert zu schätzen wissen.

Und vergessen Sie nicht, dass es etwas außerordentlich Intimes ist, mit dem Partner die geheimsten Wünsche auszutauschen. Sie zeigen einander, dass Sie sich beim Sex hemmungslos gehen lassen und sich der Ekstase hingeben können. Sich dem anderen gegenüber offen und verletzlich zu zeigen, schafft die Basis für Nähe. Auf diese Weise werden Sie zu Seelenpartnern, und aus gutem Sex wird atemberaubender Sex.

13 Dezember

G-Punkt-Gaben

Sie suchen nach neuen Möglichkeiten, Ihren G-Punkt zu stimulieren? Probieren Sie eines der eigens zu diesem Zweck entwickelten Toys. Suchen Sie nach schmalen Dildos oder Vibratoren mit gebogener Spitze, die Sie an exakt der richtigen Stelle kitzelt. Wenn Sie Novizin der G-Punkt-Massage sind, empfehlen sich Modelle mit etwas breiterem Kopf, die einen größeren Bereich abdecken. Den doppelten Spaß versprechen G-Punkt-Vibratoren mit genopptem Klitoris-Stimulator. Was das Material anbelangt, unterscheiden sich G-Punkt-Spielzeuge nicht wesentlich von anderen Toys: Gel-Gummi, Kunststoff oder Vinyl sind auch hier am gängigsten. Für den *Hitachi Magic Wand* etwa gibt es G-Punkt-Aufsätze aus Silikon oder Vinyl. Wählen Sie ein festeres Material, wenn Ihr G-Punkt intensiveren Druck mag, und ein weicheres, wenn Sie es lieber sanft haben.

Um sich ein Maximum an Lust zu verschaffen, sollten Sie die Positionen wählen, die eine optimale Stimulation dieses Bereichs ermöglichen: Frau-oben-Stellungen oder von hinten. Klemmen Sie den gut mit Gleitmittel geschmierten Vibrator zwischen zwei Kissen oder – besser noch – zwei Sofa-Polster. Lassen Sie sich darauf nieder und stellen Sie sich vor, es wäre die heiße Erektion Ihres Lovers. Oder Sie knien sich aufs Bett und schieben das Teil von hinten in sich ein. (Ich bin sicher, dass Ihr Schatz Ihnen gern zu Hilfe kommt, wenn Not am Mann ist.) Oder Sie legen sich auf den Rücken und probieren mit Ihrem Spielzeug so lange herum, bis Sie den Winkel gefunden haben, in dem die Spitze genau auf Ihren göttlichen Punkt drückt.

G-Punkt-Vibratoren sind übrigens auch wunderbar zur Prostata-Stimulation beim Mann geeignet. Schieben Sie ihm die gut mit Gleitmittel geschmierte Spitze etwa eine Handbreit in den Po und jubeln ihn – brummmmm! – in den Himmel der Ekstase.

14 Dezember

Fingerspitzengefühl

Finger-Vibratoren sind optimal für die sensible Handarbeit.
Sehr beliebt ist hier zum Beispiel der *Fukuoku 9000*, ein batteriebetriebenes Modell mit kleinen Gummimanschetten, die man sich über die Fingerspitzen schiebt (zu bewundern etwa auf *www.verwoehndich.de*). Da er mit Knopfzellen funktioniert, kommt er ohne Batteriefach und Kabel aus. Man merkt kaum, dass Sie etwas tragen, und das macht das Teil zu einer interessanten Ergänzung für das Solospiel oder den Partnersex. Schieben Sie Ihren *Vibro-Finger* zwischen Ihre beiden Körper hindurch, um mit Ihrer Klitoris oder seiner Peniswurzel zu spielen. Fahren Sie ihm mit dem Finger über die Hoden bis hinunter zum Damm. Ihrer Phantasie sind keine Grenzen gesetzt!
Noch spektakulärere Empfindungen verspricht das *Fukuoku Power Pack* mit drei *Finger-Vibes*! Die Geschwindigkeit lässt sich über das am Handgelenk befestigte Batteriefach einstellen. Das Schöne an diesem Modell ist, dass Sie sich (oder ihn) mit dem Gerät wunderbar massieren können, indem Sie Ihre Hand einfach über Kopfhaut, Brüste, Nippel, Bauch oder die sensiblen Innenseiten der Schenkel gleiten lassen.
Die ganze Nacht durchhalten? Mit diesem Turbo-Toy gerät das durchaus in den Bereich des Möglichen!

15 Dezember

Was heißt vibrieren? Eroscillieren!

Für alle, die technologisch auf der Höhe sein wollen, ist der *Eroscillator* genau das Richtige.

Es handelt sich dabei um einen Vibrator, der fast wie eine elektrische Zahnbürste aussieht. Und eines muss man dem Hersteller lassen: Er spart nicht mit Eigenlob. Auf der Webseite *www.eroscillator.com* erklärt er stolz, dass dies das erste Gerät ausschließlich für die Stimulation der weiblichen Genitalien sei. Wie aber stellt dieses clevere, von Schweizer Ingenieuren in zehnjähriger Forschungsarbeit entwickelte Wunderding es an, dass Frauen »mühelos großartige Orgasmen« erleben. Durch Oszillation statt Vibration: Das Gerät pulst mit 3600 Schwingungen pro Minute stetig gegen Ihre Klitoris. Der Pferdefuß ist der Preis: das »Einsteigermodell« kostet satte 108 Euro und 45 Cents.

Wenn Sie nicht unbedingt so viel Kleingeld auf den Tisch des Hauses legen wollen, haben Sie womöglich schon das Ausweichmodell im Badezimmer liegen … Wussten Sie, dass sich Ihre elektrische Zahnbürste wunderbar für erotische Spielereien zweckentfremden lässt? Einfach die Borsten mit einem Kondom oder Klarsichtfolie abdecken oder die Rückseite des Bürstchens nehmen. Nach Gebrauch gut waschen.

Weißere Zähne, frischerer Atem und erotisches Glück – was kann man mehr verlangen?

16 Dezember

Stellung der Woche: Mandarinenten

Es heißt, Mandarinenten würden eine so starke Bindung zu ihrem Partner aufbauen, dass sie, wenn sie voneinander getrennt werden, vor Sehnsucht und Trauer sterben. Anhängern des Feng-Shui, der chinesischen Kunst von der Gestaltung der Lebensräume, gelten sie darum als Symbol für die Liebe und eheliche Treue. (Leider werden diese wunderschönen Tiere in ihrer ostasiatischen Heimat immer seltener.) Möglicherweise ist die taoistische *Position der Mandarinenten* nach dem Paarungsritual dieser loyalen Kreaturen benannt. Sie eignet sich perfekt für all jene, die die *Löffelchenstellung* lieben oder gern beim Aufwachen den Partner in sich spüren.
Sie liegen beide auf der Seite, Sie mit dem Rücken zu ihm und er mit den Knien in Ihren Kniekehlen. So dringt er in Sie ein. Wenn Sie mögen, können Sie sich ein Kissen unter den Kopf schieben. Wenn es Ihnen nichts ausmacht, verschiedene erotische Philosophien zu mischen, können Sie etwas Tantra ins Spiel bringen und Ihre Körper so arrangieren, dass sein *Herzchakra* auf einer Höhe mit dem Ihren liegt. Wenn es Ihnen bequem ist, kann er seinen Arm unter Ihrem Hals durchschieben und Ihnen die Hand aufs *dritte Auge* (das *Stirnchakra*) legen. Synchronisieren Sie Ihren Atemrhythmus und stellen Sie sich vor, wie Energie aus seinem zu Ihrem Herzen strömt. Lassen Sie alle Anspannung und alle Ängste los und spüren Sie, wie seine Liebe Sie umhüllt.

17 Dezember

Gänsehaut für ihn

Es ist kalt und dunkel draußen, Sie haben sich mit Ihrem Schatz vors Kaminfeuer gekuschelt, gönnen sich einen kleinen Schlummertrunk und schauen sich lange und tief in die Augen. Wussten Sie, dass ein Gläschen Hochprozentiges nicht nur den Bauch von innen wärmt? Nehmen Sie einen Schluck Brandy oder Pfefferminzlikör in den Mund und lecken Sie ihm um die Lippen. Fahren Sie ihm mit der Zunge langsam über die Brust bis hinunter zu seinen *Juwelen* und lassen Sie dabei eine kühle, minzige Spur auf seiner Haut zurück. Das Gefühl wird ihm wohlige Schauer über den Rücken jagen.
Wenn Sie entsprechend vorbereitet sind, können Sie auch Mundwasser auf Zimt- oder Pfefferminz-Basis für den gleichen Zweck verwenden. Nehmen Sie ein wenig davon in den Mund – gerade so viel, dass Sie es nicht versehentlich hinunterschlucken können –, und wenn Sie ihn dann in den Mund nehmen, lassen Sie das Mundwasser an seinem Schaft entlangrinnen. Gänsehaut garantiert. Er wird jauchzen vor Vergnügen!
Hinweis: Wenn Sie mit interessanten Empfindungen experimentieren, könnten Sie versucht sein, ein wenig *Tiger Balm*, Erkältungsbalsam, Rheuma- oder Muskelgel auf Ihre sensiblen Regionen aufzutragen, weil Sie meinen, diese Mischung aus erst kühl und dann heiß könnte sich irgendwie spannend anfühlen. Tun Sie es NICHT! Einer meiner Freunde, der unerkannt bleiben will, hat versehentlich sein bestes Stück angefasst, nachdem er sich seine wehe Schulter mit einem mentholhaltigen Schmerzgel eingerieben hat. »Kaum zu glauben, wie das brennt«, jammerte er mit schmerzverzerrter Miene.
Für erotische Zwecke greifen Sie also lieber zu eigens dafür hergestellten Produkten aus dem Spezialhandel.

18 Dezember

Perlenkette

Nicht nur, dass eine Perlenkette bei festlichen Anlässen in der Vorweihnachtszeit jedem Outfit Klasse und Eleganz verleihen kann. Auch in erotischen Begegnungen verspricht sie so manchen sinnlichen Genuss. Feuchten Sie seine erwartungsvolle Erektion und eine lange Kunstperlen-Schnur gut mit Gleitmittel an. (Echte Perlen und auch die Schnur, auf der sie aufgefädelt sind, vertragen Gleitgel weniger gut.) Winden Sie ihm die Kette dann ums Glied herum und achten Sie darauf, ihn nicht mit dem Verschluss zu kratzen. Sobald sein Joystick dekoriert ist, fangen Sie an, ihn mit einer oder beiden Händen in einer fließenden Auf-und-ab-Bewegung zu streicheln. Sie wollen auch etwas davon haben? Schieben Sie die Kette ans untere Ende seines Schafts und besteigen Sie ihn, so dass Sie sich an den kleinen Kügelchen reiben können.

Von einer Perlenkette der besonderen Art haben Sie wahrscheinlich bei »Sex and the City« gehört. Sie liegen auf dem Rücken, und er sitzt rittlings über ihrer Taille. Spielen Sie mit allem, was Sie zu fassen kriegen, während er es sich nach Herzenslust besorgt. Feuern Sie ihn an! Wenn er mag, können Sie zwischendrin sogar Ihre kundigen Hände mit anlegen. Und wenn er kommt, leiten Sie seinen *Liebessaft* so, dass er Ihnen auf den Hals und das Dekolleté spritzt (daher der Name). Diese Art von Kette gibt's zwar nicht beim Juwelier zu kaufen. Aber er wird sich trotzdem großzügig beschenkt fühlen.

Ein Blick in die Geschichte: Heute ist der Geburtstag der US-amerikanischen Schauspielerin Betty Grable (1916–1973), die im Zweiten Weltkrieg als Pin-up-Girl bekannt war. Es gab Zeiten, da waren ihre Beine mit einer Million Dollar versichert!

19 Dezember

Ihr Körper, sein Körper: Neue Grenzen

Wenn Sie und Ihr Schatz zur Sache kommen, wenden Sie sich nicht schnurstracks dem Bereich unter seinem Gürtel zu.

Wie am 27. April besprochen, ist der menschliche Körper von Kopf bis Fuß ein einziger, sinnlicher Spielplatz. Vergessen Sie nicht seine Achselhöhlen, denn hier befinden sich unglaublich viele Nervenenden. Wenn Sie ihn da lecken und knutschen (bevor er sein Deo benutzt), wird er garantiert wild. Oder Sie streichen ihm leicht über die Seiten. »Das macht Kerle total an«, weiß ein schwuler Freund, der das mit Erfolg bei seinen Lovern praktiziert. Und vielleicht hebt es sogar Ihre eigene Lust – eine Studie belegt, dass Frauen unter dem Einfluss der in diesem Bereich verströmten natürlichen Pheromone automatisch in den Schnellgang schalten.

Wo Sie schon einmal in der Gegend sind, können Sie mit den Händen weitermachen: Ihm gekonnt die Finger zu lecken zeigt ihm, wozu Ihr Mund fähig ist – und das weckt die Vorfreude auf das, was noch kommen wird. Gehen Sie nicht allzu zart mit ihm um. Fangen Sie mit dem Daumen an. Nehmen Sie ihn in den Mund, und spielen Sie Staubsauger. Am Ende fahren Sie ihm mit der Zunge über die Handfläche und führen ihm die nasse Hand ans Glied oder noch besser an Ihre Brüste und zu dem köstlich feuchten *Allerheiligsten* zwischen Ihren Beinen.

20 Dezember

Fußmassage für Liebende

Nach einem ausgedehnten vorweihnachtlichen Einkaufsbummel gibt es nichts Entspannenderes als eine ausgiebige Fußmassage. Die schmerzenden Füße des Partners zu verwöhnen ist außerdem einer der zärtlichsten, intimsten Liebesbeweise, die man dem anderen geben kann. Bitten Sie ihn zunächst, es sich auf dem Sofa oder einem Berg Kissen in Rückenlage bequem zu machen. Wenn Sie sich gegenseitig massieren möchten, setzen Sie sich auf dem Sofa oder Bett einander gegenüber.

Sie können mit einem Fußbad beginnen: einfach eine Schüssel mit warmem Wasser füllen und mit Duftöl parfümieren. Dann die Füße sanft mit einem weichen Handtuch abtrocknen. Vergessen Sie dabei bloß nicht den Bereich zwischen den Zehen! Geben Sie sich etwas Massageöl oder Fußbalsam zum Anwärmen in die Hände und fangen Sie dann mit dem Massieren an. Nehmen Sie sich die Füße nacheinander vor und fangen Sie mit leichtem Druck an, den Sie nach und nach steigern. Fahren Sie ihm mit dem Daumen in langen, tiefen Streichbewegungen von unten nach oben über die Fußsohle; bearbeiten Sie die Fußwölbung und den Rist mit sanfterem Druck. Massieren Sie dabei immer von der Mitte zu den Seiten hin. Arbeiten Sie sich zu den Zehen vor und fragen Sie immer wieder nach, ob Sie ihm auch nicht weh tun. Wenn Sie bei den Zehen angelangt sind, ziehen Sie die beginnend mit dem kleinen Zeh sanft, aber fest von der Wurzel zur Spitze hin lang. Umfassen Sie sein Fußgelenk mit einer Hand und nutzen Sie die andere, um seinen Fuß kreisen zu lassen.

In den Genuss einer Fußmassage zu kommen ist entspannend für Körper und Geist. Und vielleicht ist es genau das, was Sie brauchen, um in Stimmung für anregendere Aktivitäten zu kommen …

21 Dezember

Wintersonnenwende

Seit Jahrtausenden ist in den verschiedensten Kulturen rings um den Globus die Wintersonnenwende – also die längste Nacht des Jahres – ein willkommener Anlass zum Feiern, weil von heute an die Tage wieder länger werden. Im Iran heißt diese Nacht *Shab-e Yalda*, die Nacht der Geburt des Sonnengottes Mithra. Die Leute bleiben bis zum Morgengrauen wach, sitzen mit der Familie zusammen, erzählen sich Geschichten, lesen einander Gedichte vor, essen besondere Speisen, die die Wärme des Sommers symbolisieren, und entzünden Feuer, um die Kräfte der Dunkelheit abzuwehren.

Feiern auch Sie heute die ganze Nacht lang Wintersonnenwende (auch wenn diese ebenfalls gerne auf den 22.12. fällt). Machen Sie Feuer im Kamin oder zünden Sie Kerzen an und bereiten Sie ein üppiges winterliches Festessen. Lesen Sie einander erotische Geschichten oder Gedichte vor, die Sie im Internet auf Seiten wie *www.erotisches-zur-nacht.de* oder *www.erotische-geschichten.de* finden. Ziehen Sie Ihr Liebesspiel, so weit es geht, in die Länge, und wenn Sie dann kommen, werden Sie einen spektakulären Höhepunkt erleben. Vielleicht können Sie sogar den Orgasmus selbst in die Länge ziehen, indem Sie sich nach dem ersten Höhepunkt weiter stimulieren. Und ihn bringen Sie mehrmals bis zur Vier oder Fünf auf der *orgastischen Richterskala*, bevor er schließlich in der Zehn explodieren darf.

Von heute an werden die Nächte nur noch kürzer. Nutzen Sie diese eine also in vollen Zügen aus!

22 Dezember

Der Steinbock

Wenn Sie oder Ihr Partner zwischen dem 22. Dezember und 19. Januar Geburtstag haben, ist ihr Sternzeichen der Steinbock. Er wird von Astrologen als verantwortungsbewusst, praktisch, fleißig und ernsthaft beschrieben. Aber täuschen Sie sich nicht! Vergessen Sie nicht, dass der Steinbock mit seinem prachtvollen Geweih als eines der geilsten Geschöpfe des Tierreichs gilt. In der Öffentlichkeit zeigt er sich meist als Inbegriff des respektablen Bürgers. Kaum fällt die Schlafzimmertür hinter ihm ins Schloss, heißt es: Aufpassen!

Einem Steinbock-Lover brauchen Sie keine üppigen Menüs aufzutischen und edlen Weine zu kredenzen, um ihn in Stimmung zu bringen. Angesichts seines starken Triebs lautet sein Motto »Allzeit bereit«. Und er brennt darauf, zur Tat zu schreiten. Offene (erotische) Avancen sind ihm am liebsten. Rufen Sie ihn im Büro an und sagen Sie ihm ganz genau, was Sie am Abend mit ihm vorhaben. Achten Sie aber darauf, dass er die Mithörfunktion ausgeschaltet hat, denn er legt Wert auf Diskretion.

Wenn Sie selbst Steinbock sind, möchten Sie das Beste von allem – auch beim Sex. Sie probieren gern Neues aus, und es macht Ihnen Spaß, die Bedürfnisse Ihres Manns erfüllen. Da der Steinbock eine Neigung zum Workaholic hat, müssen Sie darauf achten, Ihre lustbetonte, sexfreudige Seite auch ab und zu durchscheinen zu lassen. Wenn Sie können, schnappen Sie sich Ihren Mann für einen Wochenendausflug, um fern von Computern, klingelnden Telefonen und Feiertagsstress Zeit füreinander zu haben. In diesem Jahr könnte ein Ski-Wochenende in einer einsamen Berghütte genau das sein, was Sie brauchen. Wenn Sie erst einmal in Ihrem privaten Winterwunderland angekommen sind, machen Sie Feuer im Kamin, schlagen Ihr »Kamasutra« auf und widmen sich der Erweiterung Ihres erotischen Repertoires.

23

Dezember

Stellung der Woche: Ein singender Affe

Nach dem chinesischen Tierkreis gelten im Jahr des Affen geborene Menschen als lustig, clever, gut gelaunt und aktiv. Und wie zu erwarten, haben sie ein lebhaftes Sexualleben! Gehen Sie mit einer Portion Humor und Spaß an die Stellung *Ein singender Affe* heran.

Ihr Mann hält seine Beine wie eine Astgabel gestreckt, während Sie sich im Sitzen auf ihm niederlassen. Falls nötig, können Sie sich mit der Hand auf seinen Beinen abstützen. Es wäre eine nette Geste, wenn er Ihnen die Hände unter den Po schieben und Ihnen helfen würde, sich auf ihm zu bewegen. Bitten Sie ihn, Ihre Pobacken leicht auseinanderzuziehen, das sorgt für ein angenehm straffes Gefühl im Bereich von Damm und Anus. Wenn Sie im Takt mit Ihren schaukelnden Bewegungen die Oberschenkelmuskeln anspannen, werden Sie bald vor Freude singen!

24 Dezember

Das Geschenk sind Sie!

Fröhliche Weihnachten! Heute packen Sie ein Geschenk aus, dass er nie vergessen wird: Ihren Körper. Striptease ist eine Kunst – und zwar eine, auf die Ihr Mann garantiert steht. Sie haben die Wahl: entweder Sie legen Musik auf und ziehen eine richtige Show für ihn ab, oder Sie peppen einfach Ihr übliches *Zu-Bett-geh-Ritual* ein wenig auf.

Wofür Sie sich auch entscheiden, es kommt darauf an, jedes einzelne Kleidungsstück beim Ausziehen langsam und provokant vom Körper zu streifen und sich viel Zeit zu nehmen, um ganz allmählich immer mehr von Ihrer nackten Haut zu zeigen. Stellen Sie den Fuß auf einen Stuhl, während Sie Ihre Strümpfe über die Schenkel nach unten rollen. Streifen Sie Ihr Kleid oder Ihre Bluse nach oben über den Kopf und strecken Sie ihm dabei die Brüste entgegen. Biegen Sie den Rücken geschmeidig wie eine Katze und streicheln Sie sich dabei vor seinen faszinierten Augen über Brustwarzen, Bauch und Intimbereich. Besonders erotisch ist es, ein Kleidungs- oder Schmuckstück anzubehalten, um die Nacktheit zu betonen.

»Ich liebe es, meinem Lover einen Striptease vorzuführen«, betont eine Freundin, die hier Kiki genannt werden will. »In fremde Rollen zu schlüpfen und Theater zu spielen macht mich total an, und darum ist dieses genüssliche Entblättern für mich genauso erregend wie für ihn. Von der Auswahl der passenden Musik über die Entscheidung, welche Dessous ich tragen und wie ich mich schminken will, bis zur Choreographie der Bewegungen ist das ein ganzer Prozess, der am Ende noch jedes Mal zu leidenschaftlichem Sex geführt hat. Mein Mann lässt sich von dem Spiel so mitreißen, dass er mir sogar zusammengefaltete Geldscheine unter den String schiebt. Und was mich am meisten in Fahrt bringt, ist die schiere Lust in seinem Blick. Dass ich mehr für ihn sein kann als die ewig süße, clevere, politisch korrekte Freundin, ist eine echt schmeichelhafte Selbstbestätigung.«

25 Dezember

Es war in der Heiligen Nacht …

Ihre Hände, Ihr Mund und Ihre Vagina sind nicht die einzigen Körperteile, mit denen Sie Ihrem Liebsten Lust verschaffen können.
Er kann seinen Penis auch zwischen Ihre Brüste und über Ihre Nippel gleiten lassen. Noch erregender ist das Gefühl, wenn Sie die zuvor mit Gleitmittel oder Massageöl einreiben. Drücken Sie die Brüste um sein Glied zusammen, und trauen Sie sich ruhig, dabei Ihre Brustwarzen zwischen den Fingern zu zwirbeln. Er wird Ihnen gern dabei zuschauen.
Ebenfalls sehr lustvoll für ihn ist eine Bewegung, die unter schwulen Männern als *Backslider* bezeichnet wird. Legen Sie sich auf den Bauch und schieben Sie sich ein paar Kissen unter die Hüfte oder präsentieren Sie ihm Ihr prachtvolles Hinterteil im Knien, während er Ihre Pobacken mit Gleitmittel befeuchtet und seine Erektion in den Spalt dazwischen gleiten lässt. Eine weitere süße Qual können Sie ihm bereiten, wenn er seine Schwanzspitze zwischen Ihren Schamlippen reiben darf. Aber Eindringen ist verboten!
Und hier noch eine Variante, an der Sie beide Spaß haben werden: Sie liegen mit fest geschlossenen Beinen auf dem Rücken. Er stößt mit seinem gut mit Gleitmittel geschmierten Schwanz zwischen Ihre Schenkel und kommt dabei immer näher und näher an Schamlippen und Klitoris heran. Das soll er machen, bis Sie es beide nicht länger aushalten können. Dann schieben Sie ihn in sich hinein …

26 Dezember

Kinoabend

Das Jahresende rückt näher, und die Hollywood-Studios setzen alles daran, ihre Filme noch vor dem 31. Dezember in die Kinos zu bringen, um noch bei den diesjährigen Oscars berücksichtigt zu werden. Warum gönnen Sie sich nicht einen privaten Filmabend? Mit dem Partner nicht jugendfreie Filme anzuschauen kann für Sie beide ein netter Extra-Kick sein. Ja, auch sympathische Frauen gucken Pornos! »Ich stehe auf gute, saubere Pornos«, bekennt meine Freundin Melissa. »Besonders wenn man merkt, dass die Schauspieler und Schauspielerinnen sich richtig gehen lassen, und zu spüren ist, dass sie auch ihren Spaß haben. Für mich sind solche Filme eine echte Bereicherung: sicher, privat und aufregend.«
Die Qualität von *Erwachsenenfilmen* hat sich in den letzten Jahren sehr gebessert, und das Angebot ist so vielfältig wie nie. Die Möglichkeiten reichen von Softpornos wie »Bliss – Erotische Versuchungen« bis hin zu echten Hardcore-Streifen. (Viele heterosexuelle Frauen finden übrigens schwule oder auch lesbische Pornos hocherotisch – schließen Sie die also nicht von vornherein aus und schauen sich vielleicht noch einmal genauer auf *www.querverlag.de* um.) Eine neue Generation von feministischen und lesbischen Produzentinnen hat sich auf Filme für Frauen und Paare spezialisiert – mit hochwertigeren Produktionen, besseren Schauspielern und glaubwürdigeren Plots. Suchen Sie zum Beispiel in Sexshops für Frauen wie *www.femmefatal.de* nach speziellen Frauenpornos – dort werden solche Filme in einer eigenen Kategorie geführt.
Sie werden bald ein Gefühl dafür bekommen, welche Richtung Ihrem Geschmack entspricht. Und während Sie es sich vor dem Fernseher gemütlich machen, sorgen Sie dafür, dass sich Ihr Liebster oder der Vibrator Ihres Vertrauens bereithält, denn man kann nie wissen, wann Sie die Lust überkommt, das Gesehene in die Praxis umzusetzen.

27 Dezember

Japanisches Liebeshotel

Der Feiertagsstress neigt sich dem Ende entgegen, und so wollen wir heute nach Entspannungsmöglichkeiten für Sie und Ihren Partner suchen. Lassen Sie sich von den japanischen Könnern des süßen Wohllebens inspirieren und verwandeln Sie Ihr Schlafzimmer in ein Liebeshotel. Laut Jina Bacarr, der Autorin von »The Japanese Art of Sex: How to Tease, Seduce and Pleasure the Samurai in Your Bedroom«, sind diese beliebten Lusttempel infolge eines in den 1960er Jahren erlassenen Verbots entstanden, das nach 21 Uhr abends keine Frauenbesuche in Männerhotels mehr duldete. Respektable Geschäftsmänner konnten ihre Geliebten zwar in Hotels westlicher Ketten mitnehmen, wurden aber dort von den Angestellten oft schräg angesehen. Um Paaren diese Peinlichkeit zu ersparen, hat man die Liebeshotels ins Leben gerufen.
»Heute werden diese Etablissements nicht nur von frisch Verliebten genutzt«, erklärt Bacarr. »Auch verheiratete oder seit längerem liierte Paare kommen hierher, um in einer übervölkerten Gesellschaft ein wenig Privatsphäre zu haben. Moderne Liebeshotels bieten alles, was die Lust verlangt: Es gibt sogar Automaten für allerhand nette Spielzeuge wie Dildos, Toys und sogar Handschellen.
Mit diesem Bild im Hinterkopf können Sie sich an die Gestaltung Ihres Schlafzimmers machen. Und dann laden Sie Ihren Lover ein und lassen ihm die freie Auswahl unter den bereitstehenden Toys. Sie könnten ihn auch bitten, sich zurückzulehnen und Ihnen beim Masturbieren zuzuschauen. Er wird bald auf seine eigene Weise »domo arigato« sagen. So heißt »danke« auf Japanisch.

Ein Blick in die Geschichte: Am heutigen Tag erblickte in Berlin Marlene Dietrich (1901–1992) das Licht der Welt. Die Schauspielerin wurde wegen ihrer Filmauftritte als Femme fatale und wegen ihrer rauchigen Stimme als Sex-Symbol gefeiert.

28 Dezember

Schokolade essen, Orgasmen wollen

Schokolade gehört zu den Feiertagen dazu, und in kleinen Mengen genossen, ist sie nicht nur gesund, sondern stärkt auch die Libido. Sie enthält Phenylethylamin, eine natürliche Substanz, die nach Elizabeth Somers Buch »Food and Mood« das Nervensystem stimuliert, den Blutdruck und die Herzfrequenz erhöht und »von der vermutet wird, sie könne Gefühle auslösen, wie der Mensch sie in der Phase der ›Verliebtheit‹ erlebt«. Was heißt hier vermutet? Liebende haben vor Jahrhunderten um die aphrodisierende Wirkung der Schokolade gewusst. In ihrem Buch »All About Chocolate« schreibt Carole Bloom, dass schon Casanova damit Frauen verführt habe.

Es gibt noch weitere gute Nachrichten. Beim Verzehr von Schokolade wird im Gehirn Serotonin ausgeschüttet, das uns ein Gefühl der inneren Ruhe und Ausgeglichenheit schenkt und unsere sexuelle Lust steigert. Auch die Ausschüttung von Endorphinen, die für einen Energieschub sorgen und Glücksgefühle wecken, wird angeregt. Das stärkt sogar unser Selbstvertrauen.

Aber damit nicht genug! Schokolade enthält eine Substanz namens Anandamid, so benannt nach dem Sanskrit-Wort *ananda*, was so viel wie Glückseligkeit bedeutet. Anandamid trägt zur Stimulierung und Öffnung von Synapsen im Gehirn bei, behauptet Bloom. Und zwar just der Synapsen, die auch auf Cannabis ansprechen. (Laut Aussage der Autorin müssten wir aber über zwölfeinhalb Kilo Schokolade auf einmal verzehren, um genauso high zu werden.)

Eine einzelne, köstliche Schokotrüffel ist also nicht nur eine köstliche Nascherei für kleine Pausen im Liebesspiel: Vielleicht gibt Sie Ihnen genau den schnellen Kick, den Sie brauchen, um in Stimmung zu bleiben.

29 Dezember

Essen Sie sich in Ekstase

Sie brauchen Ihre Speisekammer nicht mit exotischen Pillen und Pülverchen zu füllen, um Ihren Körper auf die Liebe einzustimmen. Eine ausgewogene Ernährung reicht völlig aus! Nahrungsmittel, die die Vitamine der B-Gruppe (Thiamin, Riboflavin, Niacin, Pantothensäure, Pyridoxin) enthalten – etwa Eier, Milch, Nüsse, Vollkorngetreide, Obst und Gemüse –, halten das Nervensystem gesund und wirken sich damit insgesamt positiv auf die Orgasmusfähigkeit aus. Zink, das zum Beispiel in rotem Fleisch, Fisch, Leber, Pilzen und Vollkorngetreide vorkommt, ist ein wichtiger Grundstoff für die Enzyme, die in der Sexualität eine Rolle spielen. (Austern sind ausgesprochen reich an Zink, und dies könnte ihren legendären Ruf als Aphrodisiakum erklären.) Meeresfrüchte gelten generell als ausgezeichnete Quelle für Proteine, die der Körper für einen optimalen Sexualhormonhaushalt braucht. Würzen Sie Ihr Essen zudem unbedingt mit Chilis. Der Körper reagiert auf ihr Wärmepotenzial mit der Produktion von Endorphinen, die einen euphorischen Gefühlsrausch auslösen können. Manche Wissenschaftler sind auch der Ansicht, dass eine geringe Menge Rotwein den Testosteronspiegel nach oben treibt.

Daneben sorgen Vitamin C und Arginin (enthalten in Lebensmitteln wie Fisch) für mehr Energie und Lust. Und wenn alles andere nichts hilft, gehen Sie an die frische Luft. 15 Minuten Sonnenschein genügen, um die Serotoninausschüttung im Gehirn anzukurbeln und sich in Stimmung zu bringen.

Ein Blick in die Geschichte: Heute ist der Geburtstag von Jeanne-Antoinette Poisson (1721–1764), auch bekannt als Madame de Pompadour, die als einflussreiche Mätresse des französischen Königs Louis XV. in die Geschichte einging.

30 Dezember

Stellung der Woche: Von hinten im Stehen

Wenn Sie draußen in der Natur oder an einem öffentlichen Ort Sex im Stehen haben – nehmen wir an, Sie wären auf Hawaii, würden sich gerade einen wunderschönen Sonnenuntergang anschauen und wollten keinen Augenblick von dem grandiosen Schauspiel verpassen –, lassen Sie ihn doch einmal von hinten in Sie eindringen, während Sie sich an einer Balkonbrüstung oder einem anderen Geländer abstützen. Wenn Sie einen Rock anhaben, funktioniert das wunderbar. Sie brauchen sich nur etwas nach vorn zu beugen und den Stoff hochzuziehen. Und schon kann's losgehen.

Aber auch für den Fall, dass Sie sich nicht entblößen wollen oder können, gibt es sinnliche Alternativen. Meine Freundin Karen schildert, wie ihr Freund ihr einmal eine ihrer erotischen Phantasien erfüllt hat: »Ich habe schon immer davon geträumt, einen Orgasmus an einem öffentlichen Ort mitten in einer Menschenmenge zu haben. Eines Jahres waren wir an Silvester in New York. Es war kalt draußen, aber nicht eisig. Wir haben uns am Times Square ins Getümmel gestürzt, und schon bald haben wir gespürt, wie wir immer dichter aneinandergepresst wurden. Irgendwann stand ich ganz dicht hinter meinem Freund, und er nutzte die Gelegenheit, um nach hinten zu greifen, den Reißverschluss von meiner Jeans aufzuziehen und mich mit der Hand zum Orgasmus zu bringen. Ich hatte den Mantel vorne offen, so dass er ganz leicht Zugang hatte, und in dem Gedränge merkte keiner was. Das war bestimmt der intensivste, wenn auch leiseste Orgasmus, den ich je hatte.«

Und was haben Sie morgen, an Silvester, vor?

31 Dezember

Silvester: Jahresrückblick

Wir sind also am Jahresende angelangt – Zeit für einen Rückblick!

- Welche erotischen Aktivitäten haben Ihnen besonders gefallen? Gibt es etwas, das Sie gern noch ausprobieren würden?
- Welche neuen Techniken und Positionen haben Sie ausprobiert? Mit welchen konnten Sie sich immer wieder zur Ekstase bringen?
- Ist es Ihnen gelungen, Ihre erotische Natur anzuerkennen und Ihrem Körper dankbar dafür zu sein, welch wunderbare Empfindungen er Ihnen bescheren kann? Warum? Oder warum nicht?
- Konnten Sie Ihrem Partner genau sagen, was Sie gern haben? Gab es irgendwelche Blockaden, die einer offenen Kommunikation über Ihre Sexualität im Wege standen? Und wenn ja, welche? Wie könnten Sie diese Blockaden beseitigen?
- Haben Sie ihren Lebensstil in irgendeiner Weise geändert, etwa Ihr Ernährungs- und Bewegungsverhalten? Und wenn ja: Inwiefern hat sich das auf Ihre sexuellen Reaktionen ausgewirkt?
- Welche Phantasien fanden Sie besonders heiß? Warum?
- Wie würden Sie Ihre Orgasmen insgesamt beschreiben?

Vergessen Sie nicht, Ihre Antworten sind NUR FÜR IHRE AUGEN bestimmt. Es geht darum, sich selbst besser kennenzulernen und das Erreichte anzuerkennen – nicht darum, sich unter Druck zu setzen.
Nach dieser kleinen Bestandsaufnahme sollten Sie zur Feier des Jahreswechsels mindestens eine Sache zu tun, um Ihrem erotischen Ich Respekt zu zollen. Vielleicht tragen Sie heute ein besonderes Wäschestück, mit dem Sie sich als Sex-Götttin fühlen (was Sie ja auch sind!). Oder Sie schlürfen Ihren Lieblingschampagner, bevor Sie mit Ihrem Schatz im Bett verschwinden und sich lieben – genüsslich, gemächlich, zärtlich … Heute bleibt alles ganz Ihnen überlassen.

Danksagungen

Dieses Buch zu schreiben war eine überraschende, unglaublich persönliche und kreative Reise – nicht nur, weil es mir jede Menge Gesprächsstoff für Cocktailpartys lieferte. Ich bin sehr, sehr vielen Menschen für ihre Unterstützung zu Dank verpflichtet.

Zuallererst danke ich meiner Lektorin Paula Munier, die mich als Autorin für dieses Projekt und seine Vorgänger ausersehen hat. Danke Paula, für dein Vertrauen, deine Geduld und deine Ermunterung. Mein ewiger Dank geht an meine Agentin Sheree Bykofsky und ihre Partnerin Megan Buckley, deren Rat und Unterstützung mir über viele Schaffenskrisen hinweggeholfen haben. Ohne sie hätte ich wahrscheinlich schon am Anfang aus Angst den Bettel hingeschmissen. Danke auch an Homan Taghdiri für seinen hervorragenden Rat.

Ich stehe in der Schuld meiner Freunde und Angehörigen, die mir stets Mut gemacht haben. Meine Autoren-Kollegin Susanne Pari saß tagtäglich mit mir im Café zusammen und stellte ihre eigenen Projekte hintan, um mir bei meinem zu helfen. Thaisa Frank, die mich schon beim letzten Buch so sehr unterstützt hat, verdanke ich eine großartige Idee, wie ich dieses Thema angehen könnte. Danke auch an David Ramsdale, der sein Wissen so großzügig mit mir teilte und mir mit Ideen und Rat zur Seite stand. Meine Mutter war natürlich immer für mich da, wenn ich sie brauchte, selbst wenn ich mich nicht gleich durchringen konnte, ihr einzugestehen, worum es bei dem Projekt wirklich ging.

Ich bin den vielen Freunden und Freunden von Freunden zu Dank verpflichtet, die mit mir so enthusiastisch über ihre persönlichen Erfahrungen und Erkenntnisse gesprochen haben. Ihre Offenheit und Bereitschaft, mich an den intimen Details ihres Lebens teilhaben zu lassen, hat mich sehr berührt. Ich würde sie gern namentlich hier erwähnen, fürchte aber, dass sie mich umbringen würden. Und außerdem habe ich viel zu große Angst, irgendjemanden versehentlich unerwähnt zu lassen.

Nima, meine Muse, meine große Liebe, mein wahrer Seelenpartner, hat mir nie auch nur einen Augenblick lang die Unterstützung verweigert – selbst dann nicht, als ich auf unserer Reise nach Hawaii mein Notebook und einen Koffer voll Sexbücher mit im Gepäck hatte. Danke, dass du an mich geglaubt hast, als ich es selbst nicht konnte. Du machst es mir leicht, dich zu lieben – vierundzwanzig Stunden am Tag, sieben Tage die Woche, 365 Tage im Jahr.